六点辞条系列

诠释学

（辞条）

Hermeneutik

Historisches Wörterbuch der Philosophie

[德] 里特尔（Joachim Ritter）等
编

潘德荣　杨　栋　鲍永玲　牛文君
译

华东师范大学出版社
·上海·

华东师范大学出版社六点分社　策划

本书系华东师范大学哲学系潘德荣教授主编的
"诠释学与诠释之学研究系列丛书"之一种

"中国诠释学"上海市社会科学创新研究基地
国家社会科学基金重大项目
"诠释学辞典编纂与中国诠释学知识体系建构研究"
（项目号：20&ZD029）阶段性成果

出版弁言

出版"六点辞条系列"的旨趣：

1. 应当且必须看到，今日之社会科学、人文科学乃至自然科学的关键词语或核心概念大多是由西方人创立的、描述的、论证的，并用编纂辞典的形式，把他们建构的知识体系或知识谱系固定下来，传承下去，传播出去，规训周遭。

2. 应当且必须看到，这些关键词语或核心概念（发端、形成、演变）的辞条（如自由），是构成西方人思想话语体系的基石，进而形成话语权。自然科学亦如是。

3. 应当且必须看到，了解、通晓西方人为这个世界所建构的观念（标识）史，是我们建构中国人自己对这个世界认知话语权的前提。

4. 应当且必须看到，话语权源于对知识谱系的建构、确立及诠释，掌握话语权是制订"游戏"规则的必要条件。

5. 应当且必须看到，本辞条系列的翻译出版过程，应该是中国学人向西方认真学习的过程，应该是学会平视西方世界知识谱系的过程，也应当是中国学人寻找自己的方式叙述或重新叙述这个世界的过程。

6. "六点辞条系列"，以德文版《哲学史辞典》（*Historisches Wörterbuch der Philosophie*）为底本，兼顾其他辞典，旨在把西方人头脑里林林总总的"观念"及历史展示出来。

点　点

目录

《诠释学》前言

十三卷本的 *Historisches Wörterbuch der Philosophie*[《哲学史辞典》],从 1971 年出版第一卷,至 2007 年出版最后一卷,即第十三卷,耗时 36 年。举世称道德国人的严谨与耐心,这部辞典为此提供了一个有力的证据。有一批造诣精深的哲学家——如伽达默尔等人——参与撰写辞条的辞典,其权威性自然不容置疑。这部辞典与其他诸如哲学类的概念、术语、观念等专门辞典不同,它不仅是对概念的定义、描述或分析,而且从批判的、历史的视角提供了全景式的论述,并详尽地列出了参考文献。这无疑是一项概念史的工作,在我看来,哲学的真正奥秘寓于概念史中,寓于概念的演化过程中。在这个意义上,哲学与哲学史就是概念史,而《哲学史辞典》所展开的正是这一研究方向。

在十多年前的一次学术会议上,梁志学先生曾郑重其事地向我建议,无须再写其他东西,尽全力组织哲学界翻译人才完成这部辞典的汉译,是一项"功德无量"的事业。我之所以没有开着手进行这项工作,并不是因为我觉得自己想写的东西更为重要。其真实原因是工作量太大,而我国哲学界能够从事德文汉译的学者本来就不多,更何况其中不少学者已经投入到其他重要的德文著作的翻译工作中去了。

现在,这部辞典的汉译工作终于可以制定计划实施了。这要感谢华东师大出版社六点分社的倪为国先生。他提出了一个新的思路,根据德方提供的、按照专业分类的辞条目录,将整部辞典拆分为若干专辑,聘请相关领域的专家来主持专辑的翻译工作,这确是明智之举。我很荣幸被邀请来负责诠释学专辑的汉译工作。由于德方的分类目录并不完善,经协商我们增加了一个辞条。该辞条就是伽达默尔所撰写的"诠释学",因德方将其归入了"学科、专业"栏目而未收入"诠释学"辞条目录。

　　与西方学界相比,我国的诠释学研究起步较晚。现代意义上的诠释学,是由施莱尔马赫(Friedrich Ernst Daniel Schleiermacher,1768—1834)奠定的,经由百余年的发展,在狄尔泰、海德格尔、伽达默尔、贝蒂等诠释学大家的推动下,已然成为一时之显学。而在中国,直到20世纪70年代末80年代初,才零星地发表了几篇译介性的文章。不过"诠释学"很快就得到了中国学者的青睐,据前几年的一项不完全的统计,在2008—2010年间,在文章标题中出现了"诠释""解释""释义"字样的期刊论文,平均每年超过3篇,其中一些竟然还是自然科学领域的。这一学科的研究在中国的发展之迅速,辐射面之广,由此亦可略见一斑。对于诠释学研究而言,出现这种情况可谓喜忧参半。所"喜"所"忧"者,均是因其影响大,研究者众多之故。在西方诠释学尚未被充分地理解与消化的情况下流行开来,我们的某些论著流于肤浅乃至被误用的情况也在所难免。就此而言,这本《诠释学》的出版正是适逢其时,可以起到正本清源的作用。

　　翻译作为工具书的辞典尤当谨慎,这是翻译界的共识。它对译者也提出了更高的要求,需要译者不仅具很高的外语水平,而且对相关的研究领域也有着深入的了解与研究。根据这种要求,我邀请了三位年轻人作为翻译组成员,他们在德国学习、生活了较长时间,或在德国取得博士学位,或在德国完成博士后研究。他们的专业也是诠释学或与之密切相关。由于原书中出现了不少希腊语、拉丁语，译事的进行比预想的要困难。我们采用的方法是，先由译者提供初译稿，提出翻译过程中遇到的问题，我们共同商量解决问题的方案，其中也包括请教德国学者。译者再根据这些方案自校，然后译者之间相互审校。我最后审定全部译稿。翻译过程中，在德语、拉丁语、文字校订方面分别得到丹尼尔·穆萨尔（Daniel Muhsal）、白德龙、孙义文的帮助，在此表示感谢。我相信，尽管翻译组全体成员竭尽全力来保证翻译的质量，但仍不免出现疏漏之处。还望识者不吝赐教。

潘德荣

2016 年 5 月 30 日写于上海寓所

诠释学（Hermeneutik）

诠释学（Hermeneutik）是 ἑρμηνεύειν 的技艺，亦即宣示、口译、说明（Erklärens）和解释（Auslegens）的技艺。"赫尔墨斯"是神的信使，向人们传递诸神的消息。他的宣示显然不是纯粹的告知，而是神的指令之说明，并且将神的指令翻译成人能够理解的语言。诠释学的功能，根本上在于将另一个世界的某种意义关联转换至自己的世界中。这也适合于 ἑρμηνεία——"陈述思想"——的基本意义。在此，陈述（Aussage）这一概念本身是多义的，它涵盖了表达、说明、解释和翻译。亚里士多德著作《诠释篇》（Περὶ ἑρμηνείας），乃是其《工具论》中的一部分，它绝不是诠释学，而是某种逻辑语法学。它研究的是直陈语句（判断）的逻辑结构，并且将其他一切不限于求真的语句排除在外。根据柏拉图[1]，作为技艺的诠释学，并非从属于对思想的所有表达，而仅仅属于这种知识，即它是一种指令，如同国王与传令官等等所下达的指令那样。在《厄庇诺米斯》[2]里，诠释学与占卜术被归为同类——显然被当作解说神的旨意之技艺，明确具有传达和要求顺从的双重意义。只是在后希腊时期，ἑρμηνεία 这个希腊语词才明确地被用来表示"有学问的解说"，而 ἑρμηνεύς 用以表示"解说者"或"翻译者"[3]。然而有

---

① 柏拉图，《治邦者》（Politikos）260 d。

② 柏拉图，《厄庇诺米斯》（Epinomis）975 c。

③ 福第欧斯（Photios），《图书目录》（Bibl.）7；柏拉图，《伊翁》（Jon）534 e；《法义》（Leges）907 d。

一点是很独特的,即*ἑρμηνεία*的"技艺",亦即诠释学,在当时是与宗教领域(Sakralsphäre)联系在一起的,于其中,向听众显露了起决定性作用的权威意志。在当今科学理论的意识中,这种情形已然不复存在。然而在诠释学得以形成的两种主要形式,亦即法律的法学解释以及神圣的典籍之神学或语文学的解释中,却依然包含着其原有的规范意义。

如果我们今天谈论诠释学,我们是在近代的科学传统之中来谈论它的。与这一传统相应的"诠释学"这个用语,正是始于现代方法概念和科学概念的产生之时。《诠释学》用作书名,首见于 J. K. 丹豪尔(Dannhauer)于 1654 年出版的著作。[④]此后我们才将神学-语文学的诠释学和法学的诠释学区别开来。

从神学角度看,诠释学乃意指正确解释《圣经》的技艺。这种技艺本身相当古老,在教父时代就被引向了方法论的自觉意识,它首先通过奥古斯丁的《论基督教学说》(De doctrina christiana)而表现出来。因为基督教教义学的任务,就是由于犹太民族的独特历史(有如《旧约》从救世史方面对它的解释)和《新约》中耶稣的普世性布道之间的张力而被提出的,诠释学必须有助于此,并解决这一难题。奥古斯丁在其《论基督教学说》中,借助于新柏拉图主义的观点,来证明经由语词的和道德的意义而抵达精神的意义的精神升华。因而他将古代的诠释学遗产归并在统一的观点之下。

古代诠释学的核心乃是隐喻诠释(allegorischen Interpretation)问题。隐喻诠释本身亦相当古老。*ὑπόνοια*,即背后之意

---

④ J. K. 丹豪尔(Dannhauer),《〈圣经〉诠释学或〈圣经〉文献解释方法》(Hermeneutic asacra sive methodus exponendarum sacrarum litterarum)(1654年)。

(Hintersinn),曾是原初用以表达隐喻之含义的词。在智者派时代就已常常用到这种隐喻解释了。就是说,从那时起,那个为贵族社会所认可的、荷马史诗中的价值世界,已经丧失其约束力。伴随着城市民主化的实现,城市的新贵们沿袭了贵族伦理学。智者派的教育观念表达出了这一转折:"奥德赛超越了阿基琉斯。"隐喻解释(Allegorese)随后尤其在希腊化时期斯多亚派的荷马诠释中发展了。奥里根(Origens)和奥古斯丁整合的教父时代的诠释学,在中世纪通过卡西安(Cassian)的系统化,发展成为四重经义的解释方法。

　　由于宗教改革运动回溯到《圣经》文本,诠释学获得了一种新的推动力。宗教改革家们用这种方法挑战了教会学说的传统及其对《圣经》文本的处理方式。⑤ 隐喻的方法尤其受到抨击。由此而唤醒了一种新的方法意识(Methodenbewußtsein),意欲建立客观的、为对象所制约的、能排除所有主观随意性的方法。然而其中心的动因仍是一个寻常的原因:它关乎在近代神学的或人文主义的诠释学中对这样一些文本——它们包含有真正权威性的东西——的正确解释,使之重新获得其权威性。就此而言,促成诠释学之努力的动因——正如后来施莱尔马赫所说的那样——并非因为某个流传物难以理解,并可能造成误解;而更多的是因为,现存的传统通过揭示其被掩盖了的起源而被断裂或者被扭曲了。它被遮掩或被扭曲的意义应予重新审视与完善。诠释学尝试通过回溯到其真正的源

---

　　⑤　参见 K. 霍尔(Holl)的路德诠释学研究:《路德对解释技艺的发展之意义》(Luthers Bedeutung für den Fortschritt der Auslegungskunst)(1920 年),以及 G. 埃贝林(Ebeling)的续编《福音书,福音解释,对路德诠释学的研究》(Evang. Evangelienauslegung. Eine Untersuch, zu Luthers Hermeneutik)(1942 年);《路德诠释学的开端》(Die Anfänge von Luthers Herneutik),载《神学院杂志》(Z. Theol. Kirche),1951 年第 48 期。

头而获得对某种东西——这些东西曾因被扭曲、变形或误用而变质(有如教会的教学传统之于《圣经》,经院哲学粗俗的拉丁文之于经典文献)——的新的理解。这是一种新的尝试,以制订新的有效范式,有如人们在宣告上帝的消息、解释某一预言(Orakelspruches)或法则时所做的那样。

不过在近代之初,在上述这些着眼于事实的动因之外,还有形式方面的效用之考量,新科学的方法论意识渗入一般的解释理论,这种解释理论因其一般性之故而被当作逻辑学的一部分予以详尽论述。⑥ 对此,Chr. 沃尔夫在其《逻辑学》中加入诠释学一章⑦确实起到了决定性作用。在这里,是一种逻辑的哲学兴趣起着作用,这种兴趣力图在普通语义学中奠定诠释学的基础。在 G. Fr. 迈尔(Meier)的《试论一般解释技艺》(Versuch einer allgemeinen Auslegungskunst)(1756 年)一书里,最先出现了这样的努力。他的精神先驱就是 J. A. 克拉顿尼乌斯(Chladenius)⑧。一般而言,直至 18 世纪,形成于神学和语文学中的诠释学学科仍是残缺不全的,只是作为一种教学法。出于实用的目的,诠释学虽也曾发展出了一些方法论的基本规则,其中大部分是采纳了古代语法学和修辞学(昆体良[Quintilian])⑨。不过从整体上说,它只是局部说明(Stellenerklärungen)——对经文(在古代人文研究领域,古典

---

⑥ 参见 L. 盖尔德赛策(Geldsetzer)的表述。见迈尔的《试论一般解释技艺》(Versuch einer allgemeinen Auslegungskunst),重印版(1965 年)导言中的解释,尤其是第 X 页以下。

⑦ Chr. 沃尔夫(Wolff),《推理哲学或逻辑》(Philos. rationalis sive logica)(²1732 年)第 3 部分第 3 篇第 6、7 章。

⑧ J. A. 克拉顿尼乌斯,《合理的讲演和著述的正确解释导论》(Einl. zur richtigen Auslegung vernünftiger Reden und Schriften)(1742 年,重印版,1970 年)。

⑨ 昆体良,《雄辩术原理》(Inst. orat.)。

著作)的理解之解说——的汇集。Clavis[指南]乃是当时经常使用——比如在 M. 弗拉齐乌斯(Flacius)那里⑩——的书名。

旧的新教(*altprotestantischen*)诠释学的概念性词汇毫无例外地来源于古代修辞学。梅兰希顿(Melanchthon)将修辞学的基本概念转用于对典籍的正确研读(bonis auctoribus legendis),具有划时代的意义。基于整体来理解所有单一的东西的那种要求,也由此而回到了以古代修辞学为典范的 caput[整体]和 membra[部分]的关系。在弗拉齐乌斯那里,这种诠释原则明显地引向了最充满张力的运用。由于教义的统一性规则,即弗拉齐乌斯用来反对对《新约》的单独解释的规则,强烈地限制着路德教派的原则:"《圣经》自身解释自身",就如其后不久 R. 西蒙(Simon)⑪所作的尖锐的批判那样。早期启蒙运动的神学诠释学因拒绝圣灵启示说(Verbalinspiration),而终于去尝试赢得理解的一般规则。特别是那时历史的《圣经》批判(*historische Bibelkritik*),乃是它作为最初的诠释学之证据。斯宾诺莎的《神学政治论》(1670 年)是重大事件。他的批判,比如他对奇迹概念的批判,通过理性的要求而具有正当性。唯有合乎理性亦即具有可能性的东西,才被认可。这种批判同时也包含一种积极的转变,若文本中所载的东西与理性相抵牾,也须对此作出合乎自然的解释。这引导人们转入历史的东西,就是说,从自诩的(和不可理解的)奇迹故事(Wundergeschichten)转向(可理解的)奇迹信仰(Wunderglauben)。

---

⑩　M. 弗拉齐乌斯,《〈圣经〉指南》(Clavis scripturae sacrae)(1567 年);可参见《论〈圣经〉的认知方法》(De ratione cognoscendi sacras literas)(〈指南〉的一部分,德文拉丁文对照本,1968 年重印版)。

⑪　R. 西蒙(Simon),《〈新约〉文本批评史》(Hist. critique du texte du Nouveau Testament)(1689 年);《论〈圣经〉作者的灵感》(De l'inspiration des livressacrés)(1687 年)。

与此相反的是虔信教派的诠释学。从 A. H. 弗兰克 (Francke)开始,这种诠释学就把教人虔诚与文本解释紧密结合起来。J. J. 兰巴赫(Rambach)[12]的这种很有影响的诠释学,(根据马鲁斯)在理解和解释的精致性(subtilitas intelligendi und explicandi)之外还设定了应用的精致性(subtilitas applicandi)。源于人文主义的竞争观念的表达方式 subtilitas[精致性]一词,以一种巧妙的方式暗示了解释的"方法论"——有如一切规则之应用——需要判断力,而这种判断力本身又是不可能由规则来保障的。[13] 在稍后的 18 世纪,作为神学的诠释学仍还时时寻求与教义兴趣的协调(如埃内斯蒂和塞梅勒)。

唯在施莱尔马赫(受 Fr. 施莱格尔的影响)那里,才使诠释学作为一门关于理解和解释的普遍理论,而摆脱了一切教义的与偶然的因素。在施莱尔马赫那里,这些因素只有在诠释学特别地转向《圣经》时才顺带地得到应有的重视。文本标准的基本含义——唯独这种基本含义才使得诠释学的努力具有意义——因此而退居幕后了。基于精神的同等天赋(Kongenialität),理解正是原初的思想产物之再生产的重复。施莱尔马赫基于这一背景——一切生命(All-Lebens)之个体化的形而上学构想——曾这样教导我们。语言的作用由此而凸显出来,并且以基本上克服了语文学只满足于书面文字的局限性这样一种方式凸显语言的作用。施莱尔马赫的诠释学,因其将理解建立在对话和人际间的相互理解基础之上,从而在根本上加深了诠释学的基础,与此同时,也开启了基于诠

---

[12] J. J. 兰巴赫,《神圣诠释学原理》(Institutiones hermeneuticae sacrae)(1723 年)。

[13] 参阅康德,《判断力批判》([2]1799 年)第 7 章。

释学基础之上而建立的科学体系。诠释学变成了一切历史的精神科学之基础，而不仅仅是神学的基础。权威文本的教义学前提，在此前提下的诠释学活动——包括神学家的活动以及从事人文研究的语文学家之活动（不过此处不谈论法学家的活动）——它原初具有的调解作用现在已经消失了。历史主义因此而有了独立的轨道。

特别是心理学的诠释，在施莱尔马赫的后继者那里，在浪漫主义的天才无意识创造活动的学说支持下，始终是全部精神科学起决定作用的理论基础。这已在 H. 施泰因塔尔（Steinthal）那里最富有启发意义地表现出来⑭，并且引发了狄尔泰基于理解的与描述的心理学系统地重建精神科学的观念。在此之前，A. 伯克（Boeckh）在其著名的演讲集《语文科学的百科辞典和方法论》（Enzyklopädie und Methodologie der philologischen Wissenschaften）（1877 年）中，已经开辟了一条新的认识论旨趣之路。在那里，伯克确定了语文学的任务正是"对已认识的东西之认识"（Erkennen des Erkannten）。古典文学的规范意义——这个曾在人文主义那里被重新发现，并且激励人们主要效仿的东西——由此而淡化为一种历史的冷漠。就理解的基本任务而言，伯克区分了四种不同的诠释方式，亦即语法的、文学-类型的、历史-现实的以及心理-个性的诠释方式。于此处，狄尔泰与伯克的理解的心理学密切相关。历史哲学的抑或历史神学的背景——由此而产生了富有才气的历史学家 J. G. 德罗伊森，以及他的朋友、思辨的路德派瓦腾堡的 P. 约克对同时代人的朴素历史主义所作的严格的批判，

---

⑭　H. 施泰因塔尔，《心理学和语言科学导论》（Einl. in die Psychol. und Sprachwiss.）（1881 年）。

这一切对狄尔泰而言,都意味着一种持久的敦促作用。这两个人为狄尔泰在后来的发展中开辟新的道路作出了贡献。体验概念(Erlebnisbegriff)——它在狄尔泰那里构成诠释学心理学基础——通过区分表达(Ausdruck)和意义(Bedeutung)而得以充实,部分地是因受胡塞尔对心理学批判(见《逻辑研究》的《导论》,1899 年)以及他的柏拉图化的意义理论之影响,部分地是由于与黑格尔的客观精神理论的重新结合⑮。——这为 20 世纪带来丰硕的成果。狄尔泰的研究被 G. 米施(Misch)、J. 瓦赫(Wach)、H. 弗雷耶(Freyer)、E. 罗特哈克(Rothacker)、O. F. 博尔诺(Bollnow)以及另外一些人更为推进了。从施莱尔马赫直至狄尔泰以及狄尔泰之后的诠释学的整个观念论传统都被法学史家 E. 贝蒂(Betti)⑯所汲取了。

狄尔泰自己显然无法真正胜任这一令其备受煎熬的任务:在理论上协调"历史意识"与科学的求真诉求。E. 特洛尔奇(Troeltsch)的公式——"从相对性到整体性"——本应是对狄尔泰意义上的相对主义问题的一种理论解答,不过这一公式如同特洛尔奇自己的研究一样陷入了他所要克服的历史主义里。奇特的是,特洛尔奇在其历史主义的著作中总是偏离他的(出色的)历史的话题。与之相反,狄尔泰却在尝试返回一切相对性背后的某种恒定不变的东西。他提出了一种影响深远的、与生命的多重性相吻合的世界观类型说(Typenlehre der Weltanschauungen)。这样来克服历史主义,其自身显然也包含一些未予反思的教条式的前提(尽管不再像费希特说的

---

⑮ 狄尔泰,《全集》(Ges. Schriften)第 4、8 卷(1914 页以下)。

⑯ 贝蒂,《一般解释理论基础》(Zur Grundlegung einer allg. Auslegungslehre)(1954 年);《作为精神科学方法论的一般解释理论》(Allg. Auslegungslehre als Methodik der Geisteswiss.)(1967 年)。

那样直白："人们选择什么样的哲学，取决于他是一个什么样的人"⑰，费希特这句常被滥用的话，无疑是一种观念论的自白）。这首先在那些后继者那里间接地表现出来：当时流行的是教育学-人类学的、心理学的、社会学的、艺术理论的、历史的类型学说，都已表明了它们的丰硕成果事实上依赖于作为它们基础的这一隐秘教条。M. 韦伯、E. 施普兰格尔（Spranger）、Th. 利特（Litt）、W. 平德（Pinder）、E. 克莱希默（Kretschmer）、E. R. 延施（Jaensch）、Ph. 莱尔希（Lersch）等人所有的类型学都已表明，它们具有某种有限的真理价值，然而当它们想把握一切现象的总体性，成为完整的东西时，就立即丧失了这神真理价值。通过"扩充"某种类型学而使之包罗万象，便意味着这种类型学根本上的自我解体，亦即丧失了其教义学的真理之内核。即使是雅斯贝尔斯的《世界观心理学》（Psychologie der Weltanschauungen）（1919 年），仍未能完全摆脱韦伯和狄尔泰之后继者的这种一切类型学的问题，只是在他后来的《哲学》里才提出这一要求（并抵达这一目标）。类型学的思维方式，事实上只有站在极端的唯名论立场上才是合法的，但是甚至韦伯的那种苦行僧式的彻底唯名论也有其局限性。⑱

随着施莱尔马赫奠定一般基础而开启的这一时代的神学诠释学，以相似的方式陷入它的独断论的困境之中。施莱尔马赫的诠释学讲演的选编者 Fr. 吕克（Lücke）就特别强调过神学的因素。19 世纪的神学教义学，整体上折回到旧有的新

---

⑰　J. G. 费希特，《著作集》（Werke），I. H. 费希特选编（1945/1946 年），第 1 卷第 434 页。

⑱　参阅 D. 亨利希（Henrich），《马克斯·韦伯的科学学说之统一》（Die Einheit der Wissenschaftslehre Max Webers）（1952 年）。

教诠释学的疑难问题，这难题表现为标准的唯信仰论（regula fidei）。与之相反，自由主义神学的历史要求——它对唯信仰论日趋冷淡——是对一切教条进行批判。就此而言，R. 布尔特曼（Bultmann）本应归入非神话化的口号的诠释学思考，由于穿过了彻底的历史主义通道，并在辩证神学（K. 巴特［Barth］、E. 图尔纳森［Thurneysen］）的推动下，在历史的解经学和教义的解经学之间建立一种真正的和解，曾是一个划时代的事件。那种在历史的-个性化的分析和基督福音的布道之间的困境仍然未得到缓解。关于非神话化的论战，如 G. 博恩卡姆（Bornkamm）以翔实的专门知识所阐明的东西⑲，具有浓厚的一般诠释学之旨趣。因为在这场论战中，教义学和诠释学之间旧有的张力，在其同时代人的变种中重又复活了。布尔特曼曾远离了他的观念论的神学自我意识，并接近了海德格尔的思想。在此，对 K. 巴特和辩证神学提出的要求发挥了作用，因为他们意识到的不仅是"关于上帝的话语"中的神学问题，而且也同样是其中的人的问题。布尔特曼力图寻找一种"积极的"解决方案，亦即那种在方法上能得以证明的、不放弃历史神学一切成果的办法。海德格尔的《存在与时间》（1927年）的存在主义哲学，似乎在这种情况下为布尔特曼提供了一种中性的人类学的立场，由此出发，信仰的自我理解获得了一个本体论的基础⑳。此在的未来性，以其本然状态的方式以

---

⑲　G. 博恩卡姆，《有关鲁道夫·布尔特曼神学的最近讨论》（Die Theol. Rudolf Bultmanns in der neueren Diskussion），载《神学评论》（Theol. Rdsch.）NF 29（1963 年）第 33—141 页。

⑳　关于存在主义哲学的这种"中立的"要求的可疑性，可参阅 K. 勒维特（Löwith），《现象学发展的基本特征及其与新教神学的关系》（Grundzüge der Entwicklung der Phänomenol. zur Philos. und ihr Verhältnis zur prot. Theol.），载《神学评论》NF2（1930 年）第 26 页以下，第 333 页以下。

及与之相反的方式，向世间沉沦，都可在神学上予以解释。这种诠释学之贡献，首先在于前理解（Vorverständnisse）概念——对这种诠释学意识在解经学方面的丰富成果，可完全避而不谈。

海德格尔的哲学新萌芽，不仅在神学里产生了积极的作用，而且首先使得人们摧毁那种在狄尔泰学派里占统治地位的相对主义的和类型学的僵化基础成为可能。G. 米施有一项功劳，他通过将胡塞尔和海德格尔与狄尔泰对立起来，重新释放出了狄尔泰哲学的冲击力[21]。尽管他将狄尔泰生命哲学之开端的构想确定为与海德格尔最终的对立，——不过狄尔泰在"先验意识"之后重新回归"生命"的立场，对于海德格尔拟定其哲学而言，仍是一个重要的支撑。由于狄尔泰的观念融入了存在主义哲学的现象学基础，诠释学问题才得以在哲学上彻底化。其时海德格尔构造了"实存性诠释学"（Hermeneutik der Faktizität）概念，并且为了反对胡塞尔的现象学的本质本体论（die phänomenologische Wesensontologie），拟定了一项近乎悖理的任务。他依然去解释"存在"（Existenz）的"不可预想性"（das Unvordenkliche）（谢林），甚或将存在本身诠释为"理解"，并依据其自身的可能性来诠释自己。在这里达到了这样一个关键点，在这一点上，诠释学现象的工具主义的方法意识必须返回到本体论。在此，理解不再是人际间的人类思想行为，而是人的此在的基本活动。历史性因此而不再招惹历史相对主义的幽灵了。

但是随后，当海德格尔认识到作为基础本体论的先验基

㉑　G. 米施，《现象学和生命哲学》（Phänomenol. und Lebensphilos.）（1929年）。

础不够充分的时候,当"实存性诠释学"在"转向"(Kehre)的思考中转变成"澄明"(Lichtung)、变成存在的"此"(Da)时,观念论传统的诠释学问题再次凸显出来。在《存在与时间》指出主体概念在本体论上的先在性之后,尤其是当后期海德格尔在思考"转向"中突破了先验哲学反思的框架时,那个才智横溢的辩证法——通过这种辩证法,贝蒂尝试以主体性与客体性的相互作用来为浪漫主义诠释学的遗产作辩解——也必然表现出它的不充分性。构成揭蔽(Entbergung)和遮蔽(Verbergung)活动空间的真理"事件"(Ereignis),给予所有解蔽(Entbergen)——也给予理解科学的解蔽——以一种新的本体论效用(Valenz)。由此而对传统诠释学的一系列新的提问又成为可能。

观念论的心理学基础被证明是成问题的:难道文本的意义真是仅限于"被意指的意义"(作者的思想,mens auctoris)?难道理解只是原初作品的再生产? 这对于显而易见地起着创造法律的作用的法学诠释学而言,显然是不适用的。不过人们常将这一切推至它的规范的使命状况方面。为此科学中的客观性概念要求坚持这一原则(Kanon)。然而这一原则确实满足了需要吗? 举例来说,它能满足对艺术作品(它们在导演、指挥以及翻译者那里本身还有一种实践上的产品之形式)的解释吗?人们有何权利将这种出自诠释的再生产之意义(reproduktiven Sinn)从科学的意义中分离出来呢? 这样的一种再生产难道产生于梦游中而全无知识吗? 在此,再生产的意义内容的确不能局限于源于作者有意识地赋予的意义上。众所周知,艺术家的自我诠释是很可疑的。然而他们的作品之意义,还是向诠释提出了一个单义性诠释的大致任务。

关于历史事件的意义和解释又当如何呢？同代人的意识正是由此而显示出来：他们"经历着"（erleben）历史，却又不知是如何与之相遇的。对此，狄尔泰始终坚定不移地坚持其体验概念（Begriffes des Erlebnisses）的系统化结论，正如关于狄尔泰的传记及其自传对于狄尔泰的历史效果关联之理论所教导的那样[22]。R. G. 科林伍德运用克罗齐的黑格尔主义辩证法工具对实证主义的方法意识所作的见解独到之批判[23]，也同样因这一批判中的"重演"（re-enactment）说——只要它被当作历史理解的典范，作为对已实施的计划再行理解的基础——而局限于主观性的狭窄问题域。以苛求历史学家与其对象的同等天赋为出路——施莱尔马赫已经踏入这条路——显然没有实质性的进展。这意味着对历史学家的过分要求，并对其任务估计不足。

关于《圣经》布道的意义的情况又是如何？同等天赋概念（Der Begriff der Kongenialität）在此陷入了悖谬，因为它召回了灵感理论（Inspirationstheorie）的噩梦。然而《圣经》的历史解经学在此也受到了限制，特别是受到了"自我理解"这一主导概念之限制。是否《圣经》的救世意义，必然地并不外乎通过致力于纯粹叠加《新约》作者的神学观点而成的东西呢？因而虔信教派的诠释学（A. H. 弗兰克，J. J. 兰巴赫）在这一点上仍旧值得我们重视，亦即这种诠释学在其关于理解和解释的解释理论中，还补充了应用，并因此而凸显了"文本"与当代的关联。这里隐藏着诠释学的中心动机：诠释学确实须认真对待人的历史性。观念论诠释学也确实要考虑此事，尤其是考虑贝蒂通过"意义

---

[22] 参注释 15 所引狄尔泰著作第 8 卷。
[23] 科林伍德，《思想：一篇自传》（Denken, eine Autobiographie）（1955 年）。

相应原则"(Kanon der Sinnentsprechung)所示的东西。当然,只有坚定不移地承认前理解(Vorverständnisses)概念和效果历史(Wirkungsgeschichte)原则,或更确切地说,发挥效果历史意识,方可提供一个充分的方法论基础。《新约》神学的原则概念(Kanonbegriff)在此发现了一个它的作为特例的合法证明。它与这种情况相适应,亦即,最近的诠释学讨论也已蔓延到天主教神学(G. 斯塔克尔[Stachel],E. 比塞尔[Biser])[24]。在文学理论方面,与此相类似的代表就是冠以"接受美学"(Rezeptionsästhetik)(R. 尧斯[Jauss])的理论。然而正是在这一领域,招致了执着于方法论的语文学的顽强抵抗(E. D. 赫施[Hirsch],Th. 泽博姆[Seebohm])[25]。

在这一问题的启发下,法学诠释学令人尊敬的传统获得了新的生命。在现代的法教义学(Rechtsdogmatik)内,法学诠释学可能只是扮演了一不起眼的角色,仿佛是一个自身完善的教义学永远无法完全避免的瑕疵。尽管如此我们也必须承认:这是一门规范的学科,并起到了补充法律的教义学作用。它作为这样的学科,具有一个本质上不可或缺的任务。这是因为它能消弭那种在已确立的法律之一般性和个别事件的具体性之间的无法消除的裂隙。——就此而言,它是更原初、更本质的东西。对它的历史回顾[26]表明:理解着的解释问题,以一种不可分割的方式与应用问题联结在一起。自从接受罗马

---

[24]　G. 斯塔克尔,《新诠释学》(Die neue Hermeneutik)(1967 年);E. 比塞尔(Biser),《神学语言理论与诠释学》(Theol. Sprachtheorie und H.)(1970 年)。

[25]　R. 尧斯(Jauss),《作为文艺科学对立面的文学历史》(Literaturgesch. als Provokation der Literaturwiss.)(1970 年);E. D. 赫施,《解释的有效性》(Validity in Interpretation)(1967 年);Th. 泽博姆,《诠释理性批判》(Zur Kritik der hermeneutischen Vernunft)(1972 年)。

[26]　参阅 C. Fr. 瓦尔希(Walch)为 C. H. 埃卡德(Eckard)《法学诠释学》所写的序言(Vorwort zur ‹Hermeneutica Juris›)(1779 年)。

法以来，就已向法律科学提出了这样的双重任务。因为在那时不仅要理解罗马法学家，而且同样也须将罗马法的教义学应用于近代文化世界（Kulturwelt）㉗。为此，从法律科学中所形成的正是一种诠释学任务和教义学任务密切关联，如同神学承担起法律科学的任务那样。只要罗马法仍然保持其合法的法律效用，那么罗马法的解释理论就不可能参与到历史异化中。A. F. J. 蒂鲍特（Thibaut）㉘于 1806 年对罗马法所作的解释，仍将此视为理所当然：即解释理论不能仅仅依据法律制定者的观点，而且也必须将"法律的根据"提升为真正的诠释学原则。——随着现代法律编纂学的建立，传统的解释罗马法的首要任务，必然失去了它在实践意义上的教义学兴趣，并且同时成为法学史课题的一部分。因此它有可能作为法学史而无保留地顺应历史科学的方法论思想。与之相反，法学诠释学作为一门新型的法学教义学的辅助学科被置于法学的边缘。作为《法律中的具体化》㉙的基本问题，诠释学现象显然也同样跻身于所有的法律科学中，有如诠释学现象之于神学及其非神化的恒久不变的任务那样。

人们对此必须追问，是否神学和法学时刻准备着为一般诠释学作出根本的贡献。要展开这一问题，依靠内在于神学、法律科学和历史-语文学科学的方法论问题显然是不够的。因为这恰恰取决于此：即我们能否厘清历史认识的自我理解

㉗ 参阅 P. 科夏克（Koschaker），《欧洲和罗马法》（Europa und das römische Recht）(1958 年）。

㉘ A. F. J. 梯鲍持（Thibaut），《罗马法的逻辑解释理论》（Theorie der log. Auslegung des römischen Rechts）(1799 年，1806 年，1967 年重印版）。

㉙ K. 恩吉希（Engisch），《当代法律和法学中的具体化观念》（Die Idee der Konkretisierung in Recht und Rechtswiss. unserer Zeit）,见海德堡科学院论文集（Abh. Heidelb. Akad. Wiss.）(1953 年）。

(Selbstauffassung)之界限,能否重新赋予教义学诠释以一种有限的合法性[30]。然而,科学的无前提性概念也与之相对立[31]。由于这些原因,我在《真理与方法》(1960年)中所从事的探究,乃是从经验领域出发,这一领域在某种意义上总是被称为独断论的。因而它要求承认它的有效性诉求,且不容置疑地坚守这一点:从艺术的经验出发。在此,理解意味着在通常情况下是被认可和有效的:"令我们感动的便是理解"(E. 斯泰格[Staiger])。艺术学或文学的客观性——它作为科学为之努力的东西,保留了它的全部严肃性——在任何情况下都仍然归属于艺术的或诗的经验。在这种情况下,在艺术的经验本身之中的应用(applicatio),是与理解(intellectio)和解释(explicatio)根本无以分离的。这对于有关艺术的科学来说,也不可能不发生作用。在法学诠释学中的应用结构,有其世代相袭的居留权,因而这种应用结构必然变得尤为重要。尽管法律史与法学教义学的理解重新相互接近,由此而结为同盟,但也不能取消它们的差别,正如贝蒂和 Fr. 维亚克尔(Wieacker)所特别强调的那样。然而从整体上说,一切理解都具有的先决条件性(Voraussetzungshaftigkeit)却仍然可以被认为是业已证明了的。但这绝对不含有这样的意思,即,只要"精神科学"未被提升为"科学"并归入"科学的统一体",人们就必须让它作为一门非精确的科学,带着它的一切令人遗憾

---

[30]　参阅 E. 罗特哈克,《精神科学的独断思想形式和历史主义问题》(Die dogmatische Denkform in den Geisteswiss. und das Problem des Historismus)(1954年)。

[31]　参阅 E. 斯潘格(Spranger),《论科学的无前提性》(Über die Voraussetzungslosigkeit der Wiss.),柏林科学院论文集(Abh. Berl. Akad. Wiss.)(1929年),作者已证明这一口号是出自1870年以后的文化斗争之氛围,这当然并没有对它不受限制的普遍性产生丝毫怀疑。

的缺点继续苟延度日。毋宁说,哲学诠释学将取得这样的成果,即只有理解者将其自己的预设前提带入了游戏,理解才是可能的。诠释者的创造性贡献以一种不可舍弃的方式属于理解的意义本身。这并非是使个人的和任意的那种主观的先入之见合法化,因为与此相关的每一件事,都保留着完整的规范价值(Disziplinierungswert)。可是时代、文化、阶级和种族间的无法消除的、必然的间距,乃是赋予理解以张力与生命的那种自身超越主观的因素。因而,在新约全书的学术领域(首先在 E. 富克斯[Fuchs]和 G. 埃贝林[Ebeling]那里)中,同样也在例如文学评论中,以及在海德格尔式的推动哲学的继续发展中,诠释学问题基本上离开了主观的-心理主义的基础,并转向了客观的、为效果历史上所协调了的意义。协调这些间距之决定性的所与物(Gegebenheit),就是语言。在语言中,诠释者(抑或翻译者!)把被理解的东西重新用语言表达出来。神学家有如诗人,讲述的正是语言事件。因而在某种意义上,诠释学以其自己的方式接近了从新实证主义形而上学批判出发的分析哲学。分析哲学不再坚持这一点,即借助于人造的符号语言,通过对言说方式的分析以及厘清一切陈述的意义,以一劳永逸地解开“语言之谜”。在此之后,这种哲学也就不可能最终再回到超越语言游戏中的语言作用之立场,正如维特根斯坦的《哲学研究》所表明的那样。K. O. 阿佩尔有理由这样强调说:通过语言游戏的概念,流传物的连续性显然只有以非连续的方式才得以描述出来[32]。若诠释学通过对理解的条件(前理解、问题的先行性、每一陈述的动机形成史[Motiva-

---

[32] 阿佩尔,《维特根斯坦和理解问题》(Wittgenstein und das Problem des Verstehens),载《神学院杂志》1966 年第 83 期第 49—87 页。

tionsgeschichte])之反思来克服基于所与概念的实证主义的天真幼稚,那么它同时就体现了对实证主义的方法观点之批判。于此处,诠释学在多大程度上遵循先验理论的或者毋宁说遵循历史辩证法的模式,尚有争议㉝。

无论如何,诠释学有着它自己独特的主题。它违背了形式的普遍性,致使它不能被合法地划入逻辑学。它理解每一陈述,并不局限于其逻辑有效值,而是将其作为一种回答。并且,由于诠释学必定能从每一陈述的动机形成史那里获取它们的意义,因而它就能超出逻辑上可理解的陈述之内容。这在黑格尔的精神辩证法中就已然成为基础,并且被克罗齐、科林伍德和其他人重新提出,并通过 H. 利普(Lipp)基于胡塞尔匿名的意向性学说的《诠释的逻辑学》(Hermeneutische Logik)而以现象学方式来奠定。在英国,J. L. 奥斯汀(Austin)沿着类似的方向继续推进后期维特根斯坦的转变。——诠释学与修辞学的关系非常紧密,修辞学与它分享着有说服力的论证(亦即εἰϰός)。修辞学传统——在德国,它于 18 世纪就异常地被基本中断了——一如诠释学传统,在美学领域中以一种原因不明的方式仍起着作用,这一点,首先是 K. 多克霍恩(Dock-horn)指出的㉞。因此,人们——如 Ch. 佩尔曼(Peirelman)及其学派㉟——也从修辞学与法理的合理性出发,提出了抵御现代数理逻辑垄断一切的要求。

㉝　参阅伽达默尔纪念文集《诠释学和辩证法》(Hermeneutik und Dialektik)(1970 年)中的论文以及最近出版的伽达默尔《真理与方法》(1972 年)第 3 版后记。

㉞　K. 多克霍恩,《对 H. G. 伽达默尔〈真理与方法〉一书的评论》(Rezension von H. -G. Gadamer "Wahrheit und Methode"),载《哥廷根学人杂志》(Göttingische Gelehrte Anzeigen)1966 年第 218 期。

㉟　参阅 M. 纳汤森(Natanson)与 H. W. 约翰斯通(Johnstone)主编,《哲学、修辞学和论证问题》(Philos. , rhetoric and argumentation)(1965 年)。

　　然而，接下来诠释学问题还有一个更为广泛的向度，亦即语言在诠释学领域中所占据的中心位置。因为语言不仅是诸种传媒工具中的一种——在"象征形式"（卡西尔）的世界内——而是与在交往中实现自身的理性之潜在的公共性（Gemeinsamkeit）有一种特殊的关系，如 R. 赫尼希斯瓦尔德（Hönigswald）已经强调过的。诠释学向度的普遍性就基于此。这种普遍性，我们在奥古斯丁和托马斯的意义学说那里就已看到了。他们认为，要通过事实的意义来发现超出符号（语词）的意义，并由此而证明了超越文字意义（sensus litteralis）的合理性。今天的诠释学显然不能简单地跟随这种超越，而不让新的隐喻解释（Allegorese）登上宝座。因为这里已作出了上帝创造语言——上帝通过它来向我们说话——之预设。可是我们的思考不能回避这一点："意义"不仅已经进入了言谈和著述里，而且进入了所有人的创造活动中，诠释学的任务就是解读出这种意义。不仅艺术的语言提出了合理的理解之要求，而且从根本上说，每一种人类文化的创造形式都是如此。不错，这一问题仍将继续扩展。究竟有什么东西不属于我们的语言所表述的世界定向（Weltorientierung）呢？人类对世界的一切认识都是以语言为媒介的。第一次的世界定向是在学习讲话中完成的。但不惟如此，我们的"在世之存在"（In-der-Welt-Seins）的语言性所表达的最终是全部的经验领域。亚里士多德所描述的与 Fr. 培根所发展的归纳逻辑[36]，作为一种经验的逻辑理论可能是不理想的，它需要修正[37]。——在实质上接近于用语言表达世界，非常出色地体现在经验中。一切经验，都发生于我们

---

[36]　亚里士多德，《后分析篇》第 2 章第 19 节；培根，《新工具》第 2 卷第 1 页以下。

[37]　波普尔，《研究的逻辑》（Logik der Forschung）（1966 年）。

认识世界的持续的、相互交往的深化过程中。经验本身是关于被认识的对象之认识，较之伯克刻画语文学学者的工作之公式，它乃意指更深层次以及更一般意义上的东西。因为我们生活于其中的传统，并非一个由文本和古迹所构成，以及用语言描述出来的意义或者用历史文献所证明的意义所促成的那种所谓的文化传统。而更多的是指交往活动的经验世界，本身作为一个开放的整体持续地提供亦即"流传"给我们。在世界被经验到了、扬弃了陌生性的地方，在产生了明了、洞见和有把握的地方，最终地，也在成功地把一切科学认识都整合为对单一事物的个人知识的地方，诠释学的努力就在所有这些地方获得了成功。

是以，这一诠释学向度与哲学的概念活动——它已持续了数千年之久——有着特别的关系。因为形成于哲学中并被流传下来的概念词汇，并非固定不变的标志和符号，通过它们来标识某种确定的意义，而是源于人们解释世界（Weltauslegung）——它发生于语言之中——的交往活动。这些概念词汇将被这种交往活动继续向前推进、发生变化，并且将日益丰富，进入被旧有的关系所掩盖的新关系里，它们又几乎降至无意识状态，并复又在新的追问思考中重新活跃起来。所以一切概念的哲学活动都以一种诠释学向度为基础，于今日，人们对这一向度是以"概念史"（Begriffsgeschichte）这样一个不太精确的词来标识的。诠释学向度不是那种次要的努力，即不讨论事实而只讲我们所用的理解方法，而是在我们使用概念本身的过程中所形成的批判因素。那些要求独断的与单义性之定义的非专业人士的愤怒，同样的还有对语义学的片面的认识论之单义性幻想，都误解了语言是什么，并且，也不知概念的语言是不能被发明，被任意改变、任意使用和任意弃置的,而是源于这样的要素,即我们于其中思维着的要素。这种鲜活的思想与言说之流的僵硬外壳,惟在人造形式的专用术语里才会碰到。然而,我们的交往活动——它在我们的言说中得以实现,并且,理解和赞同也在交往活动中得以建立㊳——仍然采用和承载了这种专用术语。

诠释学问题在社会科学的逻辑领域中蔓延着一种新的危机。因为马克思主义的振奋人心的意识形态批判(Ideologiekritik),与针对精神科学中的朴素客观主义的诠释学批判具有一致性(哈贝马斯;也可参阅 H. 阿尔伯特的激烈论战㊴),尽管意识形态批判驳斥诠释学的普遍性要求为"唯心论的",并且诉诸心理分析模式,以使法权理解的诠释学之社会批判要求合法化:非强制性的、理性的讨论应当"治愈"错误的社会意识,有如心理疗法的对话将病人引回到对话共同体中一样。事实上,通过对话而得以康复是一种突出的诠释学现象,P. 利科和 J. 拉康㊵首先重新讨论了这种现象的理论基础。但是精神疾病和社会疾病之间这种类比的有效范围却是可疑的㊶。

诠释学的普遍性依赖于此:诠释学理论的、先验的特征,在多大程度上被限制在内在于科学的效用上,或者它是否证明了共通感(sensus communis)的原则,并因此而证明了如何将一切科学的运用整合到实践意识中的方式。诠释学在作如

㊳　参阅伽达默尔,《概念史与哲学语言》(Die Begriffsgesch. und die Sprache der Philos.),载《北莱因威斯特伐伦州研究工作联合会会刊》(1971 年),第 170 卷。

㊴　哈贝马斯,《社会科学的逻辑》(Zur Logik der Sozialwiss. Philos.),载《哲学评论》(1967 年);《诠释学与意识形态批判》(Hermeneutik und Ideologiekritik)(1971 年);H. 阿尔伯特,《构造和批判》(Konstruktion und Kritik)(1972 年)。

㊵　利科,《论弗洛伊德研究》(De l'interprétation. Essai sur Freud)(1965 年,德文版 1969 年);拉康,《著作集》(Ecrits)(1966 年)。

㊶　参阅哈贝马斯,前揭(参注释 39)《诠释学与意识形态批判》(1971 年)。

此普遍的理解之后重又成为实践哲学的近邻,通过 J. 里特尔
(Ritter)及其学派的工作,在德国先验哲学的传统中复兴这种
实践哲学就已经开始了。哲学诠释学本身已意识到这一点[42]。
一种实践的理论显然是理论,而不是实践,但是一种实践的理
论也不是一门"技术"或者一种社会实践的科学化:这就是真
理,捍卫这些与近代的科学概念相对立的真理,乃是哲学诠释
学的一项最重要的任务。[43]

伽达默尔(Gadamer)撰,潘德荣译

参考文献:

Literaturhinweise. H. STEINTHAL s. Anm. [14].-A. BOECKH:
Enzyklop. und Methodol. der philol. Wiss. (1877).-E. HUSSERL: Log.
Untersuchungen I/1 (11899).-W. DILTHEY: Ges. Schriften (1914—
1936) Bd. 1. 5. 7. 11.-E. ROTHACKER: Einl. in die Geisteswiss.
(1920); Logik und Systematik der Geisteswiss. (1926); s. Anm. [30].
-H. FREYER: Theorie des objektiven Geistes. Eine Einl. in die Kulturphi-
los. (1923).-M. HEIDEGGER: Sein und Zeit (11927).-J. WACH: Das
Verstehen. Grundzüge einer Gesch. der hermeneutischen Theorie im 19.
Jh. 1—3 (1929ff.).-R. BULTMANN: Glauben und Verstehen. Ges.
Aufsätze 1. 2(1933, 21952); Die Frage der Entmythologisierung(1954).
-O. F. BOLLNOW: Dilthey. Eine Einf. in seine Philos. (1936); Das Ver-
stehen(1949).-E. FORSTHOFF: Recht und Sprache. Abh. Königsberger
Gel. Ges. (1940).-G. EBELING s. Anm. [5]; Wort Gottes und H. Z.
Theol. Kirche 56(1959); RGG3 Art. H..-CH. PERELMAN: Rhet. et
philos. (Paris 1952).-K. ENGISCH s. Anm. [29]; Log. Studien zur Ge-
setzesanwendung(31963).-L. WITTGENSTEIN: Philos. Untersuchun-
gen(1953).-E. BETTI: Hermeneutisches Manifest(1954); Zur Grundle-

---

[42] 参阅 J. 里特尔,《形而上学和政治》(Met. und Politik)(1969 年);以及
M. 里德尔(Riedel)主编,《恢复实践哲学》(Rehabilitierung der prakt. Philos.)第
1,2 卷(1972/1974 年)。

[43] 伽达默尔,《理论、技术、实践》(Theorie, Technik, Praxis),见《新人类学》
(Neue Anthropol.)第 1 卷(1972 年)导言。

gung einer allg. Auslegungslehre. Festschr. E. Rabel 2 (1954);
Teoriageneraledell'interpretazione 1. 2 (Mailand 1955); gekürzte dtsch.
Übers. s. Anm. [16]. -Stud. gen. 7(1954)H. 6. 7. -H. -I. MARROU:
De la connaissance hist. (Paris 1956). -E. FUCHS: H. Erg. -H. mit Reg.
(1958); Zum hermeneutischen Problem in der Theol. (1959). -CH.
PERELMAN und L. OLBRECHTS-TYTECA: Traité de l'argumentation
(Paris 1958). -H. -G. GADAMER: Wahrheit und Methode('1960,21965,
31972); Kleine Schriften 1: Philos. ,H. (1967). -Poetik und H. 1,hg. H.
R. JAUSS(1964); 2,hg. W. ISER(1966).

[Historisches Wörterbuch der Philosophie: Hermeneutik. HWPh:
Historisches Wörterbuch der Philosophie,S. 10633
(vgl. HWPh Bd. 3,S. 1073)]

[*Historisches Wörterbuch der Philosophie*: *Hermeneutik. HWPh*:
Historisches Wörterbuch der Philosophie,S. 10600
(*vgl. HWPh Bd*. 3,S. 1061 *ff.*)]

融通（Akkommodation）

　　融通（来自拉丁文 accommodatio,适应[Anpassung]）首先是在关于圣经的神学学说中作为概念出现的。人类语言的使用应当依据圣灵被视为一种上帝的融通,这种想法在 M. 弗拉齐乌斯(Flacius, 1520—1575)那里就有据可查了。J. A. 奎恩施特(Quenstedt,1617—1688)则用圣灵要适应于(Akkommodation … an)个别圣经作者的独特表达方式,来解释语法和风格的差异,以在语文学抗辩面前保卫口头灵感学说,这种学说是当时教义学的基础,按照这种学说,圣灵当被视为所有经文陈述的作者。①

　　融通概念在 17 世纪获得了更多的含义,这是在对权威和圣经理解的大量讨论中实现的,自然科学的发现和近代思想消解了这种讨论。在自然科学家(如 B. J. 开普勒[Kepler])、哲学家以及神学家那里形成了不同种类融通理论②。这些理论的功能根本上在于,说明个别圣经陈述(例如《约书亚记》,第 10 章、第 12 章以下)与通过自然科学研究结果所获得的新的世界图景之间的区别和对立。17 世纪圣经批判的代表者(如 B. 斯宾诺莎[Spinoza]、Joh. 克勒里库斯[Clericus]、W. 惠斯顿[Whiston])指出,圣经的人神同形同性论和对自然的表象,是圣经作者一种有意或无意地对其同时代人的有限知识

---

　　①　霍内希,《历史批判神学的开端》(Die Anfänge der hist. -krit. Theol.)(1961 年),第 214 页。

　　②　K. 朔尔德(Scholder),《十七世纪圣经批判的起源和问题》(Ursprünge und Probleme der Bibelkritik im 17. Jh.)(1966 年),第 68 页。

状况所作的调整适应。

J. S. 塞姆勒(Semler,1725—1791)将融通理论运用于对新约中存在的神话学表象和神学理论差异的解释,由此,融通理论的应用在 18 世纪下半叶得到了扩展。③ 人们持这样的观点:出于教育目的,为了使布道得以理解,耶稣及其信徒业已适应于从信仰上表象其周围环境了。与此观点相联系的将基本圣经陈述相对化的做法激起了关于融通的争论。这一争论约在 18 世纪末达到了顶点,并产生了大批文献。1789 年在荷兰举办了一场有奖竞答,要求澄清这样的问题,“耶稣及其使徒是如何在布道演说中适应于大众的”④。青年黑格尔也对这一争论发表了简短的看法。⑤

当历史批判研究确认了耶稣及其使徒与他们那个时代的看法相一致,那么在这一范围内关于融通的诠释学理论就变得多余了。融通概念在对他人观点的适配或适应的普遍含义上得到了保持,而且这一概念不只出现在教育家那里,也出现在神学家和哲学家(如 S. 祁克果[Kierkegaard],K. 马克思)那里,诚然,这些人常常否定地评价融通的实行。

现代社会心理学(例如在 A. 米切利希[Mitscherlich]那里)和社会学在如下意义上使用融通概念:消极适应于居统治地位的行为方式、社会关系和环境条件。⑥

G. 霍内希(Hornig)撰,杨栋译

---

③　霍内希,同上,第 225 页以下。

④　P. 范赫梅特(Van Hemert),《论〈新约〉中的融通》(Über Accommoda-tionen im NT)(1797 年),前言。

⑤　《黑格尔早期神学著作》(Hegels theol. Jügendschr.),H. 诺尔编,1907 年,第 150 页。

⑥　米切利希,《攻击与适配》(Aggression und Anpassung),载《工业社会中的攻击与适配》(Aggression und Anpassung in der Industriegesellschaft)(1968 年),第 109 页。

参考文献：

K. GRÜNDER: Figur und Gesch. (1958). -G. HORNIG s. Anm. [1]. -T. RENDTORFF: Kirche und Theol. (1966). -A. MITSCHERLICH s. Anm. [6].

应用、适用（Applikation）

　　"应用"这一概念通过 18 世纪虔信主义诠释学的使用，以及当代诠释学讨论中的实际运用，在哲学史上变得重要起来。

　　历史上对"应用"这个词（拉丁文 applicare，applicabilis）的使用是十分多样的。这个词作为外科职业（die chirurgische Tätigkeit）的医学术语①，在 Ph. J. 斯宾纳（Spener）和 J. A. 本格尔（Bengel）那里以譬喻的方式发挥了作用②。礼拜仪式的应用概念（Zuwendung der fructus missae）③以耶稣救世工作的"中介"（Vermittlung）概念为前提（本格尔也是在这个意义上使用 applicare 的④）。对于大阿尔伯特（Albertus Magnus）的理性概念而言，"理性……，其作为理智的图像，直接对理智的首要形式做出应用（Intellctus …, qui intelligentiae imago est，immediatam applicationem habet ad primas formas intelligibiles）"⑤，应用这个概念差不多意味着描述着要点而无中心概念地"与……相联系"。W. T. 克鲁格（Krug）就"具有应用"（Applikation haben）指出：人们"自身适于或听

---

① 《许布纳词典》（Hübner Lexicon）第二部分（¹1712 年，引自 1792 年版），第 122 页。

② 斯宾纳，《虔敬的渴望》（Pia desideria）(1675 年)，前言。以及本格尔，《明白的启示》（Erklärte Offenbarung）(1740 年)，前言，第 12 节。

③ H. 邓琴格（Denzinger）、A. 舍恩梅茨尔（Schönmetzer），《公教会之信仰与伦理教义选集》（Enchiridion symbolorum, definitionum et declarationum）(1854 年，引自³³1965 年版)，第 1530（2630）页。

④ 本格尔，《〈新约〉圣经导引》（Gnomon Novi Testamenti）(1742 年，引自⁸1915 年版)，第 942 页。

⑤ 大阿尔伯特，《论伦理学》（In eth.），第 6 卷，第 2 页，第 17 行。

从某项事务"⑥。

在虔信主义诠释学(die pietistische Hermeneutik)中,应用
(Applikation)作为运用(Anwendung)、据为己用(Aneignung),
在阐释(Explikation, intelligere, explicare, applicare)近旁有其
系统的位置⑦。"基督教的知识是全然不够用的,而毋宁说在
于实践";"拥有和练习这一点[基督教信仰]"⑧——于此当中
应用的诠释学功能才具有其信仰上的意义。(斯宾纳:神学作
为"惯习实践"[habitus practicus]。)老新教正统作为作伪而僵
化的宗教改革,其直觉、教义和布道都受到了批判;通过重新
理解经文而得到的圣经科学,以及对教条立场的诸种改变,皆
发挥着中心作用。这种中心作用连同前述批判乃是虔信主义
之自明性的历史要素。诠释学的实践任务就自此要素而来
("塑造新人"[Auferbauung des neuen Menschen];圣经对厄廷
格[Oetinger]而言是"关于变易的讲道书";任务乃是:"自我进
入"上帝对词语的创造)。在不定解释的概念里,应用有其逻
辑上的对立面。

自圣经诠释学根底里发展出的二元论问题(研究者–布道者;历
史批判方法–信仰,业已在本格尔处被述及)复又在阐释(Explika-
tion)与应用之关系的清晰主题下出现在当代诠释学讨论中⑨。与
朝向"理解活动之历史性"的普遍诠释学发问相关,H. G. 伽达

---

⑥　克鲁格,《普通哲学科学词典》(Allg. Handwb. philos. Wiss.)第 1 卷
(^{2}1832 年)。

⑦　J. J. 兰巴赫(Rambach),《神圣诠释学原理》(Inst. hermeneuticae sacrae)
(^{1}1723 年)。

⑧　斯宾纳,前揭(参注释 2),第 30 页,第 8 行。

⑨　艾贝林,《历史批判方法对新教神学和教会的意义》(Die Bedeutung der
hist. -krit. Methode für die prot. Theol. und Kirche),载《神学与教会杂志》(Z.
Theol. u. Kirche)第 47 卷(1950 年),第 1—46 页。

默尔将应用概念把握为根本性的诠释学中介之标题,而 E. 贝蒂把这一概念理解为在历史与规范之差异的前提下规范性诠释(Interpretation)的规则,提示出应用概念的两个面向,此乃历史思想不同要素的标志。重要的是,伽达默尔处理的是理解(Verstehen)理论,而贝蒂处理的是作为方法论的诠释学。[⑩]对伽达默尔来说,诠释学的基本问题乃是"应用"(Anwend-ung)。应用在下列情况下是实实在在可被描述的:1. 在普遍与特殊的关系中:理解作为"一种从普遍向一种具体……状况应用的特殊情况"[⑪],2. 在历史间隔(Abstand)的问题中("受约束的视域融合"[⑫]之任务):"理解……作为对一传统事件的接入,在这事件中,过去与现在持续地互相传递着"[⑬]。

K. 克拉默(Kramer)撰,杨栋译

[⑩]　伽达默尔,《真理与方法》(Wahrheit und Methode)(²1965 年)。贝蒂,《作为精神科学一般方法论的诠释学》(Die Hermeneutik als allg. Methodik der Geisteswiss.)(1962 年)。

[⑪]　伽达默尔,同上,第 295 页。

[⑫]　同上,第 284 页以下。

[⑬]　同上,第 274 页以下。

解释（Auslegung）

解释（Auslegung, ἑρμηνεύειν）的三种含义，解释（explicatio）、阐释/诠释（interpretatio）和经文注释（Exegese），在下面的情形中大体是交织在一起的：a）在作为口传诸神旨意的早期希腊宗教的诗人说明（荷马[Homer]）中[1]，随之就与智者们的修辞术联系在一起；b）在旧约解释[2]及对其律令的解释中。新柏拉图主义把作为 explicatio 的解释定义为，作为被展开之数的精神和事物。[3] 在库萨的尼古拉（N. v. CUES）那里，explicatio（展开）（其对立面是 complicatio[收起]）在对存在者之多样性与存在的上帝统一性之关系的讨论中与存在论联系在一起。[4] 当理性作为解释规范（Auslegung-Norm）代替解释者（路德）的宗教禀赋出现时、在路德回到哲学上不再令人疏异的圣经上之后，解释学说（Auslegung-Lehre）在虔信主义和启蒙运动中在哲学上成问题了。对 J. A. 克拉顿尼乌斯而言，区别于理解（Verstehen）的解释"正是使某人明白那些对于完整理解谈话和文本所必需的概念"[5]。在此，只要解释者能"想起"那些"对其创作者而言尚未唤起意义的"事物，那么解释就

---

① 参见柏拉图,《会饮》(Symp.)220e,以及《伊翁》(Ion)534e。

② 参见《路加福音》24:27。

③ 参见普罗提诺《九章集》(Enn.),第 6 集,第 6 章,第 9 节。

④ 库萨的尼古拉,《有学识的无知》(De docta ignor.),第 2 卷,第 3 章;参见第 1 卷,第 3 章;以及《论精神》(De mente)15,第 113 页。

⑤ 克拉顿尼乌斯,《合理的讲演和著述的正确解释导论》(Einleitung zur richtigen Auslegung vernünftiger Reden und Schriften)(1742 年), § 169。

从偶然的理解辅助上升到其特有的层级。如果说在克拉顿尼乌斯那里，是晦暗不明处的不可理解性⑥唤醒了解释技艺（Auslegung-Kunst）的话，那么在施莱尔马赫那里（此时 explicare［解释］等同于 intelligere［理解］），则是对属于理解的误解之规避⑦，借助语法以及特别是心理的解释规则（Auslegung-Regel）⑧唤起了解释技艺。此时晦暗不明的不再是事情，而是那个你（Du）（作者）。关于对心理学解释的批判参见 J. G. 德罗伊森⑨，他为此设定了"探究性的理解"（das forschende Verstehen）⑩。狄尔泰将解释等同于诠释（Intepretation），将其定义为"对持续地确定下来的生命表达作合乎技艺的理解"⑪，并且在解释中看到了诠释学的基本处境。H. -G. 伽达默尔的诠释学超越了克拉顿尼乌斯和浪漫主义诠释学并接续着海德格尔，在这种诠释学中，曾经存在但已被摒弃的应用（applicatio）⑫，作为解释的基本特征重新发挥了作用⑬。M. 海德格尔将解释称为向其可能性筹划其存在的此在之"理解的形成"⑭。

D. 西恩（Sinn）撰，杨栋译

---

⑥　同上，§ 650。

⑦　施莱尔马赫，《著作集》（Werke）(1835—1864 年)，I/7，第 29 页以下。

⑧　同上，I/7，第 13 页以下；III/3，第 355、358、364 页。

⑨　德罗伊森，《历史学》（Historik, 1882），许布纳（Hübner）编，1937 年，§ 41。

⑩　同上，§ 8。

⑪　狄尔泰，《全集》（Ges. Schriften）第 5 卷，第 319 页，以及第 7 卷，第 216 页以下。

⑫　参见 J. J. 兰巴赫（Rambach），《神圣诠释学原理》（Institutiones hermeneuticae sacrae）(1723 年)。

⑬　伽达默尔，《真理与方法》（Wahrheit und Methode）(1960 年)，第 375 页。

⑭　海德格尔，《存在与时间》（Sein und Zeit）(1953 年第 7 版)，第 32 节。

真实的（Authentisch）

这个词源自古希腊语 $αἰϑέντης$①，其指主人、掌权者、以己之手然后以己之力完成某事之人，也指创始人。在希腊教父那里，$αἰϑενεία$ 被译为拉丁文 auctoritas②［声望、力量］；拉丁文形式 authenticus［正式的、真正的］随后也作为 auctoritas 的规则形容词出现。此外 authenticum 在拉丁文里也指一部手稿的原件，与 exemplarium［副本、誊本］相对。③ 这两种含义并行发展：一方面博洛尼亚的法学院在 12 世纪将查士丁尼法典作为"正本"（Corpus Authenticum）接受下来，另一方面，诸如热那亚的约翰内斯（Johannes de Janua）将 authenticus 改写为"充分授权且可信的（auctoritate plenus，vel fide dignus）"④。首要地，自从 autoritär［独裁的］和 autoritativ［权威的］作为 Autorität［权威］一词的形容词被使用以来，作为 auctoritas 之形容词的用法就不存在了；而且，"只要一篇著述或文件事实

---

① 希罗多德，《历史》（Historiae），第 1 卷，第 117 页，第 3 行。

② 亚历山大的革力兔（Clemens von Alexandrien），《教父著作全集希腊文系列（含拉丁文翻译）》（Patrologiae cursus completus，Series I：Ecclesia graeca 1—167［mit lat. Übers.］）第 8 卷，J. P. 米涅（Migne）编，巴黎，1857—1912 年，第 733 页。

③ 教宗额我略一世（Gregor I），《教父著作全集拉丁文系列》（Patrologiae cursus completus，Series II：Ecclesia latina 1—221［218—221 Indices］）第 77 卷，J. P. 米涅（Migne）编，巴黎，1841—1864 年，第 508 页。同时参见 E. R. 库尔提乌斯（Curtius），《欧洲文学与拉丁中世纪》（Europ. Lit. u. lat. Mittelalter）（1948 年），第 262、460 页。

④ 杜·孔日（Du Cange），《中世纪拉丁词汇》（Glossarium ad scriptores mediae et infimae latinitatis），法弗（Favre）编，巴黎，1883 年，第 1 卷，第 493 页。

上是由作者而作、附在这个作者上的，那么这篇著述或文件就被称为真实的"⑤。当圣经的真实性（Authentizität）在天主教神学的语言使用中被教会确定时（authentia auctoritatis）⑥，真实性之确定就归于语文学批判了。康德区分了真实的圣经解释和教义的圣经解释。他要求"圣经解释技艺（神圣诠释学[hermeneutica sacra]）……[应当如此]：解释者要澄清，其要求是否应被理解为真实的或教义的（doktrinal）。——第一种情形下解释必须字面上（语文学地）符合创作者意义；而在第二种情形下作者有这样的自由，（哲学地）赋予经文段落意义，这种意义乃是在解经学中出于道德实践的意图（为了感化学习者）为经文段落所设定的"⑦。诚然，对康德而言，"教义的解释，其需知晓，在使圣经文本成为格言时，在道德方面，理性（先验）能为一学说提供什么"，而不与真实的解释相矛盾。理性是上帝话语的"一种可靠且普遍可理解的解释者"，"因为信仰是一种纯粹的理性之事"⑧。相应地，康德谈论教义的神义论和真实的神义论，后者由"立法者"本身作出，也就是说，在真实的神义论——康德认为这是由约伯实现的——中，上帝"通过我们的理性自身[成为]解释者，其对上帝通过创造所宣示的意志进行解释"。⑨ 随生存哲学一道，"真实的"对海德格尔而言成为"本真的"（德文 eigentlich＝法文 authentique）之同义词，不仅适用于人类行为，而且适用于人类的生产（H. 马尔

---

⑤　《德意志综合大百科全书》（Allg. dtsch. Real-Encyklop. Für die gebildeten Stände）（⁹1843 年），第 1 卷，第 677 页。

⑥　J. 菲尔德尔（Felderer），辞条"经文之真实性"（Authentizität der Schrift），载《神学与教会百科辞典》（Lex. Theol. u. Kirche）（²1957 年），第 1 卷，第 1126 页以下。

⑦　康德，《科学院版全集》（Akad.-A.），第 7 卷，第 66 页。

⑧　同上，第 67 页。

⑨　同上，第 8 卷，第 264 页。

库塞[Marcuse]的"真实的艺术作品"⑩)。C. 列维-施特劳斯(Lévi-Strauss)谈论在所有社会生活形式中的"真实性的层面";"真实的"被用以描述与现代社会相对的在原始文化中尚且保留的直接和私人的交往。⑪ 同样地,在人类学(A. 盖伦[Gehlen])中,"本来真实的"(eigenauthentisch)这个概念用以描述对制度自主发挥作用的人际间关系的结构。⑫

K. 勒特格斯(Röttgers)、R. 法比安(Fabian)撰,杨栋译

---

⑩ 马尔库塞,《压抑的宽容》(Repressive Toleranz),载《纯粹宽容批判》(Kritik der reinen Toleranz)(1968 年),第 100 页。

⑪ 列维-施特劳斯,《结构人类学》(Strukturale Anthropol.)(¹1958 年),H. 瑙曼(Naumann)德译(1969 年),第 399 页。参见第 391 页以下。同时参见 U. 耶基(Jaeggi),《秩序与混乱》(Ordnung und Chaos)(1968 年),第 13 页,第 24 行。

⑫ 盖伦,《原始人和晚期文化》(Urmensch und Spätkultur)(1956 年),第 67 页。

意蕴(Bedeutsamkeit)

意蕴是"指称"(Bedeutung)的替代形式,对狄尔泰而言是包罗万象的范畴,其被理解为生命整体和部分①的交互效应——区别于认识自然的活动②。与自然相对,源自生命自身的事实才是有意蕴的(bedeutsam),其指称(尚)不由起规定作用的生命整体③来确定。意蕴,就其固有价值而言,特别能为诗人所把握④。更为彻底地,对 E. 胡塞尔(Husserl)来说,作为"观念单元"(ideale Einheit)的逻辑指称,有别于"就指称而言不定的且……实质上偶然和含混的表达"⑤。这是指那些表达,于其处命题传达出的主观内容进一步作为被称谓的客观内容呈现⑥。有意蕴的而多义的表达,与其指称相关联,特别经由活生生谈话的偶然情景而变得与我相关(ich-bezogen)⑦,且根本上摇摆不定地指称着⑧。在海德格尔那里,胡塞尔处保持开放的指称与重要性的权重问题,通过后者[意蕴]一般性地得以确定。意蕴是指称活动的关联整体,"于其中此在先行于自身"⑨给出其与工具日常打交道

---

① 狄尔泰,《全集》(Ges. Schriften)(^{5}1959 年及以后),第 7 卷,第 235 页。

② 同上,第 232 页。

③ 同上,第 138 页以及第 238 页以下。

④ 同上,第 6 卷,第 319 页。

⑤ 胡塞尔,《逻辑研究》(Log. Untersuchungen)第 2 卷第 1 部分(^{2}1913 年),第 24 节。

⑥ 同上,第 25 节。

⑦ 同上,第 26 节。

⑧ 同上,第 27、28 节。

⑨ 海德格尔,《存在与时间》(Sein und Zeit)(^{7}1953 年),第 18 节。

的理解;意蕴作为此在的生存论性质组建世界的结构。(关于畏[Angst]之中的"无意蕴"[Un-Bedeutsamkeit,或译为无意蕴],参见注释10。)在 E. 施普兰格尔的结构心理学中,心灵之有意蕴的部分功能被视为:其如何有意蕴地(bedeutsam,重要地)完成"价值实现"以及如此这般地有目的地为生命整体——由此规定且从此来理解——赢得指称[10]。E. 罗特哈克为历史哲学引入了一个关于意蕴的陈述,据此陈述,只有进入我的世界,方能感受到,什么"牵涉我,什么于我而言[是什么],也就是说,什么指称着(bedeutet)"[11]。

D. 西恩(Sinn)撰,杨栋译

---

[10]　施普兰格尔,《青春期心理学》(Psychol. des Jugendalters)([24]1955 年),第 23 页以下。

[11]　罗特哈克,《历史哲学》(Geschichtsphilos.)(年代不详[o. J.]),第99页。

密码（**Chiffre**）

　　密码源自阿拉伯语 sifr、leer，其同时意指"无绝对值的数字"、"零"。此种含义上的密码在 13 世纪进入罗马和日耳曼语言。当意大利语 nulla 代替了这个词，其就与数字无干了。在此意义上，ziffer 一词约于 1400 年出现于德语中①。随后，在 18 世纪，对于"秘密符号"（Geheimzeichen）一词来说，来自法语的 Chiffre 一词就被接受了。

　　密码思想（Chiffre-Gedanke）的根源在于，将自然理解为上帝启示的第二源泉。密码思想，在中世纪与对自然之书的沉思相连，在人道主义（Humanismus，或曰人文主义、人本主义）中与对古埃及象形文字的兴趣相连，而在 16、17 世纪则与帕拉塞尔苏斯（Paracelsus）和 J. 伯麦（Boehme）的症候学（Signaturenlehre）有关。

　　作为形而上学概念，密码首次（1758 年）出现在 J. G. 哈曼（Hamann）那里："自然之书与历史之书无非是必须具有密钥的密码、隐蔽的符号，这种密钥解释圣经，是圣经之感召的目的。"②正如对圣经的说明，密码之说明只是一篇上帝文本的人类"读法[Lesart]"③，其本身不是最终不移的。J. C. F. v. 席勒（Schiller）只将密码概念运用于自然："自然的律法乃是密码，

---

　　① 格林兄弟（J. und W. Grimm），《德语词典》（Dtsch. Wb. ），第 15 卷（1956年），第 1239—1248 页。

　　② 《著作集》（Werke），纳德勒（Nadler）出版，第 1 卷（1949 年），第 308 页。

　　③ 同上，第 2 卷（1950 年），第 203 页以下。

它将思维着的本质结合在一起，以使这种本质变得可理解——此为字母表，借助它，所有精神与最完整的精神，以及与其自身相协调"④。康德以同样的方式谈论作为一种暗号文字（Geheimschrift）的"密码文字"（Chiffre-Schrift），"通过它，自然在其美妙的形式中对我们形象地诉说"⑤。按照 F. W. J. v. 谢林（Schelling）的说法，密码将"通过自由在我们中的显现"⑥而变得可解释，尽管总是在开端处⑦。

在 K. 雅斯贝尔斯（Jaspers）处，密码概念具有了新的哲学意义。对雅斯贝尔斯而言，密码是媒介，于其中，不自显的超越（Tanszendenz）对可能的生存到场。密码是超越之语言。所有东西（自然、历史、艺术品、哲学体系、神话、人类）都能成为密码。密码并非固定了的现实含义的载体，而是悬浮不定的可能含义的载体，它惟有在出自个体自我存在的生存上的据为己有中，方能达乎其现实性。因而不存在"正确地"（richtig）识别密码的方法，也不存在密码的闭合体系。⑧

H. 萨纳（Saner）撰，杨栋译

参考文献：

E. CASSIRER：Individuum und Kosmos in der Philos. Der Renaissance(1927). -H. LOOFF：Der Symbolbegriff in der neueren Religionsphilos. und Theol. Kantstudien Ergh. 69(1955)bes. 114—125. -H. A. SALMONY：J. G. Hamanns metakritische Philos. 1 (1958) 149—164. -X. TILLIETTE：Sinn，Wert und Grenze der C. -Lehre. Stud. philos. (Basel) 20(1960)115—131.

---

④　《国家典藏版著作集》(National-A.)第 20 卷(1962 年)，第 116 页。
⑤　《判断力批判》(KU)，第 42 节。
⑥　《著作集》(Werke)，K. F. A. 谢林(Schelling)编，第 3 卷(1858 年)，第 608 页。
⑦　同上，第 628 页。
⑧　《哲学》(Philos.)(³1956 年)；《论真理》(Von der Wahrheit)(²1958 年)，第 1022/1054 页；《面对启示的哲学信仰》(Der philos. Glaube angesichts der Offenbarung)(²1963 年)，第 153—428、451—460 页。

说明、解释（Deutung）

在格林兄弟的《德语辞典》中，说明（中古高地德语［约11—15世纪间的高地德语］diute、bediutunge）是在暗示（Andeutung）和解释（Auslegung）的意义上——与"说明活动"（deuten）和"解释活动"（interpretari）相应——与拉丁文词汇 *interpretatio*［诠释］一道被讨论的。[①] 这是与概念史相符的，正如路德对拉丁文圣经的德语翻译就为 interpretari 和 interpretatio 引入了说明活动和说明两个概念。在此显露出这两个概念的结构要素及实质亲缘，但这些关联随后为其传承所掩盖了。当说明与诠释（Interpretation）相对而被归为纯理论的判断和确证时，诠释就发展为一套合乎规则的语文学、圣经以及法律诠释学的程序。J. 瓦赫以一种并未贯彻到底的对理解（Verstehen）和说明的对置延续了这种说明和诠释之间的区分。[②] 理解、说明以及诠释之间的诠释学意涵（die hermeneutische Implikation）和关系，在海德格尔后继者们（R. 布尔特曼、艾贝林、E. 富克斯、伽达默尔）的神学和哲学诠释学中才得以澄清。说明，它通过将海德格尔对理解和解释的生存论分析[③]——这种发展在文学研究中找到其对应[④]——提升为科

---

① 格林兄弟(J. und W. Grimm)，《德语辞典》(Dtsch. Wb.)，第 2 卷(1860年)，第 1040 页以下。

② 瓦赫，《理解》(Das Verstehen)第二卷(1929 年)，第 5 页以下。

③ 海德格尔，《存在与时间》(Sein und Zeit)(⁸1957 年)，第 148 页以下。

④ E. 施塔格尔(Staiger)，《诠释的技艺》(Die Kunst der Interpretationen)(1955 年)。参见 R. 威勒克(Wellek)和 A. 瓦伦(Warren)，《文学理论》(Theory of lit.)(纽约，1942 年及以后)。

学理解的诠释学原则⑤,将诠释学原则从浪漫主义和狄尔泰诠释学的难理解的说明假说(Deutung-Hypothese)中解放出来,并且,说明也认识到了它本身的语文学模型⑥,以与诠释学相符合而被理解的说明模式(Deutung-Schema)来批判精神和文字⑦。这就导致了对施莱尔马赫和狄尔泰心理学诠释(die psychologische Interpretation)⑧理念的拒斥。这种拒斥的结果涉及语法诠释(die grammatische Interpretation)的诸种规范,这些规范得自文字意义(sensus litteralis)与神秘的精神意义(seusus spiritualis)之对照。

与之相对,当对诠释和说明之奠基的批判⑨坚持客体的诠释学自主性之规范(der Kanon der hermeneutischen Autonomie des Objekts)(贝蒂)以及操作程序时,这种规范和程序就研究文本层次和实际状况,而这种文本层次和实际状况之所指能被重构和理解,那么上述批判就在下述情形下是积极合理的,只要结构分析能放弃一篇文本的意义或者一种实际状况的真理,如果意义的连贯性(die Kohärenz des Sinnes)(伽达默尔)——其预期构成一种说明⑩——不能为一种内容上的前理

---

⑤　布尔特曼,《诠释学问题》,载《信仰与理解》(Glauben und Verstehen)第 2 卷(1950 年),第 211 页以下;伽达默尔,《真理与方法》(Wahrheit und Methode)(1960 年)。

⑥　伽达默尔,同上,第 226 页以下。

⑦　艾贝林,辞条"精神与文字"(Geist und Buchstabe),载《历史与当代的宗教》(RGG³[Religion in Geschichte und Gegenwart 1—6(³1957—1962)])第 2 卷,第 1290 页以下。参见 H. 努瑟(Nüsse),《弗雷德里希·施莱格尔的语言理论》(Die Sprachtheorie Friedrich Schlegels)(1962 年),第 88 页以下。

⑧　施莱尔马赫,《诠释学》(Hermeneutik),H. 基默勒(Kimmerle)编,1959 年;狄尔泰,《描述的与分析的心理学观念》(Ideen über eine beschreibende und zergliedernde Psychol.),见《全集》(Ges. Schriften)第 5 卷(1924 年),第 139 页以下。

⑨　贝蒂,《作为精神科学一般方法论的诠释学》(Die Hermeneutik als allgem. Methodenlehre der Geisteswiss.)(1962 年)。

⑩　伽达默尔,前揭(参注释 5),第 275 页以下。以及辞条"理解"(Verstehen),载《历史与当代的宗教》(RGG³)第 6 卷,第 1381 页以下。

解和赞同(Vor-und Einverständnis)所承载。然而,着眼于理解的历史性,结构分析的启发价值及其对历史学知识之客观性的要求⑪便成问题了,而这种启发价值和客观性要求则表明了结构分析和说明的真正关系。

诠释的操作程序——其主张放弃说明——也由意向引导,这种意向之根据存在于被期许的说明中;不断被展现的乃是,每种明确的理解都奠基于一种前理解,而这种前理解预先设问并展开这种设问的可能性⑫。这种前理解复又取决于一种与事情的生命关系(Lebensverhältnis zu der Sache)(布尔特曼),在诠释中这种生命关系应对这些事情,而且,当这种生命关系缺失时,理解的统一进程就瓦解了,诸种说明丧失了意义,结构分析也就丧失了认识价值。这种生命关系是理解的历史性本身,而非方法之不足,为所有说明设置目标和节奏的乃是这种历史性。

H. 安东(Anton)撰,杨栋译

参考文献:

H. FREYER: Theorie des objektiven Geistes (1923, Nachdruck 1966). -J. WACH: Das Verstehen 1—3(1926—1933). -E. BETTI: Theoria generale della interpretazione(1955); dtsch. Allgemeine Auslegungslehre als Methodik der Geisteswiss. (1967). -H. -G. GADAMER: Wahrheit und Methode(1960, ²1965).

---

⑪ 贝蒂,前揭(参注释9),第 22 页以下。同时参见布尔特曼,《历史和末世论》(Gesch. und Eschatologie)(²1964 年),第 123 页以下。

⑫ 布尔特曼,前揭(参注释5),第 217 页以下。伽达默尔,前揭(参注释5),第 250 页以下。

象征（Emblem，Emblematik Ⅰ）

$ἔμβλημα$，emlema（被嵌入者）原本是指镶嵌品和拼接品；在艺术和文学术语中，专业概念"象征"（Emblem）和属名"象征性"（Emblematik）来源于阿尔恰托（Andreas Alciatus）的《图诗书》（Emblematum Liber）（奥格斯堡，1531 年），即一般而言的第一本象征之书。这部作品在内容和形式上是所有象征性的典范，这种象征性作为全欧洲的风尚直至 17 世纪末都十分兴盛，产生了差不多 1000 部作品，同时对所有文化领域，特别是 16、17 世纪的文学和艺术发挥了极其强烈的影响。18 世纪，象征在学院派哲学中成为诠释学的对象。对 A. G. 鲍姆加登（Baumgarten）而言，象征性乃是在图画中找出"神秘意义"（sensus mysticus）并对其作出说明的科学。[1] 相应地，G. F. 迈尔把"象征性的解释技艺"描述为"对意义图像（emblemata）及其题词（lemmata）的解释"。[2] 这一传统一直延续到 F. Ch. 厄廷格的《圣经及象征词典》（Biblisches und emblematisches Wörterbuch）（1776 年）。然而在 J. 温克尔曼（Winckelmann）先前业已表达出的评判[3]的影响下，以及在对象征——它反映了

---

[1]　《哲学百科全书纲要》（Sciagraphia encyclopaediae philosophiae），J. Ch. 费尔斯特（Foerster）编，1769 年，第 28 页以下（第 81、82 节）。

[2]　《试论一般解释技艺》（Versuch einer allgem. Auslegungskunst）（1757 年），重印版（1965 年），L. 盖尔德赛策（Geldsetzer）编，第 136 页（第 271 节）。

[3]　温克尔曼，《对希腊作品模仿的思想》（Gedanken von der Nachahmung der griech. Werke）（1756），载《全集》（Sämtl. Werke），C. L. 菲尔诺夫（Fernow）编（1825—1829 年），第 1 卷，第 183 页。同时参见《试论譬喻》（Versuch einer Allegorie）（1766 年），同上，第 2 卷，第 441 页。

对艺术品有机整体性的古典表象——的古典时期的拒斥行为的影响下，直到 20 世纪初，象征性都是作为巴洛克譬喻式说明的一个较低微的变种发挥作用的。直到最近一个时期，研究才涉及历史分类、概念定义以及效果历史的问题。

象征性最重要的根源来自文艺复兴的象形文字学(Renaissance-Hieroglyphik)，其由赫拉波罗(Horapollo)(5 世纪)的《埃及象形文字》(Hieroglyphica)——一部对古埃及神秘象形文字的词汇注释索引——在 15 世纪意大利的传播所引发，这种神秘象形文字并不等同于真正的象形文字，毋宁说其传达了一种表意性的古希腊文化的密码。在新柏拉图主义的时代，这种图画文字激发了巨大的兴趣，因为人们坚信，于其中可以直接通达古人的智慧(sapientia veterum)或早期神学(priscorum theologia)，而这种智慧和神学被视为上帝观念之写照。人们也把毕达哥拉斯的"符号"(Symbola)等同于象形文字，这是如此实现的：人们把这种符号视为古埃及人的象征哲学之加密了的证据。类似地，圣经的意义图像、古代神话的要素、经典作者所用的隐喻，以及罗马硬币和勋章都被象形地加以理解。

中世纪寓言思想给出的见证，特别是对植物和动物的类型学注释——例如《自然史》(Physiologus)所展示的那样，进一步对象征性施以了巨大的影响。这种影响，如同象形之影响，既是题材历史类型的影响，又是一种同源感知形式的影响：如同在中世纪的寓言式方法中所有事物的指示特征以及这些事物的救恩史关联都被掩盖了一样，象征性也把世界诠释为完满意义关联的纯一象征(mundus symbolicus)；但没有客观约束力的要求，而是作为尝试，来对世界诸符号的指称——必要时将其当作人类行为的适应性——作出说明。

　　最后,属于象征性之来源的还有 14、15 世纪用以表现格言的纹章造型及格言艺术(Impresen- und Devisenkunst),以及古希腊的图像警句连同其对被描述者的启发性寓言式解释(阿尔恰托象征的文本大部分来自《帕拉缇娜及普拉努德亚诗选》[Anthologia Palatina cum Planudeis]);形式上,也就是说在其与图像和文本的联系中,象征性与中世纪传统(贫穷人圣经[Armenbibeln]、救 赎 镜 [Heilsspiegeln]、死 亡 之 舞[Totentänzen]、题词[Tituli])富含亲缘。

　　规定象征的由三部分组成的结构包含(简短而经典的)格言(Motto)(Inscriptio, Lemma)、(象征的)图像(Pictura)(Icon, Imago, Symbolon)、(解释前两者关联的)警句诗(Subscriptio)。间或也附有题词、出处和注解。作为格言的引文常常来自圣经及古代作者或箴言;这种格言有时也包含一种近似的图示(例如月桂[Laurus]),这经常是自图像引申而来的格言(例如完美的道德[Intacta virtus])。图像表示一种方位,植物、动物或者东西、活动或者过程(例如,未被闪电击中的月桂树),历史的、神话的或者圣经的场景和形象,概言之:一个具有展示力的现实片段,当这个片段惟被古老来源占用时,在此神话事物和传奇性的东西也作为现实发挥作用。警句诗用来澄清和解释图像(例如,真正的道德为诸恶所不能沾染),且常常从中引申出一种座右铭;在此,说明在任何情形下都以被说明的图像为前提,与文本相对的图像具有一种"理想的优先"④。当 W. S. 赫克舍尔(Heckscher)和 K. A. 维尔特(Wirth)——其将个别情况予以普遍化——在"解决由格言词目和图标所产生

---

　　④　A. 舍恩(Schöne),《巴洛克时代的象征性和戏剧》(Emblematik und Drama im Zeitalter des Barock)(²1968 年),第 28 页。

的谜题"⑤中识得警句诗的功能,以及自象征由三部分组成的结构而来把握相应的功能叠加时,按照舍恩那个包含所有象征性显示形式的定义,象征的所有组成部分就承担了"塑造和解释,或者描述和说明的双重功能"⑥,这就是说,一方面,格言和警句诗——作为图像标题亦即描述——能够分担图像的描述功能,另一方面,作为说明之简要节本的格言,连同图像——通过两个被塑造的过程将含义相互澄清——一起支撑了警句诗的解释功效。此种双重功能的条件乃是,图像的图像性(Res picta)所指称的多于图像作为直观事物(Res significans)所展示的。通过警句诗对直观东西作出说明,看来似乎正如同对预先被给予的警句诗作出识别;因而象征就促成了这样一种洞见:对由意义关联和指引浸染了的世界的洞见。在早期象征性中实际上产生了一种固定象征含义的规范;后来,特别是在理论地专业化了的象征书⑦中,并且通过作者追求巧妙洞察力的努力,这种规范产生了丰富的变化;但一直以来,象征性对象与其指称之间的一种明确关系都已被确定下来了(区别于符号)。但这种图像性从不曾于其作为指称承载者的功能中完全展开,而且它也不曾无意义关联地、先于指称之被揭示而存在,图像性具有一种"潜在的实际性"⑧。

　　象征性的后来变种及次要表现形式自然就转入了譬喻,成为了单纯的实例、轶事或者圣经插画。类似地,这些事物的发展就从一种秘传的人文主义艺术形式——与象形文字学的

---

　　⑤　赫克舍尔和维尔特,辞条"象征"(Emblem),载《德意志艺术史实用百科全书》(Reallex. zur dtsch. Kunstgesch.)(1959年),第5卷,第93页。

　　⑥　舍恩,同上,第21页。

　　⑦　参见赫克舍尔和维尔特的范畴图式(Kategorienschema),同上,第151—192页。

　　⑧　舍恩,同上,第28页。

密码语言近似——转变为通俗的、道德化教训意义上的使用
文献,与从拉丁文到多种语言以及最终到纯粹日常语文本的
过渡相关联。

K. 施米特(Schmidt)撰,杨栋译

参考文献:

K. GIEHLOW: Die Hieroglyphenkunde des Humanismus in der Alle-
gorie der Renaissance. Jb. kunsthist. Sigen des allerhöchst. Kaiserhauses
32/1(1915).-L. VOLKMANN: Bilderschriften der Renaissance, Hiero-
glyphik und Emblematik in ihren Beziehungen und Fortwirkungen(1923).
-M. PRAZ: Studies in 17th century imagery (Rom ^{2}1964) mit
vollständigster Bibliogr. Der Emblembücher.-A. SCHÖNE vgl. Anm.
[4].-A. HENKEL und A. SCHÖNE: Emblemata. Hb. Zur Sinnbild-
kunst des 16. 17. Jh. (1967)mit umfangreicher Auswahl von Emblemen
und ausführlicher Bibliogr. -E. -Forsch. , hg. SIBYLLE PENKERT. Wis-
senschaftliche Buchgemeinschaft,Darmstadt(in Vorbereitung).

说明(Erklären, Erklärung Ⅰ)

Ⅰ

在康德那里,说明(拉丁文 explicatio,法文 explication,英文 explanation)是自一个"清楚明白的"确定了的原则而来的推导:"说明指的是自一个原则而来的推导,这原则人们……必需清楚明白地认识且能予以确定。"①对他来说,"德语在阐述、阐明、声称以及定义的表达上只有一个词:说明(Erklärung)"②。W. T. 克鲁格③将说明描述为一种逻辑的操作程序,即,发展出概念和规定其性质。"习惯上,人们在一个判断中作出说明,其主体……是被说明的概念,而谓述……规定这一概念的性质,这样的话这个判断就包含了本真的说明;例如,三角形是有三个边的图形。"④在 G. W. F. 黑格尔(Hegel)那里,说明是指"一般而言将一个现象归因为接受了的、熟知的知性规定(Verstandesbestimmungen)"⑤。J. F. 弗里斯(Fries)将说明称为"理性在概念塑造中的本来功能"。在此,说明从不产生"最初的认识……,而只是一直导向自业已熟知

---

① 康德,《判断力批判》(KU)第 78 节,《科学院版全集》(Akad. -A.)第 5 卷,第 412 页。
② 《纯粹理性批判》(KrV)B758。
③ 克鲁格,《普通哲学科学词典》(Allgemeines Handwb. der philos. Wiss.)(1827 年)第 1 卷,第 709 页。
④ 同上。
⑤ 黑格尔,《著作集》(Werke),H. 格洛克纳(Glockner)编,第 6 卷,第 185 页。

开端而来的推论";一个说明只是不断地给出对前提概念的认识。因而说明的目的"只[是]我们表象中的清楚明白性以及对特殊者与其普遍表象之依赖性的意识"⑥。对 A. 叔本华(Schopenhauer)而言,所有说明的原则乃是"根据律(Satz vom Grunde)";因为,对一事物进行说明,就是指,"在特殊场合对通过它(根据律)一般地被表达出的表象间关系的证明"⑦。对现象之间关系的证明,依照根据律,且循着通过根据律发挥着作用和指称着的为什么(Warum)之线索,就是说明⑧。叔本华区分了自然的说明和形而上学的说明:"因为每一本质在自然中同时是显象(Erscheinung)和物自身(Ding an sich),或者也同时是被创造的自然(natura naturata)和创造的自然(natura naturans),所以相应地,说明就可以是双重意义上的:自然的和形而上学的。这种自然的说明总是来自原因;形而上学的说明总是来自意志。"⑨按照 H. 赫尔姆霍茨(Helmholtz)的看法,说明乃是"将特殊事件回溯到一种在确定条件下招致确定结果的力量"⑩。胡塞尔把"理论意义上的说明"定义为"从普遍法则而来理解个体,并且复又从基本法则而来理解普遍法则"⑪。

II

在狄尔泰那里,在与精神科学和自然科学(Geistes-und

---

⑥ 弗里斯,《逻辑的体系》(System der Logik)(^{3}1837 年),第 301 页以下。

⑦ 叔本华,《著作集》(Werke),A. 许布舍尔(Hübscher)编,第 2 卷,第 88 页。

⑧ 同上,第 95 页。

⑨ 同上,第 6 卷,第 97 页。

⑩ 赫尔姆霍茨,《演讲和谈话》(Vorträge und Reden)第 2 卷(1884 年),第 187 页。

⑪ 胡塞尔,《逻辑研究》(Log. Untersuch.)第 2 卷(1900/1901 年),第 20 页。

Naturwissenschaften)之区分的关联中,说明获得了它的核心含义。说明乃是精确自然科学的操作程序,为现象找到原因。现象乃是被给出者、首先个别出现的东西和偶然的东西。知性按照因果律制造诸现象间的关系,在此关系中,个别现象成为互随互为、互相决定的诸现象链条中的一个必然环节,由此,知性就力求超越现象的偶然性和独特性。这种关系并非既成的,而是理性的建构。这种关系是由此产生的:理性填充存在于个别观察数据中的不连续。这种关系由自身而来添加"诸种补充(Ergänzungen)"。因此,只要说明"赋予"被观察到的诸现象一种关系,那么说明就是一种假定的操作程序:"于外在的自然中,关系在抽象概念的联结中被赋予诸概念。"⑫补充意义上的假设(Hypothese)乃是因果联系:"但在自然科学中,假设概念是在一种确定意义上基于在认识自然中被给予的条件形成的。如同在感觉中,同时或者相继存在者并非在因果关系上被给予共存和继生一样,因果关系只有通过补充才能产生。因此,假设乃是累积自然知识的必要辅助。"⑬狄尔泰将作为精神科学之操作程序的"理解"(Verstehen)区别于自然科学中"假设说明"⑭的操作程序;理论的重心便系于此处,对理论而言,说明具有更多的功能,将自然科学的方法与精神科学的方法区别开来。作为精神科学对象的生命和历史,其关系并不需要"假设说明",因为这种关系是直接和原始地被给出的,且自身能被直接地理解。"精神科学现在首先这样区别于自然科学:自然科学以事实为对象,这种对象在意识中从外而来、作为现象以及个别给

---

⑫　狄尔泰,《著作集》(Schriften)第 7 卷(²1958 年),第 119 页。

⑬　同上,第 5 卷(²1957 年),第 140 页。

⑭　同上,第 153 页。

定地出现,与之相对,精神科学内在地、作为活生生的关系独创地发生。由此,对自然科学而言,在其中只有通过补充着的推论,借助假设的联系,才给出自然中的关系。与之相对,关于精神科学则有如下结论:在精神科学中,精神生活的关系,其作为源始被给出者,于各处都是奠立基础者。我们说明自然,我们理解精神生活。"[15]"自然关系是抽象的,但精神关系是活生生、充满生命的。"[16]在自然科学中"对个体而言要被探寻的乃是假设性的说明根据,在此与之相对,在生命状态中,原因本身要被经验"[17]。在自然知识的领域中,关系要靠塑造假设来实现,而在理解着的精神科学中,"恰恰关系是源始而持续地在体验活动中被给出的:生命惟作为关系而存在于此"[18]。

在此,为给精神科学奠基,狄尔泰就从同时代的心理学出发而进入了"描述的和分析的心理学"的区分,倘若这种区分利用了自然科学的说明方法,以将精神过程清晰化,那么,由于将自然科学的概念和方法不合理地转嫁到精神生活和历史的领域,这种区分就退回原地了[19]:"对我们而言,一种描述的和分析的心理学的概念源自我们精神体验的本质、无拘无束以及未被扭曲的把握精神生活的要求,也源自精神生活的关系以及存在于其中的心理学之功能。"[20]

说明作为术语,在狄尔泰处却是随着其科学理论——关乎在自然科学中塑造假设的方法——的进一步展开而被确定

⑮　狄尔泰,《著作集》(Schriften)第7卷(²1958年),第143页。

⑯　同上,第7卷,第119页。

⑰　同上,第120页。

⑱　同上,第5卷,第144页。

⑲　同上,第195页。

⑳　同上,第168页。

的。1883 年,在《精神科学导论》(Einleitung in die Geisteswis-senschaften)中,尚且还有这样的观点:关于精神的单独科学应当是"说明历史的唯一辅助"[21]。

狄尔泰对"说明"和"理解"的区分来自与下述二者的竞争:W. 文德尔班(Windelband)所用的自然科学的"规范"(no-mothetisch)方法与文化科学的"表意"(ideographisch)程式之间的区分[22],以及 H. 李凯尔特(Rickert)的自然科学的"一般化"(generalisierend)方法与历史科学的"个体化"(individuali-sierend)方法之间的区分[23]。在与文德尔班——其在内容上针对自然科学的合乎规则提出了在精神科学中对特殊者进行描述——的探讨中,狄尔泰声称,一般与特殊的关联也是精神科学方法的组成部分:"在一般与个体的联系中存在着系统精神科学最独特的本质。""在历史中存在的是千篇一律者和独特者领域之间的活生生的关系。并非自为的个体,而正是这种关系在历史中起支配作用。"[24]

只要自然科学和精神科学的区分在对其作为描述的操作程序的解说中收回了通过原因进行说明的要求,那么对狄尔泰来说具有基础地位的、由说明这种方法实现的这种区分就已为自然科学理论的发展所赶超了。不同于赫尔姆霍茨,G. 基尔霍夫(Kirchhoff)是由此出发的:力学的任务应当是,"最全面且以最简单的方式描述在自然界中发生的运动……",而

---

[21]　狄尔泰,《著作集》(Schriften)第 7 卷(^{2}1958 年),第 1 卷,第 94 页。

[22]　文德尔班,《哲学史教程》(Lehrb. der Gesch. der Philos.)(1892 年);《历史与自然科学》(Gesch. und Naturwiss)(1894 年);《哲学导论》(Einl. in die Philo.)(1914 年)。

[23]　李凯尔特,《自然科学概念形成的局限》(Die Grenzen der nat. wiss. Be-griffsbildung)(1896 年)。

[24]　狄尔泰,同上,第 5 卷,第 XCIX 页。

非查明运动的原因（这是指，隐蔽的力［die verborgenen Kräften]）㉕。追随这种想法的乃是 H. 赫兹（Hertz）、R. H. 阿芬那留斯（Avenarius）、E. 马赫（Mach）、F. W. 奥斯特瓦尔德（Ostwald）、H. 科内利乌斯（Cornelius）等人。

B. 特里厄(Trill)撰，杨栋译

参考文献：

H. EBBINGHAUS: Über erklärende und beschreibende Psychol. Z. Psychol. Physil. Sinnesorg. 9(1896)161—205. -A. STEIN: Der Begriff des Verstehens bei Dilthey (1926). -G. MISCH: Lebensphilos. und Phänomenol. (1931). -O. F. BOLLNOW: Dilthey. Eine Einf. in seine Philos. (1936); Das Verstehen. Drei Auf. zur Theorie der Geisteswiss. (1949). -R. BOEHM: ‹E.› und ‹Verstehen› bei Dilthey. Z. philos. Forsch. 5(1950/51)410—417. -M. BODEN: The paradox of explanation. Proc. Aristot. Soc. 62(1961/62)159—178. -H. DIVALD: Wilhelm Dilthey: Erkenntnistheorie und Philos. der Gesch. (1963). -J. DERBOLAV: Dilthey und das Problem der Geschichtlichkeit, in : Festschrift H. Glockner (1966) 189—239. -F. KAUBACH: Philos. der Beschreibung (1968)58ff. 64ff. 367. 404. 411. 415. 419. 431—470.

㉕　基尔霍夫，《数学物理讲座》(Vorles. über math. Physik)第 1 卷(^{2}1877年)，前言。

圣灵解经学（Exegese, pneumatische）

基于对旧约律法的理解和使用，保罗（Paulus）[①]区分了文字（Buchstabe）和精神（Geist），并由此开启了一种"教会的"（geistlich）文本解释，这种解释特别为奥利金（Origenes）和奥古斯丁（Augustinus）进一步发扬[②]。只有为圣灵所引导者方能把握圣经真正的、宗教的意义，这种想法，作为虔信主义的结果，通过 J. T. 贝克（Beck），在关键词"圣灵解经学"（p. E.）——与理性的圣经说明相对——的名义下开始发挥作用。[③] 然后，这个概念，当然首先是通过 Ph. 巴赫曼（Bachmann）[④]，被 K. 巴特[⑤]的罗马书解释所用，这种解释有意识地与历史批判解经学拉开距离，而以"圣经的精神"为取向。同时，这个概念数年间都处于活跃的神学讨论的中心[⑥]。

M. 艾尔策（Elze）撰，杨栋译

---

① 《哥林多后书》（2. Kor.）3：3 以下。参见《哥林多前书》（1. Kor.）2：10 以下。

② 参见艾贝林，《历史与当代的宗教》（RGG[3]）第 3 卷，第 242 页以下。

③ J. 瓦赫（Wach），《理解》（Das Verstehen）第 2 卷（1929 年），第 193 页以下。

④ 巴赫曼，《教会新学刊》（Neue kirchl. Z.）第 32 卷（1921 年），第 528 页。A. 于里歇尔（Jülicher）业已将巴特称为"精神论者"（Pneumatiker）；《基督教世界》（Christl. Welt）第 34 卷（1920 年），第 457、467 页。

⑤ 巴特，《罗马书》（Der Römerbrief）（1919，[2]1922），第一版前言。

⑥ 参见 J. 贝姆（Behm），《圣灵解经学?》（P. E. ?）（1926 年）；F. 托姆（Torm），《新约诠释学》（Hermeneutik des NT）（1930 年），第 17 页以下；R. 布尔特曼（Bultmann），《信仰与理解》（Glauben und Verstehen）第 1 卷（1933 年），第 127 页以下。

生存论诠释(Existenziale Interpretation)

在海德格尔①那里,生存论诠释是指对此在存在状态的分析,这种分析旨在对生存论性质进行揭示,此乃此在存在状态的独特性质。与此相关,R. 布尔特曼②致力于对历史文本进行解释,此种解释由朝向在文本中自己表达出的生存理解的发问所引导。布尔特曼首先称此种解释为"辩证的"诠释,因而他就涉及到为 K. 巴特③所引发的诠释学讨论中的对于"圣灵解经学"④之前提的看法。通过援引 G. 克吕格(Krüger)⑤对柏拉图神话叙事(Mythos)的评注,以及特别是 H. 约纳斯(Jonas)⑥对诺斯替(Gnosis)的诠释,布尔特曼在其纲领性的论文《新约与神话学》(Neues Testament und Mythologie)(1941年)中将海德格尔的概念运用于解释圣经文本中的神话学陈述:这些陈述"必须依据它们当中存在的生存理解,也就是说,在生存论上予以诠释"⑦。在随后关于"去神话化"(Entmy-

① 海德格尔,《存在与时间》(Sein und Zeit)(1927年),第117、196、231页等。
② 布尔特曼,《信仰与理解》(Glauben und Verstehen)第1卷(1933年),第114页以下;《"辩证神学"对于新约科学的含义》(Die Bedeutung der ‹dialektischen Theologie› für die neutestamentl. Wiss.)(1928年)。
③ 巴特,《罗马书》(Der Römerbrief)(1919年,²1922年)。
④ 布尔特曼,同上,第127页以下。
⑤ 克吕格,《洞见与热情》(Einsicht und Leidenschaft)(1939年,²1948年),第17页以下、第56页以下。
⑥ 参见约纳斯,《诺斯替与古代晚期的精神》(Gnosis und spätantiker Geist)第1卷(1934年),特别是第14页以下、第90页以下;业已见于《奥古斯丁与保罗的自由问题》(Augustin und das paulin. Freitsproblem)(1930年),特别是第66页以下。
⑦ 布尔特曼,载《布道与神话》(Kerygma und Mythos),H. W. 巴奇(Bartsch)编,第1卷(¹1948年),第28页。亦参见第23页以下。

thologisierung)⑧的争论中,布尔特曼坚持了这个概念⑨,与此同时对于 G. 艾贝林(Ebeling)而言,"文本的能被解释……[转变为]一种通过文本的能被解释"⑩。

M. 艾尔策(Elze)撰,杨栋译

参考文献:

R. MARLÉ: Existentiale Interpretation: Sacramentum mundi 1 (1967)1300—1304. -W. PANNENBERG: Hermeneutik und Universalgesch. ,in: Grundfragen systemat. Theol. (1967)91ff.

---

⑧　参见《布道与神话》第 1—4 卷。

⑨　例如布尔特曼的《信仰与理解》第 4 卷(1965 年),第 130 页(论非神话化问题[Zum Problem der Entmythologisierung],1963 年),同时参见第 190 页以下(答 E. 克泽曼[Antwort an E. Käsemann],1965 年)。

⑩　艾贝林,《神学与宣讲》(Theol. und Verkündigung)(1962 年),第 15 页;参见 E. 富克斯(Fuchs),《论神学中的诠释学问题:生存论诠释》(Zum hermeneut. Problem in der Theol. Die existentiale I.),论文全集第 1 卷(Aufsätze 1)(1959 年);《信仰与经验》(Glaube und Erfahrung),《论文全集》(Aufsätze)第 3 卷(1965 年)。

视域（Horizont Ⅲ）

I

在相当广的意义上，"视域"的其他用法发端于康德。视域的特征可以被描述为：隶属于"人类在世的超越论状态"①。一个重要的，虽然也是在精神史上罕被关注且偏离过往的规定，则由尼采给出。"视域"用来解释生命领域，而且在尼采对视角（Perspektive，或译为透视）以及视角的（perspektivisch，或译为透视的）思想的讨论中占有重要的地位："每种活生生的东西只［能］在一个视域之内变得健康、强劲且富有成果。"②通过与文化的影响关联相联系，在狄尔泰那里也出现了一种对"视域"的不同理解。"视域"是指一个被造就的文化系统所包含的全部关联。"这个系统具有一种闭合的视域。因此，一个时代自身，就居于一种新的精神之中心。"③狄尔泰强调这种视域给出的疆界，"这是通过这种时代中的每个时代在一种生命视域（Lebens-Horizont）中寻到一种界限而实现的。我将这种生命视域理解为这样的界限，在其中，一个时代的人们在与这个时代的思想、感觉和意愿的关联中生活"。④

编者撰，杨栋译

① K. 乌尔莫（Ulmer），《论哲学的事情》（Von der Sache der Philo.）（1959年），第 76 页。

② 尼采，穆萨理欧版全集（Musarion-A.），第 6 卷，第 236 页。

③ 狄尔泰，《著作集》（Werke）第 7 卷（1958 年），第 155 页。

④ 同上，第 177 页。

II

按照胡塞尔的意向性理论，意指对象性的意义，乃是意识生活的基本特征。但是，在意向性体验中当下被意指的"对象"不能被经验为完全孤立和闭合者、全然未定和不熟知者，而是应当被经验为关系中的某物、在境域中以及来自境域的某物⑤。每个当下的我思（cogito）都有其视域（晕[Hof]、背景[Hintergrund]、感知场[Wahrnehmungsfeld]）⑥。在每一当下个别经验中，这种视域都是以作为"空视域"（Leer-Horizont）的"蕴涵"（Implikation，或译为包含）的方式被同时给出的，而且，这种视域由当下体验中被给出的核心来揭示⑦。通过属于当时体验本身的意识之潜在性的自由更新，人们在对视域进行阐释的道路上通达所有关系，而体验就存在于这些关系中。人们得到新的经验，而这些经验则为开端体验所先行刻画。"诸视域乃是先行被刻画的潜在性。"⑧因为每种新的经验——我通过对视域进行阐释而通达此种经验——从其本身的角度来说又有新的、开放的视域，所以，所有在经验中出现者原则上都一直可以进一步被经验和规定⑨。

---

⑤ 胡塞尔，《纯粹现象学和现象学哲学的观念（第 1 卷）》（Ideen zu einer reinen Phänomenol. und phänomenol. Philos. 1），《胡塞尔全集》（Husserliana）第 3 卷（海牙，1950 年），第 57 页。

⑥ 同上，第 58 页以下、第 112 页以下；《欧洲科学的危机和超越论现象学》（Die Krisis der europ. Wiss. und die transzendentale Phänomenol.），《胡塞尔全集》第 6 卷（海牙，²1962 年），第 165 页；《笛卡尔的沉思与巴黎演讲》（Cartesianische Meditationen und Pariser Vorträge），《胡塞尔全集》第 1 卷（海牙，²1963 年），第 84 页、第 131 页以下。

⑦ 《经验与判断：逻辑谱系学研究》（Erfahrung und Urteil. Untersuch. zur Geneal. der Logik）（⁴1964 年），第 136 页；《欧洲科学的危机和超越论现象学》，前揭（注释 2），第 162 页。

⑧ 《笛卡尔的沉思与巴黎演讲》，前揭，第 82 页。

⑨ 《经验与判断：逻辑谱系学研究》，前揭，第 158 页。

　　因为所有经验都具有这样一种视域结构,所有意识作为对某物的意识相应地就总也是视域意识(Horizont-Bewußtsein)。

　　胡塞尔区分了这样两种视域:所有事物包含其中的关于个别事物的"内视域"(Inner-Horizont)——此种视域通过个别事物被经验[10],以及包含所有事物的关于一种事物的"外视域"(Außer-Horizont),这种视域通过一种对象、在这种对象与其他客体的关系中被经验[11]。胡塞尔在其思想发展历程中强调,所有个别感知以及始终与"某事物"有关的总的自然生命,最终总已存在于世界的普遍视域(Universal-Horizont)之中了,而这种普遍视域乃是绝对视域。所有是其所是者只以世界为基础,世界在所有经验中都作为前提存在,而经验在此是指一种普遍被动的存在信仰之基础。事物意识和世界意识之间的关系是不可分割的。世界视域(Welt-Horizont)只是这样一种关于存在着的客体和为了存在着的客体的视域。但所有存在者只能作为在世界之中和来自世界的某物[12]。通过这样一种阐释视域的步骤,所有能被经验者的视域,在整体上改变了[13]。因而视域就始终是活生生流动的视域[14]。最后,经验着世界的生命,其附着于视域的状态,与其过去和未来的视域一起,植根于原初时间流之起源上的原初合法性[15]。

　　　　　　　　　　　　　　P. 扬森(Janssen)撰,杨栋译

---

　　[10]　《经验与判断:逻辑谱系学研究》,前揭,第 27 页以下。

　　[11]　第 28 页以下;《被动综合分析:1918—1926 年讲座和研究文稿》(Analysen zur passiven Synthesis. Aus Vorlesungs- und Forschungs-Ms. 1918—1926),《胡塞尔全集》第 11 卷(海牙,1966 年),第 67 页。

　　[12]　《欧洲科学的危机和超越论现象学》,前揭,第 146、167 页;《经验与判断:逻辑谱系学研究》,前揭,第 24 页;参见 L. 兰德格雷贝(Landgrebe),《作为现象学问题的世界》(Welt als phänomenol. Problem),载《现象学之路》(Der Weg der Phänomenol.)(^{2}1967),第 44 页以下。

　　[13]　胡塞尔,《经验与判断》,前揭,第 140 页。

　　[14]　《欧洲科学的危机和超越论现象学》,前揭,第 152 页。

　　[15]　《被动综合分析:1918—1926 年讲座和研究文稿》,前揭,第 73 页。

Ⅲ

海德格尔首先接续了胡塞尔对视域概念的用法：视域属于对对象的结构成分进行现象学分析的范围。此外，视域还用来刻画"流俗时间理解视域中的时间性"[16]。然而在这种理解中视域概念被调整了——海德格尔的分析寻求的是阐明"生存论存在论的视域"[17]。海德格尔将这种区别引向了新的术语："时间性之绽出的视域上的统一"[18]在与惯常的以及蜕化了的概念用法之区别中被揭示了出来。于是"视域"一方面是指对理解着存在的此在存在者的一种超越论的（transzendental）规定，另一方面是指对超越的（transzendent）存在的一种规定。"每一种对作为超越者的存在的阐明乃是超越论的知识。现象学的真理（存在的展开状态）乃是超越论的真理（veritas transcendentalis）。"[19]这个分析的结果乃是，此在存在者在视域中轻易地理解了超越："不如说，绽出地理解着自身以及在此（Da）之统一性中理解着世界的实际此在，从这些视域回返到在这些视域中出现的存在者。"[20]

海德格尔后来强调了视域的超越论含义，以便收回先前关于超越（Transzendenz）的诸命题。"视域和超越因此是通过诸对象和我们的表象活动被经验的，而且仅仅是依据诸对象和我们的表象活动被规定的。"[21]海德格尔此时自己提出了异议，"以这样的方式，那个让视域是其所是者，还完全未被经验到"[22]。"作为思

---

⑯ 海德格尔，《存在与时间》(Sein und Zeit)(1927年)，第426页；参见第423页。

⑰ 同上，第421页。

⑱ 第366页。

⑲ 第38页。

⑳ 第366页。

㉑ 《泰然任之》(Gelassenheit)(1959年)，第39页。

㉒ 同上。

想着的本现(Wesen),也就是说同时作为超越论地表象着的本现",我们逗留"于超越之视域中"。"但视域是为我们的表象活动所转向的那一面"㉓。对于那个作为与被表象为视域者的超越论关系的另一面,变得值得思考的乃是:泰然任之,它"既非因果效果关联,也非视域的超越论关系"。这种关系"既不能被思为存在者层次上的关系,也不能被思为存在论层次上的关系……"㉔。

编者撰,杨栋译

IV

胡塞尔和海德格尔的推动使得视域概念进一步独立出来。当 K. 曼海姆(Mannheim)谈论一种普遍的人类"预期视域"(Erwartungs-Horizont)时——"我们的生活"基于某种"我们诸经验的恒定性"当为这种期望视域所环绕㉕,K. R. 波普尔(Popper)将同一种预期视域描述为一种"关联体系或者一种框架,其为体验、行为、观察"—— 既属于前科学意识又属于科学意识——"赋予含义"㉖。在文学中,这一术语起先用于描述总是与一个文本相关联的读者预期㉗,也就是说,表示"塑造作品和读者持续性对话的视域"㉘。由此,部分明确地㉙,这种描述就诉诸伽达默尔的诠释学,而伽达默尔认为,历史理解和历

㉓ 同上,第 50 页。

㉔ 同上,第 55 页。

㉕ 曼海姆,《重建时代的人与社会》(Mensch und Gesellschaft im Zeitalter des Umbaus)(1958 年),第 212 页。

㉖ 波普,《自然律与理论体系》(Naturgesetz und theoretische Systeme),载《理论与现实》(Theorie und Realität),H. 阿尔伯特编(1964 年),第 90 页。

㉗ W. 伊瑟尔(Iser),《文本的召唤结构》(Die Appellstruktur der Texte)(1970 年);W. 普莱森丹茨(Preisendanz),《论诙谐》(Über den Witz)(1970 年),特别是第 27 页以下。

㉘ H. R. 尧斯(Jauss),《作为挑战的文学史》(Literaturgesch. als Provokation)(1970 年),第 169 页;参见 176 页以下。

㉙ 同上,第 241 页以下。

史学意识惟当其作为在应力状态中彼此互立的、然而只是看上去互相分离的过去视域和现在视域之"融合"（Verschmelzung），才是有可能的："在理解之实行中发生了一种真实的视域融合（Horizont-Verschmelzung），这种视域融合在对历史学视域筹划的同时完成了对它的扬弃"㉚。

　　与胡塞尔对这个概念的用法无关，而与 H. 阿曼（Ammann）的语言哲学研究的第二部分一道㉛，"视域"在语言学中获得了其独特的含义。与标准语相对的方言只是胜任了生命的一个"片段"、"一个自为的世界"，且持留于这个视域中㉜，当 H. 布林克曼（Brinkmann）首先于此当中识得方言的特征时，他就与前述阿曼的那个研究部分相关。

　　鉴于与视域概念相关的表象内容，这个概念专有的语言学含义并未将一种普遍科学的共识排除在外，对于建立一种语言传播相互作用的模型而言，与视域概念相关的表象内容还恰恰获得了一种决定性的所指。依据这种所指，前述模型反对每种导向理解的认识过程之形态，以便观察现实经验的个别行为，而这种现实经验乃是关于某种新事物的知识的坐标原点，因为每种有效的个别经验是为一种前理解（Vorverständnis）所创造的，这种前理解将新经验与已被熟知的文本相关联，并以此方式使理解成为可能。每种理解行为复又对至今已有的前知识（Vorwissen）施以反作用。反之，基

㉚　伽达默尔，《真理与方法》（Wahrheit und Methode）（²1965 年），第 286—290 页。

㉛　阿曼，《人类言语》（Die menschliche Rede）第 1、2 卷（1925 年，1928 年，1969 年重印）。

㉜　布林克曼，《标准语与方言》（Hochsprache und Mundart），载《常用词文集第 1 卷（语言科学）》（Wirkendes Wort Sammelbd. 1［Sprachwissenschaft］）（1962 年），第 104—115 页。

62 诠 释 学

于经验资源的预期——要么被确认,要么失其所望亦即被证伪,其潜在可能性的满足,则是与作为预先影响的经验之潜能一道被给出的。此种潜能的动态特征在两个维度的相互作用中展示出自身,而视域概念就被用于这种潜能。

当阿曼将视域范畴用于显示(信息传递)句子的两极化应力统一时[33],布林克曼则与更高级的传播统一建立了关联[34]。在对传播效应的分析中,超越对处境(Situation)和语境(Kontext)这两个传统维度的顾及,而将语言学范式的确定因素包含在内,就自证为必然了,也就是说,"为言谈双方所熟知者,或二者总在思考的东西",即组成二者之视域者,就自证为必然了。由此,视域就扮演了一种独立被关联的变量,这种变量能被规定为,在传记进程中被建立的条目,亦即为回忆(前信息[Vorinformation])和预期维度所决定的思维条目,这种条目归属于参与到一个语言传播过程中的东西。在此蕴含着,这种条目是"随时在语言上可用的"[35]。从此而来,作为一种为所有理解奠立基础的范畴,视域的重要性就明确起来了。在语言传播进程中随之出现或不随之出现的对参与者全然不同视域之规则的协调,最终保障或阻碍了更深维度上的理解,这些维度存在于个体领域,正如其存在于人际会晤的社会领域一样。

语言学业已有计划地尝试在语言体系本身中验证这些模型概念。按照布林克曼的看法,在说话者对某些交流语法范畴之运用的抉择中,视域就显示出来了。例如,"在传播形式

---

[33] 阿曼,前揭,第 294 页以下。

[34] 布林克曼,《言谈之句法》(Die Syntax der Rede),载《今日德语中的句子和词语》(Satz und Wort im heutigen Deutsch)(1967 年)(=《当代语言》[Sprache der Gegenwart]第 1 卷),第 78 页。

[35] 同上,第 78 页。

（问题、请求、通知）和被选形态的选择中，以及在通过动词时态表明的态度中"[36]。进一步，人们就获得了整个词类的所指，这些词类使得说话者有可能与自身的视域取得关联，就如同与被攀谈者的视域取得关联一样[37]：

a）疑问代词（例如"谁"、"何处"、"何时"），其标记说话者视域中的"空位"，并恳求为被攀谈者的视域所占领。

b）不定代词（例如"一些"、"数个"、"其他的/不同的"），其避免了语义学上的填充物，且使被攀谈者免于自其视域而来的验证。

c）确定的连词，如"和"以及"但是"，其通过言谈的进程决定听者在言谈意义连贯性或不连贯性上的预期视域。

因此，"视域"就是一种本质上语义学地确定了的范畴，这种范畴对于一篇文本的意义建构来说具有决定性的意义。依据这种观点，W.-D. 斯坦珀尔（Stempel）也在作者-作品-读者关系（Autor-Werk-Leser-Relation）对叙事性文本的重要性中观察到了视域[38]，理解这种关系则与属特异性的（gattungsspezifisch）预期规范有关。随后，视域概念就近乎等同于 A. J. 格雷马斯（Greimas）所言的一种言谈（Rede）（一篇文本）的"篇章同位义素层面"（Isotopieebene）[39]，因为两个概念与一个"关于规范的体系，其……引导对一篇文本的理解超越前理解"[40]相关。但是在此，根本上所关乎的是对一种言谈（一篇文本）的篇内语义学连贯性

㊱　布林克曼，《德语》(Die dtsch. Sprache)([2]1971)，第 732 页。

㊲　布林克曼，《言谈之句法》，同上，第 79 页以下。

㊳　斯坦珀尔，《在叙事性文本中对历时研究进行描述的可能性》(Möglichkeiten einer Darstellung der Diachronie in narrativen Texten)，载《篇章语言学论集》(Beiträge zur Textlinguistik)(1971 年)(=《普通语言学国际论丛》[Int. Bibliothek für allg. Linguistik]第 1 卷)，第 61 页以下。

㊴　格雷马斯，《结构语义学》(Strukturale Semantik)，J. 伊维(Ihwe)自法文译出(1971 年)，第 60—92 页。

㊵　斯坦珀尔，前揭，第 62 页。

的预期,如由 T. A. 范戴克(Van Dijk)的定义所给出的那样:"一篇文本 T 的一个序列(Q_i)是同位的,当且仅当,对于每个属于 Q_i 的句子 S_i 而言满足这样的条件,S_i 至少包含一个义子(Sem)或者种类(=语义学属性),这个义子或种类也包含于 $S_1 \wedge S_2 \wedge \cdots\cdots \wedge S_{1-i}$。"[41]起奠基作用的规范体系可被称为属于一个语言参与者(participant)的在视域中可用的语言沉积(Sprachbesitz)。

在上述情形下,更多概念新近被引入讨论。这些概念虽然是在其他研究视角下或是在其他局部理论中发展而来的,但却与视域概念部分重叠,或者是将其组成部分作为主题。例如,E. 科塞留(Coseriu)通过如下方式寻求在结构语义学的框架下将 W. 珀尔齐希(Porzig)对于"实质的指称关系"[42]的设想作进一步的发展:他区分了"由专业知识给出的蕴涵式"[43]("雪"——"白"或"脏")和语言系统地给定的内容关系("狗"——"吠"),而且将后者在术语上命名为"词汇上的一致"[44]。这二者最终体现为通常语言的结合物,并以此体现为在视域中可预期的语义学结合物,这些结合物既与横组合段(Syntagmas)("金发")层面相关,又与文本层面("……马,嘶叫……")相关。基于文本语义学的观点,这种跨层面的关系被 W. 德累斯勒(Dressler)命名为"语义学回指"(semantische Anaphora)[45],被 R. 哈维克(Harweg)在其文本代替理论中命

[41]　范戴克,《文学语义学的新发展》(Neuere Entwickl. in der lit. Semantik),载 S. J. 施米特(Schmidt)编,《文本、指称、美学》(text, bedeutung, ästhetik)(1970 年),第 131 页。

[42]　珀尔齐希,《实质的指称关系》(Wesenhafte Bedeutungsbeziehungen),载《德语史论集》(Beitr. Gesch. dtsch. Sprache)第 58 卷(1934 年),第 70 页以下。

[43]　科塞留,《词汇上的一致》(Lexikalische Solidarität),载《诗艺》(Poetica)第 1 卷(1967 年),第 293—304 页,引自第 293 页以下。

[44]　同上。

[45]　德雷斯勒,《朝向话语语法的一种语义学深层结构》(Towards a semantic deep structure of discourse grammar),载《芝加哥语言学协会区域会议》(regional meeting of the Chicago Linguistic Soc.)第 6 卷(1970 年),第 205 页。

名为"邻接"（Kontiguität）[46]并定义为"横组合关系的语义学亲和"[47]。在此，哈维克还区分了逻辑上（例如，"一个问题"："回答"，"一次失败"："胜利"）、存在论上（例如，"一道闪电"："雷鸣"）、文化上（"一趟电车"："乘务员"）和情境上（"一个男人"："一件松弛的运动衫"）被证实的邻接关系。当在诸种蕴涵关系的分类中没有按照前知识——关于作为视域组成部分的语言和事质的前知识——作出区分并给出阐释时，在 I. 贝勒特（Bellert）[48]那里，在关于文本的篇章连续性的组成理论中，这种区分便具有了一种核心功能。在此，基于逻辑语义学的观点，能对一个句子的诸种蕴涵做出区分，这些蕴涵要么依据于"关于语言的知识"（"他目前在索邦上大学"——"他先前没有，或是在别处上大学"等等）之类，要么以"关于世界的知识"（"他目前在索邦上大学——"他目前在巴黎上大学"）为基础。H. 维因里希（Weinlich）和 S. J. 施米特（Schmidt）也作出了这种区分。海因里希通过代码（语言）[49]识得了一种前信息，然后通过"文化知识"[50]识得了另一种前信息。施米特在其篇章理论的构想中以及其他地方都分别援引了作为模型要素的"代码的知识"（Kenntnis des Codes）和"复合前提处境"（komplexe

---

[46]　哈维克，《人称代词和篇章建构》（Pronomina und Textkonstitution），载《〈诗艺〉副刊》（Beihefte zu Poetica）第 2 卷（1968 年），第 192 页以下。

[47]　同上，第 192 页以下。

[48]　贝勒特，《论文本连贯性的一种条件》（On a condition of the coherence of texts），载《符号语言学》（Semiotica）第 2 卷（1970 年），第 335—465 页；德文版载于 F. 基弗尔（Kiefer）编《语义学与生成语法》（Semantik und generative Grammatik），《语言学研究》（Ling. Forsch.）1/Ⅰ（1969 年），第 1—31 页。

[49]　维因里希，《篇章语言学：论德语冠词的句法》（Textlinguistik：Zur Syntax des Artikels in der dtsch. Sprache），载《国际日耳曼语言文学年鉴》（Jb. int. Germanistik）Ⅰ/1（1969 年），第 61—74 页。

[50]　维因里希，《法语冠词的篇章功能》（The textual function of the French article），载 S. 查特曼（Chatmann）编，《文体：专题论文集》（Lit. style. A symposium）（纽约，1971 年），第 221 页以下，引自 231 页。

Voraussetzungssituation)。[51] 后者复又包含了一束要素,按照施米特的看法,这束要素包含单独的构件,这些构件是:"理智的力量场"(das intellektuelle Kräftefeld)(依据 P. 布迪厄[Bourdieu][52])——说话者与其成为一体,"其社会、经济和生平关系,以及关于无意识内在化的和有意识被控制的'文化'的尺度"[53]。后一种要素如今也常常被归结为文化/社会语境(kutureller/sozialer Kontext)[54]概念,这种语境从而同样包含了视域的组成部件。

当篇章语言学视角下的视域和被表象的概念序列联系在一起时,在逻辑语言分析强烈影响下的生成语义学中,视域就出现在"预设"(Präsupposition)这个概念下了。当 G. 弗雷格(Frege)指出,当与一个论断同时给出的前提是这个论断有效的条件时("开普勒于不幸中死去"以开普勒的生存为前提)[55],"预设"之内容就业已被规定了。尽管对"预设"这个概念的运用并不统一——其使用差异涵盖了一个句子的真值条件以及一个表达被确定了的语用方式[56],但在生成语义学理论中,依据于概念内容

[51] 施米特,《作为篇章理论研究对象的文本》(Text als Forschungsobjekt der Texttheorie),载《德语课》(DU[Der Deutschunterricht])第 24 卷(1972 年),第 7—28 卷。

[52] 布迪厄,《论象征形式的社会学》(Zur Soziol. der symbolischen Formen)(1970 年)。

[53] 施米特,前揭,第 19 页。

[54] 参见 H. 格克勒(Geckeler),《结构语义学和词汇场理论》(Strukturelle Semantik und Wortfeldtheorie),载《普通语言学国际论丛》(Int. Bibl. allg. Ling.)第 7 卷(1971 年),第 49—58 页。

[55] 弗雷格,《意义与指称》(Über Sinn und Bedeutung),载《哲学与哲学批判杂志》(Z. Philos. u. philos. Kritik)新辑(NF)第 100 卷(1892 年),第 25—50 页;重印于:弗雷格,《功能、概念、指称》(Funktion, Begriff, Bedeutung),G. 帕齐希(Patzig)编(³1969 年),第 40—65 页,引自第 54 页以下。

[56] 基弗尔,《论预设》(On presupposition),载基弗尔、N. 鲁维特(Ruwet)编,《欧洲的生成语法》(Generative grammar in Europe)(多德雷赫特,1972 年);德文版,载基弗尔编,前揭,1/Ⅱ(1972 年),第 275—303 页。

似乎建立起一种共识，H. E. 布雷克勒（Brekle）将之描述为："为一个句子奠立基础的前提，以及被说出句子者所采纳的给定的前提，这些都可被理解为一个句子的预设，这些前提，在许多情形下（尽管并非所有）都可以从句子本身推出。"[57]当这个概念在此与一个孤立的单独句子的逻辑蕴涵相关联以及包括了视域领域——其通过"关于语言的知识"得以说明——时，这个概念就在语言学的语用论中，比如 D. 文德利希（Wunderlich）那里，与句子发生了关系，这种句子乃是在具体谈话情境中面对听者的表达[58]。（那么"开普勒于不幸中死去"不仅预设了开普勒的生存，还预设了，"开普勒"这个名字为听者所熟悉，正如为说者所熟悉一样。）因为关于世界的知识被传递给了语言的认识，并且由此这种知识就归属于视域——此乃一个语言参与者总是可用的语言沉积，所以，为系统语言学观点所采纳的对于语言认识和世界认识的区别就在此退位了。从传播角度来看，预设不仅是一个句子真值的逻辑前提，还最终就是预期本身，就是"潜在于说话者和被攀谈者间的共同的东西"，这种东西被赋予每种传播行为，或者必须被创造出来[59]，基于这样的看法，这种语用学的观念自身就几近等同于布林克曼的视域概念了，倘若他看到："它（视域）包含了他们（传播行为参与者）彼此之间的关系、他们的社会角色、他们的经验、记忆和预期，自然也包含了他们的'前知识'，包含了所有他们'想到'的东西。"[60]此外，实用语言学与这

---

[57]　布雷克勒，《语义学》（Semantik）（1972 年），第 97 页。

[58]　文德利希，《语言学中的预设》（Präsuppositionen in der Linguistik），载 K. 许尔特加德-延森（Hyldgaard-Jesen）编，《哥本哈根德语语言学论集》（Kopenhagener Beitr. zur german. Linguistik）（1972 年），第 93—108 页。

[59]　K. 艾里希（Ehlich）和 J. 雷拜恩（Rehbein），《期望行为》（Erwarten），载文德利希，《语言实用学》（Linguistische Pragmatik），《语言学与传播学重点丛书》（Schwerpunkte Ling. u. Kommunikationswiss.）第 12 卷（1972 年），第 99—115 页，引自第 103 页。

[60]　布林克曼，《德语》，第 730 页。

种看法的一致还体现在,文德利希也在描述传播行为的组成部分时使用了"视域"术语。在一个至少由两人参与的传播情境中,"他们的视域才……决定了,他们想如何给出一个单独的表达,或他们能如何理解一个单独的表达"[61]。然而在此,谈话参与者的当下感知空间(情境)在视域概念中连成一体。因而"视域"概念就自证为一个复合启发式观念,但其系统上的不同点却还未出列。

M. 舍尔纳(Scherner)撰,杨栋译

---

[61]　U. 马斯(Maas)和文德利希,《语用学和语言行为》(Pragmatik und sprachl. Handeln),《阿特瑙姆语言学稿本丛书》(Athenäum-Skripten Linguistik)第 2 卷(1972 年),第 80 页。

诠释、阐释（**Interpretation**）

语言史上诠释是希腊文 ἑρμηνεία 的拉丁文等价词（interpretatio，interpres，interpretari），最初来自罗马的商业和法律语言①。当在这些领域对于"诠释"这个表达的运用如同其词源一样尚无定论时，一般认为，"诠释"这个词，其不久就变为常用的所指，"解释和阐发"（Auslegung und Ausdeutung），源自作为"神谕传译者"（interpretes divum）的预言者和圆梦者②。因而老普林尼（Plinius der Ältere）谈论"对闪电、奇观以及梦的诠释"（interpretatio fulgurum ostentorum et somniorum）③。这也包含"对占卜的诠释"（interpretatio fouagii），炉火之焰与烟的征兆的阐发（Ausdeutung）④。

后来的概念史在解释和阐发的意义上优先认识作为"对书面上固定下来的生命表达的合乎技艺的理解"⑤的"诠释"。于是对于文本的解释（参见 Auslegung）也就充当了诠释模型（Interpretation-Modell）⑥。这种诠释模型同样适用于 F. 培根（Ba-

---

① 西塞罗（Cicero），《论义务》（De off.），第 1 卷，第 10 节。

② 参见瓦尔德-霍夫曼（Walde-Hofmann），《拉丁词源辞典》（Lat. etymol. Wb.）第 1 卷（1938 年），第 710 页以下；《拉丁文辞典》（Thes. ling. lat.）Ⅶ/1（1951 年），第 2250 页以下。

③ 老普林尼，第 2 卷，第 53—54 页（第 141 节）；第 7 卷，第 56—57 页（第 203 节）。

④ 杜·孔日（Du Cange），《中世纪拉丁词汇》（Glossarium mediae et infimae latinitatis）（1883—1887 年），第 4 卷，第 395 页。

⑤ 狄尔泰，《诠释学的起源》（Die Entstehung der Hermeneutik）（1900 年），《全集》（Ges. Schr.）第 5 卷（1924 年）

⑥ 伽达默尔，《真理与方法》（Wahrheit und Methode）（¹1960 年，³1972 年），第 179 页。

con),他称自然知识为"对自然的诠释"（interpretatio naturae），并将这种诠释理解为，通过方法上的概括和归纳而做出的说明⑦。文本解释的诠释模型之优先地位进一步与哲学和神学传统上的，以及修辞学、语文学和法学传统上的文本解释传统以及理解学说传统的概念传承相应⑧。G. W. 莱布尼茨（Leibniz）将对法条的解释⑨与对圣经的诠释进行对比⑩。"说明"（Erklärung）之规则（regulae interpretationis）显示了被揭示者与理性真理的符合。这种规则乃是逻辑学的一个部分⑪。在作为实践诠释的圣经解经学中，绝对无错的上帝的诠释尝试和有错的人类的诠释尝试互相对峙⑫。稍后，在解经学的解释传统指引下，黑格尔指出，诠释不应当是单纯的词语说明，而应是对意义的说明。"单纯的词语诠释只能是，对于一个词而言，在同样的范围内设定另一个词，但是进一步的思想规定便由此说明性地被绑定了，因为，进展到下一步的思想乃是一种发展，人们表面上停留在意义处，但实际上发展出了进一步的思想。"⑬

"诠释"概念的一个重要的方法上的所指位于法（Recht）的领域⑭。在此，"对法律的权威诠释"（interpretatio juris au-

---

⑦　培根，《新工具》（Novum Organon），第 1 卷，第 1、19、28、130 条。

⑧　狄尔泰，前揭（参注释 5），第 317 页；艾bel林，辞条"诠释学"（Hermeneutik），载《历史与当代的宗教》（RGG³）第 2 卷，第 242 页以下。

⑨　莱布尼茨，《科学院版全集》（Akad. A.）Ⅵ/1，第 329—240 页、第 385 页以下。

⑩　同上，第 190 页以下。

⑪　Chr. 沃尔夫，《理性哲学或逻辑学》（Philosophia rationalis sive Logica）（²1732 年），第 981 节；《关于人类理智能力的理性思想》（Vernünfftige Gedancken von den Kräften des menschl. Verstandes）（³1719 年），第 164 页以下。

⑫　J. 米格雷乌斯（Micraelius），《哲学词典》（Lex. philos.）（²1662 年，1966 年重印），第 640 页。

⑬　黑格尔，《著作集》（Werke），格洛克纳（Glockner）编，第 15 卷，第 45 页以下。

⑭　《策德勒百科全书》（ZEDLERS Universallex.）（1735 年），第 14 卷，第 781 页。

thentica），其作为立法者对法律条文之模糊性和矛盾性的法律
解释，与作为肯定的、扩展判例的原理解释的"对法律的学理
诠释"（interpretatio juris doctrinalis）彼此相对。（关于法律诠
释问题以及审判上法律发现的问题参见 E. 福斯特霍夫
[Forsthoff]给出的系统而历史的总结⑮。）

　　尼采对作为退回到自我意识之表达的"诠释"的使用⑯，连
同海德格尔对理解活动的生存论结构的分析——这种分析明
确地处于诠释这个中心概念之下⑰，业已使对传统诠释学（参
见 Hermeneutik）的批判成为可能（也使那种对 J. G. 德罗伊森
的史学诠释学的批判成为可能，这种诠释学试图"行进在小心
谨慎及方法上的诠释的道路上……，以获得牢固而可靠的成
果"，"这种成果校正我们对过往的表象，并使我们能够以其本
来尺度来衡量过往"⑱。）这种批判呈现出，诠释乃是说明（Deu-
tung）的一种过程，当个别科学的逻辑不得不将这种过程解释
为方法概念和操作方式时，哲学诠释学（die philosophische
Hermeneutik）则探讨这种过程的诠释学蕴涵。在此，个别的
诠释方法概念层面，以及属于这些概念的操作方式的多样性，
似乎都依赖于诠释学自觉（Bewusstheit）的程度，从事诠释活
动的科学用这种自觉来确定自身的操作程序以及正当性基础
（狄尔泰）。

---

　　⑮　福斯特霍夫，《法与语言：一种审判法务诠释学导论》（Recht und
Sprache. Proleg. zu einer richterl. Hermeneutik）（1964 年），特别是第 18 页以
下。

　　⑯　尼采，《著作集》（Werke），施莱希塔（Schlechta）编，第 2 卷，第 250、374
页。

　　⑰　海德格尔，《存在与时间》（Sein und Zeit）（1927 年原版），第一部分。

　　⑱　德罗伊森，《史学》（Historik），R. 许布纳（Hübner）编（⁶1971 年），第 156
页；参见 A. 伯克，《语文科学的百科辞典和方法论》（Enzyklop. und Methodenle-
hre der philol. Wiss.）（²1886 年，1966 年重印），第 83 页以下。

对理解活动之历史性(Geschichtlichkeit)的洞见,以及对理解活动的循环结构(Zirkelstruktur)之认识,都属于诠释学自觉[19]。因为没有诠释能回到这种自觉,所以对由狄尔泰提出的对诠释之普遍有效性(Allgemeingültigkeit)的要求也必须加以修改。在诠释方法如何随其对象改变这个范围内,诠释之普遍有效性既不能奠基于一种普遍有效的方法和方法论,作为诠释学理想,这种诠释的普遍有效性也不能成为所有从事诠释活动的科学的行事目标。普遍有效性是诸种诠释目标中的一种,惟当诸种诠释能将事实情况作为题目,这些事实情况之所指能被重构且在主体间被验证,那么普遍有效性才达乎诸种诠释。在此,诠释乃是从受约束的前提得出的可控制的结论,诠释并非前提本身,而是为推论一致性所要求的普遍有效性[20]。但是因为科学仅仅从提出问题的动机而来建构自身的主题和对象(伽达默尔),这种系统与系统结论的关系就转至一种问题与回答的诠释学逻辑(hermeneutische Logik);这种逻辑只还将普遍有效性理解为确证(Bewährung),"其通过对前意见(Vormeinung)的制定来找出这种前意见"[21]。这样一种诠释学经验的理论(Theorie der hermeneutischen Erfahrung)从这样的前提出发:诠释的一致点既不存在于理想的"思想之表达"(mens dicentis)中,也不存在于被意指的事物之事实真理中,而总是要在理解活动的过程本身中去寻找。在这种过程中,传统的"理解的技巧"(subtilitas intelligendi)(认识活动[Erkennen])、"解释的技巧"(subtilitas explicandi)(解释

---

[19] 伽达默尔,前揭(参注释6),第250页以下。

[20] K. R. 波普,《研究的逻辑》(Logik der Forschung)(^{2}1966年)。

[21] 伽达默尔,前揭(参注释6),第351页以下。

活动［Auslegen］）以及"应用的技巧"（subtilitas applicandi）（应用活动［Anwenden］）塑造了一种不可分的统一状态[22]；这种统一状态为先行的对事情的生命关系所承载，这事情应当被理解，而且若没有生命关系的话，对这事情的诠释既不可能，也无法发动（R. 布尔特曼[23]）。

史学知识的科学性和客观性具有这种诠释学的条件性，这种条件性必定具有一定的后果，而在此，批判就对这些后果发出了警告[24]。但与其本来意图相对，这种批判在此只是确认了，一种不考虑理解活动之历史性和有限性的科学概念，既不能创立一种诠释的理论，也不能创立一种诠释的方法论，来满足科学性的标准。

H. 安东（Anton）撰，杨栋译

参考文献：

F. W. FARRAR：Hist. of I. (London 1886). -E. v. DOBSCHÜTZ：Art. ‹I.›, in：Encyclop. of relig. and ethics 7 (1914) 390ff. -J. WACH：Das Verstehen 1—3 (1926—1933). -O. F. BOLLNOW：Das Verstehen (1949). -H. G. GADAMER s. Anm. [6]. -E. BETTI s. Anm. [24]. -P. RICOEUR：De l'interprétation. Essai sur Freud (Paris 1965)；dtsch. Die I. Ein Versuch über Freud (1969)；Le conflit des interprétations. Essais d'herméneutique (1969).

---

[22]　伽达默尔，前揭（参注释6），第290页以下。

[23]　布尔特曼，《诠释学问题》（Das Problem der Hermeneutik），载《信仰与理解》（Glauben und Verstehen）第2卷（1950年），第227页以下。

[24]　贝蒂，《作为精神科学一般方法论的诠释学》（Die Hermeneutik als allg. Methodik der Geisteswiss. ）（1962年）；参见《论一般解释理论之基础》（Zur Grundlegung einer allg. Auslegungslehre）（1954年）；《一般诠释理论》（Teoria generale dell' interpretazione）第1、2卷（米兰，1955年）；德文缩译版《作为精神科学方法论的一般解释理论》（Allg. Auslegungslehre als Methodik der Geisteswiss. ）（1967年）。

生命关系(Lebensbezug)

生命关系,这个为 J. W. 歌德(Goethe)所创造的词,起先并非固定的术语,而是用来描述行动着的生命之关系,就如同这些关系在"最先的自然和生命表现"①中,也就是在"初始必然的原初比喻"②中,被把握为语言和诗歌的原初要素:"所有事物,即为人类自然而自由地表达出来的,乃是生命关系。"③

狄尔泰通过将哲学规定为"一种行动,其将生命,也就是说在其作为生命状态的诸种关联中的主体,提交给意识,并作终极思考"④,来把握生命关系这个概念。在此,关键性的乃是这些关联的奠基性功能,也就是那种"固定的基础,从此而来,多种多样的表现方得以出现"⑤。在这个奠基性的层面中"不存在不含一种自我生命关系的情况"⑥。这类生命关系可以是:"压力或进步,一种奋斗目标或者意愿的束缚,重要性、对体谅的需要和内心的亲近,或者抗力、距离和陌生"⑦,进一步可以是:"对于一种趋向的欲望,反抗,需求,某种事物在其处当是者,对同一事物的假设,倾慕,形态,无定形状态,……理想,记忆,分离,联合。"⑧与

① 歌德,《魏玛版全集》(Weimarer A.),第 7 卷,第 101 页。

② 同上,第 102 页。

③ 第 101 页。

④ 《威廉·狄尔泰与瓦尔腾堡的保罗·约克伯爵书信集(1877—1897 年)》(Briefwechsel zwischen W. Dilthey und dem Grafen P. Yorck v. WARTENBURG [1877—1897])(1923 年),第 247 页。

⑤ 狄尔泰,《全集》(Ges. Schr.),第 7 卷,第 131 页。

⑥ 同上。

⑦ 同上。

⑧ 第 7 卷,第 238 页。

这些对象性的理解、评估和目标设定的多样表现相对,在这种体验活动的基础层面上存在一种尚未分化的"行为,这种行为作用于所有那种作为个别生命关系(Lenbensverhält-nis)……于其中登场者"⑨,这样,自每个个体而来、在生命关系中,一个独特的世界就自行建立起来了⑩。

由此,生命关系这个概念的所指就有了三个面向:1. 知识-人类学的(erkenntnis-anthropologisch),这是通过强调"生命表现"先行于理论性的实在知识,也先行于被阐明的"生命估价和意志执行"⑪来实现的,这样的话,同时就是通过将生命关系与"人类生命的机体领域和历史领域之间的边界"⑫相连接来实现的;2. 诗学的(poetologisch),这由经验机制的基本表现通过诗人的生命关系得以提升亦即重建,得以实现⑬,此外,还通过将现实的诗意形态和"格调"理解为自一种"被展现的生命关系"而来⑭,得以实现;3. 关于一种世界观结构的理论,通过从个别的生命关系引出普遍的"与生命相对的观点",从此能够导出确定的形而上学论断⑮。

当生命关系对狄尔泰而言充当世界观之建构的前景时,米施则将处于前理论生命行为层面之中的"生命关系的交汇"(Nexus der Lebensbezüge)作为重新建构逻辑的出发点,这种逻辑"基于生命哲学"⑯。这种根本上与身体相关的理解——

---

⑨　第 7 卷,第 238 页。

⑩　参见第 8 卷,第 78 页以下。

⑪　第 8 卷,第 86 页。

⑫　G. 米施,《哲学之道:哲学初阶》(Der Weg in die Philos. Eine philos. Fibel)(1926 年,²1950 年),第 21 页。

⑬　参见狄尔泰,前揭(参注释 5),第 7 卷,第 240 页。

⑭　第 7 卷,第 132 页。

⑮　第 8 卷,第 81 页。

⑯　米施,《关于"逻辑和知识论入门"的讲座》(Vorles. über «Logik und Einl. in die Theorie des Wissens»),F. 罗迪(Rodi)编(准备中)。

其对米施而言业已参与到逻辑的领域了——被刻画为一种"在诸种生命关系内在交汇中的迁移,这种交汇使得追随另一种生物之生命表达成为可能"⑰。在此意义上,米施与狄尔泰一起将生命关系置于"从意向性出发的位置上"⑱。

F. 罗迪(Rodi)撰,杨栋译

参考文献:

O. F. BOLLNOW: Dilthey. Eine Einf. in seine Philos. (³1967). -J. KÖNIG: Georg Misch als Philosoph(1967).

---

⑰ 同上,第2部分,第3章。

⑱ 《生命哲学与现象学》(Lebensphilo. und Phänomenol.)(1930年,³1967年),第125页。

生命经验（Lebenserfahrung）

生命经验，这个可能来自虔信派传统的概念首先出现在歌德处①，但也是相对晚出且少见的②。歌德捎带给出的规定——将诗规定为"生命经验的感性总结"③——为狄尔泰所接受，他将"作为个人体验（Erlebnis）或作为其他之人——过去的以及现在的——的理解，以及对事件——在其中前述体验和理解共同发生作用——之理解的生命经验"④设定为诗意创造的出发点。但术语上更为重要的是，狄尔泰一方面建立了生命经验与世界观之间的联系，另一方面则建立了生命经验与精神科学之间的联系。两种情形下，生命经验都是"生命的思想塑造工作"⑤的基础步骤。作为"对生命的思索"，生命经验将个别事件合并"到对象性及普遍的知识"⑥。狄尔泰在

---

① 参见 E. 施普兰格（Spranger），《生命经验》（L.）（1947 年），第 40 页以下：引述了 Ph. J. 斯宾纳（Spener）和 A. H. 弗兰肯的"开悟着的经验"（erleuchtende Erfahrung）概念；参见弗兰肯，《将孩童引向真正虔信和基督教智慧的简明课程》（Kurzer und einfältiger Unterricht, wie die Kinder zur wahren Gottseligkeit und christl. Klugheit anzuführen sind）（1702 年），《教育和课程文集》（Schr. über Erziehung und Unterricht），K. 里希特（Richter）编（年代不详），第 97 页以下；参见 A. 朗恩（Langen），《德意志虔信主义词汇》（Der Wortschatz des dtsch. Pietismus）（²1968 年），第 248 页以下。

② 歌德，《魏玛版全集》（Weimarer A.），第 2 部分，第 6 卷，第 249 页；第 4 部分，第 43 卷，第 83 页；《谈话录》（Gespräche）中的某些部分。

③ 《歌德谈话录：第 3 卷第 1 部分（1817—1825 年）》（Goethes Gespräche 3/1［1817—1825］），W. 赫维希（Herwig）编（1971 年），第 285 页。

④ 狄尔泰，《体验与诗》（Das Erlebnis und die Dichtung）（¹²年代不详），第 125 页。

⑤ 《全集》（Ges. Schr.）第 7 卷（⁶1973 年），第 136 页。

⑥ 同上，第 8 卷（⁵1977 年），第 79 页

特殊的(个人的)生命经验和普遍的生命经验之间作出了区分。两种生命经验通过这样的方式产生，"这些[方式]对于它们而言等同于归纳"，但两种生命经验的普遍化并非实现于方法上，也非可控的⑦。狄尔泰将普遍的生命经验定义为"在任意一种人们互属的领域内自我形成的、为这些人所共有的原理"，并且将这种普遍的生命经验理解为风俗、传统，以及权力施加给个人的公众意见⑧。相应地，为狄尔泰所强调的用于精神科学之知识论奠基的生命与认识的关联，就特别显现在关于生命经验的诸种陈述中，亦即既显露于关于现实知识、评估、给出规则和设定目标的个别陈述中，又显露于"一般化着的民族智慧"(谚语、处世准则、对爱欲的反思等等)的持续确定中⑨。但在狄尔泰处尚且不明的是，是否生命经验——其作为普遍化着的生命评估——以一种出自对象性理解的"世界图像"为前提，且在这方面成为"生命理想"之产生的前提⑩，抑或，是否生命经验组成了把握现实活动、评价活动以及设定目标活动之间的生活世界关联之整体。

狄尔泰对个体的和普遍生命经验的区分并未开宗立派，不如说，正是同情他的作者们强调了生命经验的独特个体性。这样，施普兰格就在"生命过程的特殊深化"之三个步骤的意义上区分了生命经验的三种主要形式，这些形式指向这样的理想：精于世故、人格塑造以及形而上学的意义说明⑪。G. 克吕格更进一步强调了"认识活动执行者对事情之个人的亦即

---

⑦　第 7 卷，第 132 页以下。

⑧　第 7 卷，第 133 页；参见第 5 卷(⁴1964 年)，第 409 页。

⑨　第 7 卷，第 134 页。

⑩　第 5 卷，第 373 页以下；进一步参见博尔诺，《狄尔泰》(Dilthey)(³1967 年)，第 75 页。

⑪　施普兰格，前揭(参注释 1)，第 42 页以下。

感性的参与"："生命经验与基于听闻和书本的知识相对，与人们并非基于本身亲眼所见和自身牵连（观察）所得到的对于事物的所知相对。"[12]在此意义上，博尔诺也指出了，对于单纯的经验概念而言，自身的参与状态和牵连状态是十分重要的——"经验……始终是成就了自身的经验"，而且他还将生命经验规定为不知不觉自个别经验而来的对前科学世界理解和生命理解的扩建[13]。

F. 罗迪(Rodi)撰，杨栋译

---

[12]　克吕格，《哲学基本问题》(Grundfragen der Philos.)(^{2}1965 年)，第 241页。

[13]　博尔诺，《知识哲学》(Philos. der Erkenntnis)(1970 年)，第 142 页以下。

生命范畴(Lebenskategorien)

　　首先是在 J. G. 赫尔德(Herder)和 W. V. 洪堡(Humboldt)的开端和准备性工作的基础上,生命哲学,特别是狄尔泰及其弟子的生命哲学,将"在体验中被理解者之现实性的展现"[①]以及借助生命范畴来范畴性地规定这种现实性,明确地确立为自身的目标。虽然不能严格地在术语上区分生命概念(Lebensbegriff)、历史学-精神科学概念(historisch-geisteswissenschaftlicher Begriff)以及生命范畴,但可以指出这些概念差别的要素:区别于思维范畴(Denkkategorie)的生命概念[②],让自身"适用于所有精神领域"[③],这是如此实现的:生命概念通过其塑形排序力量来塑造生命实践(Lebenspraxis)。不同于生命概念之塑造生命的功能,历史学概念的任务乃是,"对生命和历史的自由进行表达"[④]。应当在生命活动状态(Lebendigkeit)中描绘生命的历史学概念,尽管难以分出"在生命流动中被系缚者"[⑤],但还是必须尝试性地这般去塑造历史学概念:在这种概念中去表达生命之可变,生命之动态。历史学概念是生命之谓述,亦即精神-历史世界的谓述。狄尔泰将描述"理解之类型"[⑥]——这些类型包含于生命之预设中——的概

---

①　狄尔泰,《全集》(Ges. Schriften),第7卷([4]1965年),第192页。

②　同上,第2卷([8]1969年),第279页。

③　第8卷([4]1968年),第56页。

④　第7卷,第203页。

⑤　同上,第280页。

⑥　第192页。

念称为范畴。因而生命范畴,其作为最高级的范畴,就指对生命之"理解的最高立场"⑦。

"在生命自身中展开"⑧的生命范畴,产生于有意识的体验活动;在这样一种对范畴的逻辑反思中,实现了对于生命的思索。作为"把握生命的工具"⑨,生命范畴在对生命的阐释中有其份额,而这种阐释同时也是创造活动⑩;对于概念性地澄清认识活动之内在性的回转创造性运动来说,生命范畴是不可缺少的科学途径。通过前述概念性的澄清,生命之关联在其特有的"结构性形式"⑪中得以明确地展开。

狄尔泰区分了形式的(formal)和现实的(real)范畴。形式的范畴乃是"对于区分、觅同、把握区分的程度、联系、分开之逻辑行为方式的抽象表达"⑫,于是,形式的范畴,其产生"自基本的思维性能",乃是"作为认识活动的理解活动——既是精神科学的又是自然科学的——之形式上的条件"⑬。生命范畴适用于所有生命领域,与之相对,"现实的范畴"⑭必须按照自然和历史加以区分。当用一种抽象的关联——"它按其逻辑本质[是]全然透明的"⑮——去对待自然科学时,对于生命关联的范畴式理解成果就与一种完全逻辑推理的澄清相抗拒。可以总是涉及一种"持续的近似"⑯,因为生命关联之于"认识活动从不可及"⑰,而这乃

---

⑦　同上。
⑧　第195页。
⑨　第199页。
⑩　第232页。
⑪　第203页。
⑫　第197页。
⑬　第196页以下。
⑭　第192页。
⑮　第235页。
⑯　第236页。
⑰　同上。

是因为,"在一种理解活动中",因而也是在范畴式的理解活动中,"非理性的东西[乃是]生命本身所是者;非理性的东西不能通过逻辑运作的形式表现出来"⑱。因此,既不能精确推断出范畴的数量,也不能将这些范畴间的互相关系通过逻辑的形式表达出来,"每一[范畴],从另一个角度来看,使得生命整体能够达乎理解活动"⑲。这样的话,生命范畴间就是不可比的。

对于狄尔泰和其他一些人来说,生命范畴乃是:指称(Bedeutung)、重要性、价值、目的、力量、关联、结构、时间性、整体和部分、作用与承受、发展等。狄尔泰特别将兴趣投向了指称、价值(Wert)和目的(Zweck)这些范畴:"指称范畴描绘了生命之部分与整体的关系,这种关系奠基于生命的本质。"⑳指称于记忆中显现出来,与之相对,在一种区别于记忆的立场中——人们在这种立场中把握时间过程——价值范畴就支配了其他的范畴,倘若生命是在现时(Gegenwart)视角下被观察的话。"而且,当人们将自身伸向未来时,就产生了目的范畴、理想范畴、生命造型(Gestaltung)的范畴。"㉑尽管在范畴的分级尝试中存在不一致,狄尔泰还是将指称范畴置于了特殊的位置,因为"只有在诸生命过程与对生命整体之理解和意义的指称关系中,包含于生命的关联方能合适地表现出来"㉒。指称乃第一个生命范畴,亦即"包含着所有的范畴"㉓,因为,"关于价值和目的的范畴行为,作为理解生命的个别方面,在这种理解之整体关联中被采纳"㉔。

---

⑱ 第 218 页。
⑲ 第 236 页。
⑳ 第 233 页。
㉑ 第 236 页。
㉒ 同上。
㉓ 第 232 页。
㉔ 第 236 页。

　　米施试图超越狄尔泰的片段式结论,他进一步追问力量(Kraft)与指称的生命约束,这种约束乃是范畴式的描述,"它在运动本身中把握达成(Erwirken)的类型,这种类型奠基于生命行为,且在合乎指称的集中过程(Zentrierung)中趋尽"[25]。按米施的看法,指称范畴促成"历史与体系、生命与完型(Gestalt)之间"[26]的关系。指称先于作为历史生命之基本范畴的价值和目的,因为指称"将生命的集中过程同时规定为生命本来的进程形式以及客观理解生命的形式"[27]。

　　H. 诺尔(Nohl)也强调了生命哲学对于一种本真概念塑造形式的权利。因为在"生命的联合"中不存在自一一对基本概念而来的演绎,而仅仅存在"生命领域的分析"[28],所以生命范畴也就"不是一种抽象理性的产物,亦即不是一种自足的逻辑推论的产物,这种逻辑推理作为理性的概念装置对立于生命和生命的事实,而是,它们[生命范畴]奠基于体验中,且无非就是通过对给定者进行观念化抽象而得出的内容上的诸种规定,我们用这些规定来建构事实"[29]。

　　所以,生命范畴就尝试着作为特有的范畴领域指示出"自然科学概念塑造的界限";生命范畴概念对现象学的本质概念作出了批判(参见狄尔泰对胡塞尔的批判,胡塞尔"首先将变易着流动着的事物在概念中固定下来,然后又将流动概念附加于其上"[30])。生命范畴可被视为海德格尔"生存论性质"

[25]　米施,《生命哲学和现象学》(Lebensphilos. und Phänomenol.)(^{2}1931年),第 163 页。

[26]　同上,第 165 页。

[27]　第 168 页。

[28]　诺尔,《哲学导论》(Einf. in die Philos.)(^{3}1947 年),第 64 页。

[29]　同上,第 59 页。

[30]　狄尔泰,《全集》,第 5 卷(^{4}1962 年),第 CXII 页。

(Existenzial)亦即"此在的存在特征"的概念准备。

W.格罗瑟(Grosse)撰,杨栋译

参考文献：

J. HENNIG：Lebensbegriff und L.（1934）.-C. T. GLOCK：W. Diltheys Grundleg. einer wiss. Lebensphilos.（1939）.-O. F. BOLLNOW：Dilthey(1955).

阅读、读法(Lektüre,Lesart[法文 lecture])

　　"阅读"(Lektüre)这个词借自法文 lecture,而且可以追溯到晚期拉丁语,对"读物"(lectio)的"聚集"(lectura)①。在"一种确定的理解、一种确定的对文本的把握"这种含义上,这个词与其德语翻译"读法"(Lesart)一道,在 17 世纪进入书面语言。"阅读"此外(以及在日常语言中更为经常地)还指"阅读活动"、"读物"、"被读的东西"、"学问"②。

　　在 13 世纪的犹太文字神秘主义中,致力于文字的神秘含义乃是通向关于创世之知识的道路,承袭这种神秘主义③,哈曼也在形而上学关联上使用"阅读"这一概念。世界被隐喻地理解为"创世之书",而上帝于其中展示自身。哈曼将世俗的"对自然的读法"置于宗教的"对经文的读法"之对立面④,而 F. H. 雅各比(Jacobi)则反对这样的看法:仅由异文是不能组成书的,没有书能"较之自然之书而言较少地仅由异文、仅由读法组成"⑤。

　　É. Ch. 阿兰(Alain)将"阅读"定义为对符号的正确说明活动(Deuten)。每种自发说明(Deutung)(mouvement de l'instinct⑥)

---

　　① 《格林词典》(Grimm),第 6 卷(1885 年),第 771 页;参见第 774、786 页。

　　② 《德语外来词词典》(Dtsch. Fremdwb.),H. 束尔茨(Schulz)和 O. 巴斯勒(Basler)编,第 2 卷(1942 年),第 18 页以下。

　　③ 参见 G. 朔勒姆(Scholem),《犹太神秘学主流》(Die jüd. Mystik in ihren Hauptströmungen)(1970 年),第 81 页以下,第 144、235 页。

　　④ 哈曼,《著作集》(Werke),J. 纳德勒(Nadler)编,第 2 卷(1950 年),第 203、204 页。

　　⑤ 雅各比,《著作集》(Werke)第 1 卷(1812 年,1976 年重印),第 289 页。

　　⑥ 阿兰,《艺术和神》(Les arts et les dieux)(巴黎,1958 年),第 263 页、第 347 页以下。

的适当性为主观和非理性的因素以及偶然所妨碍。因此,对符号的正确说明活动之可能性在于,惟当这种说明活动是有意为之的,而且是基于一种主导观念(idée directrice)亦即一种理论的规定而为之的:"通过理论给人们所做的解读以一种意义"(donner par théorie un sens à la lecture que l'on fait)⑦。

S. 韦伊(Weil)接受了阿兰的想法,而且将"阅读"作为其知识论的中心概念⑧。这种知识论区分了知识的三个阶段:"彼此重叠的解读:解读隐藏在感觉之后的必然性、解读隐藏在必然性之后的秩序、解读隐藏在秩序之后的上帝"(Lectures superposées:lire la nécessité derrière la sensation,lire l'ordre derrière la nécessité,lire Dieu derrière l'ordre)⑨。组成每种知识之前提的感觉和情绪被理解为效用。这些效用的原因由诸种现象构成,这些现象本身对于特殊认识活动而言是不可及的:"……由外观组成的几乎不闪现的效用"(... d'effets produits par des apparences qui n'apparaissent pas où à peine)⑩。因而现象应当被限制在主体性的判断(jugement⑪)中,且因此成为个别事物的指称(significations⑫)。由"判断"所组建的占有价值的意义世界不允许与"真正的"现实相混淆。这种意义世界只

---

⑦ 《关于第一哲学的通信》(Lettres sur la philos. première)(巴黎,1963年),第 99 页以下。

⑧ 参见韦伊,《札记》(Cahiers)第 1—3 卷(巴黎,1951—1956 年,引自²1970—1974 年),德文节译见:《善的见证》(Zeugnis für das Gute)(1976 年),第149 页以下、第 276 页以下(F. 肯普[Kemp]德译为读法[Lesart])。

⑨ 《札记》第 2 卷,第 164 页。

⑩ 《论阅读的概念》(Essai sur la notion de lecture)(1941 年),载《哲学研究》(Les Études philos.)新辑(NF)第 1 卷(马赛,1946 年);参见《西蒙娜·韦伊:哲学家、历史学家和神秘主义者》(Simone Weil. Philosophe, historienne et mystique),G. 卡恩(Kahn)编(巴黎,1978 年),第 364 页以下。

⑪ 韦伊,《论阅读的概念》,前揭(参注释 10),第 16 页。

⑫ 《论阅读的概念》,第 17 页。

能这样被揭示:个体一方面免于公共意见的影响,另一方面免于热情(les passions[13])、想象(imagination[14])和幻想这些主体性因素。随着不断加深的从我之参与到知识(dé-création)的还原,就产生了这样的可能性:认识所有现象之后的上帝(lire en toutes les apparences Dieu[15])。狭义上,"阅读"概念正是指知识的形式:"第三类知识,等于,阅读"(Connaissance du troisième genre = lecture)[16]。区别于这种阅读形式的乃是另一种,亦即属于宗教-形而上学领域的知识道路,它以"期望"(attente)(非目的趋向的注意力、耐心期待、新约中坚忍[ὑπομονή]和许可进入恩宠意义上的)的姿态为前提。因为在此谈论的是"拒绝阅读"(Non-lecture)[17],其引致超自然的知识(connaissance surnaturelle[18])。面向这种现实性的"拒绝阅读",因其将世界之被分开的个别现象把握为指向上帝的总体象征体系,就引发了拯救的诗意,即"超自然的诗意"(poésie surnaturelle)[19]。但即使这种可能性也不能使人们最终阅读"真正的文本";这种必不可缺的上帝本身乃是读者:"设想我没在读的、我永远不会读的一个真文本,就是思考这个真文本的一种读者,也就是说上帝"(Penser un vrai texte que je ne lis pas,que je n'ai jamais lu,c'est penser un lecteur de ce vrai texte,c'est à dire Dieu)[20]。

在反思性诠释学的现象学(J. 纳贝尔特[Nabert]、P. 利科、

---

[13] 《札记》第 2 卷,第 72 页。

[14] 《札记》第 1 卷,第 139 页。

[15] 《札记》第 1 卷,第 151 页。

[16] 《札记》第 1 卷,第 131 页。

[17] 《札记》第 1 卷,第 178 页;参见《札记》第 2 卷,第 220、228 页。

[18] 《超自然的知识》(La connaissance surnaturelle)(巴黎,1951 年),第 17 页以下。

[19] 参见,同上,第 307 页以下;《工人的状况》(La condition ouvrière)(巴黎,1951 年),第 265 页以下。

[20] 《论阅读的概念》,前揭(参注释 10),第 18 页。

H. 杜迈瑞[Duméry]㉑)中,"阅读"被用于描述诠释着的理解活动,这种理解活动既是对于文本的理解,又是对于世界现实性的理解。这个概念在此就处于两个词源的含义区间中:"内在阅读"(Innere Lektüre)——自"理智"(intus legere[直译为"内在阅读"])而来——意指意义设定行为之主动的、创造性的因素;另一种含义,"意义阅读"(Sinn-Lektüre),被 Ph. 塞克勒堂(Secretan)明确地追溯到"选择"(inter-legere[直译为"之间阅读"]),这就被用以意指那种阅读形式,在其中,识别出,亦即实现一种在对象之自在中被预先规定的意义:"另一个视角假定的是,意义栖息于实在之中,栖息于自在之物,自在之物给阅读提供了在意义之中被重新获得的意义"(L'autre perspective pose que le sens ' repose' dans le réel, dans l'en-soi de la 'chose',offert à une lecture qui soit une reprise du sens)㉒。

梅洛-庞蒂(Merleau-Ponty)在广义上使用"阅读"这个概念。在他那里,"阅读"也指感官知觉。这个概念的外延暗含了对一种理性化观点的批判,依这种观点,符号与指称(signe 和 signification)是这样被彼此分开的:主体和世界的官能统一似乎瓦解了㉓。

M. 芒叙(Mansuy)区分了两种阅读类型:一种是系统性和上层文化的,被称为"元表征的"(metarepräsentativ);其引致现象的超越。于此之外存在着象征的或者"隐含的"阅读,在

㉑　参见 P. 富尔基埃(Foulquié),《教育学词典》(Dict. de la pédagog.)(巴黎,1971年),第287页以下;富尔基埃和让(R. St. Jean),《哲学词典》(Dict. de la philos.)(洛桑,1962年),第399页以下;参见 R. 多马尔(Daumal),《给朋友的信》(Lettres à ses amis)第1卷(1932年,重印于巴黎,1958年),第372页。

㉒　塞克勒堂,《权威,权利,权力》(Autorité, pouvoir, puissance)(巴黎,1969年),第247页。

㉓　梅洛-庞蒂,《知觉现象学》(Phénoménol. de la perception)(巴黎,1945年)。

这种阅读中，个体将一种只对其个人适用的象征赋予一些——也就是那些按照个体倾向被选择的——对象[24]。这种对表象领域的情绪性占据会被文化特殊性所阻止，这一事实被 M. 福柯（Foucault）判定为精神错乱的征兆[25]。

基于黑格尔的历史观，L. 阿尔都塞（Althusser）谈论一种关于阅读的宗教神话（mythereligieux de la lecture[26]）。按照阿尔都塞的看法，马克思对阅读之宗教神话的极端拒斥引致了与黑格尔哲学的决裂。阿尔都塞本人对于"阅读"（lire）[27]的着重运用则更值得注意，这种运用得到了反复的采纳。

在结构主义和符号学框架中，特别是对罗马风格的相关研究中，"阅读"概念指的是对每种符号类型的诠释（文本、图画、风格、商品、城市环境等）[28]。对于这个概念的更为精确的定义而言，起根据作用的符号类型有着决定性的意义。在对于符号学的德语研究中，"阅读"概念至今只是零星出现的[29]。在此，作为对于理解符号变化过程的描述，"诠释"（Interpreta-

---

[24] 芒叙，《象征符号与超越》（Symbolisme et transcendence），载《符号》（Le symbole），J. -E. 梅纳尔（Ménard）编（斯特拉斯堡，1975 年），第 55 页以下。

[25] 福柯，《精神疾病与心理学》（Maladie mentale et psychol. ）（巴黎，1954 年），第 100 页以下。

[26] 阿尔都塞，《读〈资本论〉》（Lire le Capital）第 1 卷（1968 年），第 14 页，参见第 10—15 页。

[27] 参见，同上，标题。

[28] 参见 A. J. 格雷马斯（Greimas），《诗意符号学》（Essais de sémiotique poétique）（巴黎，1972 年），第 7—10 页；《符号学与社会科学》（Sémiotique et sci. sociales）（巴黎，1976 年），第 133 页以下；J. 鲍德里亚（Baudrillard），《符号的政治经济学批判》（Pour une crit. de l'économie polit. du signe）（巴黎，1972 年），第 39 页以下，第 227 页以下；参见《语言科学百科辞典》（Dict. encyclopédique des sci. du langage），O. 迪克罗（Ducrot）、T. 托多洛夫（Todorov）编（巴黎，1972 年），第 107 页；参见 U. 埃科（Eco），《符号学导论》（Einf. in die Semiotik）（1972 年），第 275 页以下。

[29] 参见 J. 特拉邦特（Trabant），《符号学的要素》（Elemente der Semiotik）（1976 年），第 21 页以下；A. 斯托克（Stock），《神学文本之使用》（Umgang mit theol. Texten）（1974 年），第 65 页以下。

tion)概念是更为常用的。这同样也可被追溯到盎格鲁撒克逊文学的强烈影响。

　　一种对读者的重新理解,在接受美学(Rezeptionsästhetik)中也导致了对于"阅读"概念的重新规定。读者被认为是主动和创造性的,相应地,对于一篇文本的阅读就被理解为一种当时化的新结构。"每种阅读都将……成为这样一种类型:将文本的摇摆形象在含义上确定下来,这些含义在阅读过程自身的规则中才被产生出来。"[30]

R. 屈恩(Kühn)撰,杨栋译

---

　　[30]　伊瑟尔,《文本的召唤结构》(Die Appellstruktur der Texte),载 R. 瓦宁格(Warning),《接受美学》(Rezeptionsästhetik)(1975 年),第 228—252 页、第 234页;参见《阅读的现实问题》(Problèmes actuels de la Lc.),L. 戴棱巴赫(Dällenbach)、J. 里卡多(Ricardou)编(巴黎,1980 年)。

诠释学的逻辑（Logik, hermeneutische）

诠释学逻辑的观念和概念可追溯到米施，他承袭了狄尔泰对精神科学的奠基①。这种逻辑既不应成为一门特定的逻辑学科，也不应成为一种诠释学的普遍方法论，而是应该作为一种关于知识的哲学理论，这种哲学理论观察和描述逻辑现象的诠释学维度。作为为人类知识奠基的理论，诠释学逻辑与康德的超越论逻辑类似②，尽管前者对后者有着批判的保留。二者共享的乃是克服非理性主义和怀疑论的任务③，但却基于不同的科学史前提。诠释学逻辑所从出的疑难乃是现代科学观念的危机，这一危机到 19 世纪末通过自然科学和精神科学的截然对立表现出来④。诠释学逻辑在哲学知识中寻求新的定位，这是经由回溯古希腊哲学中的逻各斯（Logos）概念实现的⑤。从这一概念中，诠释学逻辑汲取到这样的洞见，语言和思想有其基本共属性，这种共属性成为一种不言自明的

---

① 米施，《生命哲学和现象学》（Lebensphilos. und Phänomenol.）（1930 年，引自³1967 年），第 53 页以下；米施题为"逻辑和知识论入门"（Logik und Einl. in die Theorie des Wissens）的讲座课版本，F. 罗迪（Rodi）编（准备中）。

② R. 维尔（Wiehl），《作为一般理智之准则、工具和净化的理性》（Vernunft als Kanon, Organon und Kathartikon des allg. Verstandes），载《主体性与形而上学：W. 克拉默纪念文集》（Subjektivität und Met. Festschr. W. Cramer）（1966 年），第 353 页。

③ 博尔诺，《论诠释学逻辑的概念》（Zum Begriff der h. L.），载《论证：F. 科尼希纪念文集》（Argumentationen. Festschr. F. König）（1964 年），第 20 页。

④ 米施，前揭（参注释 1），第 33 页。

⑤ 同上，第 51 页；参见伽达默尔，《真理和方法》（Wahrheit und Methode）（²1965 年），第 383 页以下。

公理,而这种公理则转变为批判近代形式的、超越论的以及纯推理的逻辑的法庭。这些逻辑的共同点乃是抽象,而这种抽象不从与自然语言的关联来观察纯粹思想。如同科学语言一样,科学客观性和精确性的规范败于历史变迁之下,而这种规范正是与科学语言相关联的;逻辑也出现在自然的(交往)语言中,且达到基本的与身体相关的理解活动层面,这样一种理解活动,其作为"在生命联合状态中的劳作着的认识",是对象性知识的前提,且由此就成为每种理论-科学关系的前提⑥。因此,每种人类生命表达都是诠释学逻辑的一种可能对象。这种逻辑在人类生命实践的意义发生活动中,亦即在日常的前科学交往(Kommunikation)中,寻求"逻辑性的东西";这种逻辑遵循"自然的概念塑造",如同它在每种语言发生活动中自我展开那样⑦。

对米施而言,诠释学逻辑仅仅是狄尔泰所勾勒出的生命范畴学说⑧。这类生命范畴是:效果关联和力量、表达与含义、价值与目的、自我存在和发生活动。生命的精神结构乃是这样一种自成一类(sui generis),它要求对于范畴有一种根本上的另类使用,这是较之范畴的对象性客观化功能而言的。生命是一种自我解释的发生活动,一种不确定状态和确定状态间的互补⑨。对理解着的体验活动之解释需要一种唤起式的言谈和推理式的言谈之间的类似互补⑩。米施区分了诠释学的生命实行中的互补性("极性"),以及为海德格尔在《存在与时间》中所阐释的人类言谈的诠释学两义性。对米施而言,海

---

⑥ 米施,"逻辑和知识论入门"讲座课,前揭(参注释1),第2部分,第4章。
⑦ 伽达默尔,前揭(参注释5),第404页。
⑧ 米施,《生命哲学和现象学》,前揭(参注释1)。
⑨ 同上,第86页。
⑩ 第94页。

德格尔的基础存在论将一个历史世代对于普遍理念的姿态形式化了，而没有在"历史理性批判"意义上对具体历史个体性的理解活动的条件进行展开。存在于条件描述之中的通名特征以及对断言式陈述的贬低导致了对于人类此在的一种片面观察⑪。

承袭狄尔泰的生命哲学，J. 科尼希（König）也不贬低推理性，而是对表达之发生的层面进行论证，这些层面在语言的直言判断中赋予意义地发挥着作用。这表现在调节性的谓述和规定性的谓述的差别上⑫。在 H. 李普斯（Lipps）处，诠释学逻辑行进在一个全然不同的方向上。人类言谈（逻各斯[λόγος]）在此如同在海德格尔处一样被理解为生存论性质（Existential）；人类言谈并不"是"（ist）媒介或者客观的对象知识之可能性的条件，而是存在于理论和实践的区分之先：现成处境的展开以及人类此在之在世的始终先行展开状态。将推论的逻辑（Logik des Schlusses）解释为决断的逻辑（Logik der Entscheidung），乃是这种"生活世界"取向的诠释学逻辑的特征⑬。与此相对，伽达默尔的哲学诠释学，其作为狄尔泰和海德格尔之间的批判性平衡，可被描述为广义上的诠释学逻辑。其出发点存在于效果历史（Wirkungsgeschichte）的原则中，存在于问答逻辑（Logik von Frage und Antwort）中，并且存在于语言游戏（Sprachspiel）的概念中。这种普遍的诠释学理论，与 L. J. J. 维特根斯坦（Wittgenstein）的"哲学研究"一道，显示在生活形式与语言

---

⑪　第 58 页以下。

⑫　J. 科尼希，《存在与思想》（Sein und Denken）（1937 年），第 1—12 节。

⑬　里普斯，《诠释学逻辑研究》（Untersuch. zu einer h. L.）（1938 年，²1959 年），第 38 页以下。

发生活动之共属性的启发性原则中⑭。

R. 维尔(Wiehl)撰,杨栋译

---

⑭　伽达默尔,《现象学运动》(Die phänomenol. Bewegung),载《短论集》(Kl. Schr.)第 3 卷(1972 年),第 184—189 页。

精神/生命的客观化（Objektivation des Geistes /des Lebens）

"精神/生命的客观化"这个概念在后期狄尔泰思想中占有重要地位①。狄尔泰将所有非自然给予的对象把握为人类精神和生命的客观化：词语和行为、建筑、法律、制度。对于狄尔泰为精神科学奠基的尝试来说，"精神/生命的客观化"这个观念具有重要作用，因为借助"精神/生命的客观化"才能赢得一种"对历史之物之本质的洞察"②。生命的客观化方使得进入历史之物的世界和本质成为可能："精神科学拥有作为其包罗万象之真实的生命的客观化。"③

因此，"精神/生命的客观化"这个概念一方面保证了摆脱意图、表象、观念等等的行为和结果，但另一方面也包含了这样的想法：如此这般被产生的对象不仅是任意的，而且乃是一种超越个体之精神的表达。在此，狄尔泰以特殊的方式——极有可能是通过 M. 拉扎鲁斯（Lazarus）的中介④——承袭了黑格尔的客观精神（der objektive Geist）概念，并且将"精神/生

---

① 狄尔泰，《精神科学中历史世界之构建》(Der Aufbau der geschichtl. Welt in den Geisteswiss.)，《全集》(Ges. Schr.)第 7 卷（1927 年），第 146—152 页、第 208 页以下。

② 同上，第 147 页。

③ 第 148 页。

④ 拉扎鲁斯，《对民族心理学的一些综合思考》(Einige synthet. Gedanken zur Völkerpsychol.)，载《民族心理学和语言科学杂志》(Z. Völkerpsycho. Sprachwiss.)第 3 卷（1865 年），第 1—94 页，特别是第 41 页以下；此外参见 J. 弗兰肯贝尔格（Frankenberger），《客观精神与民族心理学》(Objektiver Geist und Völkerpsychologie)，载《哲学与哲学批判杂志》(Z. Philos. philos. Kritik)第 154 卷（1914 年），第 68—83 页、第 151—168 页。

命的客观化"概念等同于"客观精神"概念,然而与黑格尔不同,狄尔泰坚持认为,客观精神不是一种"普遍理性"(allgemeine Vernunft)的表达,而是"生命"的表达。狄尔泰依据的是体验活动和理解活动;他想在整体性中分析被给予之物,即真实的生命,也包括其中的非理性成分,从而,狄尔泰的客观精神概念就超越了黑格尔通过主观精神、客观精神和绝对精神这些概念所把握的那些领域。

F. -J. 阿尔贝斯(Albers)撰,杨栋译

参考文献:

H. JOHACH: Handelnder Mensch und objektiver Geist. Zur Theorie der Geistes- und Sozialwiss. bei W. Dilthey(1974).

视角、透视（Perspektive，Perspektivismus，perspektivisch）

（拉丁文 perspectiva，源自 perspicere，意为用目光穿透，清楚地看到；英文 perspective，perspectivism；法文 perspective，perspectivisme；意大利文 prospettiva，prospettivismo）

I

哲学；神学；精神科学和自然科学

1

当波爱修斯（Boethius）将具有"透视"（perspectiva）的 τὰ ὀπτικά规定为几何学的一个部分时[①]，他就由此给出了这个概念直到文艺复兴早期及此后的含义，因为这一归类直到 19 世纪都没有变化："透视（die Perspektiv）几乎一直被用于数学，亦即用于光学。另一方面 A. G. 克斯特纳（Kästner）业已将透视与他的几何学的开端基础联系在一起了。事实上，只要透视是数学的，而非工程上的，那么它就完全以初等几何学为基础。Ch. A. 豪森（Hausen）也在他的《初等数学》的导言中注意到，透视无非就是一种关于投影的几何学。"[②]这一术语源自拉丁文 perspicere（＝确切、清晰地看，确定地感知），这种来源"是非常可能的，因为这一术语给出了希腊文

---

① 波爱修斯，《对亚里士多德〈后分析篇〉的诠释》（Post. Anal. Aristot. interpret.），第 1 卷，第 7 节，《教父著作拉丁文系列》（MPL）第 64 卷，第 721 页。

② G. S. 克吕格尔（Klügel），《数学辞典》（Mathemat. Wb.）Ⅰ/3（1808 年），第 801 页以下。

ὀπτική τέχνη的翻译"③,而且,也是因为中世纪四个最有名的对光学领域进行描述的尝试④,即,海什木(Alhazen)的《光学之书》(Kitab al Manazir[Buch über die Optik])亦即(译为拉丁文的)《透视法》(De aspectibus)、罗吉尔·培根(Roger Bacon)的《透视》(Perspectiva)、维特罗(Witelo)的《透视》(Perspectiua)以及约翰·佩卡姆(John Pecham)的《光学通论》(Perspectiva communis),也是在这个向度上给出了指引。当 A. 丢勒(Dürer)稍后将 perspicere 解说为"浏览"(durchsehen)并由此给出定义时:"总之 prospectiua 是一个拉丁词,支撑一种浏览过程"⑤,那么这已经是典型的近代式理解了,而且业已将"通过视锥(Sehpyramide)对作为剖面的图像进行构建"⑥设为前提了,那么也就是将对那样一种放射图样的构建设为了前提,这种图样的顶端存在于眼睛里,而且其基面组建了被观察到的对象的可视表面:"而且在这个词的意大利文翻版 prospettiva(=前景[Aussicht])中,也预示出开辟空间深度的趋势。将透视的历史划分为两个部分,这实现于,通过人工透视(perspectiva artificialis)或者绘画(pingendi)将古老的综合透视(perspectiva communis)或自然透视(perspectiva naturalis)分解开来。更古老的

---

③　G. 伯麦(Boehm),《透视性研究》(Stud. zur Perspektivität)(1969 年),第11 页。

④　参见 D. C. 林德贝尔格(Lindberg),《约翰·佩卡姆的"光学通论":其影响、来源及内容》(The 'Persipecitva communis' of John Pecham: Its influence, sources, and content.),《国际科学史文集》(Arch. int. Hist. Sci.)70/71(1965 年),第 37—53 页。

⑤　《丢勒遗稿》(Dürers schrift. Nachlaß),H. 鲁普里希(Rupprich)编,第 2 卷(1966 年),第 373 页。

⑥　E. 潘诺夫斯基,《作为"象征形式"的透视》(Die P. als 'symbol. Form')(1927 年),载《艺术学基本问题论文集》(Aufsätze zu Grundfragen der Kunstwiss.),H. 欧伯勒(Oberer)和 E. 维尔海恩(Verheyen)编(1964 年),第 99—167 页,此处参见第 127 页。

科学透视(scientia perspectiva,或曰科学视角)将自身理解为一种更好的观看技艺(ars bene videndi),这种技艺致力于正确的观看、这种观看的规则、光学幻觉问题等"⑦。对于"人们认为古老的艺术家们不具备透视"⑧这一问题,G. E. 莱辛(Lessing)稍后指出:"因为透视进一步来说不是这样一种科学,其将对象,按照这些对象在一个确定距离上显示给我们眼睛那样,表象在一个平面上,所以透视不是制图术的组成部分,而是制图术本身。制图术还能做什么呢? 它至少能做些什么呢? 按照前述解释它又能做些什么呢? 制图术也将对象表象在平面上,制图术也不是按对象本来所是那样来表象它们,而是按照它们对于眼睛,且在一定距离上对于眼睛的闪现方式来表象它们。所以,制图术从来也不可能脱离了透视而存在,而且,为制图者所表象的最无关紧要的部分,正是透视地为制图者所表象的。在这种意义上,认为古人那里不存在透视,简直就是胡扯。因为这种说法就意味着,不是说古人那里不存在透视,而是说在古人那里不存在整个制图术,而在制图术的领域中,恰恰古人才是真正的大师。这无人能及。而当人们争论古人处的透视时,这种争论存在于一种狭隘的判断中,在这种判断中,艺术家才将这个词拾了起来。但艺术家将透视定义为科学,用对象存在于当中的空间的一个部分对数个对象进行表象的科学,这种表象是按照这些对象对从一处且恰恰从同一处而来的眼睛的闪现方式进行的,这些对象散布于空间的不同平面,连同空间一起闪现。……一方面,一幅绘画中的那些个别部分就能是完全透视的,而这些部分就不用——从另一方面而言——是一整个

⑦ 伯麦,前揭(参注释3),第12页。
⑧ 莱辛,《古代文化书简(1768 年)》(Briefe, antiquar. Inhalts [1786]),《全集》(Sämtl. Schr.),K. 拉赫曼(Lachmann)编,第 10 卷(1894 年),第 254 页。

图画,此时部分缺乏角度之统一,且同一幅画的不同部分具有不同的视角"[9]。由此,莱辛就处于"一种观点争论的传统中,这种争论如同这个概念在近代早期就变得昭彰一样古老。将此概念之昭彰判定给古人,是与'现代性'的意识相矛盾的。古代的综合透视尝试通过对观看活动的几何化来与知觉相适应"。在此期间,作为"人工透视"的透视进入到"对近代艺术的本质规定,并且作为'透视性'(Perspektivität)进入到哲学思想的中心,在此,透视帮助重新形成人类在世界中规定自己的类型和方式"[10]。

在 16 世纪,"透视"还只是具有"光学"的含义[11],尽管这只是部分地存在于非常特定的方面[12]。在皮耶罗·德拉·弗朗切斯卡(Piero Della Francesca)的论文《论绘画中的透视》(De prospettiva pingendi)[13]中能较好地识得这个过程,这是"关于画家透视的第一部系统性的论文",其规则对于"光学规则到透视规则的改变,因此也就对于从描绘观看活动的规则到描绘应当被看到的图画之规则的改变"[14]十分重要。J. H. 郎伯

---

[9] 同上,第 255 页以下。

[10] 伯麦,前揭(参注释 3),第 12 页以下。

[11] D. 焦赛飞(Gioseffi),辞条"透视法/前景"(Prospettiva),载《艺术大百科全书》(Encicl. Univers. dell'Arte)(威尼斯/罗马,1963 年),第 11 卷,第 116—159 页(连同相关书目);《人工透视》(Perspectiva artificialis)(的里雅斯特,1957 年)。

[12] 例如参见 W. 雅米策(Jamitzer),《规范的物体透视》(Perspectiva Corpurum Regularium)。这是/一种持续的展现/如这五个被校准的物体/柏拉图在《蒂迈欧》/欧几里得在《几何原本》中所描述的/等等。通过一种特别的/新颖的/灵活的以及合适的方式/那种之前从未于应用中被看到的方式/人工被带入透视/而且对此而言有一种美好的指导/如同在此五种物体之外的一个目的/许多物体/一些类型以及会被形成/制作/及找到(1568 年)。

[13] 皮耶罗·德拉·弗朗切斯卡,《论绘画中的透视》,G. N. 法索拉(Fasolá)编(1942 年)。

[14] A. 扬森(Janhsen),《皮耶罗·德拉·弗朗切斯卡的透视规则和图像塑造》(Perspektivregeln und Bildgestaltung bei Piero della Francesca),波鸿大学博士论文(1987 年),第 7、27 页。

(Lampert)将"透视"规定为"画家技艺的[那个]部分"，此部分"包含了那种规则"⑮，郎伯将之描述为："可视物以不同于其实际存在的方式展现给眼睛。在去远中，物之形象变小了，物之颜色变淡了，棱角变钝了，较小的部分变得不清楚了……按照事物在给定距离上入眼的方式来描绘事物之图像的这种艺术全然不同于那种将事物之真实状况表象在一个平面图上的艺术。后一种艺术奠基于诸部分间的本来关系，而前一种艺术以观看活动的法则为基础。这些法则规定了如何从给定视角观察事物如其所是的样子以及按照这些规则应当被描绘的样子，由此，草图就正如事物被看到那样进入了眼睛。"⑯

2

莱布尼茨将透视概念以及与之相关的观点（Gesich-tspunkt）概念引入哲学："诚然，同一个对象可以以不同方式表现出来，但在现象与对象之间以及同一对象之不同的现象之间必然存在着一种精确的关系。以透视原理所作的投影——圆形则呈现为球体切面形状——表明，同一个圆可以通过椭圆、抛物线、双曲线，甚至通过另一个圆、一条直线和一个点表现出来。这些图形是最不相同、最不相似的，但任何一点与另一点都有一种确定的关系。因此，人们必须承认，每一个个别的灵魂都是以它自己的观点，借助它所固有的关系对宇宙进行想象的；但其间却始终存在着一种完美的和谐。"⑰在其《单

---

⑮　郎伯，《自由透视，或对于那种根据分散部件而不用平面图来制作透视正视图的指导》（Die freye Perspective, oder Anweisung, Jeden Perspectivischen Aufriß von freyen Stücken und ohne Grundriß zu verfertigen）（²1774 年），第 1 页；此外也参见《透视论集》（Schr. zur P.），M. 施戴克（Steck）编（1943 年）。

⑯　同上，第 1 节。

⑰　莱布尼茨，《神正论》（Théod.），第 3 部分，第 357 节，《哲学著作》（Die philos. Schr.），C. I. 格尔哈特（Gerhardt）编，第 6 卷，第 327 页。

子论》的第 57 节,某种程度上可以说透视性成为世界的基本结构,这种世界被预先给予必然具备不同视角的个别单子:"正如一座城市从不同的方面去看便显现出完全不同的样子,好像因观点的不同而成了许多城市,同样的情形,由于单纯实体的数量无限多,也就好像有无限多的不同的宇宙,然而这些不同的宇宙乃是唯一宇宙依据每一个单子的各种不同观点而产生的种种景观。"⑱

但这样一种"观点学说"(Gesichtspunktlehre)的流行还需要一些时间:J. H. 策德勒(Zedler)还未对"观点"进行记载,然而却对"立场"(Standpunkt)有所记载,但这还是在古老的几何含义上给出的:"立场(Stand-Punct),拉丁文 Statio、Stationis Punctum……在应用几何学中是指那些地面上的点,人们用来测量的仪器之中心应当有序到达的那种点。"⑲Ch. A. 克鲁修斯(Crusius)无疑将"透视"规定为科学,"其[这种科学]教授在一个平面上对一个主体进行表象,按照这一主体被展示给自然中的眼睛的方式去表象它"⑳,而且这也"只是光学科学的一种增补",亦即作为"一种对光学课题的有意收集"。但为克鲁修斯所用的乃是"视点"(Sehe-Punkte)这个概念,对此概念的使用则是为了阐发如下困难,"人们不能充分地理解彼此":"倘若人们现在想要彼此交流这些概念;那么……不可避免的

---

⑱ 《单子论》(Monadol.)第 57 节,同上,第 616 页;参见 D. 芒科(Mahnke),《莱布尼茨对普遍数学和个体形而上学的综合》(Leibnizens Synthese von Universalmath. und Individualmetaph.),《哲学与现象学研究年鉴》(Jb. Philos. phänomenol. Forsch.)第 7 卷(1925 年),第 538 页,注释 23。

⑲ 策德勒,《科学与艺术大百科全书》(Großes vollst. Univ. Lex. aller Wiss. en und Künste)第 39 卷(1744 年),第 1134 页。

⑳ 克鲁修斯,《通向人类知识确定性和可靠性的道路》(Weg zur Gewißheit und Zuverläßigkeit der menschl. Erkenntniß)(1747 年),《哲学代表作》(Die philos. Hauptwerke),G. 托奈利(Tonelli)编,第 3 卷(1965 年),第 15 页。

是,不是每一个人[都必须]根据那些业已为其常见的概念以及基于他注意力的不同方向才能在某种程度上借助其他眼睛观察到事物,也就是说从另外的视点观察事物。"㉑对于"解释或者阐释"的学说来讲,结果是,必须这般着力,"从所有情形之对照而来规定合适的视点——创作者是以此视点观察事物的,而且将自己置于这些情形的观念中"㉒。

克拉顿尼乌斯相对早地将视点这个概念引入其《合理的讲演和著述的解释导论》(Einleitung zur richtigen Auslegung vernünftiger Reden und Schriften):"我们的灵魂、身体以及我们整个人,造就这一切者或者这一切的原因,我们愿称之为视点(Sehe-Punckt)。当我们眼睛的位置,特别是对于一种投射的疏远,作为原因如此——我们获得一种关于事物的图像而非其他什么东西——存在时,那么我们所有的表象就有了一种根据——我们为什么这样而非那样认识事物,这就是这个事物的视点。"㉓然后在其"一般历史科学"中,当克拉顿尼乌斯清楚地援引莱布尼茨之时,他的立足点正是上述看法:"视点(Sehepunckt)是一个观看者内在和外在的状态,只要从中产生出一种确定和特别的观看和观察发生着的事物的方式的话。视点是这样一个概念,在整个哲学当中,它与所有最重要的概念挂钩,然而,除了莱布尼茨先生在形而上学和心理学中数次用到这个概念外,人们至今还不习惯使用它。而在史学知识中,几乎所有事情都依赖于这个概念。"㉔R. 科塞莱克(Koselleck)㉕清楚地

㉑ 同上,第 399 页以下。

㉒ 第 1091 页。

㉓ 克拉顿尼乌斯,《合理的演讲和著述的解释导论》(1742 年),L. 盖尔德赛策(Geldsetzer)编(1969 年),第 187 页以下。

㉔ 《普通历史科学》(Allg. Gesch. wiss.)(1752 年),R. 科塞莱克(Koselleck)编(1985 年),第 100 页以下。

㉕ 科塞莱克,前言,同上,第Ⅷ页。

指出了，这样一种"关于视角（Perspektive）亦即关于视点（Sehepunkt）的学说——如克拉顿尼乌斯所言没有它就不能有史学知识"——提供了些什么："这种洞察乃是一种突破，因为自此而来，史学判断的建构便不与史学真理的寻求相矛盾了，而是成为此种真理之寻求的前提。而当克拉顿尼乌斯依然沉浸于一种从历史真理之恒常不变的同一性而来的客观实在论时，他就开启了这样的道路，这些道路引致一种反思性的历史书写，这种历史书写将效果史和接受史（Wirkungs- und Rezeptionsgeschichte）思为历史真理的要素。正是历史距离以及从而也正是时间上自我改变着的视角能带来一种知识上的收益，这样一种情形立即就能在方法上从克拉顿尼乌斯的'视点'学说得出。"

人们此时自然可以尝试，在一定程度上从视点的视角及其定向的力量来评判下列哲学上的构思。只要诸如康德所强调的那样，想成为科学的哲学必须指点给人们一种与其人类思维处境相适应的立场，那么"从此［立场］出发对立场的谈论就［获得］了它的极端含义"⑳。无疑，G. 泰西米勒（Teichmüller）基于视角的观点推动了对哲学体系的评判，他将"所有这种体系"视为"我们知识内容的映射性（projectivisch）展示以及单纯的透视性（perspektivisch）图景，因为知识必然关联于主体的透视中心点（Augenpunkt）"㉗，在此他得

⑳　参见 F. 考尔巴赫（Kaulbach），《与康德思想相关联的立场概念》（Der Begriff des Standpunktes im Zus. des Kant. Denkens），《哲学文库》（Arch. Philos.）第 12 卷（1963/64 年），第 45 页；参见 W. T. 克鲁格，《普通哲学科学辞典》（Allg. Handwb. der philos. Wiss. en）第 2 卷（1827 年，1969 年重印），第 253 页，在辞条"观点"（Gesichts-Punct）下并未涉及关键词"视角/透视"（Perspektive）。

㉗　泰西米勒，《真实世界和虚假世界：对形而上学的新奠基》（Die wirkl. und die scheinare Welt. Neue Grundleg. der Metaph.）（1882 年），第 XVI 页、第 186 页。

出这样的结论，"那种直观的类型或形式——于其中我们将感受综合为所谓的直观——恰恰就构成了透视性图景的透视特征，因此透视性的直观形式是存在的，且因此不影响现实性"。在尼采对"透视性的东西"(das Perspektivische)进行激进化之前，或许在此"视角性"(Perspektivität)被第一次作贬义处理："为了终结无价值的东西，我们因而在此发问，物性本身(die Dingheit selbst)究竟到底从何而来，我们将这种物性本身归为思想上的(物质的或理念的)客体，而不通过精确分析在思想的客体中找寻这种物性。然而我们好不容易提出这种明确的问题，于是就立即克服了整个透视性的幽灵世界，同时我们就如同自惊梦回转并且醒来……为透视看法所惑的思想如今就从虚假世界中分离出了真实世界并达乎一种坚固的确定性以及一种可靠的安宁，因为思想识得了迷惑它的基础……"㉘

3

尼采反之将"视角性的东西"(das Perspektivische)识为"所有生命的基础条件"㉙："只有一种视角性的观看活动，只有一种视角性的'认识活动'；而且，我们越是激动地谈论一种事物，越是明白地向此事物投入更多的眼光，不同的眼光，我们关于这种事物的'概念'，我们的'客观性'就越是完整"㉚，"只要'知识'这个词一般地具有意义，那么世界就是可认识的；但世界在另一种意义上是可说明的，世界不具有隐藏身后的意义，而是拥有无数意义的'视角主义'(Perspektiv-

　㉘　同上，第346页。

　㉙　尼采，《善恶的彼岸》(Jenseits von Gut und Böse)(1886年)，前言，《著作集》，G. 科利(Colli)和 M. 蒙提那里(Montinari)编，Ⅵ/2(1968年)，第4页。

　㉚　《论道德的谱系》(Zur Geneal. der Moral)(1887年)，第3章，第12节，同上，第383页。

ismus)"③。这是"设定视角的力量",基于这种力量,"那种力量源泉,而不只是人,由自身而来构成了整个一般世界"②,这是一个随后为 J. v. 尤克斯屈尔(Uexküll)在生物领域的环境理论所进一步详细论述的论题。无疑,这个概念本身随后复又为尼采所相对化了:"简言之,我们也赢得了关于无知、粗见、简化和歪曲,以及视角性东西的评价"③。

加塞特(J. Ortega Y Gasset)业已尝试在其"立场(Standpunkt)理论"中克服这样一种相对主义:"视角(Perspektive)是现实性的构成部件之一。视角并非现实性之扭曲,而是其排序图式"③;因而现实性"如同风景一样不断地[提供]许多视角,所有这些视角都是真实和平等的。虚妄者唯有泛泛的视角,亦即唯一的视角"⑤,也就是说:"直至今日的所有哲学都是乌托邦式的。适用于所有时代和所有人,每种体系都如此这般错估了自己。反之,立场理论要求的是,在体系中清楚地说出那

③ 《1886 年末—1887 年初遗稿》(Nachgel. Frg. Ende 1886-Frühj. 1887),同上,Ⅷ/1(1974 年),第 323 页;参见 J. 西蒙(Simon),《弗雷德里希・尼采》(F. Nietzsche),载 O. 赫费(Höffe)编,《哲学名著》(Klassiker der Philos.)第 2 卷(1981 年),第 210 页:视角主义问题;考尔巴赫,《尼采关于一种实验哲学的观念》(Nietzsches Idee einer Experimentalphilos.)(1980 年),第 59 页以下:现实性的视角特征和视角运用的方法。

② 《1888 年初遗稿》(Nachgel. Frag. Frühj. 1888),同上,Ⅷ/3(1972 年),第 165 页。

③ 《1885 年 8—9 月》(Aug.-Sept. 1885)同上,Ⅶ/3(1974 年),第 370 页;H. 费英格(Vaihinger)的"虚构主义"(Fiktionalismus)只在如下方面运用了这种视角主义,每种虚构恰恰也包含了一种对事物的观看,"仿佛它们[这些事物]是如此这般的";此外参见 O. 迪特里希(Dittrich),《仿佛哲学的普遍含义》(Die allg. Bedeutung. der Philos. des Als-ob.),《哲学年报》(Annalen Philos.)第 1 卷(1919 年),第 1—26 页;但也参见 A. 拉普(Lapp),《真理》(Die Wahrheit)(1919 年)和 R. 施米特(Schmidt),《费英格仿佛哲学导论》(Proleg. zu Vaihingers Philos. des Als Ob),《哲学年报》第 3 卷(1923 年),第 474—510 页,在此参见第 506 页以下。

④ 加塞特,《我们时代的任务[1923 年]》(Die Aufgabe unserer Zeit [1923])(1928 年),第 104 页。

⑤ 同上,第 105 页以下。

种体系所从出的决定性的视角……"㊱一方面:"个人观点……
是……唯一的,从此观点而来,世界能如其所是地被观察。所以
习见者皆是虚妄。"㊲然而,因为视觉的、智力的以及评价的视角
为了立场联合起来,所以另一方面:"只要我们不争吵,而是将我
们的看法统一于忘我的精神合作中,那么我们就彼此结成了现
实者之流,如同不同小溪汇成宽伟江河一样。"㊳

4

随后,特别是知觉现象学(Phänomenologie der Wahrneh-
mung),使用了视角性的术语,诸如"映射"(Abschattung)、"视
域"(Horizont)、"视圈"(Gesichtskreis)、"立场"(Standpunkt)
之类。所以胡塞尔说,"去远之物"(Entfernungsdinge)通过视
角化(Perspektivierung)来建构自身㊴,而且梅洛-庞蒂强调了
将诸视角和观点把握为我们在个体世界之中(In-Sein)的必要
性(concevoir les perspectives et le point de vue comme notre in-
sertion dans le monde-individu㊵):"只因我和像我一样的主体
体验到物和世界,它们才存在,物和世界乃我们的视角,但超
越一切,因我们的诸视角乃是互相联系的锁链,但此种锁链是
时间性和未完成的。"㊶同样在风景示例中,梅洛-庞蒂尝试指
出,说立场是经验的一种限制,还不如说"是我进入整个世界

㊱　第 106 页。

㊲　《真理与视角》,《全集》(Ges. Werke)第 1 卷(1954 年),第 15 页。

㊳　同上,第 17 页。

㊴　参见 A. 迪莫(Diemer),《胡塞尔》(E. Husserl)(1965 年),第 197 页;也
参见伯麦,前揭(参注释 3),第 100 页以下;关于知觉心理学也参见 C. F. 格劳曼,
《一种关于透视性的现象学和心理学之基础》(Grundlagen einer Phänomenol. und
Psychol. der Perspektivität)(1960 年)。

㊵　梅洛-庞蒂,《知觉现象学》(Phénoménol. de la perception)(巴黎,1945
年),第 403 页;德文本(1966 年),第 402 页。

㊶　同上,第 384 页以下/德文本,第 385 页。

的一种方式。倘若我观察地平线,地平线并不促使我想起:倘若我在地平线处就能看到另一番情景。此情景复又使我去想第三种情景,如此类推以致无穷,但实际上我没这么想,而是所有情景都已存在于诸视角的开放无限性中了"[42]。

K. 曼海姆以类似的方式指出:"风景之为风景——这是一个最能说明视角主义的例子——对于一种人类意识来说只能视角性地自我建构起来,然而风景并不消解于关于这种风景的不同的可能图像中,因为每一种这种图像都定向于某物(因此并不是每一种任意的图像都是可能的),而且因为一个视角,倘若它是正确的,只能为另一视角所检验。倘若人们承认这点,那么历史只有从历史本身而来方是可见的"[43],亦即:"倘若人们承认,形而上学的知识在文化形态上乃是与存在相联结的知识,那么人们只能以这种思想域中的一种动态体系为前提,而不是接受滔滔真理的唯一体系……但倘若承认这点,那么就只有视角主义是可能的,据此,与不同时代一起,那些属于这些时代的本质方能成就,这些本质自身具有观点存在,但对于历史观察者而言,这些本质只能在视角上被把握,而这种把握是从在历史过程中实现的立场出发的。"[44]与 M. 舍勒(Scheler)相对,曼海姆在此强调的是,这样一种视角主义绝对不是自我存留着的,它恰恰不能消除"内容上的史学观点":"希腊文化的本质和实际存在,举例来说,并不会消解于那些与之有关的在史学作品中变得可能的视角。因为一个历史时代的实际存在和本质,事实上正如一

---

[42] 第 380 页/第 381 页。

[43] 曼海姆,《知识社会学》(Wissenssoziologie),K. H. 沃尔夫(Wolff)编(1964 年),第 357 页。

[44] 同上,第 356 页;也参见古尔维奇(Gurvitch)的"视角的交互性"(Reziprozität der Perspektiven),载《辩证法和社会学》(Dialektik und Soziologie)(1965 年),第 258 页以下。

种'物自体'一样,是'给定的',其仿佛为不同的诠释所围绕。我们对这种观点的设定,是由此得到保证的,即,当我们还不能在视角中把握这些观点存在时,这种观点存在业已作为一种与任意论断相对的能够起操控作用的机制被给定了。"[45]对于 N. 哈特曼(Hartmann)也是如此,"所有实际性的东西首先需要的乃是观点(Gesichtspunkt)"[46]。

5

那个就此预先给定的理论疑难,即:关于处在主观主义和客观主义之间的历史的理论疑难,在当代以各种各样的方式被讨论着。就此,W. J. 蒙森(Mommsen)提请人们注意,"自一种确定的偏颇立场而来的对历史发展的诠释,此意义上的偏颇性将获得的结果假定为原教旨意义上的断言,而这些断言据称得自客观的历史过程本身或是可从这种历史过程中引申出来,在上述偏颇性以及那种基于一种确定现实性、价值立场,以及/或者理论观点而对过往现实性做出的诠释——这种诠释为偏颇性本身所意识到"——之间存在一种"极大的区别"[47]:"史学知识的视角性特征既包含基于价值立场的对史学数据的选择和评估,还包含历史学家认知上的概念工具系统"[48],而且,在一种不断精致化的视角性把握过程中,"几乎不断地在视角性构思中产生着三组基本前提,这三组基本前提是历史学家'知识导向兴趣'的承载者,并深刻影响着决定性的

---

[45]　第 357 页。

[46]　哈特曼,《论哲学史的方法(1909 年)》(Zur Methode der Philo. gesch. [1909]),《短论集》(Kleinere Schr.)第 3 卷(1958 年),第 14 页。

[47]　蒙森,《史学断言的视角特征和史学知识之偏颇性与客观性的问题》(Der perspekt. Charakter hist. Aussagen und das Problem von Parteilichkeit und Objektivität hist. Erkenntnis),载 R. 科瑟莱克(Koselleck)、蒙森、J. 吕森编,《客观性和偏颇性》(Objektivität und Parteilichkeit)(1977 年),第 448 页。

[48]　同上,第 446 页。

假设、范式或理论……，这就是指 1. 对人类本质的一种确定理解，2. 对社会变化的一种确定构思，包括那些社会变化来临或不来临的条件，3. 对当前社会未来发展的确定预期，不论这些预期是否具有假设的或原教旨的特征"[49]。因此，在科学内部也存在一种可理解的视角之复合，"不管人们是否有能力从价值导向的自然之根据或对这种自然的思考出发，在具体场合赋予一种确定视角以绝对优先的地位"[50]。多次被溯及的"起源"（Quelle）正好可以只在一个方面——某种程度上是否定地——展现出来，正如科瑟莱克所详述的那样："面对错误，起源守护我们，但起源不对我们说出我们应当说出的东西。使历史成为历史的东西从来不是只能从起源推得：这种东西需要一种可能历史的理论，以将起源一般地带向表达。于是，偏颇性与客观性以新的方式在理论塑造和起源诠释的张力域中交错在一起。离开一方的另一方对于研究而言乃是徒劳的。"[51]J. 吕森（Rüsen）则直截看出，"知识进步与视角拓展之同步发生"[52]是给定的："视角拓展是一种方法上可调节的史学思想过程，诸立场在此过程中被彻底带向应用，但同时也（好辩地）与其他立场相连。"[53]按照"合意客观性"（Konsensobjektivität）（H. 吕贝［Lübbe］）的原则，"诸种历

---

[49] 第 452 页。

[50] 第 451 页。

[51] 科瑟莱克，《立场关联和时间性：论对历史世界的历史编纂学开辟》（Standortbindung und Zeitlichkeit. Ein Beitrag zur historiograph. Erschließung der geschichtl. Welt），同上，第 46 页；也参见《论历史科学的理论贫乏》（Über die Theoriebedürftigkeit der Geschichtswiss.），载 Th. 席德（Schieder）和 K. 格劳比希（Gräubig）编，《历史科学的理论问题》（Theorieprobleme der Geschichtswiss.）（1977 年），第 37 页以下；K. 贝尔格曼（Bergmann）和 H. -J. 潘德尔（Pandel），《历史和未来》（Gesch. und Zukunft）（1975 年），第 113 页以下："作为历史意识之范畴的时间视角"；H. -W. 赫丁格（Hedinger），《主体性与历史科学》（Subjektivität und Geschichtswiss.）（1969 年），第 130 页以下："透视性/视角性"（Perspektivität）。

[52] 吕森，《过往之重建》（Rekonstruktion der Vergangenheit）（1986 年），第 93 页。

[53] 《历史学的理性》（Hist. Vernunft）（1983 年），第 130 页。

史"能通过其指称内容帮助"具有区别立场、需求和兴趣的人们在社会性的生命关联中以同样的方式达到自我一致"[54]，这种原则"一方面在有区别的塑造视角的立场复合中开启史学知识过程，但同时将这种依赖于立场的史学视角之复合统一于视角拓展的过程中"[55]。

6

W. 斯基德摩尔(Skidmore)重新将视角概念引入了社会学："视角乃是对概念的聚集，这些概念基本上作为'增敏'剂('sensitizing' agents)而变得重要。它们重点指出了现实的离析方面。但诸视角存在较少的一致和内在的成熟"[56]，因此，视角乃是这样的"观念形状，其具有这般重要的功能：使我们对确定存在于现实诸要素之间的关系和关联产生'敏感'(sensibilisieren)"[57]。为了发展其关于社会性(Sozialität)的哲学，G. H. 米德(Mead)业已使用了视角概念："感知客体对立于作为物理客体的组织。这种处境被描绘为视角。处于视角中的感知域和组织之间的关系乃是社会性的"[58]，在此，社会性个体总"已[处于]视角中了，这种视角属于共同体(社会)，而自我产生于共同体中"[59]。A. N. 怀特海(Whitehead)同样也为诸视角的实在性进行了辩护，与他相联系，米德解释道："视角概念作为属于自然本身的某物，乃是……物理学给哲学的……出乎意料的礼物。诸视角既非对某些完

---

[54]　同上，第129页以下。

[55]　同上。

[56]　第93页。

[57]　K. 阿赫阿姆(Acham)，《社会科学哲学》(Philos. der Sozialwiss. en) (1983年)，第156页以下。

[58]　米德，《社会性哲学：知识人类学论文集》(Philos. der Sozialität. Aufsätze zur Erkenntnisanthropol.)，H. 凯尔纳(Kellner)编(1969年)，第144页。

[59]　同上，第145页。

整结构的扭曲,也非意识对大量对象的选择,诸视角的实在性要在一个物自体的世界(本体世界)中找寻。在彼此交互关联状态中的诸视角便是自然,那个为科学所认知的自然。"[60]

7

在当代业已展现出的视角概念的发展中,并不令人惊奇的是,在物理学和生物学中也能遇见"诸种视角主义":据此,视角乃是"一种在坐标上对测量工具的聚集,要么是在应用于实在论的参照系意义上的,要么是 N. 波尔(Bohr)设想的实验设计意义上的"[61],此乃一种对"相当弱的认知共同性"的设计(Arrangement)[62],波尔用此设计来解决所谓的爱因斯坦-波多尔斯基-罗森悖论(EPR-Paradoxon,或译为"EPR 佯谬")。但在此也必须提到 J. K. 费贝尔曼(Feibleman)的"视角理论"。即使这种"客观性导向的"理论也应当服务于在量子物理学领域中排除诠释困难,一方面并不减少仪器对于物理学知识之获取的必要含义,但另一方面却要规避确定的"主观"结论:"按照这种理论,观察者应当处于确定的视角中,并保持在一种处于这种视角的状态中。因此不论某人是否占据这种视角,视角都是存在的。视角赋予处在视角中的人以这种可能性,观察自然世界的一个片段,这是通过视角规定了人们应当观察何种片段而实现的。于是诸种视角就具有一种赋予可能

---

[60]　第 215 页。

[61]　M. 亚莫尔(Jammer),《量子力学哲学:从历史学视角对量子力学的诠释》(The philos. of Quantum mechanics. The interpret. of Quant. mech. in hist. perspective)(1974 年),第 201 页;参见 H. -U. 霍赫(Hoche),《身心问题:二元论、一元论、视角主义》(Das Leib-Seele-Problem: Dualismus, Monismus, Perspektivismus.),《自然哲学》第 24 卷(1987 年),第 230 页。

[62]　参见 B. 康尼特沙德(Kanitscheider),《哲学与现代物理学》(Philos. und mod. Physik)(1979 年),第 287 页。

性和限制性的特征,而非抑制性的特征。那么通过一种视角获得的知识就应当总是部分知识,至少不是必然错误的知识。视角属于客体而非观察者。"[63]另一方面,L. V. 贝塔郎菲(Bertalanffy)的"视角性的观点"(perspektivistic view)指出,"我们在理论系统中对实在之特征的把握,在认知意义上是主观的,而且被生物学、文化的乃至语言的因素所决定……选择我们所应用的象征,以及我们所表象的实在之面貌,依赖于生物学和文化上的因素"[64]。

8

科学理论(Wissenschaftstheorie)上的新进展兑现了 K. 埃杜凯维茨(Ajdukiewicz)的提示:"知识论学者……不适于担当发生在两个世界视角(zwei Welt-Perspektiven)间的关于真理诉求之争论的公正裁定人。他……不应硬要充当这种角色。换言之,他应当接受另外的任务:他应当注意实际实现了的科学概念装置的转变,以及与这种概念装置相应的世界视角的转变,同时他还要致力弄清,促使上述转变发生的动力是什么……这样一种理解科学史的任务构成了对科学发展过程作精神科学理解的核心"[65];这也正是 Th. S. 库恩(Kuhn)、N. R. 汉森(Hanson)、P. 费耶阿本德(Feyerabend)等人的目标,他们对科学的奠基性视角转换的研究被 C. 迪尔沃斯(Dilworth)总

---

[63]　费贝尔曼,《不确定性关系新论》(Die Unbestimmtheitsrelation in neuer Sicht),《理性》(Ratio)(1960 年),第 128 页。

[64]　贝塔郎菲,《论范畴的相对性》(An essay on the relativity of categories),《科学哲学》(Philosophy Sci.)第 22 卷(1955 年),第 243—263 页,此处见第 260 页以下。

[65]　埃杜凯维茨,《科学的世界视角》(Die wissenschaftl. Welt-P.),载 D. 皮尔斯(Pearce)和 J. 沃伦斯基(Wolenski)编,《逻辑理性主义》(Log. Rationalismus)(1988 年),第 203 页;原载于《知识》(Erkenntnis)第 5 卷(1935 年),第 22—30 页。

结为"对科学的视角主义构思"⑯。"视角的"实在论类型无疑也出现在 B. 罗素(Russell)处,他将世界的所有外观——不论这些外观当前是否被感知到——的体系称为"'视角'的体系",且将之与"私人世界"相区分,这种"私人世界"乃是"被意识到的'视角'",于是,在此就存在着与诸视角一样多的私人空间,但恰恰只有一种唯一的"视角-空间,其要素乃是许多单个的视角,每一个这种视角都具有其私密的空间"⑰;此外,视角的实在论类型在 E. B. 麦吉尔夫雷(Mcgilvary)处也有所表现⑱。出自一种"元科学视角"的立场,N. 雷舍尔(Rescher)区分了认知的视角和实用的视角,他主张科学的无限性,同时也拒斥了作为"上帝之眼观点的神话"⑲的科学统一性论题。按照形而上学实在论的"外在化视角",世界是由规定着独立于精神的诸对象的宇宙组成的,为与这种外在化视角相抗衡,H. 普特南(Putnam)尝试从一种"内在化视角"出发来论证这样一种看法,"世界由何种对象组成?这个问题只有在一种理论或一种描述的框架下"才是有意义的⑳。"按照内在化的观点,'真理'就如(被理想化的)理性上的可接受性,就如同我们诸种信念间的彼此相干性,并与我们的经验相关且与这种经验在我们信念体系中的展现相符,'真理'并不是与独立于精神的'事实'之符

---

⑯　迪尔沃斯,《科学进步:一项基于相继科学理论之间关系本质的研究》(Scient. Progress. A study conc. the nature of the relation betw. successive scient. theories)(²1986 年),第 77 页以下。

⑰　罗素,《我们关于外部世界的知识》(Our knowledge of the external world)(芝加哥/伦敦,1914 年),第 95 页以下。

⑱　麦吉尔夫雷,《朝向一种视角实在论》(Toward a perspective realism)(拉萨尔,伊利诺伊,1956 年)。

⑲　雷舍尔,《科学的限度》(The limits of sci.)(伯克利,1984 年),第 180 页;德文本(1985 年),第 293 页。

⑳　普特南,《理性、真理和历史》(Vernunft, Wahrheit und Gesch.),J. 舒尔特(Schulte)编(1982 年),第 75 页。

合，或是与独立于话语的'事实'之符合。不存在能为我们认识或使用的上帝观点，而只存在真实人们的种种不同观点，这些观点使不同的兴趣和目的得以被认识，服务于这些兴趣和目的的则是对它们的描述和关于它们的理论。"[71]

9

因而一种"神学视角的逻辑"同样也不能将宗教言语视为"对流传下来的词语的单纯运用"，而不如说应将其视为"来自一种确定立场的谈话"。在此意义上，H. O. 琼斯(Jones)首先试图从盎格鲁萨克逊宗教哲学出发来描述视角性语言的四种模式(J. 维斯德姆[Wisdom]、R. M. 黑尔[Hare]、J. 希克[Hick]以及 I. G. 巴伯[Barbour])，以期超越维特根斯坦(Wittgenstein)对视角性谈话范式的语言分析研究，来对一种视角性谈话方式的哲学和神学运用(M. 波兰尼[Polanyi]的"个人视角哲学"、P. V. 布伦[Buren]的"作为视角承载者的故事")进行分析，并且最终在"生命故事和视角"的题目下提出信仰着的人之语言及其被体验到的现实性之间关系的独特模型[72]。

10

在文学理论中也可以找到大量的视角概念。G. 卢卡奇(Lukács)通过三个特征来规定"视角"："作为视角的某物首先是这样被规定的，此物尚非现存。倘若此物存在，那么它就不是我们形成的关于世界的视角；其次，但是这种视角并非一种单纯的空想……而是……一种客观的社会发展的必然结果，它客观地在位于确定处境中的特征之序列的展开中诗意表现出

---

⑦1 同上，第 75 页以下。

⑦2 琼斯，《神学视角的逻辑：一种语言分析的研究》(Die Logik theolog. P. n. Eine sprachanalyt. Unters.)(1985 年)，第 11 页；参见 H. 施密茨(Schmitz)，《神圣者与空间》(Das Göttliche und der Raum)(1977 年)，第 166 页以下："诸神的视角性/透视性"(Die Perspektivität der Götter)。

来,再次,它是客观的,但非宿命的……;此乃……通过事实和行为……现实化着的现实性……"[73]"视角的"在此因而就是"朝向未来的","视角"则指:"对未来的展望"[74]。但同时具有许多其他含义:"在文学批评和文学术语中,'视角'概念常常被使用,然而却经常不太精确,诚如'结构'(Struktur)这个概念一样;这两个概念是十分多义的,而且,倘若不使它们沦为不受约束者和偶然的东西,那么它们就总是需要定义上的精确化。'视角'和'视角主义'的概念在此出现于不同语境中,且具有最不相同的含义:在文学史理论中,'视角主义'涉及一种科学的姿态,这种姿态恰恰不同于史学相对主义,正如其不同于一种非史学的教条绝对主义一样;在马克思主义的文学理论中,'视角'意指对于'社会现实主义'作品之进步的、预期的定位,而且'视角'常只被用于对一种确定观点和阐释方式进行含混比拟,一部作品或一组作品是自此种阐释方式而来被观察的。然而在新小说理论中,视角概念和其亲缘概念'观点'(point of view)发展为一种极具启发价值的普遍为人所承认的分析范畴。"[75]

---

[73]　卢卡奇,《视角问题》(Das Problem der P.),载《第四届德国作家会议纪要》(Protokoll des Ⅳ. Detsch. Schriftstellerkongr.)(1956 年),第 77 页。

[74]　参见《当代德语词典》(Wb. der dtsch. Gegenwartssprache),R. 克拉彭巴赫(Klappenbach)和 W. 斯坦尼茨(Steinitz)编,第 4 卷(1974 年),第 2270 页;J. H. 卡尔特施米特(Kaltschmidt),《简明完整德语同源同义大词典》(Kurzgef. vollst. stamm- und sinnverwandtschaftl. Ges-Wb. der Dtsch. Sprache)(1834 年),第 677 页,此处"对远处或未来的眺望"业已出现在"视角"等名下;H. A. 皮尔(Pierer),《通用词典》(Univ. -Lex.)第 22 卷(1844 年),第 331 页也有:"即将来临的事件的可能性"。

[75]　M. 普菲斯特(Pfister),《对伊丽莎白一世和雅各宾时代喜剧中视角结构转换的研究》(Stud. zum Wandel der P. n-Struktur in elisabethan. und jakobäischen Komödien)(1974 年),第 15 页以下;也参见 E. 奥尔巴赫(Auerbach),《摹拟:西方文学中呈现的现实》(Mimesis. Dargest. Wirklichkeit in der abendländ. Lit.)(1967年);F. K. 斯坦策尔(Stanzel),《小说的典型形式》(Typische Formen des Romans)(⁸1976 年);C. 纪廉(Guillén),《论视角的概念和隐喻》(On the concept and metaphor of perspective)(1966 年),载《作为体系的文学:文学史理论文集》(Literature as system. Essays toward the theory of lit. history)(1971 年),第 283—371 页。

11

在心理学中,"视角"被定义为空间性知觉的合规律性,这就是说,对象随着观察者立足点的持续疏远而变小,平行直线在远处汇合[76],即平行直线汇聚于这样一种特别"因素中,这类因素在观看,亦即特别是在独眼观看时,引发了一种纵深感"[77],此时较小对象亦即较浓密区域在较远距离上通过视网膜被看到。C. F. 格劳曼(Graumann)分析了"作为视域牵连整体性(horizontale Verweisung-Ganzheit)"的视角[78]:"使所有透视活动(per-spicere)成为预见活动(prospicere)的那种预期,它在中心视角的展现中只被固定在一个视点上,开启了作为时空牵连整体(raumzeitliche Verweisungs-Ganzheit)的透视性(Perspektivität),在这种透视性中,一种直接产生的知觉活动的那时(das Dann),总都已蕴涵了我立足点的此地(das Hier)和此时(das Jetzt),以及我对在视域牵连中给定物体的知觉活动的此时在场(das Jetzt-dasein)。"[79]E. 蔡尔-法尔布什(Zeil-Fahlbusch)在其"对皮亚杰生成知识论的哲学思考"——这种思考在科学史上溯及库恩、在人类学上溯及梅洛-庞蒂——中将透视性定义为"所有不与同一性或普遍性相适应者、所有不能被分级者、所有在普遍者中总是且一直保持为特殊者"[80]。

12

"透视"或"透视性"在数学亦即画法几何中是指将空间

---

76 参见 F. 多什(Dorsch)、H. 海克尔(Häcker)、K. -H. 斯塔普夫(Stapf)编,《多什心理学辞典》(Dorsch Psychol. Wb.)(1987 年)。

77 E. 劳什(Rausch),辞条"视角",载 W. 阿诺德(Arnold)、H. J. 艾森克(Eysenck)、R. 迈里(Meili)编,《心理学辞典》(Lex. der Psychol.)第 2 卷(1987 年)。

78 格劳曼,前揭(参注释 39),第 67 页。

79 同上,第 71 页。

80 蔡尔-法尔布什,《透视性与离心》(Perspektivität und Dezentrierung)(1983 年),第 17 页。

投影在一个平面上[31]；"透视的"也指一种投影，在这种投影中，对两条直线与直线束之诸直线（或者平面束之诸平面）的交点进行排列。而且，对交于束（Büschel）之直线（平面）的点进行排序，也称之为"透视的"[32]，这是这样一种称呼，它在画法几何中通常指的是"聚焦投影"，且与投影几何在 G. 笛沙格（Desargues）[33]、B. 帕斯卡（Pascal）和莱布尼茨处的起源有关[34]。

G. 科尼希（König）撰，杨栋译

II
艺术

视锥的基础被定位于可视对象中，其顶端被定位于观察主体的眼睛中，这样一种视锥的几何学模型——其可回溯到欧几里得（Euklid）——在 15 世纪初则为佛罗伦萨的艺术家们所掌握，并作为一种几何学投射方法的基础被用于绘画、浮雕和建筑素描中的艺术实践。这种自那时起被描绘为"透视"（Perspektive）的方法使得对象世界的三维现实性在二维图像中得以校验：当观察者的眼睛处于一个确定的、在投影时业已被设定的间距位置时，对图像的直观可以代替对实在的直观。作为艺术实践方法的透视，首先为建筑家 F. 布鲁内莱斯基（Brunelleschi）通过一个著名的、在佛罗伦萨的大教堂和浸礼堂之间进行

---

[31]　参见 J. 纳斯（Naas）和 H. L. 施米德（Schmid）编，《数学词典》（Mathem. Wb.）第 2 卷（1961 年），第 329 页以下。

[32]　参见 H. 梅什考夫斯基（Meschkowski），《数学概念词典》（Mathem. Begriffswb.）（1965 年），第 198 页。

[33]　《数学的问题史》（Problemgesch. der Math.）第 2 卷（1981 年），第 48 页以下。

[34]　参见 M. 康托（Cantor），《数学史讲座》（Vorles. über Gesch. der Math.）第 2 卷（1900 年，1965 年重印），第 674 页以下。

的实验证明[85]，并且于 1425/1426 年为画家马萨乔(Masaccio)在佛罗伦萨新圣母大教堂(S. Maria Novella)的三位一体湿壁画中所运用[86]，对这种作为艺术实践方法的透视的第一次理论阐释则于 1435 年出现在 L. B. 阿尔伯蒂(Alberti)的绘画论文中[87]。阿尔伯蒂与古代和中世纪光学相对立的关键步骤在于，他将绘画艺术的图画把握为通过视锥的一个平面截图的展示；这种图画涉及一种开放的窗口，通过这种窗口，观察者如同观看现实本身一样观看被绘出的现实[88]。那种稍后首先被称为中心透视的图画是通过其他方式被定义的，所有正交者(等深线)会于一个中心点(后来被称为透视中心点或消失点[Fluchtpunkt])，这个点为观察者眼睛朝向投影平面的垂直线所规定。阿尔伯蒂在其个别操作步骤中描述的几何作图方法，为皮耶罗·德拉·弗朗切斯卡[89]所进一步发展，并在 16 世纪被扩充为所谓的间隔点方法(Distanzpunktverfahren)，这种方法在 1583 年为 G. B. Da. 维尼奥拉(Vignola)所阐发[90]。

达·芬奇(Leonardo da Vinci)的功劳在于，将以凝视为前提的"人工透视"(perspectiva artificialis)的独目观看的不完善

[85]　《菲利波·布鲁内莱斯基生平》(Vita di Filippo di Ser Brunellesco)，重印于 P. 桑保内西(Sanpaolesi)，《布鲁内莱斯基》(Brunelleschi)(佛罗伦萨，1962年)，第 138 页以下；关于实验参见 S. Y. 小埃哲顿(Edgertone jr.)，《文艺复兴对线性透视的重新发现》(The Renaiss. discovery of linear persp.)(纽约，1975年)，第 124 页以下。

[86]　插图，见《艺术大百科全书》(Encicl. Univers. dell'Arte)第 8 卷(威尼斯/罗马，1958 年)，总第 401 幅。

[87]　阿尔伯蒂，《绘画》(Della pittura)，《艺术理论短论集》(Kleinere kunsttheoret. Schr.)，H. 雅尼切克(Janitschek)编(1877 年，1970 年重印)。

[88]　同上，第 69、79 页。

[89]　皮耶罗·德拉·弗朗斯卡，《论绘画中的透视》(De prospettiva pingendi)，C. 温特贝尔格(Winterberg)德译(斯特拉斯堡，1899 年)。

[90]　维尼奥拉，《绘画透视的两种规则》(Le due regole della prospettiva pingendi)(罗马，1583 年)。

性——其对立于具有两只活动眼睛("自然透视"[perspectiva naturalis])的自然观看——作为疑问加以讨论,并将空气透视和色彩透视(die Luft- und die Farbe-Perspektive)与线性透视(Linear-Perspektive)区别开来,由此就指向了随变大距离所产生的轮廓的逐渐模糊和色彩的渐褪[91]。在 17 世纪,G. 于赫(Huret)提出一种与自然递进观看相适应的透视,在将这种透视运用于绘画时,所有图形都具有了基于共同视野的特有消失点[92],这样,在图画前闲步的观察者就能像看到实在一样享有同等的目光自由[93]。数年以前,数学家笛沙格业已通过一种新的、"不具有消失点"的几何方法,将中心透视的消失点建构列为问题[94],这种方法为 A. 博斯(Bosse)普及于艺术实践[95]。

尽管存在上述批判,然而那种为布鲁内莱斯基和阿尔伯蒂决定性引入的关于线性中心透视的原则直到 19 世纪末都一直是表现艺术中展现空间的重要方法基础,因而也就属于学院派艺术家培养的主要学习内容。在先锋派反对艺术的对象化模仿原则的过程中,透视方成为可抛弃的。人们谈论"科学透视的终结"[96]。这种朝向"无透视"(Aperspektive)的趋势为自然科学(相对论、非欧数学)的进步所推动。

---

[91]   达·芬奇,《绘画之书》(Das Buch von der Malerei[Libro di pittura]),H. 路德维希(Ludwig)编,第 1—3 卷(维也纳,1882 年),第 3 卷,第 489 号。

[92]   于赫,《肖像和绘画的光学》(Optique de portraiture et peinture)(巴黎,1670 年),第 74 页。

[93]   同上,第 75 页。

[94]   笛沙格,《关于透视绘图的一般方法》(Exemple de l' une de manières univ. du S. G. D. L touchant la pratique de la persp. ...)(巴黎,1636 年)。

[95]   博斯,《从笛沙格先生的一般方法到透视练习初阶》(Manière univ. de M. Desargues pour pratiquer la persp. par petit pied)(巴黎,1648 年);与笛沙格和于赫透视学说的争鸣参见 G. 考夫曼(Kauffmann),《普桑研究》(Poussin-Stud.)(1960 年),第 66—75 页。

[96]   F. 诺沃提尼(Novotny),《塞尚和科学透视的终结》(Cézanne und das Ende der wissenschftl. P.)(1938 年)。

艺术史研究新近又强化了对透视历史的处理,此外,关联于 E. 潘诺夫斯基(Panofsky)对于作为"象征形式"[97]的透视的理解,这样一个问题得以在此讨论:意大利的中心透视体系当被视为视觉真理,或是当被视为一种约定俗成[98]。与此争论无关,S. 阿尔佩斯(Alpers)代表了这样一种论点:北欧艺术,而且特别是荷兰绘画,发展出了一种偏离意大利类型的对于透视的理解,这种理解与开普勒的视网膜图像理论以及这种理论所蕴涵的眼睛与镜头间的类似隐隐相关[99]。按照阿尔佩斯的看法,上述理解处理的是"两种不同的使世界成为图画的方法:一方面,图像乃是世界中的一种对象、一种被框起来的窗口,我们将我们的眼睛朝向这个窗口,另一方面,这种图像,它步入我们眼睛的位置,并由此使得框架和我们的立场处于不定中"[100]。

W. 卡姆巴特(Kambartel)撰,杨栋译

参考文献:

　　M. POUDRA: Hist. de la persp. anc. et mod. contenant l'analyse d'un très grand nombre d'ouvrages sur la persp. et la description des procédés

---

　　[97]　潘诺夫斯基,《作为"象征形式"的透视》(Die P. als 'symbol. Form') (1927 年),载《艺术学基本问题论文集》(Aufsätze zu Grundfragen der Kunstwiss.),H. 欧伯勒(Oberer)和 E. 维尔海恩(Verheyen)编(1964 年),第 99—167 页。

　　[98]　参见 E. H. 贡布里希(Gombrich),《"是什么"与"如何是":透视、表现,以及现象世界》(The 'Waht' and the 'How'. Perspective, representation, and the phenomenal world),载《逻辑与艺术:纪念纳尔逊·古德曼文集》(Logic and art. Essays in honor of N. Goodman),R. 鲁德纳(Rudner)和 J. 舍夫勒(Scheffler)编 (印第安纳波利斯,1972 年),第 129—149 页;M. H. 皮雷纳(Pirenne),《达·芬奇透视理论的科学基础》(The scient. Basis of Leonardo da Vinci's theory of Perspective),《不列颠科学哲学杂志》(Brit. J. Philos. Sci.)第 3 卷(1952—53 年),第 169—185 页。

　　[99]　阿尔佩斯,《绘图艺术:17 世纪的荷兰艺术》(The art of describing. Dutch art in the 17th cent.)(芝加哥,1983 年);德文本(1985 年),第 79 页以下。

　　[100]　同上,第 109 页。

divers qu'on y trouve(1864). -P. RICCARDI: Di alcune opere di Prospetti-
va di autori Ital. omesse nella ‹Hist. de la persp. › di M. Poudra. Bibl.
mathem. NF 3(1889)39—42. -G. J. KERN: Die Grundzüge der linear-
perspekt. Darst. in der Kunst der Gebrüder van Eyck und ihrer Schule 1:
Die perspektiv. Projektion(1904); Die Anfänge der zentralperspekt. Kon-
struktion in der italien. Malerei des 14. Jh. Mitteil. kunsthist. Instit. Flo-
renz 2(1912/13)39—65; Die Entwickl. der centralperspekt. Konstruktion
in der Europ. Malerei von der Spätantik bis zur Mitte des 15. Jh. Forschun-
gen Fortschritte 13(1937)181—184. -E. SAUERBECK: Ästhet. P. ; Be-
trachtungen über die P. als ästhet. Faktor im Flächenkunstwerk; als Bei-
trag zu einer künftigen allg. Kunstgesch. Z. Ästhetik Allg. Kunstwiss. 6
(1911)420—455. 546—589. -A. MAYER: Naturwissenschaft. Ästhetik,
a. O. 612—615. -W. POLLACK: P. und Symbol in Philos. und Re-
chtswiss. (1912). -CH. P. GEHLER: Das Erscheinungsbild. Eine philos.
-perspekt. Studie(1912). -G. WOLFF: Neue P. n für die Gesch. der P. Z.
mathem. naturwiss. Unterricht 46(1915)263—269. -T. WEDEPOHL:
Ästhetik der P. ; Betrachtungen über Wirkung, Stimmung und Schönheit
der malerischen P. (1919). -H. WIELEITNER: Zur Erfindung der ver-
schied. Distanzkonstruktionen in der Malerischen P. Repertorium
Kunstwiss. 42(1920)249—262. -E. PANOFSKY s. Anm. [6 zu Ⅰ.]. -B.
SCHWEITZER: Vom Sinn der P. (1953). -R. WITTKOWER/B. A. R.
CARTER: The persp. of Piero della Francesca's 'Flagellation'. J. War-
burg Courtauld Instit. 16(1953)291—302. -R. WITTKOWER: Brunelles-
chi and 'Proportion in persp. ',a. O. 275—291. -D. GIOSEFFI: Perspec-
tiva artificialis: per la storia della Prospetiva spigolature e appunti(Triest
1957). -E. STRÖKER: Die P. in der bild. Kunst. Versuch einer philos.
Deutung. Jb. Ästhetik allg. Kunstwiss. 4(1958/59)140—231. -C. F.
GRAUMANN s. Anm. [39 zu Ⅰ.]. -G. TEN DOESSCHATE: Persp. ,
fundamentals, controversials, history(Nieuwkoop 1964). —L. H. HEY-
DENREICH: Strukturprinzipien der Florentiner Frührenaiss. -Architek-
tur: Prospectiva Aedificandi. Studies Western Art 2(1963)108—122. -
W. BIEMEL: Bem. zur Polyperspektivität bei Picasso. Philos. Jb. 74
(1966/67)154—168. -N. GOODMAN: Languages of art(Indianapolis/
Cambridge 1968); dtsch. : Sprachen der Kunst(1973); Of mind and other
matters(Cambridge,Mass. /London 1984); dtsch. : Vom Denken und an-
deren Dingen(1987). -G. BOEHM s. Anm. [3 zu Ⅰ.]. -C. GUILLÉN
s. Anm. [75 zu Ⅰ.]. -R. SCHMIDT: Lehre von der P. und ihre Anw-
endung(1972). -H. SCHÜLING: Theorien der maler. Linear-P. vor 1601

(1973). -S. Y. EDGERTONE jr. s. Anm. [1]. -D. C. LINDBERG s. Anm. [4 zu Ⅰ.]: Theories of vision from Al-Kindi to Kepler (Chicago/ London 1976); dtsch. : Auge und Licht im MA. Die Entwickl. der Optik von Alkindi bis Kepler (1987). -R. THOMAE: P. und Axonometrie (1976); Bildkonzeption in der P. (1978). -M. DALAI-EMILIANI(Hg.): La prospettiva Rinascimentale (Florenz 1980). -S. E. FUCHS: Die P. (1983). -E. ZEIL-FAHLBUSCH s. Anm. [80 zu Ⅰ.]. -J. G. ABELS: Erkenntnis und Bilder. Die P. in der Kunst der Renaiss. (1985). -E. AN-DRINGA: Perspektivierung und P. n-Übernahme. Zur Wahrnehmung lit. Figuren. Siegener Periodikum zur Int. Emp. Lit.wiss. 5(1986)135—146. -A. JANHSEN s. Anm. [14 zu Ⅰ.].

透明性，明晰性（Perspikuität）

　　明晰性（Perspikuität）来自拉丁语的 perspicere［看透］、perspicuitas［透明、清楚］；相应英语形式为 perspicuity，意大利语为 perspicuità。尽管柏拉图已经在"知识或表达的清晰"的意义上多次使用"清晰"（σαφήνεια）一词①，但"明晰性"这个概念首先是在亚里士多德风格学说中才获得它系统的地位。亚里士多德将表达清晰称为好的风格之最高贵的美德（λέξεως ἀρετὴ σαφῆ εἶναι）②。对昆体良（Quintilian）来说，"清晰性"（perspicuitas）是"最古老的修辞学美德"③。思想上（in der inventio）和语言上（in der elocutio）都达到明晰，才能达致言谈的可理解性及语言的正确性（latinitas）④。而对明晰性的违背，则会导致言谈的"昏暗"（obscuritas）⑤。

　　在教父哲学和经院哲学中，明晰性没有获得特别的术语含义⑥；而圣经明晰（perspicuitas sacrae scripturae）的问题，则从宗教改革以来成为一个核心的论争神学的议题。马丁·路德在其

---

　　① 柏拉图，《理想国》（Res publica），478 c、509 d、524 c；《斐德若》（Phaedrus），277 d；《智术师》（Sophistes），254 c。

　　② 亚里士多德，《修辞学》（Rhet.）III，2，1404 b 1f；《诗学》（Poet.）22，1458 a 18f。

　　③ 昆体良（Quintilian），《雄辩术原理》（Institutio Oratoria），VIII，2，22。

　　④ 参看 H. 劳思贝格（Lausberg），《文学修辞学手册》（Hb. der lit. Rhet.）（1960 年），第 274 页以下；G. 于丁（Ueding），《修辞学导论》（Einf. in die Rhetorik）（1976 年），第 237 页以下。

　　⑤ 昆体良（Quintilian），《雄辩术原理》（Institutio Oratoria），VII，2，12。

　　⑥ F. 柯若帕切克（Kropatschek），《路德教会的文本原理》（Das Schriftprinzip der luth. Kirche）1（1904 年），第 423 页以下。

独一圣经学说（sola scriptura-Lehre）里，将《圣经》解释为唯一的信仰基础，它对每个基督徒来说应该无需教职的中介就可理解："圣经诠释它自身"（scriptura sui ipsius interpres）[⑦]。因此，清晰（很少使用 perspicuitas）和明晰（claritas）被归之于《圣经》自身[⑧]："经文必须自我解释，但它也能够自己解释自己，因为其目标要求着它的清晰性。"[⑨]明晰性属于"圣经的首要倾向"（affectiones primariae scripturae sacrae），那些表语（除了明晰之外：神的权威[divina auctoritas]、充足[sufficientia]、它自身诠释的能力[semet interpretandi facultas]），"它们都被归之于充满圣灵的信仰规范的神圣文本"[⑩]。当然，明晰既是指"《圣经》整体……也是指在此整体中那些有必要相信被拯救的人（ea, quae ad salutem creditu sunt necessaria）"（拯救的必要性），也因此，它不是指"圣经中包含的历史性的东西，也不是指按其整个规模来说的教义材料"[⑪]。此外，明晰不是被规定为"绝对的（absoluta），而是……定旨的（ordinata），如果要知道圣经说了什么，就必须运用正确的手段，而这些手段……不仅……是语法和逻辑……而且从根本上也是神圣精神的占有，神圣精神才是其语词的诠释权威（authenticus interpres）"[⑫]。从新教的圣经理解出发，尤其是 M. 弗

[⑦] M. 路德，《教皇利奥十世最近通谕里所有 M. 路德的受谴责论文的陈词》（Assertio omnium articulorum M. Lutheri per bullam Leonis X）（1520 年），《路德著作集》魏玛版（Weimarer Ausg.）第 7 卷，第 97 页。

[⑧] 引自 F. 贝瑟尔（Beisser），《路德的经文自明说》（Claritas scripturae bei Luther）（1966 年）；G. 埃贝林（Ebeling），《福音派的福音解释》（Evangel. Evangelienauslegung）（1942 年，重印本 1962 年）；R. 赫尔曼（Hermann），《论圣经的自明性》（Von der Klarheit der Hl. Schr.）（1958 年）。

[⑨] M. A. 兰德尔（Landerer），辞条"诠释学"，载《新教神学和教会实际百科辞典》（Realencycl. prot. Theol. und Kirche）5（1856 年），第 783 页。

[⑩] H. 帕瑞特（Paret），辞条"圣经"（Bibel），同上，第 2 卷（1854 年），第 139 页。

[⑪] 同上，第 139 页以下。

[⑫] M. A. 兰德尔（Landerer），辞条"诠释学"，前揭，第 783 页以下。

拉齐乌斯发展出相互内在阐释的诠释学原则："in hac tractatione
omnia sunt clariora; cum ob ordinem, tum ob integram rerum ex-
positionem; dum aliae partes, aut sententiae, aliis plurimum per-
spicuitatis lucisque afferunt(借助这一处理方式，一切都会变得
清楚起来，因为秩序和对事物的完整阐释，也因为这样一些部分
或者句子多半会给另一些部分和句子带来透明、光亮)。"⑬与此
相反，天主教神学则强调圣经理解、传统和教职之间的紧密联
系⑭，并且连同这种新教的明晰学说及其内在的诠释原则也一并
拒绝，因为它"给这种最粗野的误入歧途提供了保护"⑮。

　　与古典概念传统相联系，在哲学中，语文学的明晰首先还
有别于逻辑学的明晰。前者针对"语词的本质，……它们的涵
义(Bedeutung)是依据言谈者的意义(Sinn)而来"，后者致力抓
住"理念的本质属性"；两者都以清楚(Deutlichkeit)来译明晰：
即作为"按其本质观念"对客体的认知⑯。就像进一步发展过
程中的一切概念一样⑰，克鲁格也将"明晰"置于"清晰"之下：

⑬　M. 弗拉齐乌斯，《〈圣经〉指南》，可参见《论〈圣经〉的认知方法》(De rati-
one cognoscendi sacras literas)(〈指南〉的一部分，德文拉丁文对照本)，J. 穆萨耶
乌斯(Musaeus)编(1919 年)，L. 金置(Geldsetzer)重印、编辑和翻译(1968 年)第
16 页，参看第 26 页；更多的例证见 M. A. 兰德尔，辞条"诠释学"，前揭，第 783 页；
H. 帕瑞特(Paret)，辞条"圣经"，同上，第 2 卷(1854 年)，第 139 页；参看斯宾诺
莎，《神学政治论》(Tract. theol.-pol)，G. 加伍利科(Gawlick)/F. 尼沃内尔
(Niewöhner)编(1979 年)，第 235 页。

⑭　参看尤其是《圣经教义并论传统的记录》(Decretum de libris sacris et de
traditionibus recipendis)，载 H. 丹齐林尔(Denzinger)/A. 舍恩迈泽(Schönmetzer)
编，《公教会之信仰与伦理教义选集》(Enchiridion symb.)，(³⁶1976 年)，第 1501 页。

⑮　H. 基恩(Kihn)，辞条"诠释学"，载 H. J. 魏策尔(Wetzer)/B. 维尔特
(Welte)主编，《教会百科辞典》(Kirchenlex.)5(²1888 年)，1863 年；参看 A. 杉兹
(Schanz)，"解经学"(Exegese)辞条，同上，4(²1886 年)，第 1099 页。

⑯　辞条"明晰"(perspicuitas)，载 J. H. 泽德勒(Zedler)编，《普通百科辞典》
(Univ.-Lexikon)26(1740 年)，第 693 页以下。

⑰　参看 R. 埃斯勒(Eisler)，《哲学概念辞典》(Wörterbuch der philosophis-
chen Begriffe)(⁴1927—1930 年)(Eisler⁴)1，第 832 页以下。

"通过澄清概念，知识……将……在逻辑上变得完善，同样也更为透明——这也就被称为清楚、明晰（perspicuitas）、清晰。"⑱

H. -P. 格贝勒(Göbbeler)撰，鲍永玲译

---

⑱ W. T. 克鲁格，《哲学科学简明辞典》(Allg. Handwb. der philos. Wiss. en)1(1827 年)，第 501 页以下。

诠释哲学（Hermeneutische Philosophie）

　　无论人们如何努力区别"诠释哲学"和"哲学诠释学"这两个概念（O. F. 博尔诺①），或者像通常那样把它们当作同义词使用，今天仍在广泛一致的意义上突出了这一点：即通过这一对概念标明了哲学中的一个自身的领域。这一领域，是通过马克思主义作为一方的和英语的（angelsächsischen）语言分析与科学理论作为另一方的变种而显露出来（K. -O. 阿佩尔，O. 玻格勒［Pöggeler］②）。这一哲学起源于欧洲，更准确地说，"其最初的源泉主要是在德国"（R. E. 帕尔默［Palmer］③）。它是这样一种哲学方向，亦即使《哲学史辞典》的完成成为可能之方向。

　　将"诠释学"和"哲学"概念如此编排在一起并不是全新的。因为亚里士多德的"诠释学"———一种陈述的逻辑——曾是他的《工具论》的一个部分④。在近代之初，J. C. 丹豪尔把 media hermeneutia（诠释的工具），即文本理解的艺术规则概括为"哲学"⑤。

---

　　①　O. F. 博尔诺，《狄尔泰诞辰 150 周年祝词》（Festrede zu W. Diltheys 150. Geb.），载《狄尔泰年鉴》（Dilthey-Jb.）1984 年第 2 卷，第 49 页。

　　②　阿佩尔，《哲学的转向》（Transformation der Ph.）（1973 年），尤其是第一卷，"导论"，第 9 页以下；第二卷，"第一部分"，第 7 页以下；玻格勒（主编），《诠释哲学》（Hermeneutische Ph.）（1972 年），第 9 页。

　　③　帕尔默，《诠释学：施莱尔马赫、狄尔泰、海德格尔与伽达默尔的诠释理论》（Hermeneutics. Interpret. theory in Schleiermacher, Dilthey, Heidegger, and Gadamer）（1969 年），Evanston，第 XIII 页。

　　④　亚里士多德，《诠释篇》。

　　⑤　H. -E. 耶戈尔（Jaeger），《诠释学早期史研究》（Stud. zur Frühgesch. der Hermeneutik），见《概念史档案》（Arch. Begriffsgesch.）（1974 年），第 18 卷，第 35—84 页，引自第 47 页。

在 J. F. 布德斯(Buddeus)那里,诠释学作为解释理论是 Philos-ophia instrumentalist(哲学工具)的一部分⑥,认为启蒙运动中的诸逻辑形态常常附带了某种诠释学⑦。但这并不直接是较新的"诠释哲学"之根源。因为如同在神学、法学和语文学领域中一样,诠释学在逻辑的语境关联中也只是某种辅助的原则。在近代早期以及在启蒙运动中,诠释学仅是在下列情况下,即它并不适用于上述学科(神学、法学)的某个特殊问题时,才被称为"哲学"。同样,在施莱尔马赫那里,诠释学也只是在某种哲学体系的框架中的单纯"技术性"的辅助科学,尽管它在其中具有很重要的意义⑧。诠释学并非在狭义上是哲学的,也根本不是哲学之核心,并且,哲学总体上说来并非诠释学的。只是经过了 19 世纪的哲学危机才准备好了基础,在这基础之上诠释哲学才变得可能和必要。

被看作诠释哲学第一位经典作家的狄尔泰揭示了这一危机:由于自然科学占统治地位,使哲学失去了科学的性质,而且,一种有约束力的"哲学"概念通过历史意识瓦解了。狄尔泰在对哲学的本质和概念的思考中,试图克服这种情形⑨。由

---

⑥　布德斯,《工具哲学或折衷主义哲学方法的要素》(Elementa philosophiae instrumentalis seu institutionum philosophiae eclecticae)I([6]1727 年)pars II,cap. I.

⑦　耶戈尔,前揭(参注释 5);W. 胡本讷(Hübener),《施莱尔马赫与诠释传统》(Schleiermacher und die hermeneut. Trad),见《施莱尔马赫档案》(Schleiermacher-Arch.)(1985 年)1/1,第 561—574 页(国际施莱尔马赫会议,柏林,1984 年)(Internat. Schleiermacher-Kongreß,Berlin 1984 年)。

⑧　施莱尔马赫,《诠释学》(Hermeneutik)([2]1974 年),基默勒(H. Kimmerle)选编,第 80,159 页;《道德理论体系之构想》(Entwürfe zu einem System der Sittenlehre)([2]1927 年),布劳恩(O. Braun)选编,第 356 页;《辩证法》(Dialektik),见《著作集》(Sämmtl. Werke)(1839 年),III/4,2,L. 约纳斯(Jonas)选编,第 260 页。

⑨　狄尔泰,《哲学的本质》(Das Wesen der Ph.)(1907 年),见其《著作集》(Ges. Schr.),第 5 卷(1957 年),第 339 页以下;《世界观学说——关于哲学的哲学论文集》(Weltanschauungslehre. Abhandlungen zur Ph. der Ph.),载《著作集》,第 8 卷(1960 年)。

于对于这种现代意识来说,并不是只存在着这一种哲学,而是存在着诸种区别很大的哲学,因此我们不可能从某一特定体系的立场去定义哲学的本质。为了客观性和哲学的实质之故,狄尔泰不得不以历史的方式来处理这一问题:应被认识的乃是那些在历史中被称作"哲学"并仍然被称作"哲学"的事物⑩。从中产生出更为形式化的哲学之前概念(Vorbegriff):它是"关于人的思想、教化和行为的那种自身发展了的意识"⑪。更进一步的考察表明了哲学——类似于施莱尔马赫所说的哲学⑫——有"双重面目",是一个两面神(Januskopf):据狄尔泰,它一方面盯着宗教的方向,因而是形而上学;另一面又盯着实证的知识,追求它们的普遍有效性⑬。由于它的双重本质使它在现代陷入了悲剧性的冲突。批判主义已指出形而上学内在地不可能作为科学,并且,历史意识已认识到科学自身的人类条件性及其动机。另一方面,只有自然科学才具有实证的、普遍有效的知识。如是,哲学被分裂了,并因之而走向衰落:形而上学不是科学,只是"世界观";现代自然科学不是哲学,它没有回答"生命之谜"⑭。

狄尔泰指出了哲学的新任务,他把这断裂的意识之两方面明确作为研究对象。为了给出一种"知识理论"以及科学的内在关联性理论,他首先转向经验科学。在此,他的研究工作适用于那个在实证主义视野之外的精神科学(Geisteswissenschaften)。为了它,狄尔泰努力尝试着"奠定基础"(认识论、逻

⑩ 《哲学的本质》,第 364 页;《世界观学说》,第 208 页。

⑪ 《世界观学说》,第 32 页,第 38 页。

⑫ 施莱尔马赫,《哲学史》(Gesch. der Ph.),见《著作集》III/4,1,H. 里特尔选编(1839 年),第 146 页。

⑬ 狄尔泰,《哲学的本质》,第 404 页;《世界观学说》,第 209 页。

⑭ 狄尔泰,《世界观学说》,第 140 页。

辑与方法理论）⑮；与胡塞尔相反，他强调说这项工作乃是他的系统化哲学⑯。其次，他在《哲学的哲学》中明显转向形而上学体系，指出了它的起源和作用：它们是具体的、个别的和历史的"生命"之"表达"，同时也是对生命的把握和对永恒的生命之谜的回答⑰。它们是"现实的解释（Auslegungen）"和"诠释"（Interpretationen）⑱。形而上学思维的这三个原则性基点，亦即自然主义如同主观的和客观的唯心论的"类型"，从科学性上讲，它既不是可以证明的，也不是可以反驳的，同样不是更高一级的体系上的统一（黑格尔）——它们处于相互竞争的状态（类似于莱辛的环状抛物线上的实证宗教）——，但更为直观一点看，它们在以不同的方式接近真理，并且映现出深不可测的生命。

从中便显示出这种共同的基础，它承载与联结了狄尔泰的精神科学理论和他的形而上学哲学：他的生命哲学，生命的起点，这种生命是自我表达、客体化以及自我反思着的。"我的哲学基本思想是，迄今尚没有一个整体的、完满的、不残缺的经验被当作哲学探索的基础，因此也从未有过整体的、完满的现实性。"⑲这种经验在"经历"（Erleben）与"自我省思"（Selbstbesinnung）中展现出来，这种"自我省思"，在科学的抽象回溯到它的条件之后，使"生命关联"明晰起来。⑳"这样被理解的哲学是真正科学的。"㉑狄尔泰使他的生命-哲学成为非

---

⑮　参阅，尤其是《人类科学、社会与历史之基础》（Grundlegung der Wiss. en vom Menschen, der Ges. und der Gesch.），见《著作集》（1982年），H. 尧阿赫（Johach）与 F. 罗迪（Rodi）选编，第19卷。

⑯　F. 罗迪与 H. -U. 莱辛（Lessing）主编，《狄尔泰资料选》（Materialien zur Ph. W. Diltheys）（1984年），第110页以下。

⑰　狄尔泰，《世界观学说》，第208页。

⑱　《哲学的本质》，第353页、第379页；《世界观学说》，第82页。

⑲　《世界观学说》，第171页。

⑳　见同上，第188页。

㉑　见同上，第172页。

封闭的体系化的形态。他的见解将他引向于此,即不愿在概念中虚构或解释生命。"真实性本身最终不可能逻辑地被说明,而只能被理解。在每一如此地被给定的现实中,在其本质上是某种不可言说和不可认识的东西。"㉒生命只有通过对它历史的客观化之理解才能被理解。从而,狄尔泰的哲学便是一种以历史为媒介的间接的生命哲学(G. 米施㉓),或者正是"诠释哲学",它在对"客观精神"之理解中发现了通向世界和生活的道路(O. F. 博尔诺㉔)。

在狄尔泰坚持纯形式的体系哲学的思想时,他的友人约克·冯·瓦滕堡伯爵(P. Yorck von Wartenburg)已经将哲学的学科知识构架之观念——连同形而上学一起——抛弃了,他仅把"意识之瞬间的永恒化(Äternisierung)"看作是一种抽象㉕:"在自我意识的内在历史性那里,那种与历史相分离的体系在方法论上是不适用于它的。"㉖"在我看来,哲学探索的非历史化在方法论关系上只是形而上学的残迹。"㉗同样是由狄尔泰在历史性中,亦即在人的历史条件性、偶然性和有限性中所阐明的观点,使人们不得不把所有的哲学作为"生命之表现"(Lebensmanifestation)㉘全部归置于真实历史的长河中。哲学将变成具

㉒　见同上,第 174 页。

㉓　米施,《生命哲学与现象学》(Lebens-Ph. und Phänomenol.)(²1931 年,重印本 1967 年),第 67 页;《关于狄尔泰的生命域与思想域》(Vom Lebens- und Gedankenkreis W. Diltheys)(1947 年)。

㉔　博尔诺,《狄尔泰诞辰 150 周年祝词》。

㉕　约克·冯·瓦滕堡伯爵,《意识的处所与历史》(Bewußtseinsstellung und Gesch.)(1956 年),I. 费切尔(Fetscher)选编,第 44 页;《1891 年残篇》(Fragment von 1891),见 K. 格荣德(Gründer),《关于约克·冯·瓦滕堡伯爵的哲学》(Zur Ph. des Grafen Paul Yorck von Wartenburg)(1970 年),第 340 页。

㉖　《狄尔泰与约克·冯·瓦滕堡伯爵的通信,1877—1897 年》(1923 年)(Br. wechsel zwischen W. Dilthey und dem Grafen P. Yorck von Wartenburg1877—1897),第 69、251 页。

㉗　见同上,第 69 页。

㉘　见同上,第 250 页;参见《1891 年残篇》,第 340 页。

体的、具有历史条件性的生命之自我反思，成为暂时性的、不断变化的此在对自身的理解，在其中与历史持续地相互解释。约克声称，作为动机，所有哲学都具有"全部的、彻底的认识愿望"[29]，他为此而描绘了"批判哲学"的思想，坚决拒绝了一切对永恒真理之诉求。它们的可靠基础乃限于历史的自我意识之现实，而不是某种确定规则之运用。"经验的东西在批判哲学的出发点上，正是批判哲学在方法上的实施。"[30]在狄尔泰和约克的探索性和纲领性的思想中，已具有了几乎一切今天仍适用于"诠释哲学"的萌芽。以这一概念的广度，通过否定的方式来确定这些思想萌芽的共同特征是最容易的：在自身之中奠定的知识观念，对哲学的绝对开端和终点以及历史的超越的立场之可能性的信念之探索，在这种哲学中已然被放弃了。

尼采也有一定理由被称为诠释哲学的开路先锋。因为他同样基于对历史形成和人类理性之条件性的洞见，支持对一切"形而上学哲学"进行彻底的批判，他也同样勾画出某种"历史哲学"，从那种带有"一切哲学家所具有的遗传病"即"历史意义之匮乏"中解放出来，并且使我们了解到，既不是人也不是他的认识能力或者某种"不变"的世界超然于历史之上："一切都在变化；没有永恒的事实；正如不存在绝对的真理一样。——因而历史地去探索哲学问题从现在起已成为必要，随之而来的就是质朴的德行（Tugend）。""历史哲学"，"一切最新的哲学方法"，把哲学问题作为富有生命力的生活过程之成果予以分析[31]："生理的

---

[29]　见《意识的处所与历史》，第 33 页。

[30]　见同上，第 38 页。

[31]　尼采，《人性的，太人性的》（Menschliches，Allzumenschliches）（²1886 年）I，第 1 页。见 G. 科里（Colli）与 M. 蒙提拿利（Montinari）《尼采全集》校勘本（Krit. Ges. ausg.［GA］）（1967 年），IV/2，第 19—21 页。

需求在客观性、观念和纯粹精神（Rein-Geistigen）的外衣下被乔扮为下意识，这种下意识已走到令人吃惊的程度，——我常常这样问自己，在广泛的意义上，迄今的哲学从根本上说，是否仅仅成了对身体的解释或误解。"[32]同狄尔泰一样，尼采也把"解释"概念与"诠释"（Interpretation）概念不仅与文本联系起来，而且与此在和世界相联系，并在解释中认识——如海德格尔曾预言的——此在的本质特征。是否"并非一切此在本质上都是解释着的此在"的问题，把他引向某种信念，这种信念并不认为存在着一个世界和一种科学，而是仅仅存在无穷尽的众多"对世界的诠释"（Welt-Intepretation）："对我们来说，世界……再一次变得'无穷无尽'：因此我们无法拒绝这种可能性，亦即它自身包含了无止境的诠释。"[33]尼采转向这些思想来批判机械论，认为它只表达了一种可能的甚或是"一种最愚蠢"的对世界之诠释[34]，这些思想也被用来反驳基于事实的实证主义："反对实证主义，它停留在现象上，以为'惟有事实存在'，我想说：不，存在的恰恰不是事实，存在的只是诠释。我们无法确定'自在的'事实……"尼采在他的晚期哲学中曾这样说明：在诠释背后的，是趋向强力（Macht）的意志，"解释世界是我们的需要：我们的欲望以及对欲望的赞同和抑制。每一欲望都是一种统治欲……"[35]。对于尼采来说，所有的诠释

[32]　尼采，《快乐的科学》（Die fröhliche Wissenschaft）（²1887年），前言2。GA（1973年），V/2，第16页。

[33]　尼采，《格言》（Aphorismus），第374条，见同上第308页。

[34]　尼采，《格言》（Aphorismus），第373条，见同上第307页。

[35]　尼采，《权力意志》（Der Wille zur Macht）遗稿残篇（1886/1887年）。GA VIIII（1974年）第323页；参见第137页；可参见 J. 费戈尔（Figl），《作为哲学原则的诠释》（Interpretation als philosophisches Prinzip），见《尼采晚期遗稿中的普遍解释理论》（F. Nietzsches universale Theorie der Auslegung im späten Nachlaß）（1982年）。

都是服务于有机生命之伪造品,他只能把自己的哲学也作为一种可能的诠释来理解,它从属于这种哲学意识到了的悖论,并属于那种棘手问题,哲学问题使得尼采的建议只在某种变体形式中才具有效用。

据狄尔泰,由形而上学的相对化到世界之纯粹解释之可能性,将"生命"自身的多义性和晦暗性如同谜一样带入了意识。生命的客观化之理解,亦即这种哲学之理解,因此同样是"伴随笑逐颜开的嘴和忧郁的眼睛对生命神秘的、深不可测的面貌"㊱之一瞥。伴随生命意义的问题而紧扣住历史的、先行给定的哲学的意义问题,成为海德格尔的一种原则,并且在这里他还强调了第二点:对哲学传统的一切吸收都要把"彻底的、明晰的诠释境况之形成当作哲学疑难问题自身的结果"㊲。早在他的"对亚里士多德的现象学诠释"讲座里(1921/1922 年),已由此而导出了他在《毁灭与问题》(Ruinanz und Fraglichkeit)中对(人的)生存之实际性所作的阐释。哲学是"符合原则的认识,它在其实行中关系到它自身的实际性"㊳。因为在一种认真的、热切的哲学问题之追问中——并仅在此中——哲学的历史、同样的还有生存(Existenz)便自我开启了,对于海德格尔而言,这种体系和历史这两方面的分离就变得毫无意义:"(史实意义上的[historisch])历史的东西(Geschichtlichen)之存在与历史之物的意义之发生,首先就是符合原则的认识之实行。在哲学探索中没有哲学史,

㊱　狄尔泰,《世界观学说》,第 226 页。
㊲　海德格尔,《对亚里士多德的现象学诠释》(Phänomenologische Interpretationen zu Aristoteles);《现象学研究导论》(Einführung in die phänomenologische Forschung)(1985 年),见其《著作集》(Ges. ausg.),II/61,第 2 页。
㊳　见同上,第 112 页;参见第 56 页以下。

在实际的(哲学探索的)生命之史实中,不存在哲学追问中的那种超时代的自在存在的问题(An-sich-Problematik)与体系”㊴。海德格尔在这里还是解答了狄尔泰思想的“客观精神”;哲学之发展不再行进在外部理解(Fremdverstehen)的弯路上,而是朝向直接的自我理解(Sich-Selbst-Verstehen),朝向“实际性的诠释学”㊵。在《存在与时间》(1927)中,亦即在这个成熟形式之开端,海德格尔的“诠释”哲学在理解和解释中将“生存论性质”(Existentialien)认作是人类此在的结构成分㊶。由此而将诠释哲学作为“基础本体论”、作为新的第一哲学,这一点,人们在真正的哲学的诠释学之本来的开端上就可以看出㊷。——人们可在早期的或者才在晚期的海德格尔(见下面)那里看到转向诠释学的哲学探索之突破,所以海德格尔无论如何是对此作了极为重要的贡献,即对于整整一代哲学家(如 H. 海姆塞特[Heimsoeth],J. 里特尔,伽达默尔,利科)来说,体系和历史之思考,哲学与哲学史,已不再各自独立,并且在德国,这些学术研究领域在研究机构上也不再相互分离。

狄尔泰学派并未把这种哲学之限制带入对存在的分析。G. 米施发现海德格尔的基础本体论恢复了那种对某种确定基础的徒劳的追求,重现了抽象体系的危险。海德格尔为了“存

㊴ 见同上,第 111 页。

㊵ 关于海德格尔至今未出版的讲稿《本体论:实事性的诠释学》(Ontologie/Hermeneutik der Faktizität)(1923 年),可参见伽达默尔、F. 霍格曼(Hogemann)、Ch. 雅莫(Jamme)、Th. 科西尔(Kisiel)、O. 玻格勒(Pöggeler)、F. 罗迪(Rodi)的文章。见《狄尔泰年鉴》(Dilthey-Jb.)(1986—1987 年)第 4 卷;海德格尔的讲稿将收入其《著作集》(Ges. ausg.)II/62。

㊶ 海德格尔,《存在与时间》(1927 年),§§ 31。

㊷ 伽达默尔,《真理与方法》(Wahrheit und Methode)(1960 年),第 249 页;参见他的论文《诠释学》(Hermeneutik),载《哲学史辞典》(Historisches Wörterbuch der Philosophie),第 3 卷(1974 年),第 1067 页。

在"(Sein)而舍弃了具体的、历史的"生活",生活重又在他的视野之外[43]。H. 诺尔在那个生存哲学(Existenz-Philosophie)过分地开拓了道路的地方,也与狄尔泰保持一定距离。对生命的暂时性和一切知识的相对性之判断是不容忽视的,亦即我们的时间意识以某种"时间优先性"作为前提,并且,在人类中也存在着朝向某个绝对者的本质的生活方向(类似后来的 H. 约纳斯[44])。所以狄尔泰学派走了另一条路:a)取代"拆毁形而上学"(海德格尔),它寻求与整个哲学传统展开进一步的讨论,并且把狄尔泰的生命哲学的动机带入系统化的形式。b)取代对存在专注,代之以汲取符合发展趋势的所有关于人的知识,并以哲学渗透于其中。这种哲学并不要求成为在"严格的科学"(胡塞尔)之外的严格的科学。它更是用诸种单一的精神科学来共同推动自己的工作,扩展其实质内涵与反思其方法;它由此而赢得了对历史科学、文学、艺术、宗教学以及社会科学的巨大影响。

哲学被看作是"精神-历史的现实"[45],这就是说,它作为客观精神之形式衔接着狄尔泰。因此每一哲学都嵌入了它的历史与文化的文本语境。H. 诺尔的"哲学导论"是研究历史的重要问题之入门[46]。在 B. 格罗图森(Groethuysen)那里,自我省思(Selbstbesinnung)便是一种人生的对话,即它

---

[43]　米施,《生命哲学与现象学》,第 41 页、第 47 页。

[44]　H. 诺尔,《哲学导论》(Einf. in die Ph.)(³1947 年),第 67 页以下;约纳森,《转折与延续》(Wandel und Bestand)(1970 年)。

[45]　B. 格罗图森,《通向哲学之路》(Der Weg zur Ph.)(对米施的评论),见《青年的科学教育新年鉴》(Neue Jb. Wiss. Jugendbildung)(1927 年),第 3 卷,第 578 页;参阅 E. 施普兰格(Spranger),《当代哲学之任务》(Aufgaben der Ph. in der Gegenwart)(1953 年),见其《著作集》(Ges. Schr.),第 5 卷,(1969 年),第 320—327 页。

[46]　诺尔,《哲学导论》,第 67 页以下。

与形而上学历史关于它们与生命的关系之对话㊼。G. 米施指出——避免遗留下来的"欧洲中心论"㊽——如同在印度、中国和希腊所产生的特殊的哲学发展序列,它们扎根于各自的文化,并仍然系统地自我充实㊾。在此,米施比狄尔泰更为强调这种非派生性的新事物,这种与哲学一同迈进历史的新事物。哲学必须理解为那种作为精神释放出来的力量,而非仅仅理解为历史生命之"表达"㊿。哲学与生命处于一种悖论中:"在生命之中超越生命。"㈤正是通过这种已被狄尔泰在"哲学"概念中所指出的两重性,哲学确能适用于这种现实:哲学一方面是形而上学,另一方面是启蒙(Aufklärung),正如同生命,它一方面是深不可测、不确定的,另一方面是确定的和可以理解的。米施把这种狄尔泰式的思维形态之解释与古代哲学联系起来(界限-无限)(peras-apeiron)㈤。

因为传统的逻辑学看上去似乎只是为自然科学而制定的,狄尔泰出于精神科学的考虑,从"整体"(ganzen)亦即从感觉着-期望着-想象着的人类"整体"以及生命运动出发,开始

㊼ 格罗图森,《生命与世界观》(Das Leben und die Weltanschauung),载 M. 弗里夏森-科尔勒(Frischeisen-Köhler)主编,《世界观》(Weltanschauung)(1911年)第53—77页;《神话与肖像》(Mythes et portraits)(巴黎,1947年);德文本:《在形而上学桥下》(Unter den Brücken der Metaphysik)(1968年)。

㊽ 格罗图森,《通向哲学之路》,第581页。

㊾ 米施,《哲学之路》(Der Weg in die Ph.)(1926年),(²1950年)。

㊿ 米施,《生命哲学与现象学》,第17页,第25页以下。

㈤ 同上,第17页。

㈤ 同上,第50页以下;J. 柯尼希(König),《作为哲学家的米施》(G. Misch als Philosoph),载《哥廷根科学院导报》(Nachrichten Akademie der Wisschaften in Göttingen),Philologiesch-historische Klasse(1967年),第154页以下,第202页以下;罗迪,《狄尔泰、现象学与米施》(Dilthey, die Phänomenol. und G. Misch),见 E. W. 奥尔特(Orth)主编,《狄尔泰与现代哲学》(Dilthey und die Ph. der Gegenwart)(1985年),第125—155页。

对逻辑学进行改造[53]。米施将其继续发展成"诠释的逻辑学"，用以精确测定语言和被认识的生命之关系[54]。它可以被规定为"从内在出发的自我扩展的先验逻辑学"[55]。H. 利普斯也——在与海德格尔争辩时——拟定了相似类型的逻辑学[56]。与之相反，E. 罗特哈克在其《精神科学的逻辑与系统化》中，已部分地预示了 Th. S. 库恩的观点：没有科学史就不可能推动科学理论和科学方法论；科学的方法依赖于主导性的提问和世界图景（Weltbildern），依赖于"世界观"（Weltanschauungen）[57]。

狄尔泰说过，人类只能在自己的历史中认识自身[58]。同时他还补充拟定了一个关于人类本质的心理学的或更准确地说是人类学的理论[59]。因而，这个由狄尔泰促成的哲学人类学有两条线索。对于格罗图森来说，它是"自我省思，一种人类不断更新的理解自身之尝试"。这个自我认识，必须作为自我诠

---

[53]　狄尔泰，《描述的与分析的心理学观念》（Ideen über beschreibende und zergliedernde Psychologie）（1854 年），见《全集》（GS），第 5 卷（1957 年），第 200 页以下；《精神科学中历史世界之构建》（Der Aufbau der geschichtl. Welt in den Geisteswiss. en），见《全集》（GS），第 7 卷（1958 年），第 3—69 页、第 228 页以下；《人类科学之基础》，第 110 页以下，第 307 页以下。

[54]　柯尼希，《作为哲学家的米施》，第 219 页以下；博尔诺，《G. 米施与 H. 利普斯的诠释的逻辑学》（Zur hermeneutischen Logik von Georg Misch und Hans Lipps），见《诠释学研究》（Studien zur Hermeneutik），第 2 卷（1983 年）；罗迪，《狄尔泰、现象学与米施》；参见辞条"诠释的逻辑学"（Logik, hermeneutische），见《哲学史辞典》（Hist. Wb. Philos.），第 5 卷（1980 年），第 414 页。

[55]　米施，《生命哲学与现象学》，第 33 页。

[56]　利普斯，《诠释的逻辑学研究》（Untersuchungen zu einer hermeneutischen Logik）（²1959 年）；参见博尔诺，《G. 米施与 H. 利普斯的诠释的逻辑学》。

[57]　罗特哈克，《精神科学的逻辑与系统化》（Logik und Systematik der Geisteswissenschaften）（1926 年），尤其是第 139 页以下；参见《精神科学导论》（Einleitung in die Geisteswissenschaften）（1920 年）的"前言"。

[58]　狄尔泰，《精神科学中历史世界之构建》，第 279 页；《世界观学说——关于哲学的哲学论文集》，第 226 页。

[59]　罗迪，《词形学与诠释学》（Morphologie und Hermeneutik）（1969 年），第 92 页以下；莱辛，《历史理性的批判观念》（Die Idee einer Kritik der historischen Vernunft）（1984 年），第 168 页以下。

释(Selbstinterpretationen)的反思被实施,而自我诠释便是人类在诸历史形式中,即在哲学、宗教和艺术中产生的。(参阅 M. 郎德曼[60])。对于格罗图森,"生命自身的自我中心化"的主导性信念,亦即个体化[61],是以类似于米施对于自传的历史之研究为基础的[62]。在这里,哲学人类学和精神历史(Geistesgeschichte)正好吻合[63],因而 H. 普勒斯纳(Plessner)从另一方面,即试图从历史上表现出来的、客观化了的并由此而自我理解的人类之特殊的自然本性来做补充说明:"哲学诠释学,作为在历史中以其自身的经验为媒介来追问生命的自我理解之可能性的系统回答,只在这时开始得以实现,……以及把它置于表述的结构规则之研究的基础之上"[64]。在此,普勒斯纳的"表达生命"的"现象学描述"与米施的逻辑学和知识论相互交集,两者都反对"知识人类学"在其中具有更强的现实性的观点[65]。博尔诺通过联结历史世界之理解与向"诠释哲学""开放的"人类学,系统地继续完成着狄尔泰的心愿[66]。

---

[60]　格罗图森,《哲学人类学》(Philosophische Anthropologie),载 A. 鲍艾姆勒(Baeumler)和 M. 施罗特(Schröter)主编,《哲学手册》(Handbuch der Philosophie),第 3 卷(1931年单行本,1969 年重印),第 3 页以下;M. 郎德曼(Landmann),《哲学人类学:历史与当代的人类自我解释》(Philosophische Anthropologie. Menschliche Selbstdeutung in Geschichte und Gegenwart)([2]1964 年)。

[61]　H. 伯林格(Böhringer),《B. 格罗图森》(B. Groethuysen)(1978 年),尤其是第 149 页。

[62]　米施,《自传的历史》(Geschichter der Autobiographie)1/1([3]1949 年),第 5 页。

[63]　H. -J. 舒艾普斯(Schoeps),《人是什么? ——作为新时代的精神历史的哲学人类学》(Was ist der Mensch? Philosophische Anthropologie als Geistesgesch. der neuesten Zeit)(1960 年)

[64]　普勒斯纳:《有机体与人类的阶梯》(Die Stufen des Organischen und der Mensch)(1928 年),见《全集》(Ges. Schr.)第 4 卷(1981 年),第 60 页。

[65]　阿佩尔,《哲学的转向》,尤其是第 9 页以下,第 96 页以下。

[66]　博尔诺,《情绪的本质》(Das Wesen der Stimmungen)(1941 年,[6]1980 年);《理解》(Das Verstehen)(1949 年);《生命哲学》(Die Lebens-Ph.)(1958 年);《知识哲学》(Ph. der Erkenntnis)(1970 年);《真理的双重面目》(Das Doppelgesicht der Wahrheit)(1975 年)。

海德格尔在30年代放弃了把哲学置于“基础本体论”基础之上的尝试。他的哲学探索本质上是作为哲学的和诗的文本之解释而进行。因而可以这样说，只是在这时他的哲学才成为真正诠释学的，尽管海德格尔已避免使用诠释学的概念(67)。伽达默尔的“哲学诠释学”，就概念来说，衔接着海德格尔的早期思想，然而就其内容而言，更多的是衔接了晚期海德格尔哲学探索。在这个“转向”上，它不再从生存（Existenz）、而是从“存在”（Sein）出发，后者能开显或避免某种宿命。艺术和语言在本质上都被海德格尔当作真理显现的地方。语言被视为“存在的寓所和人类本质的家园”(68)。伽达默尔对这种哲学——它以其批判的锋芒抵制启蒙运动和当代方法论，用以帮助精神科学达到适当的自明性——的研究是富有成效的。这种哲学的核心是语言本体论，因为在语言中——先于一切科学——优先展开了世界和自我，并使两者相互协调(69)。这种在语言中发生的理解适用于哲学，并在精神科学中被进一步传递、深化。伽达默尔相信，“一切哲学思考都是对原初的世界经验之进一步思考，并且寻根问底地探索我们生活于其中的语言的概念作用和直观作用”(70)。哲学和精神科学参与了无止境的“真理发生”，在其中，诠释者与其说是主体，还不如说是中介。

---

(67) 玻格勒，《海德格尔与诠释哲学》（Heidegger und die hermeneut. Ph.）（1983年），第66页；《海德格尔与诠释学神学》（Heidegger und die hermeneut. Theologie），载E. 荣格（Jünger）等主编，《验证：艾伯林纪念文集》（Verifikationen. Festschrift für G. Ebeling）（1982年），第480页；《海德格尔思想之路》（Der Denkweg M. Heideggers）（^{2}1983年）

(68) 海德格尔，《柏拉图的真理学说：关于“人道主义”的通信》（Platons Lehre von der Wahrheit. Mit einem Brief über den ‘Humanismus’）（1947年），第115页。

(69) 伽达默尔，《真理与方法》，第3部分。

(70) 伽达默尔，《哲学与诠释学》（Ph. und Hermeneutik）（1976年），载《短论集》（Kl. Schr.），第4册（1977年），第257页。

尽管伽达默尔对狄尔泰的批判是发人深省的(71)，他还是勾画出了某些曾被狄尔泰暗示过的线索。比如狄尔泰尝说，“世界之解释”，正如它在宗教、诗歌和形而上学中所发生的那样，“已经进入语言之中”(72)。但不同于狄尔泰，在伽达默尔那里，诠释学不再是方法学说，而是试图对人的存在（das Sein des Menschen）做出说明。它因此而大大地超出了“哲学的普遍性方面”(73)，它是（如同在海德格尔那里的）基础哲学。这个概念通过伽达默尔的“哲学诠释学”才得以大力传播；但这种哲学同样也引发了激烈的批评：人们反对那种只是知道“倾听的理性”和宣扬“语言唯心论”的“诠释的”哲学（H. 阿尔伯特[Albert]，哈贝马斯(74)）。人们批评那种同任何一种方法论都保持距离的“哲学的”诠释学，由此而铺平了通向任意（Willkür）的精神科学之路（E. 贝蒂，E. D. 赫施，Th. M. 泽博姆(75)）。

利科进一步发展了由海德格尔开启的“诠释哲学”，它直接使真理和方法联结在一起，以避免“绝对本质”的语言之“假

(71) 伽达默尔，《真理与方法》，第 205 页以下；参见《狄尔泰：浪漫主义与实证主义之间》（Dilthey tra romanticismo e positivismo），载 F. 卞科（Bianco）主编，《狄尔泰与 20 世纪思潮》（Dilthey e il pensiero del nove-cento）（Milan，1985 年），第 24—41 页；罗迪，《诠释学与生命意义：对伽达默尔的狄尔泰诠释之批判》（Hermeneutics and the meaning of life：A critique of Gadamer's interpret. of Dilthey），载 H. J. 塞尔弗曼（Silverman）和 D. 伊德（Ihde）主编，《诠释学与解构》（Hermeneutics and deconstruction）（New York，1980 年），第 82—90 页。

(72) 狄尔泰，《世界观学说——关于哲学的哲学论文集》，第 82 页。

(73) 伽达默尔，《真理与方法》，第 451 页。

(74) 阿尔伯特，《论批判理性》（Traktat über krit. Vernunft）（1968 年），第 134 页以下；《为批判的唯理论辩护》（Plädoyer für krit. Rationalismus）（1971 年），第 106 页以下；哈贝马斯，《社会科学的逻辑》（Zur Logik der Sozialwiss. en）（1970 年），第 251—284 页；参阅收入于《诠释学与意识形态批判》（Hermeneutik und Ideologiekritik）（1971 年）的论文。

(75) 贝蒂，《作为精神科学一般方法论的诠释学》（Die Hermeneutik als allg. Methodik der Geisteswiss. en）（1962 年）；赫施，《诠释的有效性》（Validity in interpretation）（New Haven，1967）；泽博姆，《诠释理性批判》（Zur Kritik der hermeneut. Vernunft）（1972 年）。

设"。因为人的生存总是被诠释的存在，因而对于现象学的描述来说，它是不可企及的，所以必须把诠释学"嫁接"在现象学上，必须把哲学加以诠释学的处理：它反映了语言的符号形态，在其中生存只是间接地显示出来。在这里，利科的哲学吸收了精神分析、宗教现象学和哲学的相互角逐着的诠释，限制它们各自的整体性诉求（Totalitätsanspruch），并追问它们的共同基础。那个不很明确地在"断裂的本体论"中所预示的东西，就是作为期望达到存在（Sein）之生存（Existenz），是存在自身的有限性与依存性[76]。——在利科那里以哲学问题表现出来的，亦即一切系统化的陈述仅仅是可能的诠释，被 R. 罗蒂（Rorty）用于"哲学之批判"，亦即对传统的"基础的认识论"之批判：哲学必须放弃把握"真理"的要求，它必须转变为"诠释学"，并且作为诠释学，继续使存在于各种各样的讨论之间的对话得以进行，并服务于教化（Bildung［edification］）[77]。

在纯粹的、先验的意识已不再是承载哲学的基础时，诠释哲学兴起了。所以狄尔泰把自己的工作不是称为纯粹理性的批判，而是称为历史的、有限的理性之批判[78]。利科继续承担着有限理性的自欺之谈的后果，并因此接受了精神分析和意识形态批判。同样地，阿佩尔和哈贝马斯在另一条道路上也是如此：诠释的科学，精神科学，像自然科学一样，服务于这种

---

[76] 利科，《诠释的冲突：诠释学论文集》（Le conflit des interprétations. Essais d'herméneutique）（Paris, 1969 年）；德文本：《诠释学与结构主义》（Hermeneutik und Strukturalismus）（1973 年）；《关于意志的哲学》第 2 卷《恶的象征》（Finitude et culpabilité II: La symbolique du mal）（Paris, 1960 年）；德文本，《恶的象征》（Symbolik des Bösen）（1971 年）。

[77] 罗蒂，《哲学与自然之镜》（Philosophy and the mirror of nature）（Princeton, N. J. 1979 年）；德译本：《哲学与自然之镜：一种哲学批判》（Der Spiegel der Natur. Eine Kritik der Ph. ）（1981 年），第 343 页以下。

[78] P. 克劳瑟（Krausser），《有限理性批判》（Kritik der endlichen Vernunft）（1968 年）。

富有生机的认识旨趣,也就是说,服务于对行为目的之理解。然而,由于所有的理解都为自然的强制所困扰,因此诠释学的处置方式需要以合乎规则的说明(nomologische Erklärung)和意识形态的批判作为补充⑦。尽管如此,这种观点预设了一个令人迷惑的、与之相称的图景——一种未被歪曲的交往的理想形态——为前提:阿佩尔从 J. 洛斯(Royce)出发,在理想的"诠释共同体"或"交往共同体"中,发现了作为先验条件和有调节作用的观念,它对一切有意义的言谈、行为、理解发挥着作用⑧。诠释哲学在这里已变身为"先验诠释学",它"通过对理解之可能性和效用性条件的先验反思——有如作为笛卡尔的哲学之最后基础的东西——而抵达了"超越历史条件性的先验哲学⑧。

在今天被称为"诠释哲学"、"哲学诠释学"或简单的"诠释学"的,是不同于任何一个统一的"学派"。很多不同的哲学在今天被归属在这个思潮的标题下。如尼采的透视主义(Perspektivismus),海德格尔的基础本体论,贝蒂的精神科学方法论,甚或还有卡西尔的文化科学基础论——即在文化环境中,在"符号形式"中,认识诸多对世界的特殊"解释"⑧。所以人们很有理由将这一哲学归入到诠释哲学的领域之中:它紧接着亚里士多德和黑格尔之后,反思过去的与当代的思维之间的断裂和连续性,并且,诠释哲学本身将把历史的关联带到思想

---

⑦ 阿佩尔,《哲学的转向》,尤其是第一卷,"导论",第 9 页以下;第二卷,"第一部分",第 7 页以下;哈贝马斯,《知识与旨趣》(Erkenntnis und Interesse)(1968年),尤其是第 221 页。

⑧ 参见阿佩尔,见同上,第 2 卷,第 2 部分。

⑧ 见同上,第 1 卷,第 62 页。

⑧ 卡西尔,《文化科学的逻辑》(Zur Logik der Kulturwiss. en)(1961 年),第 20 页;参见如福尼(Forni),《诠释学研究——施莱尔马赫、狄尔泰、卡西尔》(Studi di ermeneutica. Schleiermacher, Dilthey, Cassirer)(Bologna, 1985 年)。

构成的统一体那里。这便是说,"哲学的观念……对于哲学而言,是在其历史境况的转变中,在不同思潮和学派之对立中,作为持续发展的哲学的进一步展开"⑬。

G. 舒尔茨(Scholtz)撰,潘德荣译

参考文献:

R. E. PALMER s. Anm. [3].-V. WARNACH(Hg.): Hermeneutik als Weg heutiger Wiss. (Salzburg 1971).-O. PÖGGELER(Hg.) s. Anm. [2].-H.-G. GADAMER/G. BOEHM(Hg.): Seminar: Philos. Hermeneutik(1976)[Lit.!]; Seminar: Die Hermeneutik und die Wiss. en (1978)[Lit.!].-J. BLEICHER: Contemp. Hermen. (London/Boston 1980).-R. J. HOWARD: Three faces of Hermen. (Berkeley 1981).-H. BIRUS(Hg.): Hermeneut. Positionen (1982).-U. NASSEN (Hg.): Klassiker der Hermeneutik (1982).-F. RODI (Hg.): Dilthey-Jb. 1ff (1983ff).-W. ORTH(Hg.): Dilthey und der Wandel des Ph.-Begriffs seit dem 19. Jh. (1984); s. Anm. [52].

---

⑬　里特尔,《哲学史辞典》,第 1 卷(1971 年),第 VII 页;《形而上学与政治》(Metaphysik und Politik)(1969 年),尤其是第 34 页以下;《亚里士多德与前苏格拉底学派》(Aristoteles und die Vorsokratiker)(1954 年);K. 格荣德(Gründer),《延续性之反思》(Reflexion der Kontinuitäten)(1982 年)。

勒斯波斯规则（Regula Lesbia）

勒斯波斯规则（Regula Lesbia）。对这一来源于希腊筑造手艺之专业术语的隐喻性运用，首先出现在亚里士多德那里。在对便宜性（ἐπιείκεια）的阐述中，亚里士多德将按照某种特定情形对普遍法则进行合意的具象化或校正，比喻为"勒斯波斯筑造方式"（lesbische Bauweise [Λεσβία οἰκοδομία]）。因为在多边形的筑造方式里，基于石块的不规则形态，人们无法应用坚硬的铅垂线，只能借助某种被应用为标准计器（κανών）的灵活铅片，使石块能够契合那些已经被砌入的石块[①]。

在阐释和评价亚里士多德的衡平（Epieikia）学说时，人文主义的法律思想家分歧很大，这里就牵涉到了"铅制的校准杆"：J. L. 维韦斯（Vives）对此是正面评价[②]，G. 比代（Budé）同样如此，按他的看法，例如最高法院并非处处遵循法律的准则，而必须运用"正义和善好"（aequum et bonum）的规则，"就像泥水匠、木工和建筑工人运用勒斯波斯规范那样"[③]。与此

---

① 亚里士多德，《尼各马可伦理学》（Eth. Nic.）V, 14, 1137 b 30；对此参看 J. A. 斯图华特（Stewart），《亚里士多德〈尼各马可伦理学〉注解》（Notes on the Nic. Ethics of Arist.）（New York 1973 年）1，第 531 页以下；托马斯·阿奎那，《〈尼各马可伦理学〉评注》（In Eth. Nic. expos.），R. 斯皮亚齐（Spiazzi）编（Turin/Rom 1949 年）Lib. V, lect. XVI, n. 1088。

② J. L. 维韦斯（Vives），《法律之屋》（Aedes legum），转引自基施（Kisch），《伊拉斯谟及其时代的法学》（Erasmus und die Jurisprudenz seiner Zeit）（1960 年），第 84 页。

③ G. 比代（Budé），《〈学说汇纂〉第 24 卷注解》（Annot. in lib. pandectarum）（1508 年）1，转引自基施（Kisch），《伊拉斯谟及其时代的法学》（Erasmus und die Jurisprudenz seiner Zeit）（1960 年），第 187 页以下（译本），第 496 页以下（拉丁本）。

相反，C. 卡梯乌库拉（Catiuncula）在权衡"正义和善好"时视其为危险的，因而拒绝"模仿勒斯波斯建筑工人"，并坚持与法律相联系：法官应当在填补法律空缺时不要干涉立法者的大权（Prärogative）④。法学家 C. 杜普雷（Dupré）将便宜说，甚至明确地将勒斯波斯规则理解为 basis atque fundamentum omnium legum［一切法律的根基和基准］⑤。

　　鹿特丹的伊拉斯谟（Erasmus von Rotterdam）将勒斯波斯规则（Regula Lesbia）收入他的格言汇编："人们谈到勒斯波斯规则时，常常……不是事实去适应规则，而是规则去适应事实，这时是伦理增补法律，而不是伦理通过法律得到改善。"⑥在另一处，伊拉斯谟谴责按勒斯波斯规则的榜样，使"神的哲学"、"基督的教导"（dogmata Christi）去适应堕落的人类伦理⑦，Th. 莫尔（Morus）也这样看⑧。——马丁·路德界定说："勒斯波斯规则是正义的（Lesbia regula est epiikia）。"他强调，单个"未加工的石块"的偏离，不会使"整个线绳和铅"的校准杆受到伤害⑨。——

---

　　④　C. 卡梯乌库拉（Catiuncula），《查士丁尼皇帝谕旨释义》（Paraphrasis in librum I. Institutionum Iustiniani）（Lyon 1534 年），第 33 页；参看基施（Kisch），同上，第 103 页以下、第 155 页、第 161 页、第 296 页、第 303 页。

　　⑤　C. 杜普雷（Dupré），《普遍法奥义》（Gnoses generales juris）（Lyon 1588 年）；参看 F. 孔南（Connan），《民法注评》（Comm. juris civilis）（Basel 1557 年），均引自 H. -E. 耶戈尔（Jaeger），《依循人道主义者和自然法创始者信条的规范》（La norme d'après la doctrine des humanistes et des auteurs du droit naturel），载《教会法中的准则：论教会法国际会议集（三）》（La norma en el derecho canónico. Actas III congr. int. de derecho canónico, Pamplona, 1976 年 10 月 10—15 日）（Pamplona 1979 年）1，第 314 页；1，第 316 页；参看第 310 页以下。

　　⑥　鹿特丹的伊拉斯谟，《格言集》（Adagia）（1500 年）I, 5, 93，载《全集》（Op. omn.）（Leiden 1703—1706 年，重印本 1962 年）2，第 217 页。

　　⑦　《真实神学的理念》（Ratio verae theologiae）（1519 年），同上，5，第 89 页。

　　⑧　Th. 莫尔，《乌托邦》（Utopia）（1516 年）I，载 E. 施杜兹（Stutz）/J. H. 赫克斯特（Hexter）编，《全集》（Compl. works）4（New Haven/London 1985 年），第 100 页、第 376 页。

　　⑨　M. 路德（Luther），《桌边谈话》（Tischreden）Nr. 557，载《全集》魏玛版（Weim. Ausg.），《桌边谈话》（Tischreden）1，第 255 页。

此后,这一思想形象不仅被用于宗教批判的目的,也用于护教学(apologetisch)的目的。无神论者 M. 克努岑(Knutzen)用这一带有敌意的表述,来表达圣经的不一致性,即它的诫命彼此矛盾,圣经其实是"真正的勒斯波斯式的……规范"(canon... vere Lesbius)⑩。与此相反,J. G. 哈曼以勒斯波斯规则的隐喻来诠释圣经灵活的权威性,以此一方面对抗莱辛在残篇论战里的攻击,另一方面则反对正统派们(将"写下来的[scriptum est]"当作僵化的法律)⑪。

对 G. B. 维柯(Vico)来说,"人事"(res humanae)是如此的无法衡量和不可把握,以致人们不可能借助严格科学的标准来接近它;倒不如说,它是一种"审慎"(prudentia)的情形,其规则是灵活的,并使自己适用于它的对象(non ex ista recta mentis regula, quae rigida est, hominum facta aestimari possunt; sed illa Lesbiorum flexili, quae non ad se corpora inflectit, spectari debent)⑫。

E. 布西泽尔(Büchsel)/编者撰,鲍永玲译

参考文献:

S. J. APINUS(Praes.)/J. G. ECKSTEIN(Resp.): Diss. de regula Lesbia. Diss. Altdorf(1715). -G. KISCH s. Anm. [2]. -H. -E. JAEGER s. Anm. [5].

---

⑩　M. 克努岑,《传单及其他同时代社会批判的传单》(Flugschr. und andere zeitgenössische sozial. krit. Flugschr.),W. 蒲佛(Pfoh)编(1965 年),第 85 页。

⑪　J. G. 哈曼,《Konxompax:伪经作者西比尔论伪经的神秘》(Konxompax. Fragmente einer apokryphischen Sibylle über apokalyptische Mysterien) (1779 年),载 J. 纳德勒(Nadler)编,《全集》(Sämtl. Werke)(1949—1957 年)3,第 227 页。

⑫　G. B. 维柯,《论我们时代的研究方法》(De nostri temporis studiorum ratione)(1709 年)第 VII 章,W. F. 奥托(Otto)编,《论精神教化的本质和道路》(Vom Wesen und Weg der geistigen Bildung)(1947 年),第 66 页。

重构（**Rekonstruktion**）

"重构"（Rekonstruktion）概念，或许不是依照这个很少出现的拉丁动词 reconstruere（重新建造）①被新造出来，而是与德国观念论里最常使用的"建构"（Konstruktion）概念及其扩展意义一起自发出现的②。在 19 世纪转向之时，这个词才出现在德语中，在这样一个正在致力于恢复和重建的"历史"世纪的进程中，它的重要性被极大地凸显，也因此最终被诸多百科全书收入。在此期间，看来没有一门科学想要放弃"重构"的概念，在科技史中它关乎"对史前矿山建设的重构尝试"，医学中则是"重构性的鼻整形术"。在哲学中，"重构"甚至"干脆可被称为哲学方法论"③。而憎恶宗教虔诚的现代科学显然钟爱着建造隐喻："建构"、"结构"（Struktur）、"重构"。

在 A. W. 施莱格尔（Schlegel）1801—1802 年的艺术哲学讲座中，我们读到："一幅真正艺术肖像只能借此获得成功，即理解面相，并从内到外将面相的单元同样地重构出来。"④ 1802 年，黑格尔只是在"修复"（Wiederherstellung）、"复

①　卡西奥多罗斯（Cassiodorus），《变体》（Variarum）II, 39, 载《日耳曼历史文献集成：最古老的作家部分》（Monum. German. hist.：Auct. ant.）第 12 卷（1894 年），第 69 页。

②　辞条"建构 III"（Konstruktion III），载《哲学史辞典》（Hist. Wb. Philos.）4, 第 1012 页以下。

③　D. 马尔基斯（Markis），辞条"重构"（R.），载《科学理论百科全书》（Wiss. theoret. Lex.），E. 布劳恩（Braun）/H. 拉德马赫（Rademacher）编（1978 年），第501 页。

④　A. W. 施莱格尔，《艺术理论》（Die Kunstlehre），E. 洛讷（Lohner）编，《文集和书信集》考订版（Krit. Schr. und Br.）（1963 年）2, 第 185 页。

原"(Wiederversöhnung)⑤的意义上附带使用这个词。费希特在 1804 年则援引了这种思想的源泉,它一直处在意识的背面:"在存在和思想中重建起原始的分裂"(nachzuconstr[uiren] die Urdisjunktion),"重建起自在"(Nach Constr[uktion] des Ansich)⑥,这是可能的。1805 年,J. W. 里特尔(Ritter)在其自然哲学中谈到"机体的重构";因为机体的结构要通过机体的诞生才能理解⑦。——这个概念看来首先是在诠释学和历史学中获得稳固的地位。1802—1803 年,F. K. 萨维尼(von Savigny)在《法学方法论教义》(Juristischer Methodenlehre)中这样写道:"每项法律都应该表达出一种思想,以使思想能适用为规则。也就是说,谁要是诠释一项法律,就必须再三思考法律中存在的思想,去重新发现法律的内容。这样一来,诠释首要的就是:对法律内容之重建。"⑧1804 年,F. 施莱格尔在其论莱辛的论著里写道:"重建、观察和刻画对某个他者之整体哪怕最为细微特性的思考,没有什么比这更难⋯⋯因此,人们仅仅在能够重新建构起这一历程和环节时,才能够说他理解一个作品、一种精神。"⑨对施莱格尔来说,"重构"(rekonstruieren)一种思想、一种观念,就是"建构起它的成形过程"⑩,使它的兴

⑤ G. W. F. 黑格尔,《信仰和知识》(Glauben und Wissen),载 H. Buchner/O. 玻格勒(Pöggeler)编,《全集》科学院版(Akad. -A.)4(1968 年),第 407 页以下。

⑥ J. G. 费希特,《知识论讲座》(Wiss. lehre. Vorles),载 R. 劳特(Lauth)/H. 格里魏茨季(Gliwitzky)编,《全集》科学院版(Akad. -A.)IV/2(1978 年),第 291 页、第 298 页。

⑦ J. W. 里特尔编,《对直流电更进一步认知的贡献》(Beyträge zur näheren Kenntnis des Galvanismus)2(1805 年),第 344 页(注释)。

⑧ F. K. 冯·萨维尼,《按雅各布·格林起草的法学方法论教义》(Jurist. Methodenlehre. Nach der Ausarbeitung des J. Grimm),G. 维泽贝格(Wesenberg)编(1951 年)18;参看《现代罗马法制度》(System des heut. röm. Rechts)(1840 年)1,第 213 页。

⑨ F. 施莱格尔,《莱辛的思想和意见》(Lessings Gedanken und Meinungen)2,载 E. 贝勒(Behler)编,《全集》考证版(Krit. Ausg.)I/3,第 60 页。

⑩ 同上。

起和显露重新演变为确定的形态。为此，哲学和历史学必须
联系起来。F. 施莱尔马赫借助"重构"观念，将诠释学的任务
规定为技艺（Ars）、"技艺理论"（Kunstlehre）：这种技艺旨在
"历史和预言地、从客观和主观上重构（Nachconstruiren）给定
的言论"⑪，也就是说从语言的总体性以及言谈者/作者的个体
性出发来进行重构。值得注意的是，就像施莱尔马赫对柏拉
图著作的看法，这种诠释学乃是"对思想序列的重新建构"和
"对组合体（Combination）的重新建构"⑫，它将历史角度与准-
系统的角度联系在一起：所谓在其结构中理解一部作品，就是
说将它作为确定的思想劳作成果来加以把握。这样，在施莱
尔马赫那里，"再构"（Nachconstruiren）或"重构"（Reconstrui-
ren）就如同"再造"（nachbilden）⑬，不同于消极的承认和重复，
它是再-思考，再-发生与一起发生。柏拉图和费希特坚信，对
思想的任何接受都要求对它重新创造。在这里，这一思想如
此强烈地显现出当代意义，以至于"重构"和"建构"偶尔也成
为同义词："我不理解那些我不能视为必然和不可建构的东
西。"⑭施莱格尔和施莱尔马赫使用这个词的重点都在于，（重
新）建构概念本来始终与数学相联系，如今也被用于既定的、
个体的语言表达。

　　不同于施莱格尔和施莱尔马赫，A. 伯克（Boeckh）无论如何
是更为强烈地用"重构"来强调要以科学为媒介来重新把握历

----

　　⑪　F. 施莱尔马赫，《诠释学》（Hermeneutik），H. 基默勒（Kimmerle）编
（1959 年），第 87 页。

　　⑫　同上，第 99 页、第 113 页。

　　⑬　第 135 页、第 140 页、第 160 页；参看《道德理论体系纲要》（Entwürfe zu
einem System der Sittenlehre），O. 布劳恩（Braun）编（²1927 年），第 60 页。

　　⑭　第 31 页；对此参看伽达默尔，《真理与方法》（Wahrheit und Methode）
（1960 年），第 157 页以下；H. 比鲁斯（Birus），《诠释学的转向？》（Hermeneut.
Wende?），载《欧福里翁》（Euphorion）74（1980 年），第 213—222 页。

史进程。对他来说,"重构"是用来定义"语文学"(Philologie),这里的"语文学"总体是指历史性的精神科学:按照它的"理念",语文学是"在其总体性上对人类精神之建构的再构",是"对认知总体性的重构",因为它"按其目标是对整个现存人类知识的重新认知和描述"[15]。在这里,"重构"概念必须显示出哲学和语文学的重要功能和互补关系:哲学要定位于理念,因此是创造性的,语文学面向历史,因此是再创造性的;哲学是认知,语文学是再认知;因此哲学是建构性的活动,而语文学是"再建构性"的活动[16]。不过,对柏克来说,这并非绝对的对立,因为即使哲学的认知也是柏拉图式的回忆(Anamnesis),而在语文学中"创造性的能力……也是必不可少的"[17]。因此,他会将语文学家和谢林的活动也称为"历史建构"[18]。然而这种建构不是空虚臆想,而是重构,是对"在我们之中"的过往文化之权威内容的再获得、再产生:它要"再次认知那些已被认知的东西并对其进行纯粹的描述,要消除对诸多时代的扭曲和误解,要将那些没有作为整体呈现的东西统一为整体"[19]。同样,重构不是单纯的修复,而是包含了批判。借助古今对比和在完整历史语境中的评价,"对古代的语文学重构"展现为"古典性的"[20]。

　　柏克的重构概念之根本的目的是阐明文本,而 J. G. 德罗伊森(Droysen)则用"重构"来指历史学家的活动,即从过往的证据中提炼出对事件顺序富有意义的叙述。就像数学家从一个圆

---

　　[15]　A. 伯克,《语文科学的百科辞典和方法论》(Enzykl. und Methodenlehre der philolog. Wiss.),E. 布拉图舍克(Bratuscheck)编(1966 年),第 16 页、第 19 页。

　　[16]　同上,第 17 页。

　　[17]　同上,第 14 页、第 16 页。

　　[18]　同上,第 14 页、第 17 页、第 25 页。

　　[19]　同上,第 15 页、第 258 页。

　　[20]　同上,第 255 页以下。

的部分出发，就能重建圆心并进而重建整个圆，历史学家也是这样从流传下来的"遗物"，"假设性地"不仅重建在历史中起作用的理念，也重建出历史的内在关联；只有如此，事实才可能被理解，存在的不仅是正确性，还有历史的真实[21]。只有当我们"探究地重建这些已经形成的东西（das Gewordene）"，更确切地说，在"伦理世界"的语境里重建出某种"彼此互联的"、"发生学的图像"[22]，我们的当代才能显示出其意义并成为可把握的。历史学"为人类拯救过往，它为人类这种一日的受造物（νήπιος ἐφημέριος[Eintagsgeschöpf]）而扩展开去，人类只有此时此地，他可怜的此在和暂存（Jetztsein）都围绕着这对他来说整个充满的过往；只有在这种他的存在的巨大关联里，他的生命对他来说是一种伦理性的东西……这种再回忆（ἀνάμνησις[Wiedererinnerung]）教导人类所有最珍贵的东西，它赋予了他这些普罗米修斯的火花。它是对作为已成形的存在者之回溯过往的理解，是一种对立的画面，即对立于这种对我们来说、来自对其已成形存在进行重建的东西，在这种东西中它的真理、它富有生命的力量遭遇到我们"[23]。——在19世纪，重构不仅仅被看作是历史学家的行为，也被看作是政治和历史自身的作品。冯·兰克（von Ranke）描写了自由战争（Freiheitskriegen）之后"欧洲的重构"，并以此来指重新组织、再次建立和"恢复"的过程[24]。在这个意义上，英语的"重建"（reconstruction）概念

---

[21]　J. G. 德罗伊森（Droysen），《历史学》（Historik）1，P. 莱（Leyh）编（1977年），第60页，参看第57页、第89页、第181页、第199页、第208页、第465页。

[22]　同上，第159页、第405页。

[23]　同上，第41页。

[24]　L. 冯·兰克（von Ranke），W. P. 富克斯（Fuchs）/Th. 席德尔（Schieder）编，《来自作品和遗产》（Aus Werk und Nachlaß）4，V. 多特维希（Dotterweich）/W. P. 富克斯（Fuchs）编，《讲座-导论》（Vorles.-Einl.）（1975年），第309页以下。

也早就用来指美国内战之后的重建和重新组织㉕。

　　W. 狄尔泰,"历史学派的哲学家",尽管他将施莱尔马赫的重构概念也作为更详尽研究的对象㉖,但却特别俭省地使用这个概念。有时,它是指理解的过程,它总是"从一个已被把握的特性扩展到一个新的特性,这个新的特性从前者出发才可被理解。这种内在的关系是在再产生、再体验的可能性中给出的。这是普遍的方法论,只要理解活动摆脱语词和这些语词的意义域限,不再找寻符号的意义,而是去追寻更远更深的生命表达的意义"㉗。精神科学的基本疑难表现为这个问题,"现在一个个体构成的意识如何通过这种重构(Nachbil-dung),来客观地认知某个陌生的和完全异样的个体性?"㉘胡塞尔批判说,狄尔泰没有注意到这个自相矛盾,即让个体的精神行动和形象得到理解,这意味着"让个体的必然性得以可见"。但对他来说,理解也是"重构":"通过对具体个人、对他的个体经验(Erlebnis)和能力之内在联系的直观重构——这些行动正是嵌置在这些内在联系之中,然而也正是在这些内在联系中,这些行动以那种受到激励的方式而产生于主体间性之体验关联的独特动机中——我们直观到它的个体必然

────────

㉕　参看例如 J. S. 密尔(Mill),《论文集》(Coll. papers),F. E. 米涅卡(Mineka)/D. N. 林德利(Lindley)编:《1849—1873 年晚期书信集》(The later letters 1849—1873)(Toronto/Buffalo 1972 年)16,第 1159 页、第 1165 页(1866 年 4 月 15 日和 5 月 6 日的信)。

㉖　W. 狄尔泰,《施莱尔马赫的一生》(Leben Schleiermachers)(2),载《著作集》(Ges. Schr.)14,第 672 页以下、第 679 页、第 684 页、第 688 页以下、第 706 页、第 710 页以下、第 715 页、第 717 页以下。

㉗　《精神科学中历史世界之构建》(Der Aufbau der geschichtl. Welt in den Geisteswiss.),同上,7,第 234 页。

㉘　《诠释学的形成》(Die Entstehung der Hermeneutik)(1900 年)同上,5,第 318 页;对此参看 S. 奥托(Otto),《历史的重建:历史-批判性的总结》(R. der Gesch.: Hist.-krit. Bestandsaufnahme)(1982 年),第 33—47 页。

性,这无外乎就是理解……理解所能达到的,恰恰与动机分析和重构所能达到的一样多。"㉙这种作为"直观重构"的理解概念,现在也绝对还在使用之中㉚。

但"重构"概念在哲学中达到高峰,这不是通过诠释学,而是通过认知理论和科学理论。或许在 1900 年心理学就已做好这个铺垫,因为在心理学中,"重构"不再意味着"对已认知的知识"(Erkenntnis des Erkannten),而是意味着回复到那种尚未被认知或者几乎未被认知的基础。狄尔泰以"描述的心理学"(beschreibende Psychologie)来对抗这种迄今为止存在的"说明的心理学"(erklärende Psychologie),并可能顺带着将描述的心理学称为"对普遍人类本性的再建构"(Nachkonstruktion der allgemeinen Menschennatur),因为它坚持"原初的理解进程"㉛。狄尔泰要求心理学不再从固定要素出发来"建构",而是从已发展的灵魂生命回归到其发展的因素上去㉜,以此来看,他的计划与 P. 纳托尔普(Natorp)的有相似之处。纳托尔普的"心理学按照批判方法"将"重建主体"作为目标,因此它是"重构的心理学"(rekonstruktive Psychologie)——它致力于心理学的中心任务,尽可能地将其回溯到前语言和前反思的直接的"体验洪流"(Strom des Erlebens)㉝中

㉙　E. 胡塞尔,《现象学的心理学(讲座,1925 年夏季学期)》(Phän. Psychol. ,Vorles. SS 1925),载《胡塞尔全集》(Husserliana)9(Den Haag 1962 年),第 18 页以下。

㉚　例如 W. 波瓦隆(Bourgeois),《社会科学中的理解》(Verstehen in the soc. sci.),载《普通科学理论杂志》(Z. allg. Wiss. theorie)7(1976 年),第 32 页。

㉛　狄尔泰,《论描述的和分析的心理学观念》(Ideen über beschreib. und zerglied. Psychol.)(1894 年),载《著作集》(Ges. Schr.)5,第 172 页。

㉜　同上,第 168 页、第 213 页以下。

㉝　P. 纳托尔普(Natorp),《按批判方法论的心理学引论》(Einl. in die Psychol. nach krit. Methode)(1888 年),尤其是第 88 页以下;《按批判方法论的普遍心理学》(Allg. Psychol. nach krit. Methode)(1912 年,重印本 Amsterdam 1965 年),例如第 124 页、第 190 页、第 214 页。

去:"这里存在着对意识中直接显现的东西的'重构',这种重构乃是完全特殊的、关于总体上根本不同于自然科学以及一切客观化知识之心理学研究的方法论,这种重构来自已经由此被构形的东西,即来自客观化,就像它客观化为科学、客观化为先于所有科学无须任何刻意的对事物的日常想象方式。它就在于:人们在思想中使客观化不曾发生——就此而言,重构乃是分解并由此是对完整体验的摧毁——使通过抽象而分离的东西重新进入原初联结之中,使僵硬的概念重新恢复运动,它以此再次靠近意识的洪流生命,并通过这一切,将对象化了的东西(Vergegenständlichte)重新引回到主体既成存在的层级上去。就像人们看到的那样,它是以科学和前科学的方式,对已客观化的认知进程之完全和纯粹的回返:当这种回返从显相中塑出对象时,心理学却从对象中重构显相,就好似这些对象是既有的那样,无非是显相。"[34]按照纳托尔普,这种"主观化"方法论与其他科学的"客观化"处在"内在关联"之中[35]。

1908年,M. 石里克(Schlick)也在心理学探究的语境里偶尔使用"重构"概念,更确切地说是为了阐明单纯的、原初的心灵功能,只有从这些心灵功能出发,如美学情感那样更为复杂的现象才可能获得理解。此外,他支持"发展历史的方法论"。这种方法论"追踪心灵功能的形成,将其追溯至它最简单的形式。显然,它必然具有这一优势,即它要处理确实是基础的现象,由此来赢得它可以不是在事实上,而是仅仅在思想重构中来研究这些现象"[36]。在所谓"维也纳圈子"(Wiener Kreis)里,"重构"概念

---

[34] 《按批判方法论的普遍心理学》(Allg. Psychol.),同上,第192页以下。

[35] 同上,第210页以下。

[36] M. 石里克,《在发展的历史观照下的美学基本问题》(Das Grundproblem der Ästhetik in entwickl. geschichtl. Beleuchtung.),载《心理学历史档案》(Arch. ges. Psychol.)14(1909年),第107页。

也并非默默无闻㊲。但是直到 1928 年，借助 R. 卡尔纳普（Carnap），"重构"才成为哲学的核心概念㊳，卡尔纳普在心理学的概念形成的问题中看到了认知理论的东西㊴。卡尔纳普要求并驱动着"理性的重构"（rationale R.），这是为了建构一种"结构体系"（Konstitutionssystem），也就是说一种"适合认知的-逻辑的对象和概念的体系"，这种体系为所有科学奠定了基础㊵。这一计划要求，在其逻辑关联中澄清那些在科学中已经直观获得的、对不明确问题的正确答案，并由此澄清这个总体的、通过科学而建构起来的现实，"以此方式，理性地为此直觉进行[事后]辩护。这种结构体系是一种对总体的、在认知中占优势、直觉性发生的现实建构的理性重构（Nachkonstruktion）"㊶。1961 年，卡尔纳普这样总结这种对他来说仍然是根本的思想："主要问题涉及了对一切认知领域的概念、在概念基础上进行理性重构的可能性，这些概念关联着直接现存的东西。在这里，寻求对老概念进行新规定，被理解为是理性的重建……这些新规定应该在清晰性和精确性上具有优越性，并且首先要更好地适应一种系统性的概念建筑。这样的概念澄清，今天经常被称为'解释（Explikation）'，在我看来它仍然始终是哲学的最重要的任务之一，尤其当它关系到人类思考的主要范畴之时。"㊷

㊲ D. 格尔哈杜斯（Gerhardus），《rekonstruieren[重构]这个词如何重构自身？》（Wie läßt sich das Wort 'rekonstruieren' rekonstruieren?），载《观念：哲学杂志》（Conceptus. Z. Philos.）11（1977 年），第 156 页以下。

㊳ R. 卡尔纳普，《世界的逻辑构造》（Der log. Aufbau der Welt）（1928 年）；《哲学中的表象问题》（Scheinprobleme in der Philos.）（1928 年）；均载于《世界的逻辑构造》（Der log. Aufb. der Welt）（²1961 年），引自该书。

㊴ 《哲学中的表象问题》（Scheinprobl.），同上，第 297 页。

㊵ 《世界的逻辑构造》（Der log. Aufb.），同上，第 1 页。

㊶ 同上，第 139 页。

㊷ IX；参看辞条"说明"（Explikation）。

卡尔纳普强调说,理性重构不应该描述现实的认知过程,而应该揭示科学的逻辑建构[43]。他的目的,即通过理性重构来为作为理性事业的科学辩护,曾是描述性的(deskriptiv),同时也是规范性的(präskriptiv)。H. 莱辛巴赫(Reichenbach)这样将它准确表达出来:理性重构牵涉到"辩护的关联"(Rechtfertigungszusammenhang [context of justification]),而不是"揭示的关联"(Entdeckungszusammenhang [context of discovery]);它还不是科学批判,而是一种对既定科学的描述,然而是带有批判收益的描述(例如它以此能够揭示众多矛盾[Inkonsistenz])[44]。尽管波普尔与"维也纳圈子"的经验主义保持距离,他也在类似意义上坚持这个概念:理性重构可以为"检验程序的逻辑框架"做好准备[45]。这里的前提总是,一切科学在任何时间都定位或者应当定位于自己的合理性理念。

但这里的前提,通过科学历史来看却是颇有问题的。Th. S. 库恩因此质疑理性重构的意义;它的成果"总体上,对科学历史学家和科学家自己来说,都不可能再被承认为科学",因为它使哲学家的建构取代现有的科学形成过程;科学历史学家拟定出了真正合适的重构[46]。科学历史现在不再显示为科学理性的作品。按照 W. 施特格米勒(Stegmüller),今天的科学哲学由此而陷入"基本的两难困境"(fundamentales Dilem-

---

[43]　例如第 74 页。

[44]　H. 莱辛巴赫,《经验和预测:对认知的基础和结构的分析》(Erfahrung und Prognose. Eine Analyse der Grundlagen und der Struktur der Erkenntnis),载《全集》(Ges. Werke)4(1983 年),第 2 页以下。

[45]　波普尔,《研究逻辑》(Logik der Forschung)(²1966 年),第 6 页以下。

[46]　Th. S. 库恩,《新事物的形成:科学历史的结构研究》(Die Entstehung des Neuen. Stud. zur Struktur der Wiss. gesch.),L. 克鲁格(Krüger)编(1978 年),第 62 页以下、第 71 页;与库恩相关的有 Th. 尼克勒斯(Nickles),《科学知识的重构》(The reconstr. of scient. knowledge),载《哲学与社会行动》(Philos. social Action)13(1987 年),第 91—104 页。

ma)："理性重构是格外值得期盼的,尤其对很多目标来说甚至是迫切必要,但它却是不可能的。"⑰要消除这个困难,I. 拉卡托斯(Lakatos)提出和设想了一种理性的重构模式,它可以借助科学历史来通过这个考验。任何科学史学(Wissenschaftshistorie)都预设了对科学的理性重构,就像它也总是这样引向对科学历史(Wissenschaftsgeschichte)的特定理性重构那样。它的目标是使一方面的科学及其历史(Geschichte)的理性重构,与另一方面现实的科学历史(Wissenschaftsgeschichte)尽可能好地相互适应,对此拉卡托斯在其"最爱的玩笑"(Lieblingsscherz)中说得最好,"科学历史(Wissenschaftsgeschichte)经常是其理性重构的一幅漫画;理性重构则经常是现实历史(Geschichte)的众幅漫画;几种科学历史是既描述现实历史也描述其理性重构的众幅漫画"⑱。施特格米勒在拉卡托斯那里也仍然看到这种危险,即"歪曲了历史的显相(Erscheinung)"的危险⑲,他因此联系 J. D. 斯内德(Sneed)发展出重构的模式,这种重构模式不再追寻批判性的目标,也不想再"通

---

⑰　W. 施特格米勒,《科学理论和分析哲学的问题与成果 2:理论和经验》(Probleme und Resultate der Wiss. theorie und Analyt. Philos. 2: Theorie und Erfahrung)第 3 分册《1973 年以来的新结构主义的发展》(3. Teilbd.：Die Entwickl. des neuen Strukturalismus seit 1973)(1986 年),第 20 页。

⑱　I. 拉卡托斯,《科学历史及其合理重构》(History of sci. and its rat. reconstr.),载 I. 拉卡托斯/A. 穆斯格雷夫(Musgrave)编,《批判和知识的发展》(Criticism and the growth of knowledge)(London 1970 年);德译本:《批判和知识的发展》(Kritik und Erkenntnisfortschritt)(1974 年),第 271—311 页,此处:第 308 页;稍迟的文稿见《专题讨论:科学历史及其合理重构》(Symposium：Hist. of sci. and its rat. reconstr.),R. C. 布克(Buck)/R. S. 柯亨(Cohen)编,《波士顿科学哲学研究丛书》(Boston Stud. in the Philos. of sci.)7(Dordrecht 1971 年),第 9—136 页;对此讨论,参看 Th. S. 库恩、H. 费格尔(Feigl)、R. J. 霍尔(Hall)、N. 科尔特格(Koertge)和 I. 拉卡托斯,同上,以及 A. 施拉姆(Schramm),《I. 拉卡托斯的划界和合理重构》(Demarkation und rat. R. bei I. Lakatos),载《观念:哲学杂志》(Conceptus. Z. Philos.)8(1974 年),第 10—16 页。

⑲　施特格米勒,《科学哲学的新道路》(Neue Wege der Wiss. philos.)(1980 年),第 171 页。

过更好的知识卖弄（Besserwisserei）来擅自插手专家们的事"⑤，而愿意仅仅致力于更好地理解科学及其发展；它可能借助大众理论的语言来说出那些科学家本来想说的。"那些首先看似是结构主义者们之'重构的傲慢（rekonstruktive Arroganz）'的东西，将在更仔细的观察中被证实为是对经验物理学之表述的阐释中诠释学的固执（Hartnäckigkeit）。"⑤J. 米特尔斯特拉斯（Mittelstrass）以"对理性重构之建构性的理解"来对抗这种"分析性的或者描述性的理解"：若是定位于对"根本历史"（Gründegeschichte）的思考，科学发展也能被批判性来评判⑤。

　　理性重构的方法尤有争议之处在于，它不是用于作为真正从属的数学和自然科学的成果，而是用于历史现存的哲学形态，且在此处它取代诠释学重构的位置，而后者曾试图发现所指的意义。1920 年杜威出版《哲学中的重构》（Reconstruction in Philosophy）⑤，他的"重构"仅仅指重新获得哲学史的重要立场和问题，并使其符合现实地当代化。以相似的方式，在同一年，E. 罗特哈克"重构精神科学之历史"的计

---

⑤　施特格米勒，《科学理论和分析哲学的问题与成果 2：理论和经验》(Probleme und Resultate der Wiss. theorie und Analyt. Philos. 2：Theorie und Erfahrung)第 2 分册(2. Teilbd.)：《理论结构和理论动力》(Theoriestrukturen und Theoriendynamik)(1973 年)，第 310 页。

⑤　施特格米勒，《科学理论和分析哲学的问题与成果》(Probleme und Resultate der Wiss. theorie und Analyt. Philos.)第 2 分册《理论和经验》(2：Theorie und Erfahrung)；第 3 分册《1973 年以来的新结构主义的发展》(3. Teilbd. : Die Entwickl. des neuen Strukturalismus seit 1973)(1986 年)，第 323 页。

⑤　J. 米特尔斯特拉斯(Mittelstrass)，《论重构概念》(Über den Begriff der R.)，载《理性》(Ratio)27(1985 年)，第 71—82 页；《科学合理性及其重构》(Scientific rationality and its reconstr.)，载《自然科学中的理性和合理性》(Reason and rationality in nat. sci.)，载 N. 雷舍尔(Rescher)编，《一组论文》(A group of essays)(Pittsburgh 1985 年)，第 83—102 页。

⑤　J. 杜威(Dewey)，《哲学里的重构》(Reconstr. in philos.)(New York 1920 年)。

划，也旨在重构历史研究和回忆(54)。然而在此期间，人们也将逻辑澄清、效用检验和系统性吸纳纳入到应对哲学史的“理性重构”概念里。施特格米勒将这种重构与“直接诠释”(Direktinterpretation)和“历史重构”(historische R.)区分开来，并为一种成功的理性重构提出三个条件：它必须与诠释者的被诠释物(Interpretandum)和谐一致，与被诠释物近似，运用精确概念并描述出坚实理论(55)。H. 博泽(Poser)在这一进程中看到哲学和哲学史之间的桥梁，同时也指出了这一重构的问题；除了这些条件的不精确之外，这种重构还陷入危险，或者不能对需要诠释的哲学做出陈述，或者与“直接诠释”一起垮塌(56)。米特尔斯特拉斯则要求，理性重构必须被对话理性所驱动，此理性也始终支配着本来系统的知识。米特尔斯特拉斯以这种旨在扩展系统知识的理性重构，作为“建构性的-诠释学的”过程来批判性地对抗“历史的-诠释学的”进程，后者仅仅想查明诸多意见(57)。然而，在这里也要提出这种抗辩，即对作者本应以更合理方式所说出的东西的任何建构，都已经预设在诠释学上争取对作者真实指涉的东西

(54) E. 罗特哈克，《精神科学引论》(Einl. in die Geisteswiss.)(1920年)XII. 5.

(55) 施特格米勒，《对康德的经验形而上学之可能的合理重构的思考》(Gedanken über eine mögl. rat. R. von Kants Met. der Erfahrung)，载《理性》(Ratio)9(1967年)，第1—30页。

(56) H. 博泽，《哲学史和理性重构：一种方法论的价值和界限》(Philos. gesch. und rat. R. Wert und Grenzen einer Methode)，载《莱布尼茨研究》(Studia Leibn.)3(1971年)，第67—76页，尤其是第73页；辞条“理性重构”(R., rationale)，载J. 施沛克(Speck)编，《科学理论的基本原理手册》(Hb. wiss. theoret. Begr.)(1980年)3，第555页以下。

(57) J. 米特尔斯特拉斯(Mittelstrass)，《论重构概念》(Über den Begriff der R.)，载《理性》(Ratio)27(1985年)，第71—82页；《科学合理性及其重构》(Scientific rationality and its reconstr.)，载《自然科学中的理性和合理性》(Reason and rationality in nat. sci.)，载N. 雷舍尔(Rescher)编，《一组论文》(A group of essays)(Pittsburgh 1985年)，第83—102页。

的理解[58]。

在"理性重构"诸多理论的相互关联中,"重构"经常用"新建"(Neubau)的内涵替换掉"重建"(Wiederaufbau)的本义,就像"社会主义的重建"旨在新秩序和革新那样[59]。然而,"理性重构"也经常同样多地被用来称呼"结构的澄清"(Strukturerhellung)、"结构的提升"(Erhebung von Strukturen),科学工作正是以其为根据,而不用意识到这一点。与此相联系的是,哈贝马斯认为理性重构对一切"客观精神的构形"来说都是可能的[60]。重构的进程对"科学,其系统地再建构起前理论的知识"是典型性的[61]。这些科学执行的不是(或不仅仅是)对所指内容的理解,而是"重构性的理解",而且这是一种"在对产生结构之理性再构意义上的内涵阐释(Bedeutungsexplikation),象征形象的形成正是以这种产生结构为基础"[62]。对这种"门类权限的重构"(R. von Gattungskompetenzen)举个例子,譬如尤其是乔姆斯基(Chomsky)的

<hr/>

[58] H. 博泽,《哲学史和理性重构:一种方法论的价值和界限》(Philos. gesch. und rat. R. Wert und Grenzen einer Methode),载《莱布尼茨研究》(Studia Leibn.)3(1971 年),第 76 页。

[59] L. 阿尔舍(Alscher)等编,《艺术百科辞典》(Lex. der Kunst)(1977 年),第 83 页以下;参看 H. 阿尔诺德(Arnold)/A. 朗格(Lange),《德意志民主共和国对工业的社会主义重建》(Sozialist. R. der Industrie in der DDR)(1959 年);H. 里布施(Liebsch)等编,《对工业和国际经济关系的社会主义重建》(Sozialist. R. der Industrie und internat. Wirtschaftsbeziehungen)(1960 年);H. 弗律豪夫(Frühauf),《对工业的社会主义重建和技术科学的任务》(Die Sozialist. R. der Industrie und die Aufgabe der techn. Wiss.)(1961 年),尤其是第 10 页。

[60] J. 哈贝马斯,《交往行动理论》(Theorie des kommunikat. Handelns)(1981 年)1,第 16 页以下;对此参看 W. 库曼(Kuhlmann),《哲学和重构的科学:对 J. 哈贝马斯的交往行动理论的评论》(Philos. und rekonstrukt. Wiss. Bemerk. zu J. Habermas' Theorie des kommunikat. Handelns),载《哲学研究杂志》(philos. Forsch. Z)40(1986 年),第 224—234 页。

[61] 《对交往行动理论的初步研究和补充》(Vorstud. und Ergänz. zur Theorie des kommunikat. Handelns)(1984 年),第 363 页。

[62] 同上,第 368 页。

语法理论㊿。这种重构作为对直觉意识到的规则的标本化
(Herauspräparieren)，在此取代了先验分析，并由此区别于另
一种重构，即联系着逻辑和经验的进程、仅仅对思考和行为
的条件做可矫正的"重构–设想"(R.-Vorschläge)，然而却不
提供所谓的终极奠基(Letztbegründung)。早在 1915 年，A.
德莱皮亚纳(Dellepiane)就架起了"重构科学"的体系，然而
它当时仍然仅仅是这种关系到自然和人类历史之过往的
体系㊽。

在此期间，这个概念也可以用来称呼非常多样的东西：一
方面是与诠释㊾划清界限、对过往现象的阐明(就像在语言科
学㊿中那样)，另一方面它也恰恰是这种东西，即对文本的理解
和解释㊼；它是对陈述之真实指涉的意义的诠释学努力，然而
也是对在其中错过的意义的建构(见上)；它是被遗忘之洞见
的重新获得㊽，然而也是对已失去财富的重新占有㊾；它是对
过往事件的朴素描述(见上)，也是在诸理论和诸事件的接续

㊿　第 370 页。

㊽　A. 德莱皮亚纳，《科学与方法之重建》(Les sci. et la méth. reconstruct.)
(Paris 1915 年)。

㊾　参看例如 F. de 索绪尔(Saussure)，《普通语言科学的基本问题》(Grundfragen der allg. Sprachwiss.)(²1967 年，第 262—267 页；M. 克尔霍那(Korhonen)，《论语言历史的重构的特性》(Über den Charakter der sprachgeschichtl. R. en)，载《哥廷根科学院通讯》(Nachrichten Akad. Wiss. Göttingen)(1974 年)，第 111—125 页。

㊿　参看例如 G. 克莱因(Klein)，《重构和诠释》(R. und Interpret.)(1969 年)；K. D. 杜兹(Dutz)/L. 卡茨玛瑞克(Kaczmarek)编，《重构和诠释》(R. und Interpret.)(1985 年)。

㊼　例如 B. 维利姆(Willim)，《原型和重构：论施莱尔马赫对文学解释的设想》(Urbild und R. Zu Schleiermachers Konzept der Lit. auslegung ...)(1983 年)。

㊽　F. M. 施墨尔茨(Schmölz)，《政治伦理学的摧毁和重构》(Zerstörung und R. der polit. Ethik)(1963 年)；E. 福尔拉特(Vollrath)，《政治判断力的重建》(Die R. der polit. Urteilskraft)(1977 年)。

㊾　B. 许泽(Schütze)，《重建自由》(R. der Freiheit)(1969 年)。

中,对内在发展逻辑⑦和外在合乎规则的提升⑪;它是对受排挤的诸理论的再建,也是对它的全新建构(见上);它是通过回溯到其前科学的根基来为理论提供基础⑫,也是先验哲学的分析⑬;归根到底,每种重构都是对那些被称为"结构"的东西的塑造。因为它意义含糊同时又具有数学-冷酷的氛围,在书作标题中对这个概念的喜爱程度在不断增长。

G. 舒尔茨(Schultz)撰,鲍永玲译

---

⑦　E. 厄泽尔(Oeser),《作为科学史重构的科学理论》(Wiss. theorie als R. der Wiss. gesch.)(1979 年)。

⑪　施特格米勒,《科学哲学的新道路》(Neue Wege der Wiss. philos.)(1980 年),第 171 页。

⑫　A. 洛伦泽(Lorenzer),《语言摧毁和重构》(Sprachzerstörung und R.)(1971 年);R. 伯恩萨克(Bohnsack),《日常诠释和社会学重构》(Alltagsinterpret. und soziolog. R.)(1983 年);A. 巴洛格(Balog),《行动之重构》(R. von Handlungen)(1989 年)。

⑬　W. 泰西讷(Teichner),《对根本的重构或再生产:通过康德和莱茵霍尔德给作为科学的哲学奠基》(R. oder Reproduktion des Grundes. Die Begründ. der Philos. als Wiss. durch Kant und Reinhold)(1976 年)。

多重文本意义（Schriftsinn, mehrfacher）

按多重文本意义来解释的学说所预设的前提，是文本的字面意义还没有包含作者有意做出的整个陈述，或者说不再能满足此后接受者的理解情境，以至于必须要超越文本的字面含义而询问其更深远的意义。按多重（亦即不止于字面的）文本意义进行诠释将避免这种疑难，这种疑难的产生，是因为宗教-文化的流传物和新的接受条件产生历史差异，例如流传下来的文本在总体上主张自己的权威，而同时在其字面意义上这些文本却越来越沉寂。与多重文本意义理论相适合的是寓意（Allegorese）解经方法，这一解经活动的基本原则是"aliud dicitur, aliud significatur"（此所说的，彼所指的[das eine wird gesagt, etwas anderes bezeichnet]），也就是说，不仅是在阐释文本包含扩展到类比之隐喻的修辞形象的情形下，也在文本自身——在历史-批判性地判断时——只愿意以其字面意义被理解的所有情形下。从古典时代到宗教改革时期以来，寓意解经（allegorische Exegese）构成阐释圣经的主要形式，因此在历史上和事实上都首先被归入到基督教的圣经诠释学之中，不过它在异教的古典时代和古希腊-犹太的精神世界也早已经有了先驱者。

在希腊古典时期，对更古老的诗歌（荷马，赫西俄德）①阐

---

① 参看 K. 穆勒（Müller），《寓意的诗歌解释》（Allegor. Dichterklärung），载 G. 维索瓦（Wissowa）、W. 克罗尔（Kroll）等新编，《保利古典学百科全书补编》（Paulys Real-Encyclopädie der classischen Altertumswissenschaft, RE （转下页注）

释之需要,是在不同于只停留于字面意义的其他意义上形成
的,即通过对新的宗教和伦理的确信来质疑流传下来的神话
世界。早在公元前 6 世纪,荷马的叙事诗就已经被寓意地阐
释了(首先是通过赫雷基乌姆的塞阿戈奈斯[Theagenes von
Rhegion]),当时荷马的诸神故事已经受到质疑;而由此建立起
来的解经传统,在受斯多亚派影响的佩加蒙(Pergamon)学派
里达到顶峰,我们是通过 1 世纪的两本著作才认识他们的解
经学的,即 L. 科尔努图斯(Annaeus Cornutus)所谓的荷马神
学②和(伪)赫拉克利特([Ps. -] Herakleitos)之荷马的诸种讽
喻③。按照斯多亚学派的诗歌寓意解释,文本的字面意义不涵
括诗歌的整体表达,而"来自荷马读本的完整收获保留了这深
入到更深层意义的东西。这种隐藏在字面意义下的意义,被
称为奥意(ὑπόνοια)"④。"寓意"(ἀλληγορία)概念在古希腊文化
时期才被这一解经学普遍承认,并替换了此前流行的术语奥
意(ὑπόνοια)。

(接上页注)Suppl.)4(1924 年),第 16—22 页;F. 魏尔里(Wehrli),《论古代荷马
寓意解释历史》(Zur Gesch. der allegor. Deutung Homers im Altertum)(1928
年);J. 佩潘(Pépin),《神话与寓言:希腊起源与犹太教-基督教之纷争》(Mythe
et allégorie. Les origines grecques et les contestations judéo-chrét.)(Paris 1958
年),第 85—214 页;J. C. 乔森(Joosen)/J. H. 瓦斯琴科(Waszink),辞条"寓意解
释"(Allegorese),载 Th. 克劳泽(Klauser)编,《古代及基督教辞典》(Reallexikon
für Antike und Christentum, RAC)(Stuttgart,1941 年及其后)1(1950 年),第
283—293 页;H. 德里(Dörrie),《论古代解经学的方法论》(Zur Methodik antiker
Exegese),载《新约》科学和早期教会宣告杂志》(Zeitschrift für die Neutesta-
mentliche Wissenschaft und die Kunde der älteren Kirche)65(1974 年),第 121—
138 页。

　　② K. 朗恩(Lang)编,《希腊神学纲要》(Cornuti theologiae Graecae comp.)
(1881 年)。

　　③ F. 厄尔曼(Oelmann)编,《赫拉克利特的荷马研究》(Heracliti Quaestio-
nes Homericae)(1910 年)。

　　④ H. 德里(Dörrie),《论古代解经学的方法论》(Zur Methodik antiker Exe-
gese),载《新约》科学和早期教会宣告杂志》(Zeitschrift für die Neutestamentli-
che Wissenschaft und die Kunde der älteren Kirche)65(1974 年),第 127 页。

佩加蒙学派借助这种方法来接受荷马,在希腊化时期的犹太教里通过亚历山大里亚的斐洛(Philon von Alexandria)⑤将其转化到了《旧约》上。此外,斐洛继承了斯多亚学派之寓意解经活动对物理-宇宙论解释和道德解释的双重关注。例如他也这样解释丢弃摩西用的小篮子,从物理角度看,它因其形式乃是数学合法性的符号;而以道德为目标的寓意解释来看,则因其内容(它装着立法者)乃是法律的符号⑥。通过对确定的解释技术之合乎规则的应用(词源学,数字命理学[Zahlensymbolik]),斐洛试图在方法论上巩固寓意解释的位置。

借助《新约》,诠释学的处境从根本上改变了,因为对基督的信仰现在构成对《旧约》之寓意-类型学理解的前提,这种理解在以色列的《旧约》(Alter Bund)之流传中看到了基督所行神迹(Heilsgeschehen)的前象(Präfiguration)。保罗在《新约》里使用了这种寓意-类型学的方法论,并称之为寓意概念(Allegoriebegriff),例如他在《加拉太人书》(Galaterbrief)4.24里,将亚伯拉罕的两位妻子撒拉(Sara)和夏甲(Hagar)解释为《旧约》和《新约》的符号,又以"这都是比方"(ἅτινά ἐστιν ἀλληγορούμενα)来注释这一解释(《通行本》[Vulgata]:"这都是比方"[quae

---

⑤　参看 P. 海尼施(Heinisch),《斐洛对最早期的基督教解经学的影响》(Der Einfluß Philos auf die älteste christl. Exegese)(1908 年);E. 施泰因(Stein),《亚历山大里亚的斐洛的寓意文本解释》(Die allegor. Schriftauslegung des Philo aus Alex.)(1929 年);S. G. 叟尔斯(Sowers),《斐洛的诠释学和希伯来人》(The hermeneutics of Philo and Hebrews)(Zürich 1965 年);C. 西格弗里德(Siegfried),《亚历山大里亚的斐洛作为〈旧约〉的解释者》(Philo von Alex. als Ausleger des AT)(1875,重印本 1970 年);I. 克里斯提安森(Christiansen),《亚历山大里亚的斐洛的寓意解释学的技术》(Die Technik der allegor. Auslegungswiss. bei Philon von Alex.)(1969 年)。

⑥　亚历山大里亚的斐洛(Philo Alex.),《摩西的一生》(De vita Moysis)2,第97 页;参看 H. 德里(Dörrie),《论古代解经学的方法论》(Zur Methodik antiker Exegese),载《〈新约〉科学和早期教会宣告杂志》(Zeitschrift für die Neutestamentliche Wissenschaft und die Kunde der älteren Kirche)65(1974 年),第 134 页。

sunt per allegoriam dicta, was sinnbildlich gesagt ist])⑦。

　　奥利金将寓意解释发展成一种系统的多重文本意义的学说⑧，他将他的诠释学方法论(Methodik)建立在这种思想的基础上，即圣经启示(Offenbarung)的结构以类比(Analogie)信守着存在秩序和人的本质：肉体、灵魂和精神的本体论三分法(Trichotomie)相应于三重文本意义，以此来区分肉体的(somatisch)(字面的，历史-语词的)、心灵的(psychisch)(道德的)和圣灵的(pneumatisch)(寓意神秘的)解经活动⑨。尽管对寓意解经的反应各自不同，尤其要强调的是，安提阿派学者(Antiochener)(塔尔苏斯的狄奥多[Diodor von Tarsos]、莫普修提亚的特奥多尔[Theodor von Mopsuestia])⑩也从对立立场转向亚历山大里亚学派(alexandrinische Schule)⑪，自奥利金以来被

---

　　⑦　H. 弗莱塔克(Freytag)，《以寓意说之(Quae sunt per allegoriam dicta)：在早期基督教和中世纪解经学里对〈加拉太书〉4：21—31 的寓意解释的神学理解》(Quae sunt per allegoriam dicta. Das theolog. Verständnis der Allegorie in der frühchristl. und mittelalterl. Exegese von Gal. 4, 21—31)，载《词语和符号：中世纪学的意义研究论文集》(Verbum et Signum. Beitr. zur mediävist. Bedeut. forschung)1(1975 年)，第 27—43 页。

　　⑧　参看 H. 德吕巴克(de Lubac)，《历史和精神：奥利金之圣经解读》(Histoire et esprit. L'intelligence de l'écriture d'après Origène)(Paris 1950 年)；德译本：《来自历史的精神》(Geist aus der Gesch.)(Einsiedeln 1968 年)；《中世纪的解经学：论文本的四重意义》(Exégèse médiév. Les quatre sens de l'écriture)(Paris 1959—1964 年)I/1，第 198—207 页；R. 格戈勒(Gögler)，《论奥利金的圣经话语神学》(Zur Theol. des bibl. Wortes bei Origenes)(1963 年)。

　　⑨　奥利金，《论初始原则》(Περὶ ἀρχῶν)IV, 2, 4。

　　⑩　参看 H. 弗莱塔克(Freytag)，《尤其是 11、12 世纪德语文本里的寓意文本解释理论和寓意解经法》(Die Theorie der allegor. Schriftdeutung und die Allegorie in dtsch. Texten besonder. des 11. und 12. Jh.)(1982 年)，第 17—19 页。

　　⑪　关于亚历山大学派的释经学，请进一步参看 J. 丹尼罗(Daniélou)，《亚历山大的克莱门特作品里的类型学和寓意解经》(Typologie et allégorie chez Clément d'Alex)，载《教父研究》(Studia patristica)4(1961 年)，第 50—57 页；U. 特劳(Treu)，《亚历山大的克莱门特的语源学和寓意解经》(Etymologie und Allegorie bei Klemens von Alex.)，同前，第 191—211 页；H. J. 霍尔恩(Hörn)，《论亚历山大的克莱门特的寓意文本解经的动机》(Zur Motivation der allegor. Schriftexegese bei Clemens Alex.)，载《赫尔墨斯》(Hermes)97(1969 年)，第(转下页注)

体系化的三重文本意义学说得以贯彻。中世纪的圣经诠释学在三重(triadisch)文本意义的层级方面，会引证格里高利一世(Gregors des Grossen)极富影响的著作《职业道德》(Moralia in Iob)⑫，他因为自己的解经理论和实践而要求对圣经消息(Bericht)进行字面解释(历史解释[historica expositio])，要求救恩历史-寓意(heilsgeschichtlich-allegorisch)的解释(寓意解释；类型研究[allegoria；typica investigatio])——这一解释关系到信仰之对象，首先是关系到基督和教会——，要求道德的寓意解释(allegorica moralitas)，他自己也将这些解释活动贯彻始终⑬。

在从基督教晚期古典时代过渡到中世纪时，存在着不同的多重文本意义的三重或四重组合(Dreier- und Vierergruppe)，在这些组合里，对圣经解经学之理论和实践做出如下四阶划分得到了最广泛的传播⑭：1. 历史的(字义的)(Historia [littera])：sensus litteralis 是有别于精神内涵(Bedeutung)的字面意义，就后者而言又可再划分为多重文本意义；historia 则是在其真实历史语境里关于圣经人物和事迹的消息。作为解经学专业术语，historia 和 littera 在很大程度上被作为同义词来使用，以至于这两个概念被同样用来称呼《圣经》中以字面意义表达出来或报道

(接上页注)489—496 页；W. A. 毕讷尔特(Bienert)，《论亚历山大里亚的盲者迪第穆斯的"寓意"和"奥意"》('Allegoria' und 'Anagoge' bei Didymus dem Blinden von Alexandria)(1972 年)；J. 蒂格谢勒尔(Tigcheler)，《狄迪莫斯及其寓意解经》(Didyme l'Aveugle et l'éxègese allégor.)(Nimwegen 1977 年)。

⑫ 参看 D. 霍夫曼(Hofmann)，《格里高利一世的精神性文本阐释》(Die geistige Auslegung der Schrift bei Gregor dem Gr.)(1968 年)。

⑬ 格里高利一世(Gregor der GR.)，《给利安德尔的书信》3(Epistula ad Leandrum3)，见《〈约伯记〉中的道德》(Moralia in Iob)，《基督教作家总集：拉丁编》(Corpus christianorum. Series latina,CCSL)(Turnhout 1953 年及其后)143,4。

⑭ 《论单一文本的术语学》(Zur Terminologie für die einzelnen Sch.)，参看 H. 弗莱塔克(Freytag)，《尤其是 11、12 世纪德语文本里的寓意文本解释理论和寓意解经法》(Die Theorie der allegor. Schriftdeutung und die Allegorie in dtsch. Texten besonder. des 11. und 12. Jh.)(1982 年)，第 22—36 页。

出来的东西。尽管字面意义一般被认可为基督教之文本解释的不可缺少的基础，但从古典时期到宗教改革期间，圣经诠释学的不同作者和时代之间仍然存在着历史性的差异，这首先体现在对字面意义或者精神意义之优先性的不同强调上。——2. 讽喻（Allegoria）：就像托马斯·阿奎那注释的那样[15]，讽喻（Allegorie）这个概念，不仅用来指精神性文本理解的总体领域，也是指四重文本意义的单个层级（"讽喻或含所有神秘意义，或含四重意义之一[allegoria sumitur aliquando pro quolibet mystico intellectu; aliquando pro uno tantum ex quatuor]"）。在这个较窄的意义上，"讽喻"（allegoria）通常指救恩历史上涉及基督和教会的内涵。如果这一讽喻性意义关联的内涵承载者来源于《旧约》的前基督教世界，而"意旨"（significatum）又被归入到《新约》或者说基督教世界，这就存在着类型学（Typologie）[16] 的说明框

---

⑮　托马斯·阿奎那，《加拉太人》（In Gal.）4，7；参看 U. 克莱维特（Krewitt），《中世纪理解里的隐喻和比喻言谈》（Metapher und trop. Rede in der Auffassung des MA）（1971 年），第 454 页。

⑯　参看 L. 戈培尔特（Goppelt），《原型：〈旧约〉在新时代的类型学阐释》（Typos. Die typologische Deutung des AT im Neuen）（1939 年，重印本 1973 年）；H. 德吕巴克（de Lubac），《"类型学"和"寓意解释"》（'Typologie' et 'allegorisme'），载《宗教学研究》（Recherches de science religieuse）34（1947 年），第 180—226 页；J. 达尼埃卢（Danielou），《未来的圣礼：圣经类型论的起源研究》（Sacramentum futuri. Etudes sur les origines de la typologie bibl.）（Paris 1950 年）；R. 布尔特曼（Bultmann），《作为诠释学方法论的类型学的起源和意义》（Ursprung und Sinn der Typologie als hermeneut. Methode.），载《神学文学杂志》（Theolog. Litztg.）75（1950 年），第 205—212 页；F. 欧利（Ohly），《犹太教堂和基督教会：中世纪创作中的类型学》（Synagoge und Ecclesia. Typolog. in mittelalterl. Dichtung）（1966 年），载《中世纪意义研究论文集》（Schr. zur mittelalterl. Bedeut. forschung）（²1983 年），第 312—337 页；《半圣经的和非圣经的类型学》（Halbbibl. und außerbibl. Typologie）（1976 年），同上，第 361—400 页；《中世纪晚期的类型学纲要》（Skizzen zur Typologie im späteren MA），载《中世纪的德语：中世纪盛期和后期德国文学论文集——K. 卢六十五岁诞辰纪念文集》（Medium Aevum deutsch. Beiträge zur deutschen Literatur des hohen und späten Mittelalters Festschrift für Kurt Ruh zum 65. Geburtstag）（1979 年），第 251—310 页；《作为历史观察之思想形式的类型学》（Typologie als Denkform der Geschicht-（转下页注）

架，它将发生在基督之前时期的人物、事物和事件，理解为来自以基督肉身化（Inkarnation）而引入的救恩时代之事件和形势（Sachverhalten）的预象（Präfigurationen［typus，praefiguratio]）。——3. 伦理（Tropologia）（道德理智［moralis intellectus]）：借助伦理（该词来自 τρόπος 和 λογία），也就是说拉丁语的"劝导皈依布道"（sermo conversus 或者 sermo conversivus）的概念，论及圣经的道德解释（"劝导皈依布道关心灵魂的状态［sermo conversivus，pertinens ad mores animi]"）[17]，也就是圣经对于人类的灵魂救赎的含义。因此，伦理-道德的意义对传教有着特别的重要性。——4. 奥秘（Anagogia 或者 anagoge）：按希腊语奥秘（ἀναγωγή）的词源，圣维克托的休格（Hugo von St. Viktor）以"奥秘，引向高处"（Anagoge，id est sursum ductio［In-die-Höhe-Führung]）[18]这样的表述来把握它，将奥秘意义超越世俗和时间的世界进入到永恒和天国的世界，以使末世论的（Eschatologisch）和超越的总体领域也能纳入到这一意义维度里。

自 13 世纪以来，作为对四重意义层级的记忆术（Merkvers）[19]，

（接上页注）sbetr.），载《自然、宗教、语言、大学》（Natur，Religion，Sprache，Universität）(1983 年)，第 68—102 页；R. 孙特路普（Suntrup），《论类型学的语言形式》(Zur sprachl. Form der Typologie)，载《中世纪文学里的精神思考形式》(Geistl. Denkformen in der Lit. des MA)(1984 年)，第 23—68 页。

[17] 《弗莱塔克对 tropologia［转义］的词源考察和定义》(Etymologien und Definitionen von〈tropologia〉bei Freytag)；参 H. 弗莱塔克（Freytag），《尤其是 11、12 世纪德语文本里的寓意文本解释理论和寓意解经法》(Die Theorie der allegor. Schriftdeutung und die Allegorie in dtsch. Texten besonder. des 11. und 12. Jh.)(1982 年)，第 25 页以下，注释 47—49。

[18] 圣维克托的休格，《论圣经和圣作者的先行注解》(De Scripturis et scriptpribus sacris praenotatiunculae)3，载米涅（Migne）编，《教父著作全集：第二部分拉丁文系列》(MPL，Patrologiae cursus completus：Series II：Ecclesia latina 1—221)175，12 B。

[19] 按照德吕巴克（de Lubac），《中世纪的解经学：论文本的四重意义》(Exégèse médiév. Les quatre sens de l'écriture)(Paris 1959—1964 年)I/1，第 23 页以下，这则格言首先是在 1260 年多明尼哥会修道士达契安的奥古斯丁（Augustinus de Dacien，Augustin Dacien）《包含修道士需知的羊皮纸卷》(Rotulus pugillaris)里才得以证实。

流传着这样的对句诗："Littera gesta docet, quid credas allegoria,／Moralis quid agas, quo tendas anagogia[文字，事之所载；寓意，信之所赖；道德，行之所依；末世，心之所望]。"约翰尼斯·卡思安努斯(Johannes Cassianus)《讨论》(Collationes)(约420年)里的一个片段，可以作为早期对四重文本意义学说的总结，他阐释了"历史诠释"(historica interpretatio)、"精神理智"(intelligentia spiritalis)或者"历史叙述"(historica narratio)、"精神意义和解释"(spiritalis sensus et expositio)之间的区别。卡思安努斯在这里以耶路撒冷之城为例，这个例子在往后数百年里被反复引申：在字面历史意义上，耶路撒冷是犹太人的首都，而在寓意的-救恩历史的意义上，耶路撒冷被称为基督的教会，在伦理-道德的意义上，它是人类的灵魂，而在奥秘-末世论的角度，它是永恒上帝之城的天国(secundum historicam ciuitas Iudaeorum, secundum allegoriam ecclesia Christi, secundum anagogen ciuitas dei illa caelestis ..., secundum tropologiam anima hominis)[20]。——这一界定，为概念的精确化并将其巩固为同一传统做出了贡献，比德(Beda Venerabilis)在其解经学和修辞学著作里阐释道："Historia namque est cum res aliqua quomodo secundum litteram facta siue dicta sit plano sermone refertur ...; allegoria est cum verbis siue rebus mysticis praesentia Christi et ecclesiae sacramenta designantur ...; tropologia, id est moralis locutio, ad institutionem et correctionem morum siue apertis seu figuratis prolata sermonibus respicit ...; an-

----

[20]　约翰尼斯·卡思安努斯(Johannes Cassianus)，《讨论》(Collationes)14, 8, 4, 载《拉丁教父著作集》(Corpus scriptorum ecclesiasticorum latinorum editum consilio et impensis Academiae litterarum Caesareae Vindobonensis, CSEL)(Wien, 1866年及其后)13, 第405页。

agoge, id est ad superiora ducens locutio, est quae de praemiis fu-
turis et ea quae in caelis est uita futura siue mysticis seu apertis
sermonibus disputat...（历史文本之存在，是一事如其原样显现
或被说出，以不加掩饰的表达方式而诉诸语言；寓意意义之存
在，是基督当下和教会救恩之秘密以加密的语词或事物来标
示；类型学，亦即道德的言谈方式，是以敞开或形象的语词指
向伦理的教育和改善。奥秘，也就是引向更高层次的言谈方
式，则是以隐藏或公开的语词来谈论未来的奖赏以及天堂生
活……）。㉑在这里，比德不仅对文本意义的四阶（Quaternar）
做了界定，还进一步区分出方法论，他以此将"寓意事实"（alle-
goria facti）（亚伯拉罕之子，也就是《旧约》和《新约》都描述了
的历史人物）从"寓意语词"（allegoria verbi）（耶西的根结出稻
谷的语言形象，证实了基督的肉身化）区分开来，他也借此以
公开和隐藏的言谈方式（sermo apertus-sermo mysticus）之对
照来强调，圣经文本的道德意义和奥秘意义不仅通过寓意解
释来揭示，它可能也已经在字面意义中朝我们敞开。

　　在 12 世纪时，圣维克托的休格为文本意义之划分，引证
了传统的"历史、寓意、伦理"（historia, allegoria, tropologia）三
分法（Ternar）㉒。休格在阐释寓意解释过程时，联系到了奥古
斯丁在《论基督教教义》（De doctrina christiana）里发展出的符

㉑　比德（Beda Venerabilis），《论教堂》（De tabern.）I，载《基督教作家总集：
拉丁编》（Corpus christianorum. Series latina, CCSL）（Turnhout 1953 年及其后）
119 A，第 25 页；参看《论句式与譬法》（De schematibus et tropis）II, 2，载《基督教
作家总集：拉丁编》（Corpus christianorum. Series latina, CCSL）（Turnhout 1953
年及其后）123 A，第 164—169 页。

㉒　圣维克托的休格，《论圣经和圣作者的先行注解》（De Scripturis et script-
pribus sacris praenotatiunculae）3，载米涅（Migne）编，《教父著作全集：第二部分
拉丁文系列》（MPL, Patrologiae cursus completus: Series II: Ecclesia latina 1—
221）175, 11 D＃150; 12 C。

号理论之要素说。奥古斯丁以古典修辞学之工具（Instrumentarium）来进行研究，当他将寓意解释之对象界定为圣经文本的形象语言（locutio figurata）时，他却离开了修辞学的框架，因为他不仅给语言自身，也给被词语标示出的事物指派了在"转义符号"（signa translata）领域里至关重要的作用。这主要是指，"当我们使用被归指于这些事物的词语来称呼它们时，它们同时却被用来指称某些其他的东西"（cum et ipsae res，quas propriis verbis significamus，ad aliquid aliud significandum usurpantur）[23]。因此，奥古斯丁强调自然之真实（动物、植物、岩石）的知识对解经者的重要性[24]。奥古斯丁这些略微一提而非详述的考虑，被休格所继承，并将其与圣经文献和世俗（profan）文献的区别联系在一起：在尘世-异教的文献里，词语（声音[vox]）只具有一种含义，而在《圣经》中，被词语标示的事物（res）同时也是意义承载者。它是基督-圣灵解经学的本来任务，即阐露事物的重要性（Signifikanz）。这是通过对事物可见和不可见的特性（proprietates）之描写和说明来发生的；雪的例子可为例证："按照外在的形式"（secundum exteriorem for-

---

㉓　奥古斯丁，《论基督教教义》（De doctr. Christ.）II，10，15，载《基督教作家总集：拉丁编》（Corpus christianorum. Series latina，CCSL）（Turnhout 1953 年及其后）32，41；关于奥古斯丁的圣经诠释学，参看 M. 彭特（Pontet），《讲道者圣奥古斯丁的解经学》（L'exégèse de St. Augustin prédicateur）（Paris 1946 年）；J. 佩潘（Pépin），《圣奥古斯丁及其寓意解经的劝告功能》（Saint Augustin et la fonction protreptique de l'allégorie）（1958 年），载《奥古斯丁研究》（Rech. augustin.）1，第243—286 页；G. 施特劳斯（Strauss），《奥古斯丁的文本应用、文本阐释和文本证据》（Schriftgebrauch，Schriftauslegung und Schriftbeweis bei Augustin）（1959 年）；德吕巴克（de Lubac），《中世纪的解经学：论文本的四重意义》（Exégèse médiév. Les quatre sens de l'écriture）（Paris 1959—1964 年）I/1，第 177—187 页；C. P. 迈耶尔（Mayer），《奥古斯丁精神发展及其神学中的符号》（Die Zeichen in der geist. Entwickl. und in der Theologie Augustins）2（1974 年），尤其是第 279—349 页。

㉔　《论基督教教义》（De doctr. christ.）II，16，24，载《基督教作家总集：拉丁编》（Corpus christianorum. Series latina，CCSL）（Turnhout 1953 年及其后）32，49。

mam)雪是白色的,因此意味着纯洁,"按照内在的本质"(se-cundum interiorem naturam)雪是冷的,因此成为熄灭原罪之炙热(Sündenglut)的符号㉕。因为每个"事物"(res)都可能具有多样的"特性"(proprietates),一种相应广阔的含义谱系也潜在地从属于它。按照休格的看法,人物、数字、地点、时间和事件——亦即来自创世和历史之实在的大全总体——在其草拟的意义上,都是意义承载者。

托马斯·阿奎那对灵性解经学的应用加以限制,这样就将通过圣经的形象语言来建构的意义关联之总体领域纳入到"字面意义"(sensus litteralis)之中。不是词语以及用它们来构成的隐喻(声音、词语、模仿[voces,verba,similitudines]),而是事物才是圣灵意义的承载者。因为神不仅是作为文本作者之书作的创作者,而且也为启示的目的安排了《圣经》所谈及的这些真实(Realien),因此事物的"圣灵意义"(sensus spiritual-is),也是区别于世俗文献以及例如"构想诗歌"(fictiones poeti-cae)之《圣经》的突出标志:"sicut enim homo potest adhibere ad aliquid significandum aliquas voces vel aliquas similitudines fict-as,ita deus adhibet ad significationem aliquorum ipsum cursum rerum suae providentiae subiectarum[也就是说,就像人们为了称呼某些东西会使用任一词语和隐喻,那么神也会为了称呼

㉕ 圣维克托的休格,《论圣经和圣作者的先行注解》(De Scripturis et script-pribus sacris praenotatiunculae)14,载米涅编,《教父著作全集:第二部分 拉丁文系列》(MPL,Patrologiae cursus completus:Series II:Ecclesia latina 1—221)175,20 D♯150,21 D;关于休格"物的意义"学说,请参看 F. 欧利(Ohly),《论中世纪时语词的精神意义》(Vom geist. Sinn des Wortes im MA)(1958 年),载《中世纪意义研究论文集》(Schr. zur mittelalterl. Bedeut. forschung)(²1983 年),第 1—31 页,尤其是第 4—13 页、第 30 页以下;关于休格的圣经诠释学也参看德吕巴克(de Lubac),《中世纪的解经学:论文本的四重意义》(Exégèse médiév. Les quatre sens de l'écriture)(Paris 1959—1964 年)II/1,第 287—359 页。

某些东西而运用事物进程自身,这些事物顺从于神的旨意]。"㉖此外,《圣经》的现实性可以与处在时间结构里的整个救恩历史的关联中被看到,在这一救恩历史中,较早发生的总是预示(präfigurieren)着较迟发生的事情。

M. 路德㉗将按三重或者四重文本意义进行的寓意解经和解释,看作是自己青年时代或者说作为僧侣的生活阶段所

㉖ 托马斯·阿奎那,《问答集》(Quodl.)VII,q. 6,a. 2—3;参看《神学大全》(S. theol.)I,q. 1,a. 10;P. 塞纳维(Synave),《圣托马斯·阿奎那的〈圣经〉字面意义学说》(La doctrine de Saint Thomas d'Aquin sur le sens littéral des écritures),载《圣经杂志》(Rev. bibl.)35(1926 年),第 40—65 页;P. 弗莱格(Fleig),《托马斯·阿奎那的诠释学基础原理》(Die hermeneut. Grundsätze des Thomas von Aquin)(1927 年);德吕巴克(de Lubac),《中世纪的解经学:论文本的四重意义》(Exégèse médiév. Les quatre sens de l'écriture)(Paris 1959—64)II/2,第 263—302 页。

㉗ 参见 K. 霍尔(Holl)的路德诠释学研究,《路德对解释技艺的发展之意义》(Luthers Bedeutung für den Fortschritt der Auslegungskunst),载《教会历史论文全集 1:路德》(Ges. Aufs. zur Kirchengesch. 1: Luther)(⁶1932 年),第 544—582 页;G. 埃贝林(Ebeling),《福音派的福音解释:对路德诠释学的研究》(Evang. Evangelienauslegung. Eine Untersuch. zu Luthers Hermeneutik.)(1942 年,重印本 1962);H. 博格卡姆,《路德和〈旧约〉》(Luther und das AT)(1948 年);B. 穆勒(Moeller),《在中世纪和路德处的文本、传统和圣餐》(Scripture, tradition and sacrament in the Middle Ages and in Luther),载 F. F. 布鲁斯(Bruce)/E. G. 芦浦(Rupp)编,《神圣书作和神圣传统》(Holy book and holy trad.)(Manchester 1968 年),第 113—135 页;G. 埃贝林(Ebeling),《路德诠释学的开端》(Die Anfänge von Luthers Hermeneutik)(1951 年),载《路德研究》(Lutherstudien)1(1971 年),第 1—68 页;H. 莱尼泽尔(Reinitzer),《论赫尔曼·海因里希·弗莱〈圣经动物书〉里寓意解释的来源和应用》(Zur Herkunft und zum Gebrauch der Allegorie im 〈Biblisch Thierbuch〉 des Hermann Heinrich Frey),载 W. 豪科(Haug)编,《寓意解释的形式和功能:沃尔芬比特尔研讨会 1978 年》(Formen und Funktionen der Allegorie: Symp. Wolfenbüttel 1978)(1979 年),第 370—387 页,尤其是第 373—376 页讨论路德;关于路德的圈子,也参看 H. 希克(Sick),《梅兰希顿作为〈旧约〉的解释者》(Melanchthon als Ausleger des AT)(1959 年);H. 礼邶(Liebing),辞条"文本解释 IV B. 人文主义、改革和近代"(Schriftauslegung IV B. Humanismus, Reformation und Neuzeit),载《历史与当代的宗教》(Religion in Geschichte und Gegenwart 1—6, RGG³)(³1957—1962 年)5(1961 年),第 1528—1534 页;G. L. 舍佩尔(Scheper),《面向讽喻和雅歌的改革》(Reformation attitudes toward allegory and the Song of Songs),载《美国现代语言协会杂志》(Publ. modern Language Ass. America)89(1974 年),第 551—562 页;A. 加诺斯基(Ganoczy)/S. 沙尔德(Scheld),《加尔文的诠释学:精神历史的前提和基本特征》(Die Hermeneutik Calvins. Geistesgeschichtl. Voraussetz. und Grundzüge)(1983 年)。

克服的方法，并将其与"简单意义"（simplici sensu）的《圣经》
理解之努力相对立起来："因为我年轻时，那时我还在学
习，……当时我与讽喻、伦理、奥义打着交道——现在我放弃
了它们，这才是我最后和最好的技艺：将《圣经》按其简单意
义流传下去（Tradere scripturam simplici sensu）。"㉘路德以这
样或那样的表述㉙公开拒绝寓意解经法，同样显而易见的
是，即使是在1517—1521年这一对诠释学至关重要的阶段
之后，寓意解经学也仍然继续出现在路德的著作之中。他在
理论中从根本上克服了寓意解经，却在实践上继续使用它，
这样的措辞并不足以描写路德在多重文本意义之学说历史
上的位置。倒不如这样说，新的诠释学立场需要更细的分
化，要区别于"圣经自身解释自身"（Scriptura sacra sui ipsius
interpres）的原则㉚，也区别于对文字圣灵化之意义上的、文
字与精神关系的新诠释㉛，还要区别于对基督学意义以及由
此而保留的类型解经学的强化㉜。在路德之后的两百年里，
新教的圣经诠释学读本，如M.弗拉齐乌斯的《〈圣经〉指南》

㉘　M.路德（Luther），《全集》魏玛版（Weim. Ausg.［WA]），《桌边谈话》
（Tischreden)5,第45页；也参看1,第136页。

㉙　路德拒绝寓意解经法的核心立场，请继续参看《全集》魏玛版（WA)1,第
507页;6,第509页、第562页;7,第533页;42,第367页以下。

㉚　参看W.默斯特尔特（Mostert），《圣经自身解释自身：评路德对圣经的
理解》（Scriptura sacra sui ipsius interpres. Bemerk. zum Verständnis der Hl.
Schrift durch Luther），载《路德年鉴》（Lutherjb.)46(1979年），第60—96页。

㉛　参看H.莱尼泽尔（Reinitzer），《论赫尔曼·海因里希·弗莱〈圣经动物
书〉里寓意解释的来源和应用》（Zur Herkunft und zum Gebrauch der Allegorie im
〈Biblisch Thierbuch〉des Hermann Heinrich Frey），载W.豪科（Haug）编，《寓意
解释的形式和功能：沃尔芬比特尔研讨会1978年》（Formen und Funktionen der
Allegorie: Symp. Wolfenbüttel 1978)(1979年），第375页。

㉜　对此参看F.欧利（Ohly），《规则和福音：论路德和L.克拉纳赫的类型
学，论艺术中恩慈的血流》（Gesetz und Evangelium. Zur Typologie bei Luther
und L. Cranach. Zum Blutstrahl der Gnade in der Kunst)(1985年），第8—15
页。

（Clavis scripturae sacrae）③、S. 格拉西乌斯（Glassius）《神学语文学》（Philol. sacra）④以及 J. J. 兰巴赫《〈圣经〉诠释学》（Institutiones hermeneuticae sacrae）⑤，都仍然在回避中世纪的多重文本意义的版本，但也继续在"字面意义"（sensus litteralis）和"神秘意义"（sensus mysticus）之间做出区分。从概念上做出最强区分的，是格拉西乌斯的"双重意义上的《圣经》"（scripturae sacrosanetae sensus duplex）学说⑥：字面意义（Literalsinnes）（自己的、形象的［proprius, figuratus］）的两种显现形式，区分了形象的言说方式与非隐喻的言说方式。"神秘意义"（sensus mysticus）被细分为"讽喻意义"（sensus allegoricus）、"类型意义"（typicus）和"寓言意义"（parabolicus）。由此值得一提的，是《圣经》之实在的传统寓意解释，将《旧约》的事迹从类型学上理解为《新约》所发生事件的预象，附带还有"寓言意义"（sensus parabolicus）这种特殊情形，对虚构的、只是被讲述出来的事迹的灵性说明⑦。"神秘意义"（sensus mysticus）之新教版本的核心要件是类型学，就像弗拉齐乌斯在论"摩西

---

③　M. 弗拉齐乌斯，《〈圣经〉指南 1—2》（Basel 1567 年）；第一卷包含一部圣经辞典，第二卷包含诠释学；参看 G. 默尔丹科（Moldaenke），《在改革时代里的文本理解和文本阐释：马提阿斯·弗拉齐乌斯》（Schriftverständnis und Schriftdeutung im Zeitalter der Reformation 1：Matthias Flacius Illyricus）（1936 年）。

④　S. 格拉西乌斯，《神学语文学》（Philol. sacra）1—3（1623—1636 年），最新编（1705 年）。

⑤　J. J. 兰巴赫（Rambach），《〈圣经〉诠释学》（Institutiones hermeneuticae sacrae）（³1729）；关于弗拉齐乌斯、格拉西乌斯、兰巴赫（Rambach）以及莱马鲁斯（Reimarus）的神秘意义和类型学意义，请参看 P. 施泰默尔（Stemmer），《占卜和批评：H. S. 莱马鲁斯的诠释学研究》（Weissagung und Kritik. Eine Studie zur Hermeneutik bei H. S. Reimarus）（1983 年）。

⑥　S. 格拉西乌斯，《神学语文学》（Philol. sacra）1—3（1623—1636 年），最新编（1705 年），第 348 页。

⑦　同上，第 364—406 页（论字面意义［Literalsinn]）；第 406—492 页（论三种"神秘意义"［sensus mysticus]）。

的面纱"（Schleier des Mose，velamen Mosis）时展示的那样。与此相应，文本的神秘意义首先在于《旧约》的伦理学意义，在于那种被基督揭示的"根本、正确而真实的感受或目的"（primarius，uerus ac genuinus sensus aut scopus），基督借此去除了法则的面纱[38]。当这一"目的"（scopus）不再被认可时，当基督在《新约》里的救恩事迹不再构成对整个《圣经》理解的决定性判官（Instanz）时，类型学-寓意的文本解释就可能被拒绝，就像H. S. 姆鲁斯（Reimarus）把它当作"想象力的简单戏作"（bloßes Spielwerk der Einbildungskraft）那样拒绝一样[39]。

自里昂的欧千流斯（Eucherius von Lyon）（5 世纪）的《灵智的准则》（Formulae Spiritalis Intellegentiae）[40]直到 18 世纪的相应著作，通过寓意解释而揭示的事物意义都被收集在寓意解释百科辞典中[41]，它们一部分是按字母顺序，一部分是系统地按照事物领域来归类。这种百科辞典编撰活动（exikographische Kodifizierung）为此做出了贡献，即多重文本意义说以及事物显著性说不仅超越中世纪时代，而且也远远超越神学领域在发挥着作用：从基督教的晚期古典时代直到近代，就像肖像学研究（ikonographisch）和文学历史研究指出的那样，没有文学创作之

---

[38]　M. 弗拉齐乌斯，《〈圣经〉指南 1—2》（Basel 1567 年）2，第 447—456 页；参看 P. 施泰默尔（Stemmer），《占卜和批评：H. S. 莱马鲁斯的诠释学研究》（Weissagung und Kritik. Eine Studie zur Hermeneutik bei H. S. Reimarus）（1983 年），第 36 页。

[39]　H. S. 莱姆鲁斯（Reimarus），《对神的理性敬慕者的辩护词或者权利保护书》（Apologie oder Schutzschr. für die vernünft. Verehrer Gottes），G. 亚历山大（Alexander）编 1—2（1972 年）1，第 727 页；参看 P. 施泰默尔（Stemmer），《占卜和批评：H. S. 莱马鲁斯的诠释学研究》（Weissagung und Kritik. Eine Studie zur Hermeneutik bei H. S. Reimarus）（1983 年），第 154 页。

[40]　里昂的欧千流斯（Eucherius von Lyon），《灵智的准则》（Formulae Spiritalis Intellegentiae），K. 沃特克（Wotke）编，《拉丁教父著作集》（CSEL）31（1894 年）。

[41]　关于讽喻辞典，请参看 F. 欧利（Ohly）对希罗尼穆斯·劳瑞图斯（Hieronymus Lauretus）此书的导论：《来自圣经的讽喻之林》（Silva allegoriarum totius Sacrae Scripturae）（1570 年年，[10]1681，重印本 1971 年），第 5—12 页。

隐喻语言和艺术之象征语言的话，它们中的很大一部分都是不可理解的。巴洛克时期象征性（Emblematik）中的事物意义，也仍然是一种"圣灵意义"（sensus spiritualis）的显现形式，这种圣灵意义自 18 世纪以来是基于以下条件才最终失去了它较早的适用领域，即产生了一种新的科学理解、独立自主的对自然的观察、历史相对性的意识、摆脱神学传统的束缚，以及历史批判方法论不断增长的重要性。

H. 迈耶尔（Meyer）撰，鲍永玲译

参考文献：

E. VON DOBSCHÜTZ: Vom vierfachen Sch. Die Gesch. einer Theorie, in: Harnack-Ehrung. Beitr. zur Kirchengesch. (1921)1—13. -H. CAPLAN: The four senses of scriptural interpret. and the mediaev. theory of preaching. Speculum 4(1929)282—290. -B. SMALLEY: The study of the Bible in the Middle Ages(Oxford 1940, 21952, ND 1964). -C. SPICQ: Esquisse d'une hist. de l'exégèse lat. au moyen âge(Paris 1944). -M. -D. CHENU: Théologie symbol. et exégèse scholast. aux XIIe-XIIIe s., in: Mélanges J. de Ghellinck 2(Gembloux 1951)509—526; Les deux âges de l'allégorisme scripturaire au moyen âge. Rech. Théol. anc. médiév. 18 (1951) 19—28; Hist. et allégorie au XIIe s., in: Festschr. J. Lortz 2 (1958)59—71. -F. OHLY s. Anm. [25]. -J. PÉPIN s. Anm. [1]. -G. EBELING: Art. ‹Hermeneutik›, in: RGG3 3(1959)242—262. -H. de LUBAC: Exégèse... s. Anm. [8]; A propos d'allégorie chrét. Rech. Sci. relig. 47(1959)5—43. J. CHYDENIUS: The theory of mediev. symbolism(Helsingfors 1960). -J. SCHILDENBERGER: Art. ‹Sch. e›, in: LThK3 9(1964)491—493. -F. OHLY: Probleme der mittelalterl. Bedeut. forsch. und das Taubenbild des Hugo de Folieto(1968), in: Schr. ... s. Anm. [16] 32—92. -H. J. SPITZ: Die Metaphorik des geist. Sch. Ein Beitr. zur allegor. Bibelauslegung des ersten christl. Jahrtausends (1972). -CH. MEIER: Überlegungen zum gegenwärt. Stand der Allegorieforsch. Frühmittelalterl. Studien 10(1976)1—69. W. HAUG(Hg.) s. Anm. [27]. -H. -J. SPITZ: Art. ‹Allegorese›, in: M. LURKER(Hg.): Wb. der Symbolik(1979)14—16. -H. BRINKMANN: Mittelalterl. Hermeneutik(1980). -H. FREYTAG s. Anm. [10]. -J. PÉPIN/K. HOHEISEL: Art. ‹Hermeneutik›, in: RAC 14(1988)722—771.

自省（Selbstbesinnung）

I

"自省"（Selbstbesinnung）这个概念或许 1800 年左右才进入口头语言①，偶尔也在哲学中使用②。在狄尔泰那里，它具备了基本的内涵。在此，"自省"指的是对意识之事实的完整确定及其内在关联的描述与分析，是对灵魂生命的现象学描绘，这种现象学描述涵括了灵魂生命未被曲解的形态以及一切在生命中、在历史-社会过程中发生影响的威权和力量③。

自省构成一切哲学的根基（"无论是对思考和认知，还是对行为来说"），一切哲学都被理解为生命哲学或者关于现实性的哲学④。自省的哲学对立于理念论的认知理论，这种认知理论将人类限制在他的认知能力上⑤。自省是"最后的审判机

① J. H. 坎培（Campe），《德国语言辞典》（Wb. der dtsch. Sprache）4（1810年），第 405 页对本泽尔-史特尔瑙（K. Ch. E. von Bentzel-Sternau）的引证。

② J. G. 费希特，《神学、伦理学和法学原理》（Die Princ. der Gottes-、Sitten- und Rechtslehre）（1805 年），载《全集》科学院版（Akad.-A.）II/7（1989 年），第 436页（自省-反思[S. = Reflexion]）。

③ W. 狄尔泰，《精神科学引论》（Einl. in die Geisteswiss.）（1883 年），载《著作集》（Ges. Schr. [GS]）（1913 年及其后）1，第 95 页；《人类、社会和历史科学基础》（Grundleg. der Wiss. vom Menschen, der Ges. und der Gesch.）（约 1870—1895 年），载《著作集》（GS）19，第 79 页。

④ 《著作集》（GS）19，第 89 页；参看《论世界观学说》（Zur Weltan-schauungslehre）5《哲学应是什么》（Was Philos. sei）（1896/1897 年），《著作集》（GS）8，第 188 页以下。

⑤ 《著作集》（GS）19，第 79 页。

关"(letzte Instanz),自我意识伫立在它面前⑥。自省概念使狄尔泰有可能将灵魂生命的内在联系,把握为透明可见的结构,并由此放弃将联结(Assoziation)作为解释原则的辅助手段。我们的生命在自省中好似可理解的关联的相互联系,这使我们有可能对它或者对它的部分持这样的看法,即将生命判定为是富有意义的⑦。自省在自传中找到它的文学表达,狄尔泰将其看作历史的原细胞(Urzelle)⑧。因为就像狄尔泰才开始坚持的⑨,将理解证实为自省活动,这造就了精神科学的基础。在自省基础上建立的哲学("哲学是……自省"),不仅在研究涉及现实的判断之明证的条件,也在研究意志和行为的规则;由此,它是对思考着的、创造着的和行动着的人类之理解综括(Fassung)⑩。在被认知理论奠基的哲学里,逻各斯和伦理(Ethos)、理论和实践被分割了;而在自省哲学或生命哲学里,它们再次被汇聚在一起——就像米施阐释的那样⑪。自省既非笛卡尔的出发点,也不是静态现象或者单个人的活动;它在个体和共同体的生命里被发展和提升⑫。一种封闭和完成的体系理念,对自省哲学来说根本上是陌生的。狄尔泰将积极

---

⑥ 同上,第 57 页;参看《著作集》(GS)5,第 151 页以下。

⑦ L. 兰德格瑞贝(Landgrebe),《W. 狄尔泰的精神科学理论》(W. Diltheys Theorie der Geisteswiss.),载《哲学和现象学研究杂志》(Jb. Philos. phänomenol. Forsch.)9(1928 年),第 237—366 页,引自第 269 页以下。

⑧ 狄尔泰,《精神科学中历史世界之构建》(Der Aufbau der geschichtl. Welt in den Geisteswiss.),载《著作集》(GS)7,第 200 页以下。

⑨ L. 兰德格瑞贝(Landgrebe),《W. 狄尔泰的精神科学理论》(W. Diltheys Theorie der Geisteswiss.),载《哲学和现象学研究杂志》(Jb. Philos. phänomenol. Forsch.)9(1928 年),第 237—366 页,第 360 页以下。

⑩ 狄尔泰,《历史意识和诸世界观》(Das geschichtl. Bewußtsein und die Weltanschauungen),载《著作集》(GS)8,第 38 页,第 240 页(注释 12)[Anm. 12]。

⑪ G. 米施,《著作集》第 5 卷(GS 5)(⁴1964 年)的《准备性报告》(Vorbericht)(1923 年)XXVII 页以下。

⑫ 狄尔泰,《著作集》(GS)19,第 57 页。

形成自省描述为一个应对当代的精神任务，以及欧洲未来发展中的一股力量⑬。

对独特的灵魂生命之内在联系的把握以及对陌生生命的理解，都是在自省方面发生的，狄尔泰因此将自省与形而上学对精神科学的奠基相对立⑭。自省理论以具体的内容满足了历史理性批判的纲要。如果自省一方面构成精神科学认知之可能性的先验条件，那它另一方面也将通过在这种认知中包含的历史经验而获得发展并成形⑮。在这个意义上，精神科学是哲学的工具："当代哲学的任务是人类的自省，是对社会自身的省思。"⑯

E. 帕兹科乌斯卡-拉格乌斯卡（Paczkowska-Lagowska）撰，鲍永玲译

参考文献：

MISCH s. Anm.［11］.-L. LANDGREBE s. Anm.［7］.-G. PFAF-FEROTT：Ethik und Hermeneutik(1981)15—63；Die Bedeut. des Begriffs ‹S.› bei Dilthey und Husserl, in：Dilthey und die Philos. der Gegenwart(1985) 351—380. -H. -U. LESSING：Die Idee einer Kritik der hist. Vernunft(1984).

II

自省概念在狄尔泰的精神科学理论中才获得核心意义，此前在哲学中它看似只是被零星使用。例如费希特就是这样将"反思，或者自省"规定为"知识的绝对存在的创造"⑰，并将"智性的直观"（intellectuelle Anschauung）和"对自身的自我省

---

⑬ 同上，第 275 页。

⑭ 《著作集》（GS）1，第 124 页以下。

⑮ 《著作集》（GS）19，第 276 页以下。

⑯ 同上，第 304 页。

⑰ J. G. 费希特，《神学、伦理学和法学原理》（Die Princ. der Gottes-, Sitten- und Rechtslehre）(1805 年)14，《1804—1805 年遗稿》（Nachgel. Schr. 1804—05），载《全集》科学院版（Akad. -A.）II/7(1989 年)，第 436 页。

思"(sich auf sich selbst besinnen)等同为一[18]。

在接下来的时间里,自省的两个含义首先得到区分:1)自省作为对思考之执行行动的反思,是对认知可能性和确定性源泉的反思[19];以及2)自省作为意识的自我明了(Bewußtmachung),围绕着具体的人,并由此围绕着世界和生命,将本己的人格植入历史或者形而上学的内在关联之中[20]。两种含义都汇入狄尔泰的概念理解之中,直到20世纪仍然在场。此外,在此语境中常常出现的还有"反省"(Besinnung)、"反思"(Reflexion)及其从属动词;有些时候,这些概念是作为同义词来使用的。

对约克·冯·瓦腾堡伯爵来说,"完整完满的自省"[21]总是意味着,从明白显现的生命表达回归到时刻创造着的"生命状态"(Lebendigkeit)[22]。自省是"最初的认知手段"(primäres Erkenntnißmittel)[23]。"自省的成果"(Ergebnis der S.)[24]或者

[18] 《致约翰森的信》(Br. an F. Johannsen)(1801年1月31日),同上,III/5(1982年),第9页。

[19] R. H. 洛采(Lotze),《微观世界》(Mikrokosmos)2(1858年,⁴1885年),第279页;《逻辑学》(Logik)(1874年),G. 米施编(1912年),第492页;《最近四十年的哲学》(Die Philos. in den letzten 40 Jahren)(1880年),载《逻辑学》(Logik),同上,CXI。

[20] A. 容(Jung),《生命艺术的秘密》(Das Geheimnis der Lebenskunst)(1858年)2,第286页、第291页;参看第1卷,第138页。

[21] 约克·冯·瓦腾堡伯爵(P. Yorck von Wartenburg),《致狄尔泰的信(1891年7月22日)》(Br. an Dilthey[22.7.1891]),载S. 冯·德舒伦堡(von der Schulenburg)编,《狄尔泰和约克·冯·瓦腾堡伯爵通信集》(Br. wechsel zw. W. Dilthey und dem Grafen P. Yorck von Wartenburg 1877—1897)(1923年,重印本1974年),第128页;参看第71页。

[22] 参看《1891年残篇》(Das Frg. von 1891),载K. 格荣德(Gründer),《论约克·冯·瓦腾堡伯爵的哲学》(Zur Philos. des Grafen P. Yorck von Wartenburg)(1970年),第352页;《意识的处所和历史》(Bewußtseinsstellung und Gesch.)(1896/97年),I. 费切尔(Fetscher)编(1991年),第12页、第70页、第75页。

[23] 《致狄尔泰的信(1894年12月15日)》(Br. an Dilthey[15.12.1894]),载S. 冯·德舒伦堡(von der Schulenburg)编,《狄尔泰和约克·冯·瓦腾堡伯爵通信集》(Br. wechsel zw. W. Dilthey und dem Grafen P. Yorck von Wartenburg 1877—1897)(1923年,重印本1974年),第177页;参看第179页以下。

[24] 《意识的处所和历史》(Bewußtseinsstellung und Gesch.)(1896/1897),I. 费切尔(Fetscher)编(1991年),第62页。

"自省的结果"（Selbstbesinnungsresultat）㉕，就在于对历史关联的理解、批判和占用（Aneignung）。如此，自省"开启着""哲学的时代"㉖，就像 M. 舍勒将康德的"近代的自省"（S. der Neuzeit）具象化，看作是"这一自省过程的第一阶段"㉗。同样，约克也将"宗教自省的行为"㉘理解为对信仰的生机源泉的回归。

　　狄尔泰之后，"自省"概念也获得了神学内涵。W. 赫尔曼（Herrmann）将自省刻画为"坦诚地对我们真实经历东西的反省"㉙。伦理–宗教的自省是"萌芽"和"通往宗教的道路"㉚。M. 卡勒尔（Kahler）在教义学中继承了"基督教的自省"概念㉛。E. 布鲁讷（Brunner）表达出这种坚信，即"人类不可能通过自省"

　　㉕　《致狄尔泰的信（1895 年 11 月 3 日）》（Br. an Dilthey[3. 11. 1895]），载 S. 冯·德舒伦堡（von der Schulenburg）编，《狄尔泰和约克·冯·瓦腾堡伯爵通信集》（Br. wechsel zw. W. Dilthey und dem Grafen P. Yorck von Wartenburg 1877—1897）（1923 年，重印本 1974 年），第 196 页。

　　㉖　《意识的处所和历史》（Bewußtseinsstellung und Gesch. ）（1896/1897 年），I. 费切尔（Fetscher）编（1991 年），第 3 页。

　　㉗　M. 舍勒，《先验的和心理学的方法论》（Die transzend. und die psychol. Methode）（1899 年），《全集》（Ges. Werke）1（1971 年），第 219 页。

　　㉘　约克·冯·瓦腾堡伯爵（P. Yorck von Wartenburg），《关于普鲁士高级中学课程改革的思考》（Ged. über eine Reform des Gymnasialunterr. in Preußen）（1890 年），载《哲学档案》（Arch. Philos. ）9（1959 年），第 299 页。

　　㉙　W. 赫尔曼（Herrmann），《福音神学新形成的使命》（Neu gest. Aufgaben der evang. Theol. ）（1912 年），载 P. 菲舍尔-阿佩尔特（Fischer- Apelt）编，《神学基础论文集》（Schr. zur Grundleg. der Theol. ）2（1966 年及以后），第 259 页；参看《柯亨和纳托尔普伦理学里的宗教观点》（Die Auffass. der Relig. in Cohens und Natorps Ethik）（1909 年），同前，第 230 页；《罗马伦理和福音伦理》（Rom. und evang. Sittlichkeit）（³1903 年），第 65 页；《宗教》（Religion）（1905 年），载《神学基础论文集》（Schr. zur Grundleg. der Theol. ）1，第 290 页、第 294 页以下。

　　㉚　《宗教》（Religion）（1905 年），载《神学基础论文集》（Schr. zur Grundleg. der Theol. ）1，第 297 页；《罗马伦理和福音伦理》（Rom. und evang. Sittlichkeit）（³1903 年），第 67 页；参看《虔诚》（Andacht）（1896），载《神学基础论文集》（Schr. zur Grundleg. der Theol. ）1，第 188 页；《宗教和伦理》（Relig. und Sittlichkeit）（1905 年），同前，第 275 页；参看 Th. 马耳曼（Mahlmann），辞条"W. 赫尔曼"（W. Herrmann），载《神学实科丛刊》（Theol. Realenzykl. ）15（1986 年），第 168 页以下。

　　㉛　M. 卡勒尔（Kahler），《所谓史实的耶稣和历史的、圣经的基督》（Der sog. hist. Jesus und der geschichtl. , bibl. Christus）（²1913 年），第 119 页以下。

"觉醒"为神③。E. 特洛尔奇则强调了"科学-历史的自省"的含义③。

对狄尔泰和约克来说,自省是理解完整人类的行动,而 J. 福尔柯尔特(Volkelt)则将其规定为"对确定性种类的自省",并将其规定为一种思考的形式③。"个体主义的"或者"独白式的自省"(monologische S.)是"无条件认知理论"根本性的"方法"③。

对胡塞尔来说,自省是一种批判方法,它区别于"天真的认知行动"③。"现象学的自省"或"现象学的自省方法以先验还原的形式",对扬弃(Aufhebung)看待世界的自然态度起着作用,即将世界看作一种臆想的、客观的已在③,更准确地说,通过"原来的自省",在此自省中哲学通过"总是新的自省"侵袭着变化为一种现象或者说现象宇宙的天真世界③。由此,自

---

③ E. 布鲁讷(Brunner),《神秘和话语》(Die Mystik und das Wort)(1924年),第 309 页。

③ E. 特洛尔奇,《历史主义及其问题》(Der Historismus und seine Probleme)(1922 年),载《著作集》(Ges. Schr.)3(1922—1925 年,重印本 1962—1977年),第 168 页。

③ J. 福尔柯尔特(Volkelt),《关于知觉确定性的思考》(Ged. über die intuit. Gewißheit),载《哲学和哲学批评杂志》(Z. Philos. philos. Kritik)160(1916年),第 145 页;参看《确定性和真理》(Gewißheit und Wahrheit)(1918 年,²1930年),第 428 页、第 561 页;H. 施瓦茨(Schwarz)编,《系统的自我描述》(Systemat. Selbstdarst.)(1933 年),第 5 页。

③ 《确定性和真理》(Gewißheit und Wahrheit)(1918 年,²1930 年),第 46页、第 109 页、第 36 页;参看《经验和思考》(Erfahrung und Denken)(1886 年),第554 页;《感知确定性》(Die Gefühlsgewißheit)(1922 年),第 103 页。

③ E. 胡塞尔,《第一哲学》(Erste Philos.)2(1923/1924 年),载《胡塞尔全集》(Husserliana〔Hua.〕)8(Den Haag 1959 年),第 7 页。

③ 《欧洲科学的危机和先验现象学》(Die Krisis der europ. Wiss. und die transzend. Phänomenol.)(1935/1936 年),载《全集》(Hua.)6(1954 年),第 190页;《笛卡尔沉思》(Cartes. Medit.)(1929 年)§ 64,载《全集》(Hua.)1(²1963年),第 179 页;参看《纯粹现象学和现象学哲学的观念》(Ideen zu einer reinen Phänomenol. und phänomenolog. Philos.)Ⅲ,载《全集》(Hua.)5(1952 年),第153 页。

③ 《欧洲科学的危机和先验现象学》(Die Krisis der europ. Wiss. und die transzend. Phänomenol.)(1935/1936 年),载《全集》(Hua.)6(1954 年),第 185 页。

省"并不允许以自然沟通的态度来进行，而是可以说是以唯我论的态度来进行"[39]。恰恰是单个"人的人格生命从自省和自我担责的阶段"流向"普遍的自省阶段"，流向"自治理念的意识领会"，如此自我负责地构形他的生命[40]。这样，自省（不同于"我之反思"［Ichreflexion］）乃是人的持久任务，要使"完满的人道"（das volle Menschentum）成为现实[41]。这种"自然的自省"早就是任何哲学的开端[42]；不过，在逻辑学中实行的是一种"完全的自省"[43]，而在心理学中"自我中心的自省"则将自我导向对我之自我（meines Ich）的建构，这种建构乃是在主体之下且与他者主体一起发生[44]。要将哲学理解为"无尽的任务"，就必须将它的历史反思为对当代来说已经放弃的东西。哲学家必须"在他的自省中同时将对先辈（Altvordern）的自省继续进行下去"，通过这种方式他承受历史上"沉淀下来的概念性"——这种概念性先行地引导着他自己的行为——，这样使它"重新变得生机勃勃"。在这种"历史自省"中，一切迄今为止的自明性都被认作并显露为前判断（Vorurteile）[45]。胡塞尔

———————

[39] 《第一哲学》（Erste Philos.）2(1923/1924 年)，载《胡塞尔全集》（Husserliana［Hua.］)8(Den Haag 1959 年)，第 59 页。

[40] 《欧洲科学的危机和先验现象学》（Die Krisis der europ. Wiss. und die transzend. Phänomenol.）(1935/1936 年)，载《全集》（Hua.）6(1954 年)，第 272 页。

[41] 同上，第 486 页；参看第 510 页（注释 1［Anm. 1］)。

[42] 《第一哲学》（Erste Philos.）2(1923/1924 年)，载《胡塞尔全集》（Husserliana［Hua.］)8(Den Haag 1959 年)，第 87 页。

[43] 《形式的和先验的逻辑》（Formale und transzend. Logik）(1929 年) § 6，载《全集》（Hua.）17(1974 年)，第 34 页。

[44] 《欧洲科学的危机和先验现象学》（Die Krisis der europ. Wiss. und die transzend. Phänomenol.）(1935/1936 年)，载《全集》（Hua.）6(1954 年)，第 262 页；参看《笛卡尔沉思》（Cartes. Medit.）(1929 年) § 64，载《全集》（Hua.）1(^{2}1963 年)，第 189 页。

[45] 《欧洲科学的危机和先验现象学》（Die Krisis der europ. Wiss. und die transzend. Phänomenol.）(1935/1936 年)，载《全集》（Hua.）6(1954 年)，第 73 页。

将这种自省称作"最彻底和最深层的自省"[46]。"人们首先必须通过悬置(ἐποχή)丧失这个世界,这是为了在普遍自省中重新获得它。"[47]O. 科恩施塔姆(Kohnstamm)将胡塞尔"纯粹的认知主体"阐释为"最深的潜意识"(tiefstes Unterbewußtsein),并将他的"现象学态度"(phänomenologische Einstellung)理解为"冥思"(Kontemplation),他的"边缘状态则是'催眠自省'"。"自省论"就这样联结起了哲学和心理学[48]。

按照德里施(H. Driesch)的看法,哲学首要的是"自省论"或"现象学",倘若自我在此省思到"最终不可分解的方式,以此方式自我被有意识地体验了"。尽管自省只能这样描写,然而它确实是"一切哲学的最终根基",并流入"秩序论"或"逻辑学",后者整理着被体验到的东西[49]。

继续狄尔泰的看法,米施将自省描述为"人的自我回归(Insichzurückgehen)",是"回转这一瞥⋯⋯反思(reflexio)"[50]。

---

[46] 同上,第 193 页;参看第 195 页、第 207 页;《笛卡尔沉思》(Cartes. Medit.)(1929 年)§ 64,载《全集》(Hua.)1(^{2}1963 年),第 179 页。

[47] 《笛卡尔沉思》(Cartes. Medit.)(1929 年)§ 64,载《全集》(Hua.)1(^{2}1963 年),第 183 页。

[48] O. 科恩施塔姆(Kohnstamm),《以催眠的自我省思方法得到的医学和哲学结果》(Med. und philos. Ergebnisse aus der Methode der hypnot. S.)(1918 年),第 15 页;《潜意识和催眠的自我省思方法》(Das Unterbewußtsein und die Methode der hypnot. S.),载《心理学和神经学杂志》(J. Psychol. Neurol.)23 增刊(Erg.-h.)1(1918 年),第 209—316 页,此处:第 306 页。

[49] H. 德里施,《秩序论》(Ordnungslehre)(1912 年,^{2}1923 年),第 1 页、第 6 页、第 8 页;《知识和思考》(Wissen und Denken)(^{2}1922 年),第 8 页(注释 1[Anm. 1]);《作为使命的逻辑》(Die Logik als Aufgabe)(1913 年),第 3 页;参看《自省和自我认知》(S. und Selbsterkenntnis)(1940 年);对德里施的批判请参看例如 G. 沃尔夫(Wolff),《生命和认知》(Leben und Erkennen)(1933 年),第 260—283 页。

[50] G. 米施,《埃吉尔·斯卡德拉格里姆松:诗人的自我描述》(Egil Skalla-grimsson. Die Selbstdarst. des Skalden.),载《德国文学和精神历史季刊》(Dtsch. Vjschr. Lit. wiss. Geistesgesch.)6(1928 年),第 199—241 页,此处:第 199 页;《建立生命哲学基础上的逻辑学:论逻辑学和知识理论导论的哥廷根讲座》(Der Aufbau der Logik auf dem Boden der Philos. des Lebens. Gott. Vorles. (转下页注)

他强调自省并非单纯思考的特性⑤。自省是自传一个最重要的动机㉓，在"自省的进程"中形成"我之生命内在关联的知识"㉝。除了自省的回转特点，米施也强调"精神创造性自省"的构形力量㉞。此外，认知理论的自省方面，或者精神科学与"生命省思"㉟的关联方面，都属于这个概念的意义谱系。像米施一样，B. 格罗图森也强调说，自省是从亲密的生命关联中显露出来的。"形而上学的自省"让自明的东西变成"某些陌生的东西"㊱，引导人类"超越自身"㊲。对海德格尔来说，"自省"是在"对存在之本质的发问"中被奠基的，自省不是"在通常意

（接上页注）über Logik und Einl. in die Theorie des Wissens）（1927/1928 年冬季学期—1933/1934 年冬季学期），G. 库讷-贝特莱姆（Kühne-Bertram）/F. 罗迪（Rodi）编（1994 年），第 149 页；参看《哲学之路》（Der Weg in die Philos.）（1926 年，²1950 年），第 62 页、第 96 页；《自传的历史》（Gesch. der Autobiogr.）1/2（1907 年，³1950 年），第 373 页。

⑤ 《生命哲学和现象学》（Lebensphilos. und Phänomenol.）（1929/1930 年，²1931 年），第 80 页；参看第 71 页。

㉓ 《自传的历史》（Gesch. der Autobiogr.）1/1（1907 年，³1949 年），第 17 页；关于概念"自传性的省思"（autobiographische S.），请参看 D. 伦岑（Lenzen）/K. 默勒豪泽尔（Mollenhauer）编，《教育科学百科辞典》（Enzykl. Erzieh. wiss.）1（1983 年），第 317 页。

㉝ G. 米施，《建立在生命哲学基础上的逻辑学：论逻辑学和知识理论导论的哥廷根讲座》（Der Aufbau der Logik auf dem Boden der Philos. des Lebens. Gott. Vorles. über Logik und Einl. in die Theorie des Wissens）（1927/1928 年冬季学期—1933/1934 年冬季学期），G. 库讷-贝特莱姆（Kühne-Bertram）/F. 罗迪（Rodi）编（1994 年），第 345 页。

㉞ 《自传的历史》（Gesch. der Autobiogr.）1/2（1907 年，³1950 年），第 702 页。

㉟ 《生命哲学和现象学》（Lebensphilos. und Phänomenol.）（1929/1930 年，²1931 年），第 155 页；《精神科学理论里的生命哲学观念》（Die Idee der Lebensphilos. in der Theorie der Geisteswiss.）（1924 年），载《论狄尔泰的生命域和思想域》（Vom Lebens- und Ged. kreis W. Diltheys）（1947 年）第 48 页；G. 米施，《著作集》第 5 卷（GS5）（⁴1964 年）的《准备性报告》（Vorbericht）（1923 年）LXV。

㊱ B. 格罗图森，《生命和世界观》（Das Leben und die Weltanschauung），载《世界观：在 W. 狄尔泰描述里的哲学和宗教》（Weltanschauung. Philos. und Relig. in Darst. von W. Dilthey），B. 格罗图森及他人编（1911 年），第 55—57 页，此处：第 62 页以下（引自第 64 页）。

㊲ 《哲学人类学》（Philos. Anthropol.）（1931 年），第 48 页。

义上的人类学的生存省思"⁵⁸。而按照格罗图森,自省是"哲学人类学自己的任务",即被理解为"人类学的自省","再次发现人类自省的过程"⁵⁹;相应地,它是精神历史研究的任务,引向"历史的自省"⁶⁰。

像胡塞尔、格罗图森和米施一样,H. 龚特尔(Günther)和Th. 利特将"转向自我(Ich),即自省"的能力赋予人类⁶¹。利特尤其强调自省之创造同一性的要素⁶²以及"自省的据为己有的(aneignend)"或"塑形的力量"⁶³,自省就存在于将自己的行动及其批判性的反思"相互"置入到"正确的关联中"⁶⁴。"自我构形通过自省"而这样发生⁶⁵。按照利特,"个人的"和"超个人的自省"是相互交错的⁶⁶。

尤其是"自省"概念之认知理论和科学理论的方面也来自狄尔泰,它以多样不同的方式被理解和发展。在这方面,伽达默尔和罗迪(F. Rodi)首先强调"在生命中省思"和"哲学自省"以及"历史自省"间的内在联系,由此也强调了"前科学的自

---

⑤⁸　M. 海德格尔,《哲学论稿——从本有而来》(Beiträge zur Philos.〔Vom Ereignis〕)(1946 年),载《全集》(GA)Ⅲ/65(1989 年),第 52 页、第 68 页。

⑤⁹　格罗图森,《哲学人类学》(Philos. Anthropol.)(1931 年),第 31 页、第 104 页、第 7 页。

⑥⁰　《法兰克福的市民世界观和人生观的形成》(Die Entsteh. der bürgert. Welt- und Lebensanschauung in Frankr.)1(1927 年,重印本 1973 年)XVII。

⑥¹　Th. 利特(Litt),《人类的自我认知》(Die Selbsterkenntnis des Menschen)(1948 年),第 15 页;参看第 24 页、第 28 页;H. 龚特尔(Günther),《自我理解的问题》(Das Problem des Sichselbstverstehens)(1934 年),第 3 页。

⑥²　参看 Th. 利特(Litt),《人类的自我认知》(Die Selbsterkenntnis des Menschen)(1948 年),第 32 页、第 44 页以下。

⑥³　同上,第 53 页、第 43 页以下。

⑥⁴　《制事与自省》(Sachbemeisterung und S.),载《普通研究》(Studium generale)6(1953 年),第 553—563 页、第 563 页。

⑥⁵　《人类的自我认知》(Die Selbsterkenntnis des Menschen)(1948 年),第 25 页;参看第 31 页。

⑥⁶　同上,第 57 页以下、第 73 页;参看第 50 页、第 62 页。

省"对精神科学来说具有的建构意义。

G. 库讷-贝尔特拉姆(Kühne-Bertram)撰,鲍永玲译

III

胡塞尔在其晚期著作中将现象学理解为对人性在其绝对生命之先验源泉(transzendentaler Urquell)上的普遍自省[67]。自省描述了一种伦理学任务,此任务被委托给作为"人性职能者"(Funktionär der Menschheit)[68]的哲学家[69]。因此,哲学讨论以彻底的自我责任被逐回到其存在的先验基础,并从其出发而担负着"对人性之真实存在的职责,这种人性之真实存在仅仅是朝向终极目标(Telos)的存在,倘若从根本上来说,它只能通过哲学才能实现"[70]。这才是可能克服当代危机的康庄大道。

P. 延森(Janssen)撰,鲍永玲译

参考文献:

G. PFAFFEROTT s. [Lit. zu I.].

---

[67] E. 胡塞尔,《欧洲科学的危机和先验现象学》(Die Krisis der europ. Wiss. und die transzend. Phänomenol.)(1935/1936 年)§ 73,载《全集》(Hua.)6 (1954 年),第 269 页;参看 A. 狄美尔(Diemer),《E. 胡塞尔:对其现象学进行系统描述的尝试》(E. Husserl. Versuch einer systemat. Darst. seiner Phänomenol.) (^{2}1965 年),第 324 页。

[68] E. 胡塞尔,《欧洲科学的危机和先验现象学》(Die Krisis der europ. Wiss. und die transzend. Phänomenol.)(1935/1936 年)§ 7,载《全集》(Hua.)6 (1954 年),第 15 页。

[69] 参看《第一哲学》(Erste Philos.)1(1923/1924 年),载《全集》(Hua.)7 (1956 年),第 204 页以下。

[70] E. 胡塞尔,《欧洲科学的危机和先验现象学》(Die Krisis der europ. Wiss. und die transzend. Phänomenol.)(1935/1936 年)§ 7,载《全集》(Hua.)6 (1954 年),第 15 页。

目的,主要论题,主题,整体结构(Skopus)

    自荷马以来,"目的"(Skopus,希腊语:σκοπός)首先是指"看守,密探,监工"①,此外也指(例如弓箭手)瞄准的目标②。Skopus 的转义是行动之目的,作为所追求目的的真理或存在者(柏拉图)③,人的生活目的或具有启发意义之研究的主要目的④。更古老的斯多亚学派经常将作为努力追求之目的"σκοπός",与作为已达到之目的的"τέλος"区分开来⑤。在古典教学传统里,对σκοπός的发问属于例如亚里士多德著作注释时的初步问题⑥。在继承了希腊语汇的西塞罗那里,这个词也具

————————

①　荷马,《伊利亚特》(Il.)2,792;23,359;《奥德赛》(Od.)22,156,22,396;埃斯库罗斯(Aischylos),《祈援女》(Suppl.)381;《七将攻忒拜》(Septem c. Thebas)36 以下;欧里庇得斯(Euripides),《特洛伊妇女》(Troades)956。

②　荷马,《奥德赛》(Od.)22,6;品达,《尼米亚颂诗》(Nem.)6,27;柏拉图,《泰阿泰德》(Theaet.)194 a。

③　柏拉图,《智术师》(Soph.)228 c;《理想国》(Resp.)452 e,519 c;《法义》(Leg.)717 a,744 a,962 a。

④　《高尔吉亚》(Gorg.)507 d;亚里士多德,《论题篇》(Top.)159 a 26;《形而上学》(Met.)I,2,983 a 22;《尼各马可伦理学》(Eth. Nic.)1094 a 24,1106b 32,1138 b 22,1144 a 8,1144 a 25 以下;《大伦理学》(Mag. mor.)1190 a 16. 32;《优台谟伦理学》(Eth. Eud.)1214 b 7,1227 b 20,1227 b 23;《政治学》(Pol.)1311a 4,1324 a 34,1331 b 27,1333 b 3;《修辞学》(Rhet.)1360 b 4,1362 b 18。

⑤　克律西波斯(Chrysipp),《残篇》(Frg.)3,10,16,载《斯多亚派残篇》(SVF,Stoicorum veterum fragmenta collegit)3,3 以下,6;参看 R. 阿尔佩斯-戈尔茨(Alpers- Gölz),《斯多亚学派及其前史里的 ΣΚΟΠΟΣ 概念》(Der Begriff ΣΚΟΠΟΣ in der Stoa und seine Vorgesch.)(1976 年)。

⑥　参看 Ph. 霍夫曼(Hoffmann),《辛卜力乌斯的范畴和语言:亚里士多德〈范畴篇〉的目的问题》(Catégories et langage selon Simplicius. La question du skopos du traité aristotélicien des Catégories),载 I. 阿多(Hadot)编,《教皇辛卜力乌斯:他的生命,他的著作,他的留存》(Simplicius,sa vie,son œuvre,sa survie)(1987 年),第 61—90 页,尤其是第 65 页。

有优先性⑦。

在《新约》里，Skopus 是基督的生命为之致力的目的：天堂的使命⑧。在教父那里，Skopus 以不同的内在关联⑨，也显现为在阐释《圣经》时受其决定的目的⑩。中世纪的文本解经则从多重字面意义的理论出发，仅仅认可"不同类比论题（scopi）之不稳定的多重性"⑪。

人文主义和宗教改革运动，使人们越来越多地只认可文本的字面意义。Skopus 由此成为文本的"主要意见"（Haupt-meinung）⑫，在这里立刻就会出现这一问题，即从哪里以及在哪些关联里能获得这种"主要意见"。这种"主要意见"不是都

---

⑦　西塞罗，《致埃迪克书书信》(Ep. ad Att.)，XV，29，2。

⑧　《反腓利比克之辩》(Phil.)3，14；参看 3，17；《哥林多后书》(2. Kor.)4，18 等；对此参看 E. 富克斯[Fuchs]，辞条"论题"(σκοπός)，载 G. 基特尔(Kittel)编，《新约神学辞典》(Theol. Wb. zum NT)(1964 年)，第 415—419 页。

⑨　亚他那修(Athanasius)，《反亚流》(C. Arian.)，3，58，载米涅(Migne)编，《教父著作全集：第一部分：希腊文系列》(MPG，Patrologiae cursus completus：Series I：Ecclesia graeca 1—167)26，445 A；奥利金《论首要原理》(De princ.)IV，2，7；大巴西流(Basilius der Gr.)，《〈诗篇〉里的布道词》(Homiliae in Psalmos)14，6，载米涅(Migne)编，《教父著作全集：第一部分：希腊文系列》(MPG，Patrologiae cursus completus：Series I：Ecclesia graeca 1—167)29，264 A。

⑩　尼撒的格列高利(Gregor von Nyssa)，《论灵魂和复活》(De an. et resurrect.)，载米涅(Migne)编，《教父著作全集：第一部分：希腊文系列》(MPG，Patrologiae cursus completus：Series I：Ecclesia graeca 1—167)46，49 C；圣金口若望(Joh. Chrysostomus)，《〈诗篇〉研究》(Expositio in Psalmos)3，载米涅(Migne)编，《教父著作全集：第一部分：希腊文系列》(MPG，Patrologiae cursus completus：Series I：Ecclesia graeca 1—167)55，35；开罗的特奥多尔(Theodoret von Kyros)，《〈以西结书〉注解》(In Ezechielem)16，53；《〈哈巴谷书〉注解》(In Habacuc)3，7，载米涅(Migne)编，《教父著作全集：第一部分：希腊文系列》(MPG，Patrologiae cursus completus：Series I：Ecclesia graeca 1—167)81，952，81，1828。

⑪　G. 埃贝林(Ebeling)，《福音派的福音解释》(Evang. Evangelienauslegung)(1942 年，M 991)，第 191 页。

⑫　同上，第 411 页(注释 263[Anm. 263])；此外，埃贝林(Ebeling)也列举了路德的以下衍生概念：首(caput)、主要信条(Hauptstück)、主要理解(Hauptverstand)、论点(der Punkt)、概念(Begriff)、意见(Meinung)、核心(Kern)、原理(principalis)、首要立场(capitalis locus)、教理(doctrina)、全部(summa)、总体(summa summarum)、文本的结论(conclusio eines Textes)。

在文本里——毋宁说是在生命诠释学的关联里，鹿特丹的伊拉斯谟在《骑士须知》(Enchiridion)里将"用于决定生命的目标或者基督"(ut totius vitae tuae Christum velut unicum scopum praefigas)[13]，归入到"真正基督教的普遍规则"里。在路德那里，Skopus看似早就是常用概念了[14]；路德也在"人们射击的目标"以及"人们追寻的目标"的意义上，运用这个词，这类似于"数学点"(punctum mathematicum)的概念，是指对善好生活方式的心灵愿望。神"以数学点的方式"(in...puncto Mathematico)行使正义[15]，也就是说它足以使那不可分割的数学点或"善好圆面"(Scheibe des Guten)的目标(Skopus)被瞄准，即使"射手"仅仅射中目标的圆周区域即"物理点"(punctum physicum)[16]。路德将圣经的文本段落和文本关联把握为统一体，其表述意图要从"目的"(Skopus)出发来阐释[17]。在这里，

⑬　鹿特丹的伊拉斯谟，《骑士须知》(Enchir. militis christiani)(1501/1503年)，载 W. 魏策希(Welzig)编，《文集选》(Ausgew. Schr.)1(1968年)，第168页。

⑭　最早可证实的出现是在 M. 路德(Luther)，《关于〈士师记〉的演讲》(Praelectio in librum Judicum)(1517年)，载《路德全集》魏玛版(Weim. Ausg.［WA］)4,579,31(不能确定是否来自路德)；《布道词》(Pr.)1517年11月19日，载《路德全集》魏玛版(Weim. Ausg.［WA］)4,623,19(不能完全确定时间)；《论罪之赦免效力的解答》(Resolutiones disputationum de indulgentiarum virtute)(1518年)，载《路德全集》魏玛版(Weim. Ausg.［WA］)1,608,35。

⑮　《关于〈诗篇〉的演讲》(Praelectio in Psalmus)45(1532年)，载《路德全集》魏玛版(Weim. Ausg.［WA］)40/2,524,7。

⑯　同上，526,1以下；也参看《〈诗篇〉叙述》(Enarr. Psalmus)51(1532年)，载《路德全集》魏玛版(Weim. Ausg.［WA］)40/2,470,6以下。

⑰　选段：《读〈诗篇〉的方法》(Operationes in Psalmos)(1519—1521年)，载《路德全集》魏玛版(Weim. Ausg.［WA］)5,125,14以下；128,18以下；131,4；《路德全集》魏玛版第二卷档案(Arch. zur WA 2)(1981年)219,3；225,8以下；230,8以下；《〈书信〉和后宣告的〈福音书〉的叙述》(Enarrationes epistolarum et evangeliorum, quas postillas vocant)(1521年)，载《路德全集》魏玛版(Weim. Ausg.［WA］)7,506,16；《论〈小先知书〉的演讲》(Praelect. in Proph. minores)(1525年)，载《路德全集》魏玛版(Weim. Ausg.［WA］)13,502,31；《〈申命记〉讲义》(Vorlesung ueber das Deuteronomium)(1523/24年)，载《路德全集》魏玛版(Weim. Ausg.［WA］)14,602,19；《保罗致提摩索斯书信第一封〉讲义》(Vor-　(转下页注)

对他来说，所有文本表述都被裹扎在"耶稣基督和信仰"（de Iesu Christo et fide）的关联里，这些关联描述了"总的目的"（generalis scopus）[18]。在路德这里，个人的"数学点"（punctum mathematicum）乃是对所信仰的基督联系[19]之"不受限制的确定性"[20]，这也成为诠释学的目的（Skopus）。

（接上页注）lesung ueber den 1. Timotheusbrief）（1528 年），载《路德全集》魏玛版（Weim. Ausg.［WA]）26,103,21 以下；《1529 年 3 月 28 日布道词》（Pr. 28. 3. 1529），载《路德全集》魏玛版（Weim. Ausg.［WA]）29,270,17；《在哥堡对前 25 篇〈诗篇〉的解释》（Die ersten 25 Psalmen auf der Coburg ausgelegt）（1530 年），载《路德全集》魏玛版（Weim. Ausg.［WA]）31/1,271,23；《〈以赛亚书〉讲义》（Vorlesung ueber Jesaia）（1527—1530 年），载《路德全集》魏玛版（Weim. Ausg.［WA]）31/2,119,26；《论〈圣保罗致加拉太人书信〉演讲里的注释》（In epistolam St. Pauli ad Galatas commentarius ex praelectione）（1531 年，1535 年），载《路德全集》魏玛版（Weim. Ausg.［WA]）40/1,147,11；《〈以赛亚书〉第 9 章的叙述》（Enarr. capitis noni Esaiae）（1543/1544 年），载《路德全集》魏玛版（Weim. Ausg.［WA]）40/3,610,6；参看 K. 霍尔（Holl），《路德对解释艺术之进步的意义》（Luthers Bedeut. für den Fortschritt der Auslegungskunst）（1920 年），载《论教会历史论文集》（Ges. Aufs. zur Kirchengesch.）"1. 路德"（1：Luther）（[4/5]1927 年）第 544—582 页，尤其是 572 页以下；F. 哈恩（Hahn），《路德的解释基本原则及其神学前提》（Luthers Auslegungsgrundsätze und ihre theol. Voraussetz.），载《系统神学杂志》（Z. systemat. Theol.）12（1935 年），第 165—218 页，尤其是第 191—193 页；埃贝林（Ebeling），《福音派的福音解释》（Evang. Evangelienauslegung）（1942 年，M 991），第 191—202 页、第 225—239 页、第 269—272 页、第 410—412 页；W. 冯·勒唯尼希（von Loewenich），《作为对观福音书作者之解释者的路德》（Luther als Ausleger der Synoptiker）（1954 年），第 101—105 页。

[18]　《1532 年 5 月 20 日布道词》（Pr. 20. 5. 1532），载《路德全集》魏玛版（Weim. Ausg.［WA]）36,180,10 以下；也参看《读〈诗篇〉的方法》（Operat. in Ps.）（1519—1521 年），载《路德全集》魏玛版（Weim. Ausg.［WA]）5,59,12；《路德全集》魏玛版第 5 卷档案（Arch. zur WA），90,2 以下；《论〈创世纪〉的大演说》（In Genesin declamatationes）（1523/1524 年，1527 年），载《路德全集》魏玛版（Weim. Ausg.［WA]）24,16,1 以下；511,14；《〈以赛亚书〉讲义》（Vorles. Jesaia）（1527—30 年），载《路德全集》魏玛版（Weim. Ausg.［WA]）31/2,1,20 以下；《1530 年 3 月 20 日布道词》（Pr. 20. 3. 1530），载《路德全集》魏玛版（Weim. Ausg.［WA]）32,19,36。

[19]　G. 埃贝林（Ebeling），《路德神学里的教义和生活》（Lehre und Leben in Luthers Theol.）（1983 年），载《路德研究》（Lutherstud.）3（1985 年），第 39 页。

[20]　M. 路德，《桌边谈话》（Tischreden）1,56,Nr. 134（1531 年）；131—133,Nr. 320（1532 年）；141—143,Nr. 349（1532 年）；255 以下；Nr. 558（1533）；2,439,Nr. 2383（1532 年），载《路德全集》魏玛版（Weim. Ausg.［WA]）；也参看《〈罗马书〉讲义》（Vorles. Röm./Römerbriefvorlesung）（1515/1516 年），　（转下页注）

梅兰希顿通过一种独立的、然而也是在中世纪晚期就预先形成的对古典修辞学和文本解释之间联系的恢复,扩展了宗教改革运动的文本注释的方式㉑。文本的主要论题(Skopus)存在于言说"种类"(Art[genus])及其"意图"(Absicht[intentio])或者说与其"目标"(Ziel[finis])的关联之中,这里每个领域的基本概念(基本主题[loci])都要考虑到㉒。对梅兰希顿来说同样适用的是,"基督是……全部文本的目的"(universae scripturae ... σκοπὸς Christus est)㉓,然而这些需要说明根据的神学"基本主题"(loci)在教义学上继续扩展着,而这些基本主题(loci)是梅兰希顿首先在《罗马书》解经(Römerbriefexegese)中获得的。

加尔文也分享了对基督学文本(christologische Schrift)之目的(Skopus)的坚信,对他来说,贯彻"整个文本的……

<hr />

(接上页注)载《路德全集》魏玛版(Weim. Ausg. [WA])56,249,20 以下;《为〈加拉太书〉讲座的预备工作》(Präp. zur Vorles. Gal.)(1531 年),载《路德全集》魏玛版(Weim. Ausg. [WA])40/1,21,12;《〈诗篇〉讲义》(Vorlesung. Psalmus)51(1532 年,1538 年)470,6—9. 23—25;《〈诗篇〉讲义》(Vorles. Ps.)45(1532 年,1533 年),载《路德全集》魏玛版(Weim. Ausg. [WA])40/2,526,1—528,13 或 31;参看埃贝林(Ebeling),《路德神学的教义和生活》(Lehre und Leben in Luthers Theol.)(1983 年),载《路德研究》(Lutherstud.)3(1985 年),第36—40 页;《路德研究》(Lutherstud.)2/3(1989 年),第 527 页以下(注释 223[Anm. 223])。

㉑　梅兰希顿,《修辞学第 3 册》(De Rhet. lib. tres)(1519 年);《修辞学的元素》(Element. rhetorices lib.)II(1531 年),载《改教文献全集》(Corp. Reformat.)13,第 415—506 页;参看 H. 西克(Sick),《梅兰希顿作为〈旧约〉的解释者》(Melanchthon als Ausleger des AT)(1959 年),第 41—81 页;U. 施奈尔(Schnell),《梅兰希顿的布道理论》(Die homilet. Theorie Ph. Melanchthons)(1968 年),第 10—53 页;H. -G. 伽达默尔,《修辞学和诠释学》(Rhetorik und Hermeneutik)(1976 年),载《全集》(Ges. Werke)2(1986 年),第 276—291 页,尤其是 282 页以下。

㉒　《修辞学的元素》(Element...),同上,第 422 页以下。

㉓　《〈圣保罗致哥林多人第一封信〉的前言》(Vorrede zu Pauli apost. ad Corinth. prior ep.)(1521 年),载 H. 沙伊贝勒(Scheible)编,《书信集》(Br. wechsel)Texte 1(1991 年),279,7—10。

根本只有唯一目的或者说意义：耶稣基督"㉔。——在路德宗的早期正统观念里，"基督是神子与人子"（Christus，Dei et hominis Filius），是"神学与完整《圣经》的目的"（scopus Theologiae et totius sacrae Scripturae）㉕。在这种正统观念里从梅兰希顿发展出来的诠释学，尤其通过 M. 弗拉齐乌斯㉖、S. 格拉西乌斯㉗和 J. C. 丹豪尔㉘发展出一个有差异的神学-语文学的目的学说，在此学说里，Skopus 被理解为"目的（finis）和意图（intentio）"、被理解为文学文本的"首脑与面貌"（Haupt und Antlitz），由此，从目的（Skopus）而来"向我们升起一道奇妙的光线，以此单独陈述的内容（sententias）得到

㉔　A. 加诺斯基（Ganoczy）/S. 沙尔德（Scheld），《加尔文的诠释学》（Die Hermeneutik Calvins）（1983 年），第 96 页以下（某些地方/局部，同前，第 97 页，注释 48［Anm. 48］）；也参看 J. 加尔文（Calvin），《基督教要义》（Instit. christ. relig.）（1559 年），载 P. 巴尔特（Barth）/W. 尼萨尔（Niesel）编，《选集》（Op. sel.）3（1928 年）6，21—25。

㉕　J. 黑尔布兰德（Heerbrand），《神学概要》（Compend. theol.）（1573 年，1582 年），第 35 页；也参看 M. 弗拉齐乌斯，《〈圣经〉指南》2（1567 年，1581 年）5，部分重印，G. 金置（Geldsetzer）编（1968 年）；S. 格拉西乌斯，《神圣文理第 2 册》（Philol. sacrae lib. duo）（1623 年）2，第 465 页。

㉖　M. 弗拉齐乌斯，《〈圣经〉指南》2（1567 年，1581 年）5，部分重印，G. 金置（Geldsetzer）编（1968 年）；参看 W. 狄尔泰，《在与传统新教诠释学争论中的施莱尔马赫的诠释学体系》（Das hermeneut. System Schleiermachers in der Auseinandersetzung mit der alten protestant. Hermeneutik）（1860 年），载《著作集》（Ges. Schr.）14/2，第 595—787 页。

㉗　S. 格拉西乌斯，最迟从 1634 年起：《神圣文理第 4 册》（libri quatuor）；从 1636 年起：《神圣文理第 5 册》（libri quinque）；参看 H. -J. 克劳斯（Kraus），《〈旧约〉历史-批判研究史》（Gesch. der hist. -krit. Erforsch. des AT）（1956 年），第 73 页。

㉘　J. C. 丹豪尔，《好诠释者和恶意诽谤者的观念》（Idea boni interpretis et malitiosi calumniatoris）（1630 年）；《〈圣经〉诠释学或〈圣经〉文献解释方法》（Hermeneutica sacra, seu methodus expon. S. Lit.）（1654 年）；参看 H. 耶戈尔（Jaeger），《诠释学早期历史研究》（Stud. zur Frühgesch. der Hermeneutik），载《概念史档案》（Arch. Begriffsgesch.）18（1974 年），第 35—84 页；H. -G. 伽达默尔，《逻辑学或者修辞学》（Logik oder Rhetorik?）（1976 年），载《全集》（Ges. Werke）2（1986 年），第 292—300 页。

理解"㉙。在法学里,Skopus 则被规定为"诉讼的根本-原因"
或者它"本来的主要-论点"㉚。

在敬虔主义中,A. H. 弗兰肯㉛追溯了正教的诠释学,但
他区分了文本的外壳与内核。通过对语言意义(sensus liter-
ae)的研究而打开外壳,对书本主要论题、段落和语句从"目的"
角度,即"本来的最终目的"角度进行逻辑解剖㉜,也都属于对
语言意义的研究。内核则通过对字面意义(sensus literalis)和
神秘意义的把握来获得提升,"信仰的类比"(Analogie des
Glaubens)作为"始终稳定地确证着信仰的有生命力之文本的
总体意义"㉝,在此起着根本的作用。基督是文本的"总的目
的"(scopus universalis)㉞。弗兰肯认为,神秘的(宗教的)文本
意义最终只能从多次重生(Wiedergeboren)角度才能理解㉟。

在更近的时期,这个概念有所修改,这里谈到的是单个文
本的目的要区别于其他文本的目的。这一诠释学概念的修改

㉙　M. 弗拉齐乌斯,《〈圣经〉指南》2(1567 年,1581 年)5,部分重印,G. 金置
(Geldsetzer)编(1968 年)13. 15;也参看 M. 贝茨(Beetz),《被弥补的诠释学》
(Nachgeholte Hermeneutik),载《德国文学和精神历史季刊》(Dtsch. Vjschr. Lit.
wiss. Geistesgesch.)55(1981 年),第 591—628 页,尤其是第 612 页以下。

㉚　J. H. 策德勒(Zedler),《一切科学和艺术的通用大全百科辞典》(Gr.
vollst. Univ.-Lex. aller Wiss. und Künste)36(1743 年),第 663 页。

㉛　A. H. 弗兰肯,《〈圣经〉讲义手稿》(Manuductio ad lect. Script. Sacrae)
(1693 年);《诠释学引论》(Praelect. hermeneuticae)(1717 年);参看 E. 赫施(Hir-
sch),《近代福音神学史》(Gesch. der neuern evang. Theol.)2(1951 年,²1960
年),第 169—177 页;E. 佩施克(Peschke),《A. H. 弗兰肯神学研究》(Stud. zur
Theol. A. H. Franckes)2(1966 年),尤其是第 77—89 页。

㉜　A. H. 弗兰肯,《上帝之工作、语词和职责的显明证据》(Oeffentl.
Zeugniß vom Werck,Wort und Dienst Gottes)2(1702 年),第 16 页。

㉝　赫施(Hirsch),《近代福音神学史》(Gesch. der neuern evang. Theol.)2
(1951 年,²1960 年),第 172 页。

㉞　A. H. 弗兰肯,《文本论题注释:〈旧约〉和〈新约〉》(Comment. de scopo
lib. Veteris et Novi Test.)(1724 年),第 3 页。

㉟　佩施克(Peschke),《A. H. 弗兰肯神学研究》(Stud. zur Theol. A. H.
Franckes)2(1966 年),第 50 页以下、89—96 页、第 101—106 页。

从方法论上受到批判，即不应在其表述中看到文本的差异化，而是应当在圣经布道与每个文本之情境、问题的关联中看到文本的差异化[36]。

M. 塞尔斯（Seils）撰，鲍永玲译

----

[36]　关于当代诠释学，请参看 A. 狄美尔（Diemer），《在历史和系统状态里的三重描述、说明和理解》（Die Trias Beschreiben, Erklären, Verstehen in hist. und systemat. Zus.），载狄美尔（Diemer）编，《科学中的方法论多元主义和理论多元主义》（Der Methoden- und Theorienpluralismus in der Wiss.）（1971 年），第 18 页；也参看 R. 布尔特曼（Bultmann）的生存论诠释：《诠释学的问题》（Das Problem der Hermeneutik）（1950 年），载《信仰和理解》（Glauben und Verstehen）2（1952 年，⁵1968 年），第 211—235 页，尤其是第 227 页以下：“诠释的结果”（das Woraufhin der Interpretation）；埃贝林（Ebeling），《福音派的福音解释》（Evang. Evangelien-auslegung）（1942 年，M 991），尤其是第 191 页以下，第 410 页以下。

立脚点；立场；观点；观照点（Standpunkt； Gesichtspunkt）

　　"立脚点"（Standpunkt）这个词语，与拉丁语的 punctum vi-sus［观照点］、德语的 Gesichtspunkt［观点］、Sehepunkt［视点］、Standort［立场］以及法语的 point de vue［观点］、point de regard［视点］、英语的 point of view［观点］、station［处所］、standpoint［立足点］等等一起，都是从视角（参看辞条 Perspektive）审美引申出来的系列概念。它最早曾以 gesichts punct 的形式出现在 A. 丢勒（Dürer）那里①，莱布尼茨将观点（Gesichtspunkt）一词作为形而上学概念引进，并对"出自每个单子的各种不同观点"②的思想与在道德视角下必须给出一个"真实观点"③的思想做出调停。J. M. 克拉顿尼乌斯则提到"视点"（Sehepunkt），以此来指那些"我们为何要这样而不是那样认知某事物的情形"④。这就导致了不可化简的观点多样性。自 18 世纪中叶以来，立脚点（Standpunkt）概念取代了观点（Gesichtspunkt）一词，这是为了刻画出唯一、最优的论点的特性。康德警示了这种人们能够发现真正的立脚点的预设⑤，而宁愿谈论观点（Ge-

---

　　①　A. 丢勒：《测量指导，借助圆规和直尺、线、面和整体》（Underweysung der Messung，mit dem Zirckel und Richtscheyt，in Linien，Ebenen unnd gantzen corporen）（1525 年，影印本 Zürich 1966 年），无页码（unpag）。

　　②　G. W. 莱布尼茨，《单子论》（Monadol.）（1714 年）§ 57，见 C. I. 格哈德（Gerhardt）编，《哲学文集》（Philos. Schr.）（1885 年，重印本 1961 年）6，第 616 页。

　　③　《神正论》（Théod.）II，§ 147（1710 年），同上，第 197 页。

　　④　J. M. 克拉顿尼乌斯，《普通历史科学》（Allg. Gesch. wiss.）（1752 年），第 382 页。

　　⑤　I. 康德，《纯粹理性批判》（KrV）B 42。

sichtspunkt）的多样性⑥；康德主义者 J. S. 贝克（Beck）却意图发现"唯一一可能的立脚点"，"批判哲学必须从这一立脚点出发得到评价"⑦。自 1799 年以来，费希特也赞同这种对真正的哲学立脚点之唯一性的谈论方式⑧。与此相反，对黑格尔来说，立脚点仍属于意识的区分和分裂状态⑨。不过这阻止不了真正立脚点的概念在黑格尔主义里，成为相对"被克服的"诸立脚点的进步象征⑩。接受任意的立脚点，这是 19 世纪的普遍趋势，只有叔本华、M. 施蒂纳（Stirner）和尼采是重要的例外，可他们也没能阻止这个概

---

⑥　《纯粹理性批判》（KrV）（第二版前言）（Vorrede zur 2. Aufl.）B XVIII（Anm.），载《全集》科学院版（Akad.-A.）3，第 13 页。

⑦　J. S. 贝克（Beck），《从康德教授、先生的批判文本里的阐释性摘录，也听从他的劝诫》3（Erläut. Auszug aus den Crit. Schr. des Herrn Prof. Kant, auf Anrathen desselben 3）："唯一可能的立脚点，必须从这个立脚点出发来评判批判哲学"（Einzig-mögl. Standpunct, aus welchem die crit. Philos. beurtheilt werden muß）（1796 年）。

⑧　J. G. 费希特，《编者的结论（论里特尔的〈神学中观念主义和实在主义的争论〉）。对〈德国学者协会哲学杂志〉中文章的阐释和评论》（Schluss Anmerkung der Herausgeber［zu Ritters "Streit des Idealismus und Realismus in der Theologie"］. Erkl. und Anm. zu Artikeln im "Philos. Journal einer Ges. Teutscher Gelehrten"），第 9、10 卷（1799 年/1800 年），见《全集》科学院版（Akad.-A.）I/6，第 415 页（"立场"［Standpunkt］）。

⑨　G. W. F. 黑格尔，《哲学体系》（System der Philos.）1（1817 年，²1827 年），H. 格洛克纳（Glockner）编，《全集》百年诞辰纪念版（Jub. ausg.）（1927—1940 年）8，第 93 页。

⑩　E. 冯·德·海德（von der Haide［M. Grün］），《北方和南方》（Nord und Süd）（1838 年），第 96 页；D. F. 施特劳斯（Strauss），《半与整：一个争论的文本》（Die Halben und die Ganzen. Eine Streitschr.）（1865 年），第 67 页以下，载《短论集》（Kl. Schr.）（³1898 年），第 258 页；R. M. 迈耶尔（Meyer）处的进一步例证：《四百个关键词》（Vierhundert Schlagworte）（1901 年），第 71 页以下（第 108 个［Nr. 108］）；A. 贡穆贝特（Gombert），《关于 R. M. 迈耶尔〈四百个关键词〉的书评》（Bücherschau über R. M. Meyers Vierhundert Schlagworte），载《德国语汇研究杂志》（Z. dtsch. Wortforsch.）2（1902 年），第 309 页以下；O. 兰登朵夫（Ladendorf），《现代关键词》（Mod. Schlagworte），同上，5（1903/1904 年），第 122 页以下；雅各布·格林和威廉·格林（J. und W. Grimm），《德语辞典》（Deutsches Wörterbuch 1—16）（1854—1916 年）；新版（Neuausg. 1—33）（1971 年，重印本 1984 年）（Grimm）10/2. 1，第 784 页。

念没落到成为流行语。

K. 罗特格斯(Röttgers)撰，鲍永玲译

参考文献：

K. RÖTTGERS: Der S. und die G. e. Arch. Begriffsgesch. 37(1994) 257—284.

精微性，微妙性（Subtilität）

"精微性"（Subtilität）的相应希腊语是λεπτότης，拉丁语是 subtilitas，法语是 subtilité，英语是 subtlety 和 subtilety，西班牙语则是 sutileza。拉丁语的概念 subtilitas 尤其多义。总体来说，"精微性"（Subtilität）指向一种特别的精细（Feinheit），在这里它可以附加同样强烈的正面或负面含义。

在古希腊以及拉丁语的语言使用中，该词就已呈现配价上的矛盾性。西塞罗在"精确性"（Genauigkeit）和"敏锐性"（Scharfsinnigkeit）的意义上，宣称哲学最值得夸奖的特质就是"精微性"（subtilitas）（hanc ego subtilitatem philosophia quidem dignissimam iudico）[1]。不过这个词也可以具有讽刺色彩，就像塞内卡在评价柏拉图理念说（Eidos-Lehre）的困难（difficultas）时说，要是没有这一困难就根本不可能显得"精微"（subtilitas）一样（nulla est autem sine difficultate subtilitas）[2]；或者，这个词也以显然贬损的意义出现，例如在阿里斯托芬的《云》（Wolken）里，拘泥于可笑的细枝末节就被称为"精微性"[3]。德尔图良也这样看待柏拉图主义者，他们论证的"精微性"（这里指的是吹毛求疵）却恰恰损害了灵魂之非实体性的基础（subtilitate potius

---

① 西塞罗，《学院派哲学》（Acad. pr. lib.）II,14,43；参看 H. 德里（Dörrie），《柏拉图主义的历史根源》（Die geschichtl. Wurzeln des Platonismus）1（1987 年），第 488—502 页；参看西塞罗，《论神的本质》（De natura deorum）II,1。

② 塞内卡（Seneca），《道德书信集》（Ep. morales）LVIII,20。

③ 阿里斯托芬（Aristophanes），《云》（Nubes）153。

quam veritate conturbant）④。早 在 柏 拉 图 那 里，或 然 说（πιϑανολογία）这一术语，就是指与通过必然根据进行严格论证相对立的或然性运作（Wahrscheinlichmachen）⑤。德尔图良自创了"精美言谈"（subtililoquentia）⑥一词来翻译这个希腊术语，他这样来介绍圣保罗对这样一种（《歌罗西书》[Kol.] 2,4. 8）——《通行本》（Vulgata）在这里以"精微的谈论"（sublimitas sermonum）来翻译"或然说"（πιϑανολογία）——的警告："警告[学院传道者]避开精微和哲理，因为它们引向空虚"（monet [sc. Apostolus] cavendum a subtililoquentia et philosophia, ut inani seductione）⑦。在此，精微性显现为容易倾覆于空洞、吹毛求疵中的精美和敏锐。

在作为物理学-形而上学的范畴时，这个术语（对"薄细"[λεπτότης]的翻译）⑧，首先是指称"更为精致的"元素火和气的特别精细性。甚至在笛卡尔那里，"materiae ... cœlestes[天体……物质]"和光亮的天体也仍然被描述为是精细的⑨。"精细"被反复用来指称质料的那种借此可亲近精神性东西的特性。在 S. 巴索（Basso）的《自然哲学》（Philosophia naturalis）里，世界灵魂就被表达为"精细的质料"（materia subtilis）⑩，而

---

④ 德尔图良（Tertullian），《论灵魂》（De an.）VI,1。

⑤ 柏拉图，《泰阿泰德》（Theaet.）162 e。

⑥ 参看 S. A. 德美尔（Demmel），《德尔图良对-antia 和-entia 的新构形》（Die Neubildungen auf -antia und - entia bei Tertullian）（1944 年），第 105 以下。

⑦ 德尔图良（Tertullian），《反马吉安论》（Adv. Marc.）V,19。

⑧ 参看辛卜力乌斯（Simplicius），《亚里士多德〈范畴篇〉评注》（Comm. sur les Cat. d'Arist.），A. 帕廷（Pattin）编（Paris 1971 年），第 363 页。

⑨ R. 笛卡尔，《哲学原理》（Princ. philos.）IV,8(1644 年)，载 Ch. 亚当(Adam)/P. 坦纳里(Tannery)编，《著作集》(Oeuvr.)1—11(1897—1913 年)8/1,第 206 页。

⑩ S. 巴索（Basso），《自然哲学反对亚里士多德的十二本书》（Philosophiae naturalis adversus Aristotelem libri XII）12（Amsterdam 1649 年），转引自 R. R. 施佩希特（Specht），《心灵和身体的关联》（Commercium mentis et corporis）（1966 年），第 85 页。

笛卡尔主义者 C. 霍格兰德(van Hoogelande)则用它来指生命精神(spiritus animales)之精细的、运动的质料的那部分，这部分按其现有的尺度、与作为"最精微的存在"(subtilissimum ens)的灵魂或精神的本性相适应[11]。由此，"精微"(subtilitas)同样也能用来称呼精细材质性(Feinstofflichkeit)，并根本上对立于材质性(subtilitas dicitur per remotione a materialitate)[12]。在这一背景下显而易见的是，在莱布尼茨单子形而上学的条件下，凭借对质料的特殊构想，"无论何时何地，事物广袤的精妙都包藏着一个现实的无限"[13]，全然成为有机体的特性[14]；它普遍有效："自然的精微及至无穷"(Subtilitas naturae procedit in infinitum)[15]。

在基督教–神学的语境里，精细性也显现为最高天(Empyreum)和亡故后变形的躯体的特性[16]，然而就像托马斯·阿奎那强调的那样，这种精细既不能与尘世元素的精微性[17]，也不

---

[11] C. 霍赫兰德，《关于上帝存在与心之灵性相似、与身体合一之可能的沉思》(Cogit. quibus Dei existentia, item animae spiritualitas et possibilis cum corpore unio demonstr.)(Leiden 1676 年)，第 33 页；参看施佩希特(Specht)，同上。

[12] 托马斯·阿奎那，《伦巴都〈四部语录〉注疏 1》(1 Sent.)，d. 10，q. 1，a. 4 concl.。

[13] G. W. 莱布尼茨，《人类理智新论》前言(Nouv. ess. sur l'entend. humain, Préf.)(1704 年)，《全集》科学院版(Akad.-A.) VI/6(1962 年)，第 57 页。

[14] 《解释自然、实体的交流以及灵魂和身体之统一的新体系，第一稿》(Système nouveau pour expliquer la nature des substances et leur communication..., 1. Entw.)(1694 年)，载 C. I. 格哈德(Gerhardt)编，《哲学文集》(Philos. Schr.)4 (1880 年，重印本 1965 年)，第 474 页以下。

[15] 《致 F. W. 比尔林的信》(Br. an F. W. Bierling)(1711 年 8 月 12 日)，同上，7(1890 年，重印本 1965 年)，第 501 页。

[16] 托马斯·阿奎那，《伦巴都〈四部语录〉注疏 4》(4 Sent.)，d. 44，q. 2，a. 2；更深入地，《神学大全》第三册(S. theol. III)《补编》(Supplementum)，83；约翰·邓斯·司各脱(Joh. Duns Scotus)，《牛津著作集》(Op. Oxon.) IV，d. 49，q. 16，n. 18 以下；参看 J. M. 奥贝特(Aubert)，《圣托马斯·阿奎那的 subtil 和 subtilité》('Subtil' et 'subtilité' chez saint Thomas d'Aquin)，载《中世纪拉丁语评论》(Rev. MA lat.)44(1988 年)，第 6—13 页。

[17] 托马斯·阿奎那，《伦巴都〈四部语录〉注疏 2》(2 Sent.)，d. 2，q. 2，a. 2。

能与精神的精微性等同而论⑱。阿奎那详细地阐释了对
"精微"（subtilitas）一词的多重类比性使用，并认为该词是
从透散（Durchdringung）能力引申来的（nomen subtilitatis a
virtute penetrandi est assumptum）。这种能力或来源于"微
小的量"（parvitas quantitatis），或来源于"质料的缺乏"（pau-
citas materiae），因此这些稀薄或精细的实体（rara）被称作
"精细"（subtilia）。因为在这些实体中，形式方面对立于质
料并占有优势，名称（Name）就被用于所有那些具象上，形
式以完美的方式实现于这些具象之中。又由于非具象的事
物完全脱离量和质，名称也会转嫁到它们身上。这样一来，
就像精微（Subtile）被称作"透散的东西"（Durchdringendes
［penetrativum］），因为它直达事物内在，理智也被称作是
"精微的"，因为理智挺进到对隐藏事物的内在原则和自然
本性的洞察⑲。

　　G. 卡尔达诺（Cardano）直接将隐藏的要素作为对这个术
语之规定的核心，他在著作《论精细》（De subtilitate）里首先
按照他的观点，考虑了每种科学来源于事物之隐藏特性的
"困难"（difficillima）。这些通常散落在单一科学和艺术中、
高度不同的问题与现象，在共同的精微性上却达成一致，卡
尔达诺将其定义为 ratio quaedam, qua sensibilia a sensibus, in-
telligibilia ab intellectu difficile comprehenduntur［"一种确定的
关系，以此为基础，感官和精神的意义对象被理智艰难地把
握住"］⑳。

---

　　⑱　《神学大全》（S. theol.），《补编》83（Suppl.）83，第一结论（1 concl.）。
　　⑲　同上。
　　⑳　G. 卡尔达诺（Cardano），《论精细》（De subtilitate）（1552 年），载《全集》
（Op. omn.）3（Lyon 1663 年，重印本 1966 年），第 357 页。

与卡尔达诺相反，J. C. 斯卡利杰(Scaliger)撰写了他的《外在训练》(Exotericae exercitationes)第十五书㉑，其中他批评了这种对精微性做统一定义的尝试。这个词本来指的是细线，这些细线在好的绣工中几乎肉眼不可见。西塞罗将这个词转到对敏锐的言谈和天才的刻画上，"精微性"(subtilitas)由此而指对原因、效果之内在关联的贯穿能力㉒。对斯卡利杰来说，自然的统一乃是这种消耗力量而又创造一切的神的力量(vis)，这种统一不允许对事物进行难易程度的区分，以至于精微性变成只是因人类的缺陷而附属于事物的(In illius [sc. dei] ... operis cum sit aequalitas：subtilitas attributione metita est eas a seipsa imbecillitate humana)㉓。由此，精微不是事物本身的特性，而毋宁说是表达了一种认知关系。因此不同于卡尔达诺，这里要依凭容易认知的能力来定义它：精微乃是"理智的力量，它难于理解却容易把握"(vis intellectus, qua difficilia cognitu facile comprehenduntur)㉔。倘若人们也认为这些事物自身具有卡尔达诺意义上的精微性，那这个概念将变得模糊多义("被造物中的精微性不同于造物者中的，无论是作为主体还是作为效应和原因"[Differt enim subtilitas, quae est in re, a subtilitate quae est in autore rei, non subiecto solum, sed etiam sicut effectus et caussa])㉕。就像

㉑　J. C. 斯卡利杰(Scaliger)，《外在训练第十五书：论精细》(Exoteric. exercitationum lib. XV：De subtilitate)(Paris 1557 年)；参看 U. G. 莱茵斯勒(Leinsle)，《事物和方法》(Das Ding und die Methode)(1985 年)，第 79 页以下。

㉒　J. C. 斯卡利杰(Scaliger)，《外在训练第十五书：论精细》(Exoteric. exercitationum lib. XV：De subtilitate)(Paris 1557 年)，对开本第 1 页反面(fol. 1v)；在 J. H. 阿尔斯泰德(Alsted)那里"精微"(subtilitas)也以"穿透能力"(facultas penetrandi)的形式出现：《百科全书》(Encycl.)(1630 年)，94b。

㉓　J. C. 斯卡利杰(Scaliger)，《外在训练第十五书：论精细》(Exoteric. exercitationum lib. XV：De subtilitate)(Paris 1557 年)，对开本第 1 页反面(fol. 1v)。

㉔　对开本第 2 页正面(fol. 2r)。

㉕　对开本第 1 页反面(fol. 1v)。

R. 戈科列尼乌斯（Goclenius）接着斯卡利杰评价的，既不存在一门统一的、将精微作为其对象的科学㉖，也不存在一种普遍的精微定义，因为不同的精微形式无法在一种共同的种属上达成一致㉗。

在这一讨论的背景下，尤其通过 G. 古特克（Gutke），精微性成为 17 世纪诺斯替学说（Gnostologie）（参看辞条 Gnostologie）和努斯学（Noologie）（参看辞条 Noologie）的根本概念㉘。在这个关于认知之原则的学说框架里，事物中的精细和精神中的精细虽然作为统一的精微性概念的不同模式㉙被区分开来㉚，但它们仍然直接彼此关联。按照古特克，"事物的精妙"（subtilitas rerum）关系到"最好的和精确的、来源于事物之类缘（Affinität）与联系的秩序"㉛，这样一来，那种精微性的模式就是"在认知中的精微性"（subtilitas in cognoscendo），借助这种模式我们以感知这一事物的类缘性和相互联系为基础，亦即借助对"事物的精妙"（subtilitas rerum）的经验，获得"不可动摇的认知原则"（subtilitatis modus, quo percepta rerum affinitate et coniunctione mutua ... advertimus principia cognoscendi firmissima）㉜。要形成这种认知的精微性，

㉖　对开本第 2 页正面-反面（fol. 2r—v）。

㉗　R. 戈科列尼乌斯（Goclenius），《逍遥学派和经院哲学第一哲学里的〈范畴篇导论〉》（Isagoge in peripatet. et scholast. primam philos.）disp. 14:《论精细》（De subtilitate）（1598 年，重印本 1976 年），第 206—212 页，此处：第 206 页。

㉘　参看 M. 乌特（Wundt），《17 世纪的德国学院形而上学》（Die dtsch. Schulmet. des 17. Jh.）（1939 年），第 243—259 页；W. 李瑟（Risse），《近代逻辑学》（Logik der Neuzeit）1（1964 年），第 507 页以下；U. G. 莱茵斯勒（Leinsle），《事物和方法》（Das Ding und die Methode）（1985 年），第 395 页以下、第 420 页以下。

㉙　G. 古特季乌斯（Gutkius），《首要原则的状态或理智》（Habitus primorum princ. seu Intelligentia）（1625 年），对开本 C8 正面- D2 反面（fol. C 8r-D 2r）。

㉚　同上，对开本 F5 正面（fol. F 5r）。

㉛　对开本 B7 正面（fol. B 7r）。

㉜　对开本 G7 正面（fol. G 7r）。

这一任务落到那种独立的、被其归入"理智"(intelligentia)名下的基础学科上，它的独特对象就是"事物的精妙"(subtilitas rerum)㉝，从这一视角出发它赢得最高的认知原则（例如"事物同时既存在又不存在是不可能的"[Impossibile est, idem simul esse et non esse]；"事物同时既存在又与他者相混是不可能的"[Impossibile est, idem simul esse et simul cum aliis confusum esse])㉞。

同时，"精微性"这一概念也以显而易见类似于上述的规定，自古典时代以来就作为美学范畴而使用㉟——卡尔达诺就差不多将精微性称作"一切修饰之母"(decoris omnis ... mater)㊱——作为后期矫饰主义和巴洛克观念主义(Konzeptismus)诗学的核心术语，此诗学恰恰作为"精微美学"㊲在 B. 格拉西安(Gracián)处找到突出的代表。按照格拉西安，"思想的精微"(sutileza del pensar)在"观念的敏锐"(agudeza del concepto)中找到了表达，这样的"观念"(concepto)由此被定义为将多样对象形成一致表达的知性行为。相应地，"艺术的机智"(artificio conceptuoso)存在于"和谐"(concordancia)或者"两端或三端之间的和谐关系，此两端或三端借助理解行为得以表达并可被认知"(armónica correlación entre dos o tres cognoscibiles extremos, expresada por un acto de entendimiento)之中，在

㉝　对开本 B7 正面(fol. B 7r)。

㉞　参看对开本 D3 正面(fol. D 3r)以下。

㉟　参看维特鲁威(Vitruv)，《论建筑学十书》(De archit. lib. decem)IV, 1, 10. 12；VII, 5, 7。

㊱　G. 卡尔达诺(Cardano)，《论精细》(De subtilitate)(1552 年)，载《全集》(Op. omn.)3(Lyon 1663 年，重印本 1966 年)，第 610 页；参看 W. 塔塔科维兹(Tatarkiewicz)，《美学史》(Gesch. der Ästhetik)3(Basel 1987 年)，第 179 页。

㊲　W. 塔塔科维兹(Tatarkiewicz)，《美学史》(Gesch. der Ästhetik)3(Basel 1987 年)，第 390 页。

此,这种以艺术作品表达出来的、与事物自身的和谐与关联,被定义为"客观的精微"(La misma consonancia o correlación artificiosa exprimida es la sutileza objetiva)[38]。

精微性概念在不同多样的语境里继续延展,尽管如此,它更多仍然是与经院哲学联系在一起,并被人们理解成是经院哲学标志性的特征。就经院哲学自身的语言使用来说,精微性被赋予的完全是正面含义,例如对邓·司各脱(精细博士[doctor subtilis])和约翰内斯·德·里帕(Johannes de Ripa)(超精微博士[doctor supersubtilis])的尊称,或者在无数论著标题里可看到对这个词的援引那样[39]。这个术语所含的负面色调,主要是与"空虚的"(vana)、"徒劳无益的"(cassa)或者"过度的"(nimia)等等[40]这些规定相联系,或者以复数形式subtilitates被人们用来称呼这样一些探讨,上述修饰语(Epitheta)被估计正适合这些探讨。早在 1340 年前后,理查德·冯·柏瑞(Richard von Bury)就这样通报了巴黎硕士(Pariser Magister)对"不列颠式精细"(subtilitates britannicae)的批判[41]。

---

[38]　B. 格拉西安(Gracián),《论敏锐和机智的艺术》(Trat. de la agudeza y arte de ingenio ...)(Madrid 1648 年),转引自 M. 梅内德斯·佩拉约(Menéndez Pelayo),《西班牙美学理念史》(Hist. de las ideas estéticas en España)2,载《全集》(Obras compl.)2(Santander 1940 年),第 246 页以下;参看 W. 塔塔科维兹(Tatarkiewicz),《美学史》(Gesch. der Ästhetik)3(Basel 1987 年),第 388—395 页;G. 冯克(Funke),《习俗》(Gewohnheit),《概念史档案》(Arch. Begriffsgesch.)3(1958 年),第 245 页以下。

[39]　关于 Subtilitas 在中世纪晚期语境里的情况,参看 F. 博廷(Bottin),《奥卡姆主义的科学》(La scienza degli Occamisti)(Rimini 1982 年),第 345 页以下。

[40]　论 J. 吉尔森(Gerson)对"空洞的精微"(cassa subtilitas)的批判,参看 C. 普兰特尔(Prantl),《西方逻辑学史》(Gesch. der Logik im Abendl.)4(1867 年,重印本 1955 年),第 146 页;G. 卡尔达诺(Cardano),《论精微》(De subtilitate)(1552 年),载《全集》(Op. omn.)3(Lyon 1663 年,重印本 1966 年),第 587 页以下(《论无益的精微性》[De inutilibus subtilitatibus])。

[41]　理查德·冯·柏瑞(Richard von Bury),《书之爱》(Philobibl.);参看 J. 魏瑟比(Weisheipl),《14 世纪早期牛津大学艺术学院的课程》(Curric. (转下页注)

在此意义上，subtilitates 首先成了新时代经院主义批判的关键词⁴²。由此，人们大多是将它与那些据说过度讨论、吹毛求疵却毫无意义的问题联系在一起。F. 拉伯雷（Rabelais）就描绘出了它的漫画形式，他在《庞大固埃》（Pantagruel）里提到这"最精微的问题"（quaestio subtilissima），"一个在虚空中四处嗖嗖呼啸的吐火女怪，是否能消化掉这些第二直觉"⁴³。

这些附加的负面意义，此后似乎也——但从来不是完全地——过渡到了以单数形式出现的精微性概念。R. 桑德森（Sanderson）尽管批判了经院主义者有失风雅的风格，在某种程度上却仍然赞许了他们"在研究时对精微性完全乐在其中"（in rebus perscrutandis omnino felix subtilitas）⁴⁴。当洛克就此抱怨经院主义的辩论技艺，"这虽是一种无用的技巧……可是人们还往往用表示敬慕的'精微（Subtlety）'和'深刻'二词来称呼它"⁴⁵，他也仍然是从精微性概念具有的正面意义出发。因为他就此而言，首先就要区分"有益的"和"有害的"精微性

（接上页注）of the Fac. of Arts at Oxford in the early 14th cent.)，载《中世纪研究》(Mediaev. Studies)26(1964 年），第 143—185 页,此处:第 185 页;参看 J. E. 穆尔多赫(Murdoch)，《14 世纪巴黎的不列颠式精细(Subtilitates anglicanae)：米雷库尔的约翰和皮特·塞冯》(Subtilitates anglicanae in 14th cent. Paris: John of Mirecourt and Peter Ceffons)，载 M. 佩尔讷·考斯曼(Pelner Cosman)/B. 钱德勒(Chandler)编,《马肖的世界：14 世纪的科学和艺术》(Machaut's world. Sci. and art in the 14th cent.)(New York 1978 年），第 51—86 页。

⑫　参看例如 H. 洛里提乌斯(Loritius)，《论凯撒大帝叙记的辩证转折》(In I. Caesarii Dialecticen vice Commentariorum annotationes)(Basel 1556 年），第 6 页;参看 W. 李瑟(Risse)，《近代逻辑学》(Logik der Neuzeit)1(1964 年），第 25 页以下。

⑬　F. 拉伯雷(Rabelais)，《庞大固埃》(Pantagruel)II,7(1532—52 年），见 P. 卓达(Jourda)编,《全集》(Oeuvr. compl.)1(Paris 1991 年），第 252 页。

⑭　R. 桑德森(Sanderson)，《逻辑艺术概要》(Logicae Artis Compendium)(Oxford 1615 年），第 119 页。

⑮　J. 洛克(Locke)，《人类理解论》(An ess. conc. human underst.)(1690)III,10, § 8,P. H. 尼第齐(Nidditch)编(Oxford 1975 年），第 494 页。

（geminam esse subtilitatem; videl. vitiosam ... et bonam）[46]。这个概念主要是在诠释学中保留了正面意义，在诠释学中人们将"理解的精微"（subtilitas intelligendi）、理解，与"解释的精微"（subtilitas explicandi）、解释、说明和告知区别开来[47]。康德仍然批评一种对精微未分化的前判断，这些前判断多有"非难……因为它们不可能达到这种精微性。然而它总是凭借自身给予知性荣誉，这甚至是值得赞扬和必要的，假如它被运用到某个值得观察的对象上去"[48]。这样一来，要充分论证哥白尼的转向，即"证明地球并非静止不动，……"就必须"以非同一般的精细来进行"[49]。具有负面的规定的首先是那种形式，凭借这种形式，结果不再与"理解力之支出"有任何关联。这种东西因此就是"精微（Subtilität），它尽管艰深，却毫无裨益（nugae difficiles）"[50]。这种评价中的矛盾也可以解释，为何大约同一时期精微性既被描写成是知识的"主观完美性"[51]，又在

[46] J. H. 阿尔斯泰德，《百科全书》（Encycl.）(1630 年)，573b；Th. W. 利特迈耶尔（Ritmeier）：《哲学论文：论坚实、空虚和错误的精微性》（Diss. philos. de solida, vana ac falsa subtilitate）(1728 年)。

[47] J. A. 埃内斯蒂（Ernesti），《〈新约〉诠释原理》（Institutio interpretis Novi Testamenti）§§ 5 以下（³1775 年）4 以下；J. G. 特尔讷（Töllner），《一门已被证明的诠释学的概要》（Grundriß einer erwiesenen Hermeneutik）3. Abt. (1765 年)，第 145 页以下；S. F. N. 默鲁斯（Morus），《在〈新约〉诠释学之上：学院讲座》（Super hermeneutica Novi Test. acroases academicae），"序文"（Proleg）§§ 5 以下（1797 年）1，10 以下；G. L. 鲍尔（Bauer），《〈旧约〉和〈新约〉诠释学提纲》（Entwurf einer Hermeneutik des Alten und Neuen Test.）§ 9(1799 年)，第 10 页；C. A. G. 凯尔（Keil），《按照语法-历史诠释的基本原则的〈新约〉诠释学课本》（Lehrb. der Hermeneutik des NT nach den Grundsätzen der gramm. -hist. Interpret.）§§ 108 以下（1810 年)，第 123 页以下。

[48] I. 康德，《逻辑讲座》（Logik Jäsche）"导论"（Einl.）VII(1800 年)，载《全集》科学院版（Akad. -A.）9，第 55 页。

[49] 《自然地理学》（Phys. Geogr.）§ 9(1802 年)，同上，第 170 页。

[50] 《逻辑讲座》（Log.）"导论"（Einl.）VII(1800 年)，载《全集》科学院版（Akad. -A.）9，第 55 页；参看《实用人类学》（Anthropol.）I，§ 44(1798 年)，载《全集》科学院版（Akad. -A.）7，第 201 页。

[51] 同上。

1771 年 12 月 25 日普鲁士散发的《国王特令》（königliche Spe-zialbefehl）里显现为，"在我们的大学里，学者们不应被无益的精细性（Subtilitäten）弄昏头脑，而是要愈益清明"[52]。

S. 迈尔-厄泽尔（Meier-Oeser）撰，鲍永玲译

---

[52] 转引自 K. 福尔兰德尔（Vorländer），《康德》（I. Kant）（³1992 年），第 203 页。

机敏,得体,机智(Takt)

机敏(Takt)来源于拉丁语 tactus(接触、影响、感觉);英语是 delicacy(机敏、敏感)、tact(得体、老练);法语是 délicatesse(敏感、分寸、讲究)、tact(机智、老练)。这个词语在西欧语言里发展出"对正确和得体的更为确定之感觉"[①]的含义,在 18 世纪的德语里它成为本土性的概念;它具有的"节奏运动的拍子"[②](韵文、音乐、机器、流水线)的含义在德语里也受到认可。

I

"逻辑的分寸感"(Logischer Tact),康德以此来称呼一种实践的认知能力,其无须"先天科学原则"即可进行。它对应于"健全的人类知性(Verstand)",作为健全的人类知性,它是做出判断的能力,而无须在此意识到在心灵内在(im Inneren des Gemüts)发生的行为:"有一点是肯定的:当一个问题的解决有赖于普遍的和天生的知性规则(具有这些规则被称为天生的机智)时,寻求那些学来的和人工制定的原则(学来的机智)并由此作出结论,要比人们用那存在于心灵隐秘处的判断的确定性基础来权衡,是更靠不住的。人们可以把这叫做逻

①　W. 魏茨卡(Witzka),《特吕布讷德语辞典》(Trübners Dtsch. Wb.)7 (1956 年),第 9 页。

②　雅各布·格林和威廉·格林(J. und W. Grimm),《德语辞典》(Deutsches Wörterbuch 1—16)(1854—1916 年);新版(Neuausg. 1—33)(1971 年,重印本 1984 年)(Grimm)11/I,1(1935 年)第 92—94 页,引自第 92 页。

辑的分寸感"③。

H. 赫尔姆霍茨(von Helmholtz)为了刻画出精神科学方法论的特征,也引入这个概念。不同于自然科学运用归纳法得出普遍规则,精神科学做出判断是依靠"心理学的机敏感"④。精神科学不是按照逻辑归纳来进行,而是按照艺术归纳,后者没有建立毫无例外适用的法则,而是相应于"本能的直观"(instinktive Anschauung)⑤。"机敏"是一种心理学的移情能力,并不是从某种普遍规则中引申出来。例如,语文科学就应当以这样的方式"感悟出"(herausfühlen)⑥作者意图表达的意义。

伽达默尔尝试从心理学的方法论理解里将机敏解放出来:"如果人们在机敏或这种感觉中所想到的是一种意外的心智能力——这种能力运用强有力的记忆并这样达到了并非可严格把握的知识,那么这种机敏或这种感觉实际上就没有被正确地理解。使得这种机敏可能发生作用的东西,导致对这种机敏的获得和占有的东西,并不单纯是一种有益于精神科学认识的心理设置。"⑦。这就是"教化",教化赋予精神以"特别自由的运动性"⑧。精神的运动性存在于"对于情境及其中行为的敏感性和感受能力,这些我们不能按照一般原则来认识"⑨。作为对特

---

③　I.康德,《实用人类学》(Anthropol. in pragmat. Hinsicht)(1798 年)I, §6.,《全集》科学院版(Akad. -A.)7,第 139 页以下。

④　H. 冯·赫尔姆霍茨(von Helmholtz),《自然科学之思》(Das Denken in der Naturwiss.)(1884 年,重印本 1968 年),第 16 页。

⑤　同上,第 15 页。

⑥　第 16 页。

⑦　H. -G. 伽达默尔,《真理与方法》(Wahrheit und Methode)(1960 年),第 12 页。

⑧　同上。

⑨　第 13 页。

殊性的敏感性,机敏是一种认知方式,它知晓如何在单独情形下确定地做出判断,而无须说明可加以普遍化的理由[10]。

R. 耶林(von Jhering)特别指明了机敏的道德意义。道德的机敏是一种"在礼节事物上的发现能力"[11],"它是在实践中实现的、对一定条件下的冒犯的区分能力"[12]。作为一种对当时情境的特殊性的敏感,机敏修补了僵化的礼貌规则。这样,耶林就远离了 A. 弗莱尔·冯·克尼格(Freiherr von Knigge)所说的"人际交往"(Umgang mit Menschen),后者指定了普遍的礼节准则[13]。按 M. 拉扎鲁斯的看法,机敏使道德理念在具体情境里的应用成为可能:"普遍的道德理念,相应于多样处境下的不同个人而获得多样的应用,此外,对它的遵循也可能显现为多样的方式以及不同的程度。"[14]也就是说机敏的本质是以此为基础的,"在具体的生活关联内部,对道德理念和美学理念的无意识的应用和实现"[15]。

就像方法论上的情形一样,道德的机敏也就这样在感觉的领域里安营扎寨,由此并没有形成普遍的规则。按照 J. 乌诺尔德(Unold)的看法,机敏标示着一种"道德的形式感"(sittliches Formgefühl),它让"善的东西被珍视为美的东西,并行之为美"[16]。

---

[10] 第 36 页。

[11] R. 冯·耶林(von Jhering),《法律中的目的》(Zweck im Recht)(1877 年,²1883 年,⁸1923 年)2,第 46 页。

[12] 《机敏》(Der Takt)(1968 年),第 95 页。

[13] 《法律中的目的》(Zweck im Recht)(1877 年,²1883 年,⁸1923 年)2,第 45 页以下。

[14] M. 拉扎鲁斯,《灵魂的生命》(Das Leben der Seele)(1882 年),第 22 页。

[15] 同上,第 41 页以下。

[16] J. 乌诺尔德,《现代实践-伦理的生命观之基础:国家的和理想的道德学说》(Grundlegung für eine mod. prakt.-ethische Lebensanschauung. Nat. und ideale Sittenlehre)(1896 年),第 203 页。

它是"道德的审美方面"[17]。Th. 齐格勒（Ziegler）将机敏定义为"归根到底是感觉的把准性（Treffsicherheit），尤其体现于外在的礼节与得体的问题上"[18]。

对伽达默尔来说，道德机敏是判断力的本质性的组成部分，它考虑到"个别情形的创造性"（Produktivität des Einzelfalls）[19]。它不是简单地运用普遍的尺度，而是加以补充和修正。道德抉择依赖于应对特殊情形的"趣味"："这实际上是一种不可论证的机敏行为，即抓住了正确的东西，并对普遍性和道德规则（康德）的应用给出规范，而理性自身是不能给出这种规范的"[20]。

就像更新的研究强调的，道德机敏不仅在语源学上与触觉接触有一种特殊的关联。它犹如一个人对另一个人在情感上的回应，他们通过移情（Empathie）和同情（Sympathie）彼此联系在一起[21]。机敏也因此不可能通过普遍原则来促成。它处在义务和礼节中间，最容易被称为是超出要求的（supererogatorisch）[22]。

面对在诸多冲突里爆发公开道德化的危险，N. 卢曼（Luh-

[17]　J. 乌诺尔德，《现代实践-伦理的生命观之基础：国家的和理想的道德学说》（Grundlegung für eine mod. prakt.-ethische Lebensanschauung. Nat. und ideale Sittenlehre）(1896 年)，第 203 页。

[18]　Th. 齐格勒，《情感：一项心理学研究》（Das Gefühl. Eine psycholog. Unters.）(1893 年)，第 177 页。

[19]　伽达默尔，《真理与方法》（Wahrheit und Methode）(1960 年)，第 35 页。

[20]　同上，第 37 页。

[21]　E. 维绍格罗德（Wyschogrod），《作为触觉偶遇的移情和同情》（Empathy and sympathy as tactile encounter），载《医学哲学杂志》（J. Medicine Philos.）6 (1981 年)，第 25—43 页；B. 奥绍格内西（O'Shaughnessy）：《触摸的意义》（The sense of touch），载《澳大利亚哲学杂志》（Australas. J. Philos.）67 (1989 年)，第 37—58 页。

[22]　D. 海德（Heyd），《机敏：意义、敏感性和价值》（Tact: Sense, sensitivity, and virtue），载《探求》（Inquiry）38 (1995 年)，第 217—231 页。

mann)就强调说,在与道德打交道时也需要一种元道德(Meta-moral),其实这也无外乎于机敏,就像它在 18 世纪被规定的那样:"让决议公开化,让每个人都知道这个决议已经做出了,机智的迂回、美化的错误,这些都泄露了对立面的正义性。"㉓

编者撰

II

联系康德的逻辑的分寸感概念,J. F. 赫尔巴特(Herbart)在 1802 年发展出"教育学的机敏"概念,以此来描述介于教育的理论和实践之间的"中介环节"㉔。教育学理论从其观念和公理的普遍性上来说,基于"直接由普遍性导致的未确定性"而根本不可能实现,"实践者每次处在个体境遇"的层面,"他必须借助所有这些个体性的准则、思虑、努力才能适应那些境遇"㉕。教育者恰恰是在这种具体-个体的层面上行事;他必须直接地——也就是无须每次都做理论分析——适当地观察诸多情境和过程,快速而坚定地做出对此具有影响力的措施之选择,更准确地说,就是以此使他的行为与理论知识的要求相协调。正因为理论无法这样行事,教育学的机敏才弥补了这一空缺,作为"实践的直接摄政人,……同时也是理论真正顺从的仆人"。"某人是好的还是坏的教育者",这取决于他的这种能力,即直接而又合情地正确行事的能力。教育学的机敏

㉓　N. 卢曼(Luhmann),《道德社会学》(Soziologie der Moral),载 N. 卢曼(Luhmann)/S. H. 普菲特讷(Pfürtner)编,《理论技术和道德》(Theorietechnik und Moral)(1978 年),第 8—116 页,引自第 55 页。

㉔　J. F. 赫尔巴特(Herbart),《论教育学的两次讲演》(Zwei Vorles. über Pädagogik),载 K. 科尔巴赫(Kehrbach)/O. 弗律格(Flügel)编,《全集》(Sämtl. Werke)(1887—1912 年,重印本 1964 年)1,第 285 页。

㉕　同上,第 284 页。

的形成具有两个前提：一是在习惯上养成对理论之原则和普遍规则的熟悉，二是更长时间的、以理论化为目标的行动经验自身；因此教育学的机敏"只能经由实践"来培养[26]。——赫尔巴特这个概念的前身之一，就是"教育学的技艺感"[27]。

赫尔巴特主义者都从根本上坚持这些规定，即这些规定在任何情况下都会变化并在个别情形里得到补充。为了强调"理性的机敏"与理论之接近，T. 齐勒（Ziller）就是这样来谈的，以此使这种理性的机敏在教育者那里不会蜕化为"自然主义的机敏"、"陈规"和"例行公事"[28]。Th. 魏茨（Waitz）强调那种多亏教育学的机敏才能实现的实践情形，这种实践也非常可能赢得继续发展理论与对理论进行完善的启迪与方针[29]。K. 斯朵伊（v. Stoy）则指出，以机敏导向的教育学行动为基础的"思考顺序"……应该是"轻松活动的"，这种思考顺序不仅需要培育，还尤其要求伴随实践的"类似的深造"[30]。E. 舒尔茨（Scholz）最终体现了这种值得思考的趋势，即将赫尔巴特如此严格建构的概念域扩展到口头语言领域，并进一步延伸到授课之引领风格的问题上："恳挚与尊严"相生，"参与的投入与要求的敬严"相系，由此而教出学生们富于机敏的举止[31]。

---

[26] 第 286 页。

[27] J. C. F. 古兹穆斯（Gutsmuths），《致汉诺威的秘书先生布朗德斯……第一封信》(An den Herrn Geh. Kanzley-Sekretär Brandes in Hannover ... 1.)，载《布伦瑞克杂志》(Braunschweigerisches Journal) 11/2, 6. Stück（1791 年 6 月），第 219—245 页，第 227 页。

[28] T. 齐勒（Ziller），《普通教育学》(Allg. Päd.) § 6(²1884 年)，第 37—52 页。

[29] Th. 魏茨（Waitz），《普通教育学》(Allg. Päd.) § 2(1852 年)，尤其是第 20 页。

[30] K. v. 斯朵伊（Stoy），《教育学百科、方法论和文献》(Encykl., Methodol. und Lit. der Pädagogik) § 84(²1878 年)，第 320 页以下。

[31] E. 舒尔茨（Scholz），辞条"传统"(T.)，载 W. 莱茵（Rein），《百科全书：教育学手册》(Encyklopäd. Hb. der Pädag.) 7(1899 年)。

在 20 世纪所谓精神科学的教育学中,人们丧失了对 19 世纪的系统理论纲要的兴趣,这样一来机敏概念也就失去了逻辑特性的意义。H. 诺尔不再借助理论-实践-关系的规定来考察机敏概念,而是联系他的"教育学关联"(pädagogischen Bezug)学说——其对象是教育者-学生-关系——来考察它。"在学生之自发性和本己性前的有意克制",这属于"教育学的态度"。它"赋予教育者一种与职务及其学生的独特距离,对这种距离最优美的表达就是教育学的机智,它在这里并非'过近地走向'学生,以想在那里提升他或保护他,他感知到,一份伟大的职务何时不允许在教育学上被等闲视之"[32]。从诺尔开始,人们从生命哲学(E. 布洛赫曼[Blochmann])、学校实践(J. 穆特[Muth])和人格主义的方向(H. -J. 伊普福林[Ipfling])上,给教育学的机敏学说奠定了基础并建立起相应理论[33]。不久前,将赫尔巴特的概念包容进新语境的尝试却不太顺利;M. 帕尔门提尔(Parmentier)因此而完全拒绝它,这有利于诺尔学派,因为赫尔巴特的概念结果将是"一场烟幕"(Täuschungsmanöver)[34]。

在精神分析的技术里,也存在着对"机敏"的术语学应用。

---

[32] H. 诺尔,《教化理论》(Die Theorie der Bildung),载 H. 诺尔/L. 帕拉特(Pallat),《教育学手册》(Hb. der Pädag.)1—5(1928—1933 年,重印本 1966 年)1,第 3—80 页,引自第 24 页。

[33] E. 布洛赫曼,《教育学的传统:汇编》(Der pädagog. T. Die Sammlung),载《文化和教育杂志》(Z. für Kultur und Erziehung)5(1950 年),第 712—720 页;《道德和教育学传统》(Die Sitte und der pädagog. T.),同前,6(1951 年)第 589—593 页;J. 穆特(Muth),《教育学传统》(Der pädagog. T.)(1962 年,²1967 年);H. -J. 伊普福林(Ipfling),《论教育学关联里的传统》(Über den T. im pädagog. Bezug),载《教育学评论》(Pädagog. Rdsch.)20(1966 年),第 551—560 页。

[34] M. 帕尔门提尔,《主动、教育学的传统和相对自律》(Selbsttätigkeit, pädagog. T. und relative Autonomie),载《科学教育学季刊》(Vjschr. wiss. Pädag.)67(1991 年),第 121—135 页,此处:第 129 页。

弗洛伊德将机敏与正确时机的选择联系在一起，这一时刻病人应当被告知医生的说明。这是"机敏的事务，它借助经验会变得极为优美"[㉟]。这里必须要满足两个条件："一是直到病人通过自身准备而接近被他所抑制的东西，二是，直到他如此远地跟随着医生（委身［Übertragung］），以至于对他来说……重新逃避是不可能的"[㊱]。Th. 莱克（Reik）将分析者的心灵也一并纳入，并看到告知的时机"受到被分析者之冲动过程的无意识感知到的节奏的限制"[㊲]。在 S. 菲伦齐（Ferenczi）那里，机敏则以更为扩展的含义，被称为"精神分析技术之灵活性（Elastizität）"的核心概念[㊳]。

W. 逊科尔（Sünkel）撰，鲍永玲译

参考文献：

B. ADL-AMINI/J. OELKERS/D. NEUMANN（Hg.）：Pädagog. Theorie und erzieherische Praxis（1979）.-B. OFENBACH：Wenn das Allgemeine praktisch wird ... Pädagog. Rdsch. 42(1988)565—578.

㉟　S. 弗洛伊德，《行外分析的问题》(Die Frage der Laienanalyse)(1926 年)，见《全集》(Ges. Werke)14(1948 年，³1963 年)，第 250 页。

㊱　《论"野蛮的"精神分析》(Über 'wilde' Psychoanalyse)(1910 年)，同上，8(1948 年，⁴1964 年)，第 123 页以下。

㊲　Th. 莱克，《惊讶的心理学家》(Der überraschte Psychologe)(Leiden 1938 年)，第 125 页。

㊳　S. 菲伦齐，《精神分析的基石》(Bausteine zur Psychoanalyse)3 (³1984 年)，第 380—398 页。

文本语义学(Textsemantik)

文本语义学(Textsemantik)这个术语,在文本语言学(Textlinguistik)[①]开端时就已存在。在回归传统的词义学(Wortsemantik)时,这种假设也与文本语义学这一术语一起出现了,即意义的内在关联(Sinnzusammenhang)优先于孤立、单个的词语的意义,因为单个词的词义总是从文本化关联才能被次生性地、分析性地剖解出来。也因此,语义学的首要事实(Primum datum)乃是陈词的关联或者说文本[②]。

从根本上来说,这一预设将使以下文本语义学的观念受到强调:

a) 文本语义学作为对文本之意义结构的描述:这一文本语义学的延伸,预设一种独特的、(除句法的[syntaktisch]和语用学的[pragmatisch]外的)语义学的文本层面,并尝试以从结构词义学那里继承来的义素(语义特征[Merkmal]或者语义成分[Komponent])分析方法来描述这一层面。在文本线性的多样词汇单位(Lexem)里存在着语义特征/义素的重复,这一重复可作为同位义素链(Isotopiekette)[③]来加以说明;相应地,文

---

① H. 魏恩李希(Weinrich),《撒谎的语言学》(Linguistik der Lüge)(1966年)。

② P. 哈特曼(Hartmann),《论语言符号的概念》(Zum Begriff des sprachl. Zeichens,载《语音学、语言科学和沟通研究杂志》(Z. Phonetik,Sprachwiss. Kommunikationsforsch.)21(1968年),第205—222页。

③ A. J. 格雷马斯(Greimas),《结构语义学》(Sémantique structurale)(Paris 1966年)。

本的语义学意义结构——将边缘情况的问题排除一下——表现为多重同位义素行(Isotopiestränge)的复杂交迭。

b) 文本语义学作为对功能-文本性(Textualität-in-Funktion)的描述:这一文本语义学的延伸依赖更进一步的认知,即一切涉及文本的分析范畴(最初也在句法上或者语用上)最终都以语义为基础④。因此,目标乃是对"文本之语义维度的整体性"做出分析⑤。在此,所有以文本为定位的要素分析,都既涉及单个要素对文本建构的意义功能(Bedeutungsleistung),也从总体上涉及在社会相互作用框架里的文本的沟通效用功能。

c) 文本语义学作为对文本理解的元分析:这一文本语义学的延伸,尝试从认知语言学的角度来描述文本理解之可能性的条件。语义学关联(Semantische Kohärenz)因此不再是文本属性,而是在受者(Rezipiente)的认知里,以文本和知识为主导、处理文本预设(Textvorgabe)而获得的依赖主体的结果⑥。在这里,目标乃是对有效的要素及其相互作用在模型理论上的重新建构。

M. 舍尔讷(Scherner)撰,鲍永玲译

参考文献:

D. BUSSE: Textinterpretation(1992).

---

④　D. 菲韦格(Viehweger)指导下的作者合集:《语义学分析的问题》(Probleme der semant. Analyse)(1977 年)第十章(Kap. 10)。

⑤　S. J. 施密特(Schmidt),《文本和意义》(Text und Bedeutung)(1970 年),第 53 页。

⑥　R. -A. 德·伯格兰德(de Beaugrande)/W. 德莱斯勒(Dressler),《文本语言学引论》(Einf. in die Textlinguistik)(1981 年);M. 舍尔纳(Scherner),《作为"读痕"的文本理解》(Textverstehen als «Spurenlesen»),载 P. 卡尼西乌斯(Canisius)等编,《文本和语法:R. 哈维科六十周年诞辰纪念文集》(Text und Grammatik. Festschr. R. Harweg zum 60. Geb.)(1994 年)第 317—340 页。

文本性；解构（德里达）（Textualität；Dekonstruktion [Derrida]）

"解构"（Dekonstruktion）的相应英语是 deconstruction、法语是 déconstruction。不同于诠释学，解构不将文本视为过往言语的事后书面表达，而是视为自成其类（sui generis）地产生，就此而言，文本性或者文学性（Literarität）对解构来说就是不可追溯和不可简化的。

德里达随后将"解构"（déconstruction）这个概念自身，断定为对海德格尔所用词语和所指之事即"解构"（Destruktion）的翻译："我本打算按自己的意图去翻译海德格尔的 Destruction 或 Abbau"[①]。除了《存在与时间》[②]§6，德里达也引证了演讲《什么是哲学?》（Was ist das-die Philosophie?）："这个题目'解构'（Destruktion）指的是，这种对历史的占用。……解构不意味着摧毁，而是拆卸、拆除和放置一边（Auf-die-Seite-stellen）。"[③]海德格尔晚期的自我阐释， 可能也影响到了德里

---

① J. 德里达，《致一位日本友人的信》（Lettre à un ami japonais），载《心灵：他者的发明》（Psyché. Inventions de l'autre）（Paris 1987 年），第 387—393 页，第 388 页。

② M. 海德格尔，《存在与时间》（Sein und Zeit）§ 6（1927 年，重印本 1976 年），第 22 页以下。

③ 《什么是哲学?》（Was ist das-die Philosophie?）（1956 年），第 22 页；J. 德里达，《海德格尔的耳朵》（L'oreille de Heidegger），载《友谊政治学》（Polit. de l'amitié）（Paris 1994 年），第 341—419 页，第 368 页；参看 R. 加歇（Gasché），《镜后的锡箔：德里达和反思的哲学》（The tain of the mirror. Derrida and the philos. of reflection）（Cambridge,Mass. /London 1986 年），第 109 页以下；R. 贝纳斯科尼（Bernasconi），《双重视看：毁灭（Destruktion）和解构（deconstruction）》（Seeing double：Destruktion and deconstruction），载 D. P. 米歇尔菲尔德尔（Michelfelder）/R. E. 帕尔默编，《对话和解构：伽达默尔遇见德里达》（Dialogue and （转下页注）

达的概念发现:"解构,并不是拆毁,而是对所有起源于逻各斯的意义,去除其沉积、解除其建构。"④

　　"解构"(déconstruction)就像动词的"解构"(déconstruire)一样,不是新造词(Neologismus),而是在 E. 利特雷(Littré)的字典里就已出现,指机器、语句或者韵文的重构⑤。以déconstruction 一词来翻译 Destruktion,既避免了将"解构"(déstruction)(摧毁、消灭)的负面含义附加进去,也避免了与尼采的"破碎"(Zerschlagung)概念或者"拆除"(démolition)⑥一词相混淆,还加强了德里达在"接受"海德格尔形而上学解构思想时的"己意"(à mon propos)。这就允许一种计划性的接近,也因此这种关于"海德格尔的解构"(déconstruction heideggerienne)或者"尼采-海德格尔的解构"(déconstruction nietzschéano-heideggerienne)的谈论才是可能的⑦,这类似于通过海德格尔对尼采的读法⑧,对海德格尔之传统形而上学批判的重新写作⑨。

────────────

(接上页注)deconstruction. The Gadamer Derrida encounter)(Albany 1989 年),第233—250 页。

　　④　J. 德里达,《论文字学》(De la grammatologie)(Paris 1967 年),第 21 页;德译本:《论文字学》(Grammatologie)(1974 年),第 23 页。

　　⑤　参看 E. 利特雷,《法语字典》(Dict. de la langue franç.)(1876 年,日内瓦重印本 1976 年)2,第 992 页;德里达,《致一位日本友人的信》(Lettre à un ami japonais),载《心灵:他者的发明》(Psyché. Inventions de l'autre)(Paris 1987 年),第 388 页以下。

　　⑥　德里达,《致一位日本友人的信》(Lettre à un ami japonais),载《心灵:他者的发明》(Psyché. Inventions de l'autre)(Paris 1987 年),第 388 页。

　　⑦　《解存》(Désistance),载《心灵》(Psyché),(Paris 1987 年),第 597—638 页,第 603 页、第 615 页以下。

　　⑧　M. 海德格尔,《尼采》(Nietzsche)(1961 年)。

　　⑨　参看德里达,《论文字学》(De la grammatologie)(Paris 1967 年),第 31—38 页;德译本:《论文字学》(Grammatologie)(1974 年),第 35—44 页;《延异》(La différance),载《哲学的边缘》(Marges de la philos.)(Paris 1972 年),第 1—29 页,此处:第 24—29 页;德译本:《延异》(Die différance),载《哲学的边缘》(Randgänge der Philos.)(1988 年),第 29—52 页,此处:第 48—52 页。

因为是在与海德格尔对抗,德里达再次援引了首先存在于尼采的理解,即将文本("某个特定种类或者特定风格的文本[un certain type ou un certain style du texte]")、书作("尼采写下了他所写的东西[Nietzsche a écrit ce qu'il a écrit]")和阅读理解为"运作'源泉'[opérations 'originaires']"[10]。尼采的书作因此表现为一种自成其类(sui generis)的写作,而不是过去言谈的转录(Transkription)。相应地,解构的首要对象是被说出的词语以及书作的优先秩序和主导秩序,这些语词和书作在这里是对语言的外在描述。这一对立的等级被颠覆了,并由此获得新的规定:内在记忆以"所承印迹"(trace instituée)[11]的形式,具有为语言和书作之基本特点奠定基础的"原-书写"(archi-écriture)功能,这点已被证实了[12]。由此出发,"在一切观念上,对形而上学历史进行解构"('déconstruction' de l'histoire de la métaphysique,en tous ses concepts)的计划也就形成了[13]。

文本的"双重书写"(double écriture)要求"双重阅读"(double lecture)和"双重科学"(double science)[14]——"解构的普遍策略"(stratégie générale de la déconstruction)[15]之核心要

---

[10] 同上,第 32 页以下/第 36 页以下。

[11] 第 68 页/第 81 页;参看辞条"痕迹"(Spur),载《哲学史辞典》(Hist. Wb. Philos.)9(1995 年),第 1550—1558 页。

[12] 第 83 页/第 99 页;参看辞条"文本 II"(Schrift II.),载《哲学史辞典》(Hist. Wb. Philos.)8(1992 年),第 1429—1431 页;D. 提尔(Thiel),《原书写:对德里达 archi-écriture[原书写]动机的系统和历史评论》(Urschrift. Systemat. und hist. Bem. zu Derridas Motiv der archi-écriture),载 H. -D. 龚德科(Gondek)/B. 瓦尔登费尔斯(Waldenfels)编,《思想的投入:论 J. 德里达的哲学》(Einsätze des Denkens. Zur Philos. von J. Derrida)(1997 年),第 60—98 页。

[13] 第 124 页/德译本第 147 页。

[14] 《播撒》(La dissémination)(Paris 1972 年),第 10 页;德译本:《播撒》(Dissemination)(1995 年),第 12 页。

[15] 《立场》(Positions)(Paris 1972 年),第 56 页;德译本:《立场》(Positionen)(1986 年),第 87 页。

件是："解构不能自我设限或直接被抵消：它须得经由一个双重的姿势、一种双重的科学、一种双重的书写，来实践对经典对立关系的颠倒和系统的总体移位。只有这样，解构才会有办法介入它所批判的这个对立场域、非话语的力的场域中"⑯。这种干预的策略性，亦即伦理-政治性要素，要求超越现象学理解的、已受质疑的"中立化"，而拔高了诸种唯心主义⑰。与其内在相关的是在策略上更广泛的双重化，即"两种解构形式"(deux formes de déconstruction)之间的联系，一种在永恒地运作，另一种则在发生地形变化(Terrainwechsel)，并依赖着外来的诸种力量——前沿科学，如精神分析和人种学；或者政治事件，如第三世界的去殖民化运动和自由运动。两种形式的交织引起"必须操多种语言，必须同时撰写多个文本"⑱。(这一公则"不止一种语言〔plus d'une langue〕"——"不止一种语言/不再是只属于一种语言"——德里达稍迟将其看作唯一可做思考的解构定义⑲。)

由此，解构也与现象学决裂，它从"还原到意义"(réduction au sens)进展到"还原意义"(réduction du sens)，这是为了：相应

---

⑯ 《签名、事件、语境》(Signatare événement contexte)，载《哲学的边缘》(Marges de la philos.)(Paris 1972年)，第365—393页，第392页；德译本：《签名、事件、语境》(Signatur Ereignis Kontext)，载《哲学的边缘》(Randgänge)，同上，第291—314页，第313页；参看《播撒》(La dissémination)(Paris 1972年)，第11页以下/德译本第14页；《立场》(Positions)(Paris 1972年)，第56页以下/德译本，第87页以下。

⑰ 《撒播》(La dissémination)(Paris 1972年)，第235页/德译本，第231页。

⑱ 《人的终结》(Les fins de l'homme)，载《哲学的边缘》(Marges de la philos.)(Paris 1972年)，第129—164页，第163页；德译本：《人的终结》(Fines hominis)，载《哲学的边缘》(Randgänge)，同上，第119—141页，第140页；参看 J. 德里达，《论文字学》(De la grammatologie)(Paris 1967年)，第231页/德译本第279页。

⑲ 《多义的记忆：为保罗·德曼而作》(Mémoires-Pour P. de Man)(Paris 1988年)，第38页；德译本：《多义的记忆：为保罗·德曼而作》(Mémoires-für P. de Man)(1988年)，第31页。

于结构主义的核心范式而达到先在于意义的组织体,即"形式上的、自身并不具有意义('formelle' qui en elle-même n'a pas de sens)的组织体"[20]。这隐含着一种质疑,即对将意向之目的当作完成文本之决定性判官(Instanz)的质疑(但不是与意向或意向性本身的决裂)[21];R. 加歇(Gasché)谈到了"没有意向对象的意向性"(intentionality without an intentum)[22]。这对文本解释来说就是,不可能将一种饱和的、由意向意义来填充的语境设置为目的,或在事实上达到这一目的[23]。

通常来说,文本决不是当下的,也从未是当下的[24];它委身于当下,也因此并未放弃感知[25],它表达出的,是不可能存在一种自身完全当下的现象[26]。当德里达谈到一种"普遍文本"(texte général)或者说"普遍的文本"(texte en général)[27],以此所指的不是种属概念,而是一种单数的如此(tantum),它使单

---

[20] 《人的终结》(Les fins de l'homme),载《哲学的边缘》(Marges de la philos.)(Paris 1972 年),第 161 页以下/德译本第 138 页以下;参看辞条"结构 II"(Struktur II)。

[21] 《有限责任公司》(Limited Inc.)(Paris 1990 年),第 110 页。

[22] R. 加歇,《镜后的锡箔:德里达和反思的哲学》(The tain of the mirror. Derrida and the philos. of reflection)(Cambridge, Mass./London 1986 年),第 281 页。

[23] 德里达,《签名、事件、语境》(Signatare événement contexte),载《哲学的边缘》(Marges de la philos.)(Paris 1972 年),第 383 页以下/德译本,第 305 页以下。

[24] 参看《书写与差异》(L'écriture et la différence)(Paris 1967 年),第 313 页以下;德译本《书写与差异》(Die Schrift und die Differenz)(1972 年),第 323 页。

[25] 《播撒》(La dissémination)(Paris 1972 年),第 71 页/第 71 页。

[26] R. 施泰因麦兹(Steinmetz),《德里达的风格》(Les styles de Derrida)(Brüssel 1994 年),第 50 页。

[27] J. 德里达,《论文字学》(De la grammatologie)(Paris 1967 年),第 229 页/德译本,276 页;《播撒》(La dissémination)(Paris 1972 年),第 42 页/德译本,第 43 页;《立场》(Positions)(Paris 1972 年),第 61 页、第 81 页以下、第 88 页、第 125 页以下/德译本,第 93 页、第 120 页以下、第 128 页、第 175 页以下;关于"普遍的文本性"(textualité générale),参看《海岸》(Parages)(Paris 1967 年),第 262 页;德译本:《海岸》(Gestade)(1994 年),第 258 页。

个文本的范例性无须其本质或实体存在就成为可能㉘。文本和文本性之间的关系是一种——与海德格尔本体论区分抱有同感的——"文本差异"(textual difference)㉙；就像海德格尔所说的存在,文本相对于一切显相(Erscheinen),显示为本身不显现的、"不可现象学化的"㉚并且本身不再是本体论上的根据。

文本不可还原为"话语"(discours),而是"凭借整个资源系统及其自身的法则不断地溢出这个表象"㉛。文本始终来自"其他文本的变形"(transformation d'un autre texte)㉜,而在外在于文本的实存里找不到支持(Halt)。这一表述"文本之外别无他物"(Il n'y a pas de hors-texte)㉝,经常被误解为是指排除一切现实性的东西或者将其锁入图书馆,德里达此后用"语境之外别无他物"(Il n'y a pas de hors contexte)来代替它:从文本到所指(Referent)的过渡,从来都不是直接过渡,而是只能通过(重-)语境化(〔Re-〕Kontextualisierung)才有可能㉞。针对这种表象,德里达感兴趣的东西包括"所有这些限制便构成

　　㉘　R. 加歇,《镜后的锡箔:德里达和反思的哲学》(The tain of the mirror. Derrida and the philos. of reflection)(Cambridge,Mass. /London 1986 年),第 283 页。

　　㉙　R. 加歇,《镜后的锡箔:德里达和反思的哲学》(The tain of the mirror. Derrida and the philos. of reflection)(Cambridge,Mass. /London 1986 年),第 285 页。

　　㉚　第 287 页。

　　㉛　J. 德里达,《论文字学》(De la grammatologie)(Paris 1967 年),第 149 页/德译本,第 178 页。

　　㉜　《立场》(Positions)(Paris 1972 年),第 38 页/德译本,第 67 页。

　　㉝　J. 德里达,《论文字学》(De la grammatologie)(Paris 1967 年),第 227 页/德译本,第 274 页;参看《播撒》(La dissémination)(Paris 1972 年),第 42 页/德译本,第 43 页。

　　㉞　《有限责任公司》(Limited Inc.)(Paris 1990 年),第 252 页以下;参看 J. 德里达,《论文字学》(De la grammatologie)(Paris 1967 年),第 282 页;也参看 G. 本宁顿(Bennington),《德里达基础》(Derrda base),载 G. 本宁顿(Bennington)/J. 德里达,《J. 德里达》(J. Derrida)(Paris 1991 年),第 5—291 页、第 89 页以下;德译本(1994 年),第 9—323 页、第 100 页以下。

了我们称作文本的日常边界"[35]、内在和外在的"褶皱"(plis)和"空白"(blancs)[36]、框架[37]、标题[38]、签字[39]、注明日期[40]和物种分类的法则[41]以及对它的违抗:"文本肯定其外部"[42]。

在与英美"言语行为理论"(Speech Act Theory)探讨之后[43],德里达致力于语言和书作的述行(performativ)前提研究,例如被海德格尔所接受的"允诺"(Zusage)[44],或者与德曼(P. de Man)的承诺相联系的[45]研究。在伦理、政治、法学和社会领域,沿着"不可解构的(undekonstruierbar)/可解构的

---

[35]　德里达,《海岸》(Parages)(Paris 1967 年),第 127 页/德文本,第 129 页。

[36]　《双重列席》(La double séance),载《撒播》(Dissémination)(Paris 1972年),第 199—317 页;德译本:《双重列席》(Die zweifache Séance),载《撒播》(Dissémination),同前,第 193—320 页。

[37]　《绘画中的真理》(La vérité en peinture)(Paris 1978 年),第 44 页以下;德译本:《绘画中的真理》(Die Wahrheit in der Malerei)(1992 年),第 31 页以下。

[38]　《标题尚未确定》(Titre à préciser),载《海岸》(Parages)(Paris 1967 年),第 219—247 页;德译本:《标题(尚未确定)》(Titel [noch zu bestimmen]),载《海岸》(Gestade),同前,第 219—244 页。

[39]　《马刺:尼采的风格》(Eperons. Les styles du Nietzsche/Sporen. Die Stile Nietzsches)(Venedig 1976 年),第 122 页以下;《丧钟》(Glas)(Paris 1974 年),第 10 页以下;《签名蓬热》(Signéponge)(Paris 1988 年),第 96 页以下。

[40]　《示播列:为保罗·策兰而作》(Schibboleth. Pour P. Celan)(Paris 1986年);德译本:《示播列:为保罗·策兰而作》(Schibboleth: Für P. Celan)(1986年)。

[41]　《类型的法则》(La loi du genre),载《海岸》(Parages)(Paris 1967 年),第 249—287 页;德译本:《类型的法则》(Das Gesetz der Gattung),载《海岸》(Gestade),第 245—283 页。

[42]　《播撒》(La dissémination)(Paris 1972 年),第 42 页/德文本,第 43 页。

[43]　参看《签名、事件、语境》(Signatare événement contexte),载《哲学的边缘》(Marges de la philos.)(Paris 1972 年);参看《有限责任公司》(Limited Inc.)(Paris 1990 年)多处;M. 弗兰肯(Frank),《可言说的和不可言说的》(Das Sagbare und das Unsagbare)(1980 年,重印本 1989 年),第 491 页以下。

[44]　《论精神》(De l'esprit)(Paris 1987 年),第 147 页以下;德译本:《论精神》(Vom Geist)(1988 年),第 148 页以下。

[45]　《多义的记忆:为保罗·德曼而作》(Mémoires-Pour P. de Man)(Paris 1988 年),第 95 页以下/德文本,第 122 页以下;参看《如何避免言谈:否认》(Comment ne pas parler. Dénégations),载《心灵:他者的发明》(Psyché. Inventions de l'autre)(Paris 1987 年),第 535—595 页、第 547 页;德译本:《就如无言:否认》(Wie nicht sprechen. Verneinungen)(1989 年),第 28 页以下。

(dekonstruierbar)"的差异，人们揭示出这样一种先于任何知识和行为的"述行性"（Performativität）。原型（Prototyp）是不同于法则（Recht）的正义性（Gerechtigkeit）："解构就是正义，……解构发生于将正义之不可解构与法律之可解构分隔开来的间隙里"⑯。此外，"天资之思"被证实是"一切解构的不可解构之条件"⑰。存在一种不可解构的"弥赛亚式的，而不是弥赛亚主义的"（méssianique，même，sans méssianisme）⑱，与此相联系，解构为"从他者而来"（venue de l'autre）做好准备⑲，并且为这一目的构拟出"用于新的述行性的规则"（règles ... pour de nouvelles performativités）⑳。

德里达愈益强调解构的体制关联㉑。常被主张的是解构的无视道德标准（Amoralität）以及其被臆测的对虚无主义的接近，与此相反，解构的根本愿求是"对责任的重新质问"（un questionnement nouveau sur la responsabilité）㉒。像德里达所

---

　　⑯ 《法的力量》（Force de loi），载《卡多佐法律评论》（Cardozo Law Review）11（1990 年），第 919—1045 页，此处：第 944 页；德译本：《法的力量》（Gesetzeskraft）（1991 年），第 30 页以下；参看《特权：辩护之名与评介》（Privilège. Titre justific. et remarques introd. ），载《哲学的权利》（Du droit à la philos. ）（Paris 1990 年），第 9—108 页、第 35 页。

　　⑰ 《马克思的幽灵》（Spectres de Marx）（Paris 1993 年），第 56 页；德译本：《马克思的幽灵》（Marx' Gespenster）（1995 年，重印本 1996 年），第 54 页；也参看《赠予时间，第一部分：伪币》（Donner le temps 1：La fausse monnaie）（Paris 1991 年）；德译本：《伪币：赠予时间 1》（Falschgeld. Zeit geben 1）（1993 年）。

　　⑱ 《马克思的幽灵》（Spectres de Marx）（Paris 1993 年），第 102 页/德译本，第 101 页。

　　⑲ 《他者的发明》（Invention de l'autre），载《心灵》（Psyché）（Paris 1987 年），第 11—61 页、第 53 页。

　　⑳ 同上，第 35 页。

　　㉑ 《特权：辩护之名与评介》（Privilège. Titre justific. et remarques introd.），载《哲学的权利》（Du droit à la philos. ）（Paris 1990 年），第 88 页。

　　㉒ 《Mochlos 或官能间的冲突》（Mochlos ou le conflit des facultés），载《哲学的权利》（Du droit）（Du droit à la philos. ）（Paris 1990 年），第 397—438 页、第 424 页；参看《激情：曲折的馈赠》（Passions. Une offrande oblique）（Paris 1993 年）。

说明的("对'批判'概念的解构性'批判'"[53]),解构不再被理解为批判、分析或质疑,因为"krinein 或 krisis 的这一实例(决定、选择、判断、识别)本身,就是解构的一个本质主题或对象"[54],这反映在解构对"游戏形象、秋千、不可决定性"(figures du jeu, de l'oscillation, de l'indécidabilité)的兴趣里[55]。与此相联系的,是对政治不相关性(Irrelevanz)[56]的设想,在此期间,德里达以对决议问题更为清晰的勾画对此做出了回答[57]。有种时而出现、并通过德里达对建筑学的独特贡献而被挑战的主张,亦即将解构归入到美学理论的领域[58]里去的主张,已经被克服了。

德里达将"解构"称之为不受人喜爱的概念,其成就也令人感到不适地惊奇[59]。 这也特别涉及到"美国的解构"(decon-

---

⑤③ 《立场》(Positions)(Paris 1972 年),第 63 页/第 95 页以下。

⑤④ J. 德里达,《致一位日本友人的信》(Lettre à un ami japonais),载《心灵:他者的发明》(Psyché. Inventions de l'autre)(Paris 1987 年),第 390 页;参看《绘画中的真理》(La vérité en peinture)(Paris 1978 年),第 24 页/第 36 页;《多义的记忆:为保罗·德曼而作》(Mémoires-Pour P. de Man)(Paris 1988 年),第 92 页/第 117 页以下;《悬搁点》(Points de suspension)(Paris 1992 年),第 368 页;《抵抗》(Résistances),载《抵抗:论精神分析》(Résistances-de la psychanalyse)(Paris 1996 年),第 11—53 页、第 41 页以下;德译本:《抵抗》(Widerstände),载《我们请别忘记——精神分析!》(Vergessen wir nicht-die Psychoanalyse!)(1998 年),第 128—178 页、第 163 页以下;也参看 B. 约翰森(Johnson):《批判的差异》(The crit. difference)(Baltimore/London 1980 年),第 4 页以下。

⑤⑤ 《有限责任公司》(Limited Inc.)(Paris 1990 年),第 268 页。

⑤⑥ S. 克里切利(Critchley),《解构的伦理学》(The ethics of deconstruction)(Oxford 1992 年),第 190 页;观点相反的是 R. 贝德沃思(Beardsworth),《德里达和政治》(Derrida and the political)(London 1996 年),第 5 页。

⑤⑦ 参看 J. 德里达,《给予死亡》(Donner la mort),载 J. -M. 哈巴提(Rabaté)/M. 维泽尔(Wetzel),《天资的伦理学》(L'éth. du don)(Paris 1992 年),第 11—108 页;德译本:《给予死亡》(Den Tod geben),载 A. 哈维尔卡姆普(Haverkamp)编,《威权和正义》(Gewalt und Gerechtigkeit)(1994 年),第 331—445 页;《永别了,列维纳斯》(Adieu, à E. Levinas)(Paris 1997 年)。

⑤⑧ 参看 Ch. 门克-艾格斯(Menke-Eggers),《艺术的主权》(Die Souveränität der Kunst)(1988 年)。

⑤⑨ J. 德里达,《标点符号:论文中的时间》(Ponctuations: Le temps de la thèse),载《哲学的权利》(Du droit à la philos.)(Paris 1990 年),第 439—459 页、第 452 页;德译本:《点绘》(Punktierungen),载龚德科(Gondek)/瓦尔登 (转下页注)

struction in America)⑥⁰在文学院系——较少在哲学系——就径直成为了学科训练。德曼代表了一种在其本义也被德里达认可的解构版本。若是可以说,德里达已经在其卢梭读物中,强调了卢梭文本中文本性之解构"主题"的深不可测(en abyme)的写入存在(Eingeschriebensein)⑥¹,德曼则批判性地⑥²将这方面扩展到对概念建构和修辞形象之自我解构性的主张⑥³:"阅读不是'我们的'阅读,因为它使用的仅仅是被文本自身提供的语言要素……解构不是我们附加给文本的东西,而是它首先建构起了文本。"在作为文本之文本里未加伪装显露的,是在日常语言里隐藏的"语法和意义之间的根本不一致性(fundamental incompatibility)"⑥⁴;在指涉它物(referentiell)功能意义上的文本之"可读性"(readability),在对文本来说特有的"修辞性"(rhetoricity)上失败了。文本从其窘迫处境出发所能做的最好的,是对其不可读性的隐喻描述⑥⁵。将德曼的行动

(接上页注)费尔斯(Waldenfels)编,《思想的投入:论 J. 德里达的哲学》(Einsätze des Denkens. Zur Philos. von J. Derrida)(1997 年),第 19—39 页、第 32 页。

⑥⁰ 《多义的记忆:为保罗·德曼而作》(Mémoires-Pour P. de Man)(Paris 1988 年),第 37 页以下/第 28 页以下;参看 J. 阿拉克(Arac)等编:《耶鲁批评:美国的解构主义》(The Yale critics:Deconstruction in America)(Minneapolis 1983 年)。

⑥¹ J. 德里达,《论文字学》(De la grammatologie)(Paris 1967 年),第 233 页/第 281 页。

⑥² P. 德曼(de Man),《盲的修辞学》(The rhetoric of blindness),载《盲与洞见》(Blindness and insight)(1971 年,重印本 1983 年),第 102—141 页、第 139 页;德译本:《盲的修辞学》(Die Rhetorik der Blindheit),载《审美的意识形态》(Die Ideologie des Ästhetischen)(1993 年)第 185—230 页、第 223 页。

⑥³ 参看《阅读的寓言》(Allegories of reading)(New Haven/London 1979 年),第 249 页;德里达,《多义的记忆:为保罗·德曼而作》(Mémoires-Pour P. de Man)(Paris 1988 年),第 123 页/第 167 页。

⑥⁴ 第 269 页以下。

⑥⁵ 参看《阅读的寓言》(Allegories of reading)(New Haven/London 1979 年),第 77 页、第 205 页、第 257 页。

视为对德里达"(哲学的)解构之(文学批评的)解构"⑯,这无疑忽视了"德曼对哲学差异的解构,对因哲学要求一般性和普遍性而产生的差异的解构"⑰。

H.-D. 贡德科(Gondek)撰,鲍永玲译

参考文献:

Allgemein: H. BLOOM u. a. : Deconstruction and criticism(New York 1979). -J. CULLER: On deconstruction. Theory and criticism after structuralism(London 1983); dtsch. : Dekonstruktion. Derrida und die poststrukturalist. Lit. theorie(1988). -P. V. ZIMA: Die D. (1994). — *Zu Derrida*: L. FINAS u. a. : Ecarts(Paris 1973). -C. LEVESQUE: L'étrangeté du texte(Montreal 1976). -R. BRÜTTING: 'Ecriture' und 'texte'(1976). -J. GREISCH: Herméneutique et grammatol. (Paris 1977). -R. GASCHÉ s. Anm. [3]. -J. SALLIS(Hg.): Deconstruction and philos. (Chicago/London 1987). -H. J. SILVERMAN(Hg.): Continental philos. 2: Derrida and deconstruction(London/New York 1989). -D. M. MICHELFELDER/R. E. PALMER(Hg.)s. Anm. [3]. -H. RAPAPORT: Heidegger and Derrida (Lincoln/London 1989). -Rev. philos. France Etr. (1990/92): Derrida. -D. THIEL: Über die Genese philos. Texte(1990). -D. WOOD(Hg.): Derrida: A crit. reader(Oxford 1992). -S. CRITCHLEY s. Anm. [56]. -M. WETZEL/J.-M. RABATÉ(Hg.): Ethik der Gabe(1993). -M. WIGLEY s. Anm. [58]. -A. HAVERKAMP(Hg.)s. Anm. [57]. -P. GEHRING: Innen des Außen-Außen des Innen(1994)107—175(Kap. 2). -R. GASCHÉ: Inventions of difference(Cambridge, Mass. /London 1994). -C. MOUFFE (Hg.): Deconstruction and pragmatism(London New York 1996). -R. BEARDSWORTH s. Anm. [56]. -H.-D. GONDEK/B. WALDENFELS (Hg.)s. Anm. [12]. - *Zu de Man*: L. WATERS/W. GODZICH(Hg.)s. Anm. [71]. -K.-H. BOHRER(Hg.): Ästhetik und Rhetorik. Lektüren zu P. de Man(1993). -S. SPECK: Von Šklovskij zu de Man. Zur Aktualität formalist. Lit. theorie (1997).

---

⑯ Ch. 门克-艾格斯(Menke-Eggers),《解构和批判》(Deconstruction and criticism),载 W. 巴尔讷(Barner)编,《文学批评:诉求和现实》(Lit. kritik-Anspruch und Wirklichkeit)(1990 年),第 351—366 页、第 355 页。

⑰ R. 加歇(Gasché),《对哲学无动于衷/差异内部的哲学》(In-difference to philos.),载 L. 瓦尔特斯(Waters)/W. 高德吉希(Godzich),《解读德曼的阅读》(Reading de Man reading)(Minneapolis 1989 年),第 259—294 页、第 287 页。

传统（**Tradition**）

"传统"（Tradition）的相应希腊语是 παράδοσις，拉丁语 tra-
ditio，英语 tradition，法语 tradition；相似的德语概念还有
Brauch[风俗]、Gepflogenheit[惯例]、Überlieferung[流传物]。

1. "传统"概念可能首先用于这些生活世界的领域，指转
让、传递、移交活动的发生。在拉丁语中早就存在一个动词形
式 tradere（来自 transdare），指日常的转让行为，首先是在法律
领域①。（首先，更为稀见的）名词化形式 traditio，也完全基于
指"将大量的法律流传物转化到其他的意义领域"；此外，长期
与其一起传播的显然还有罗马寄存法（Depositenrecht）的涵义
内容：寄存（Depositum）不是说人们可以任意处置财物，而是它
必须被很好地保存，要原封未动或者未被掺假地加以归还②。
随之，"传统"可能以例如"抽象文化资产之历时传递"的含义，
以火炬接力的方式③被传达到更广泛的领域。如此延伸的法学
概念的应用，现在④指向普遍的文化性的东西：传统是联系着家
族序列的东西，并在过去和现在之间保持着连续性。由此，传

---

① A. 埃尔哈德特（Ehrhardt），辞条"传统"（T.），见《保利古典学百科全书》
（RE，Paulys Real-Encyclopädie der classischen Altertumswissenschaft）II，12（1937
年），1875—1892 年。

② W. 玛加斯（Magass），《传统：论法学和文学概念的来源》（T. Zur
Herkunft eines rechtl. und lit. Begriffs），载《关键时刻》（Kairos）24（1982 年），第
110—120 页，引自第 110 页。

③ A. 德曼德（Demandt），《历史的诸隐喻》（Metaphern für Gesch.）（1978
年），第 203 页。

④ 参看 H. 齐耶林斯基（Zielinsky），辞条"文本的传统"（Art.〈Traditio c
[h]artae〉，《中世纪百科辞典》（Lex. des MA）8（1997 年），第 929 页。

统是一种文化的基础现象，它借助语言和文本而存在，规定所有的生活领域，从伦理、习俗、礼仪、生活经验、习惯法到教学传统。作为一个核心概念，传统最终在几乎所有的人类文化领域里获得成功，即使现存文献（Literaturbestand）的重点是在法学、宗教和文学领域。从素朴存在过的传统过渡到传统-批判，或者说过渡到经过反思的传统-维护，"传统"——对"接受"（Rezeption）来说，是互补关系——借此在最为多样的层面成为诠释学、哲学和科学的问题，并成为一个通用的基本概念。

2. 在希腊语中，与"传统"（Tradition）概念相应的是动词形式的"流传"（παραδιδόναι），或者首先是较为稀见的名词构形"流传物"（παράδοσις）。在前苏格拉底的学者那里，例如塔兰托的阿尔库塔斯（Archytas von Tarent）已经认可他人流传给我们的（παρέδωκαν）的知识⑤。在柏拉图那里出现了"流传物"（παράδοσις）概念，这个概念自身指"授课的中介"，毋宁说有着教学法的色彩⑥；此后，塞内卡也在这个基本含义内，谈到对确定知识的传播（talium studiorum traditio）⑦。但对柏拉图来说，最重要而常见的是援引古代流传下来的神话⑧。因此，对流传物的研究变得富有成果，是在城邦里一切其他生活需要都被满足和人类变得自由悠闲的时候⑨。当然，柏拉图与先在于他的神话与传统的联系是至关重要的⑩。一

---

⑤　塔兰托的阿尔库塔斯（Archytas von Tarent），《残篇》（Frg.）47，B 1；VS 1，432，5。

⑥　柏拉图，《法义》（Leg.）803 a。

⑦　塞内卡，《论恩惠》（De benef.）VI，17，2。

⑧　柏拉图，《法义》（Leg.）872 e；《高尔吉亚》（Gorg.）499 c；《斐多》（Phaedo）70 c；《斐德若》（Phaedr.）244 d；《蒂迈欧》（Tim.）21 a 以下。

⑨　《克里提阿斯》（Crit.）110 a。

⑩　柏拉图，《法义》（Leg.）872 e；《高尔吉亚》（Gorg.）499 c；《斐多》（Phaedo）70 c；《斐德若》（Phaedr.）244 d；《蒂迈欧》（Tim.）21 a 以下。

方面,柏拉图拒绝神话和诸神历史,称之为不适宜教育和教化的孩童故事,要求对其伦理化或用寓意的方式来说明[11];另一方面,在他那里古代和智慧又具有崇高声望,可以加强一种陈述的正当性[12],这样一来,权威的要素就被归之于传统。《斐勒布》(Philebos)可能最重要的地方在于,诸神的礼物($\Theta\varepsilon\tilde{\omega}\nu$ $\delta\acute{o}\sigma\iota\varsigma$)曾肯定被普罗米修斯从闪耀的火光里带走,这些比我们更善好、与诸神住得更近的古代人,将这个传说传承($\pi\alpha\varrho\acute{\varepsilon}\delta o\sigma\alpha\nu$)给我们[13];在柏拉图和亚里士多德那里,这一诸神的礼物被赋予科学形式并成为理性知识,即哲学。亚里士多德在探讨哲学或者说神学问题时想回溯到"古代",例如回溯到前苏格拉底的学者[14],这些前苏格拉底的学者远早于他的世代而首先研究了这些事物,当然,由此出发,这同样对追寻"真理本身"(并由此而规范地对待事物)来说也是必要的[15]。甚至对神话流传物、至少是那些来自"远古时代"的传统来说,其中一些被"以传说的方式补充到""对公众的劝服"(Überredung der Menge)中去[16]。为此,哲学必然继续发展传统曾经暗示的东西;同样在亚里士多德那里,传统显示为"理性的传统",它理解诸多根

---

⑪　《理想国》(Resp.)376 e—382 c,386 a—392 c,598 d—602 b;《蒂迈欧》(Tim.)23 b;《克拉底鲁》(Crat.)397 c—409 d。

⑫　《高尔吉亚》(Gorg.)510 b,523 a;《斐德若》(Phaedr.)235 b;《法义》(Leg.)804 e。

⑬　《斐勒布》(Phil.)16 c;参看 J. 皮普尔(Pieper),《论传统概念》(Über den Begriff der T.)(1958 年),第 22 页;以及 J. 里特尔,《亚里士多德和前苏格拉底学派》(Aristoteles und die Vorsokratiker)(1954 年),载《形而上学和政治学:亚里士多德和黑格尔研究》(Met. und Politik. Stud. zu Arist. und Hegel)(1969 年),第 34—56 页,此处:第 44 页。

⑭　亚里士多德,《形而上学》(Met.),982 b,983 b。

⑮　984 a—b。

⑯　1074 b。

据和原因⑰。在接下来的时间，这个概念"流传物"（παράδοσις）在希腊化时代（Hellenismus）扮演了重要角色，并作为神秘宗教的崇拜术语被引入到"圣言"（ἱερὸς λόγος）之中⑱。

3. 以特殊的方式，传统作为宗教的建构要素，相应地也是一切宗教的、神学的和宗教哲学讨论的基本概念。这一说法包含教与学的意义线索，就如同法学上，在"你所信赖的保存"意义上的、并非侵占之寄存的转译⑲。从宗教角度来看，"所接受和传承的东西之最内在的细胞，即神圣的流传物"、"核心"⑳，"必须"通过历史的可转化性被原样传递。从反面与此相一致的，是将 4 世纪基督徒完全对立地描述为"交付者"（Traditores），他们将圣经交给了基督的追随者，甚至直到莱辛还在谈论他们㉑。在圣经-基督教的范围内，像传统事务这样的概念必然获得很大的意义，以此圣经信仰确实关系到历史上独一无二的救恩行为和启示，这些同时也被理解为末世论的允诺（eschatologische Verheißung），因此每次都必须重新当下化和习得。《旧约》和《新约》是这一传统历史和编撰历史的成果，在此历史中，当时的允诺总是一再被超越地完成；耶稣基督也是这样将自己理解为如《旧约》之危机（《马太福音》5:21 以下；《马可福

----

⑰　J. 里特尔，《争辩评述》（Disk. bem. ），载皮普尔（Pieper），《论传统概念》（Über den Begriff der T. ）（1958 年），第 147 页；也参看《亚里士多德的理论之起源和意义学说》（Die Lehre vom Ursprung und Sinn der Theorie bei Arist. ）（1953 年），载里特尔，《形而上学和政治学：亚里士多德和黑格尔研究》（Met. und Politik. Stud. zu Arist. und Hegel）（1969 年），第 9—33 页。

⑱　参看 J. 兰福特（Ranft），《天主教的传统原则之起源》（Der Ursprung des kath. T. -Prinzips）（1931 年），第 179 以下。

⑲　保罗（Paulus），《提摩太前书》（1. Tim. ）6,20。

⑳　德曼德（Demandt），《历史的诸隐喻》（Metaphern für Gesch. ）（1978 年），第 27 页。

㉑　G. E. 莱辛（Lessing），《论诸传统》（Von den Traditoren）（约 1779 年），载 H. G. 格普菲尔特（Göpfert）编，《著作集》（Werke）（1976 年）7,第 672 页以下；参看 A. 德内菲（Deneffe），《传统概念》（Der T. -Begriff）（1931 年），第 6 页。

音》7:5 以下;10:2 以下)的完成(《马太福音》5:17 及下)。"转交"(παραδίδωμι)这个词在《新约》里出现 119 次,"流传物"(παράδοσις)出现 13 次[22];此外,它还显示出一种广阔的甚至深入日常生活的意义幅度。不过,传统作为"联系起源的要素"[23],其分量在"传承"(Paradosis)概念里已完全显示出来,例如在保罗这位"传统的神学家"[24]那里,他劝诫会众要坚守传统(παραδόσεις),就像他把传统传承给他们那样(παρέδωκα)(《哥林多前书》11:2)。首先,鉴于在耶稣使徒和使徒学派这一代退场之后形成了传统危机,"传统"在教父学(Patristik)中成为关键概念。反对(在教会意义上)"消解传统的"(traditionsauflösend)[25]——虽然它自身当然也在形成精神历史的传统——灵知(Gnosis),例如里昂的爱任纽(Irenäus von Lyon)就指向作为合法性原则的使徒继承权(Sukzession)[26]。从概念上来说,教会的传统理解是在"流传物"(παράδοσις)和"流传"(traditio)(区别于早前在非基督教拉丁作者那里稀见和边缘性的概念使用)的记号(Signum)下形成的[27],它也通过属格和形容词

---

[22]　W. 波普克斯(Popkes)在辞条"传递,流传(物)"(παραδίδωμι, παράδοσις)里概览了最新的概念应用情况,载 H. 巴尔茨(Balz)/G. 施耐德(Schneider)编,《解经:新约辞典》(Exeget. Wb. zum NT)3(²1992 年),第 41—48 页。

[23]　保罗(Paulus),《哥林多前书》(1. Kor.)11,2;参看 R. 卡姆普林(Kampling),《传统》(T.),载 P. 艾希尔(Eicher)编,《新神学基本概念手册》(Neues Hb. theolog. Grundbegr.)4(1985 年),第 221—235 页,引自第 224 页。

[24]　参看 Y. M. J. 龚加尔(Congar),《传统和诸传统》(Die T. und die T. en)(1965 年),第 22 页。

[25]　W. 罗德夫(Rordorf)/A. 施耐德(Schneider),《传统概念在古代教会里的发展》(Die Entwickl. des T.-Begriffs in der Alten Kirche)(1983 年),XIII。

[26]　里昂的爱任纽(Irenäus von Lyon),《驳异端》(Adv. haer.)III,3,3,载米涅(Migne)编,《教父著作全集:第一部分 希腊文系列》(MPG, Patrologiae cursus completus: Series I: Ecclesia graeca 1—167)7,第 849—851 页。

[27]　R. 卡姆普林(Kampling),《传统》(T.),载 P. 艾希尔(Eicher)编,《新神学基本概念手册》(Neues Hb. theolog. Grundbegr.)4(1985 年),第 221—235 页,引自第 221 页。

形式而更加强大（qualifiziert），当德尔图良谈到"福音传统"（traditio evangelica）㉘和"使徒传统"（traditio apostolorum）㉙时，就是一例。以对犹太教来说相似的方式，对基督教来说，传统也成了这种往昔之强制在场的具身化（Inbegriff），即被上帝之启示所创造和运行、对当代来说具有权威性的往昔。被经常引用的，是勒兰的文森兹（Vinzenz von Lerin）之"天主教的"原理："id teneamus, quod ubique, quod semper, quod ab omnibus creditum est[我们传承着普遍地、始终被所有人信仰的东西]。"㉚它使传统的应用适用于"普遍"（universitas）、"古远"（antiquitas）和"赞同"（consensio）这一标准层级序列："在现在的教会里，若一个有争议的问题不能被多数教众以确定意义来决定的话（普遍地[ubique]），那么就必须回溯到传统（始终[semper]）；在传统之内宗教会议的决议具有优先性（被所有人[ab omnibus]）；在不存在这种宗教决议的地方，人们就必须顺从多数正统神父。"㉛

在经院哲学中，阿奎那区分出一种权威的论据（Autoritätsbeweis），这是一种来自传统的论据，就这点而言，此论据依赖于人的权威，它是与在上帝启示基础上具优越性的论据相比来说较劣的论据。尽管如此，人类理性可以用于神圣教义：不是为了证实信仰（因为这将会取消信仰的劳绩），

㉘　德尔图良（Tertullian），《反马吉安论》（Adv. Marc.）V,19,1。

㉙　《异端者的药方》（De praescript. haer.）21,6;参看 R. 卡姆普林（Kampling），《传统》（T.），载 P. 艾希尔（Eicher）编，《新神学基本概念手册》（Neues Hb. theolog. Grundbegr.）4（1985 年），第 221—235 页，引自第 221 页。

㉚　勒兰的文森兹（Vinzenz von Lerin），《统一的意见》（Commonitorium）1,2,载米涅（Migne）编，《教父著作全集：第二部分 拉丁文系列》（MPL, Patrologiae cursus completus: Series II: Ecclesia latina 1—221）50,第 540 页。

㉛　W. 罗德夫（Rordorf）/A. 施耐德（Schneider），《传统概念在古代教会里的发展》（Die Entwickl. des T. -Begriffs in der Alten Kirche）（1983 年），XIX。

而是为了阐释神圣教义的这一原理或另一原理（sed ad mani-
festandum aliqua quae traduntur in hac doctrina）[32]。但当传统-
重要性的持存，被缩减为路德宗教改革的独一圣经原则（sola
scriptura-Prinzip）时（莱辛："你把我们从传统的桎梏下解放
出来了"[33]），还是存在着精神历史的断裂，因为宗教改革倾
向于"将超自然东西之现世当下，限制在文本上"[34]，然而在
路德那里，所有其他传统都被质疑，只有"人的传统"（tradi-
tiones hominum）是人的发明而且因此是有害的发明[35]。
1530 年的《奥格斯堡信条》（Confessio Augustana）这样表述：
"一切由人类造成的律令和传统，人们借此来与神和解并且
获得恩典，这些都对立于福音（Evangelio）和对基督的信
仰。"[36]神学的传统概念如此多地关联到一个不可变易的核
心，这个概念从刚开始，就总体上呈现为同时与讨论进程的
相融[37]。这样一来，"传统"概念显然首先是被置于神学的职
责领域，它在早期的哲学辞典里没有出现，在较近的哲学辞
典里只是偶尔出现。

　　4. 在近代欧洲哲学，尤其在自然科学中，先在的传统内
容越来越成为批判论争的对象。与此相应的是，传统概念

---

　　[32] 托马斯·阿奎那，《神学大全》（S. theol.）I, 1, 8, ad 2。

　　[33] G. E. 莱辛，《在汉堡，致格策教士的……一封寓言》（Eine Parabel ... an
den Herrn Pastor Goeze, in Hamburg）（1778 年），载 H. G. 格普菲尔特（Göpfert）
编，《著作集》（Werke）（1976 年），第 126 页。

　　[34] Y. M. J. 龚加尔（Congar），《传统和诸传统》（Die T. und die T. en）（1965
年），第 183 页。

　　[35] M. 路德（Luther），《奥格斯堡文件》（Acta Augustana）（1518 年），载《路
德著作集》魏玛版（Weimarer Ausg.）2（1884 年），第 17 页。

　　[36] 《奥格斯堡信条》（Die Augsburgische Konfession）XV（1530 年），载《福音
-路德教会的认信文本》（Die Bekenntnisschr. der evang. -luth. Kirche）（1930
年，³1982 年），第 69 页以下。

　　[37] 参看例如 W. 卡斯珀（Kasper），《罗马派的传统学说》（Die Lehre von der
T. in der Rom. Schule）（1962 年）。

一再成为其自我建构的反面概念,也正因此,它偏偏尚未成为哲学的基本概念。帕斯卡无须这个概念,就在两种科学间做出区分,其一是所谓"传统-科学",如依凭权威和流传物的神学,其二是自然科学,如依凭经验和理性的物理学,后者因此恰恰不是建立在传统的基础上[38]。这要在问题史上联系到培根之传统批判的表态,他以清除前判断(偶像[Idol])的方式,对经验科学做了理论奠基[39]。这些流传物,就像它现在被使用的那样(traditio quae nunc in usu est),只是描述无"根基"之科学的"主干";但是,谁对科学的成长至关重要,这不如说更多地取决于根基[40]。笛卡尔同样没有使用这个概念,总体来说他质疑哲学和神学的流传物,并将数学学科提升为哲学的典范。无疑,他在道德哲学中想让因袭惯例的观点暂且适用,因为将道德决定推卸到科学之完善上是没有意义的[41]。对洞察力的锻炼来说,人们应该研究那些已经被他人发现的问题(quae jam ab alijs inventa sunt)[42]。

从概念上来说,近代传统-批判的延伸以违背理性和近乎

---

[38] B. 帕斯卡,《序言片段:关于真空的新实验》(Fragm. de Pref. sur le traité du vide)(1647 年),L. 布隆施维克(Brunschvicg)编,《著作集》(Oeuvr.)2(Paris 1908 年),第 129—145 页,尤其是第 130—133 页。

[39] F. 培根,《新工具》(Novum org.)(1620 年),载 J. 斯裴丁(Spedding)等编,《著作集》(Works)1(London 1858 年,重印本 1963 年),第 164 页以下。

[40] 《论科学的尊严和进步》(De dignit. et augm. scient.)6(1623 年),载 J. 斯裴丁(Spedding)等编,《著作集》(Works)1(London 1858 年,重印本 1963 年),第 664 页。

[41] R. 笛卡尔(Descartes),《方法谈》(Disc. de la méthode)(1637 年),Ch. 亚当(Adam)/P. 坦纳里(Tannery)编,《著作集》(Oeuvr.)(Paris 1897 年及其后,²1964 年及其后)6,第 22 页以下。

[42] 《指导心灵的法则》(Regulae ad directionem ingenii)10(约 1620—1628 年),Ch. 亚当(Adam)/P. 坦纳里(Tannery)编,《著作集》(Oeuvr.)(Paris 1897 年及其后,²1964 年及其后)10,第 403 页以下。

荒诞的色彩发挥着作用,例如霍布斯为反对"空虚的哲学和神怪的传说所造成的黑暗"而做出论证[43]。洛克确认,自然法对我们来说不会因援引诸传统而广为人知(Legem autem naturae... nobis traditione non innotescere),准确地说是因为诸传统彼此对抗的多样性(quia in tanta traditionum inter se pugnantium varietate)[44]。洛克的认知理论也适用于自然法规范,依据这种认知理论,通过感官获得而未被偏见模糊的经验质料,在人类知性中被理性地加工。

因为传统是在与经验和理性的双重争端里入场,它因此陷入两个近代的哲学主流之中,即经验主义和理性主义,前者致力事实问题而后者致力于基本概念。这也适用于康德,他将启蒙的目的定位在对"自己知性"的使用并抵抗他律,在康德那里,"传统"概念只是在毋宁说受到限制的口头流传物(作为"传统或者文本")[45]意义上出现,甚至作为鸟啭(Vogelgesang)的传统而出现[46]。即使在康德那里"传统"是针对一般流传物的内在关联[47],他对这个概念的使用也不能被理解为文化

---

[43] Th. 霍布斯(Hobbes),《利维坦》(Leviathan)(1651年),W. 墨尔斯沃斯(Molesworth)编,《英语作品集》(Engl. works)3(London 1839年,重印本1962年),第686页以下。

[44] J. 洛克(Locke),《论自然法可借助自然之光认知吗? 答曰肯定》(An lex naturae sit lumine naturae cognoscibilis? Affirmatur)[1663/64年],载W. 冯·莱登(von Leyden)编,《自然法论文集》(Essays on the law of nature)(Oxford 1954年),第122—135页,引自第128页;参看第134页;参看R. 施佩希特(Specht),《创新及其后续负担》(Innovation und Folgelast)(1972年)。

[45] I. 康德,《纯粹理性界限内的宗教》(Die Relig. innerh. der Grenzen der bloßen Vernunft)(1793年),载《著作集》科学院版(Akad.-A.)6,第104页;《系科之争》(Der Streit der Fakultäten)(1798年),同前,7,第48页。

[46] 《实用人类学》(Anthropol. in pragmat. Hinsicht)(1798年),同上,7,第323页;《教育学》(Pädagogik)(1803年),同上,9,第443页。

[47] 《评赫尔德的〈关于人类历史哲学的思想〉》(Rec. von I. G. Herders Ideen zur Philos. der Gesch. der Menschheit)(1785年),同上,8,第60页;也参看《系科之争》(Streit ...),同上,7,第67页。

反思的基本范畴。在启蒙的理性诉求之前,权威和传统虽然并未简单成为亟需更正的偏见源泉,但是相对于这种对一切理性存在(Vernunftwesen)来说都相同的自然本性来说,流传下来的以及历史性东西的意义就退隐了[48]。

相应地,倘若对康德之概念应用的研究只得出一种总体来说更可能是无关紧要的发现的话,那么莱布尼茨也毋宁是顺带地使用着"传统"概念[49],这样一来,这个概念显然在莱布尼茨那里获得更大的意义,反而重新加强了对未被放弃的遗产之流传物的援引。在从历史源泉流传而来的核心之中,这点不再那么容易被察觉,不如说反而描述出一种在时间进程里达到的文化成就的复合物——例如 A. H. 穆勒(Müller)赞同地看到,这个"完全当下的世界"是怎样一个"由所有更早状态组成的巨大传统"[50],而 F. X. 巴德尔(von Baader)则想获得一种"传统权威的正确概念,作为一种庇护着已成为真正之持存的力量"[51]。E. 伯克(Burke),然而也包括 J. 德·迈斯特(de Maistre)和 J. G. A. 德·博纳尔德(de Bonald)对启蒙

---

[48] 参看 S. 韦德霍费尔(Wiedenhofer),辞条"传统,传统主义"(T. ,Traditionalismus),载 O. 布鲁纳(Brunner)等编,《历史基本概念》(Geschichtl. Grundbegr.)6(1990 年),第 607—650 页,尤其是第 633 页。

[49] G. W. 莱布尼茨,《人类理智新论》(Nouv. ess. sur l'entend. humain)I,2,§ 9 [1704 年](1765 年),《著作集》科学院版(Akad. -A.)6(1962 年),第 93 页。

[50] A. H. 穆勒(Müller),《论德国科学和文学的讲座》(Vorles. en über die dtsch. Wiss. und Lit.)(1806 年),载 W. 施罗德(Schroeder)/W. 希尔贝特(Siebert)编,《批判和哲学论文集》(Krit. und philos. Schr.)1(1967 年),第 88 页;参看 S. 韦德霍费尔(Wiedenhofer),辞条"传统,传统主义"(T. ,Traditionalismus),载 O. 布鲁纳(Brunner)等编,《历史基本概念》(Geschichtl. Grundbegr.)6(1990 年),第 639 页。

[51] F. X. 冯·巴德尔(von Baader),《论宗教和自然科学的稳固联盟》(Über den solidären Verband der Relig. mit der Naturwiss.)(1834 年),载 F. 霍夫曼(Hoffmann)等编,《全集》(Sämtl. Werke)(1851—1960 年,重印本 1963/1987 年)3,第 336 页《附注》(Anm.);参看同前,1,第 170 页;2,第 433 页;3,第 314 页;5,第 241 页以下,第 261 页以下;9,第 30 页,第 377 页以下;12,第 191 页以下。

运动和法国大革命的批判,都是在扬弃传统的对立运动中对传统的有意复原(Restitution),此后才被称为"传统主义"(Traditionalismus)[52]。这里也要将保守主义与传统概念联系起来,而无须将一切形形色色的保守主义都还原为一种"差不多完全反应性的"传统主义[53]。此后,传统的概念性也以相似的方式完成了,这是指在"古代"(Anciens)和"现代"(Modernes)之间的争端被谈成是传统和现代性之间的争端[54],或者说,这种谈论完全可能是关于这一"争端"(Querelle)自身的传统[55]。

5. 这个术语以其主要意义首先有代表性地出现在对康德的批判中,在此之后,在一种也是从这种批判中发展出来、日益增长地以历史做论证的文化哲学中,它也是反复出现。J. G. 哈曼批判康德说,康德有着无法辩解的去语境化(Dekontextualisierung)的意图,即"净化"(Reinigung)的意图,鉴于其所持的理性自我反思的立场:"对哲学首先进行净化,也就是说在这种部分是误解、部分是失败的尝试中,使理性独立于一切流传物、传统和信仰。"[56]康德的"理性纯粹主义"(Vernunftpurismus),看似在掺连着传统的立场前是无法维持的:先于语

---

[52]　例如参看 G. 博阿斯(Boas),辞条"传统主义"(Traditionalism),载 P. 爱德华斯(Edwards)编,《哲学百科全书》(The encycl. of philos.)8(New York/London 1967 年),第 154 页以下。

[53]　参看 K. 曼海姆(Mannheim),《保守主义》(Konservatismus)(1925 年,重印本 1984 年),第 97 页。

[54]　参看 V. 罗洛夫(Roloff)编,《传统和现代性》(T. und Modernität)(1989 年)。

[55]　H. R. 尧斯(Jauss),《导论》(Einl.),载 Ch. 佩洛特(Perrault),《古今平行》(Parallèle des anciens et des mod.),H. R. 尧斯(Jauss)编(1964 年),8。

[56]　J. G. 哈曼,《理性纯粹主义的元批判》(Metakritik über den Purismum der Vernunft)(1784 年),J. 纳德勒(Nadler)编,《全集》(Sämtl. Werke)(Wien 1949—1957 年)3,第 284 页。

言和历史的理性不可能存在,思想的抽象范畴被证实为是历史性的。赫尔德不仅是赞成哈曼对康德的"元批判"(Metakritik)⑰。毋宁说,赫尔德一方面着手研究培根对"语言的传统"的批判和对"传统的畸损之镜"的批判,通过它们"错误不仅仅被传播出去和变得永存,而且也被制造和重新生产出来"。然而,倘若人们想清除掉它们,那给人们余下的"也仅仅是荒漠"⑱。另一方面,对赫尔德来说,"正形成的传统"是一种"对人性之历史来说的原则"(Principium)⑲。传统可能再次通过"特殊的媒介而成为对人类的教化",即通过语言:"人性的整个历史因此拥有其传统和文化的一切珍宝,这无外乎是这种被解开的神性之谜的结果。"⑳以相似的方式,席勒不仅尝试估计"活生生的传统"或者"口头传说"之源泉的价值,而且他还简洁地表述说:"一切历史的源泉是传统,而传统的器官是语言。"㉑基于语言的贡献,赫尔德现在能够说,人们成了"传统和习俗之子"㉒;借助传统,人类的教化历史成为可能㉓;它起的作用是"神在管理着我们的种属"㉔。因此,赫尔德的历史哲学

---

⑰　J. G. 赫尔德(Herder),《知性和经验,理性和语言:对康德〈纯粹理性批判〉的元批判》(Verstand und Erfahrung, Vernunft und Sprache. Eine Metakritik zur KrV)(1799 年), B. 苏潘(Suphan)编,《全集》(Sämmtl. Werke)(1877—1913年)21,第 1 页以下,第 191 页以下。

⑱　《论语言的起源》(Abh. über den Ursprung der Sprache)(1772 年),同上,5,第 152 页以下。

⑲　《论人类历史哲学的观念》(Ideen zur Philos. der Gesch. der Menschheit)第二部分(2. Th.)9,1,第 1784 页以下;同前,第 13 卷,第 345 页。

⑳　9,2,同前,第 354 页以下。

㉑　F. 席勒(Schiller),《普遍历史是什么以及人们为何研究它》(Was heißt und zu welchem Ende studiert man Universalgesch.?)(1751),《全集》国家版(Nat. ausg.)17(1970 年),第 370 页以下。

㉒　赫尔德(Herder),《论人类历史哲学的观念》(Ideen ...)2. Th., 9,1,第 345 页,第 347 页以下。

㉓　8,3,同上,第 310 页;8,5,同上,第 333 页。

㉔　9,3,同上,第 374 页。

遵循着"传统之链","教化的金色链条","环绕世间,串起每一个人,最终达至天意之巅"⑥。无论好坏——传统能够成为大的优势,也能够成为束缚思想力量的"精神鸦片"(Opium des Geistes)⑥——对我们来说:"若人处于人群之中,则他不可能避免构形的或畸形的(mißbildend)文化:传统趋向他,塑造他的头脑,造就他的肢体。"⑥在赫尔德那里,传统成为文化哲学和教化哲学一个重要的基本概念,它说明了这一媒介,始终也是在本质上被谈论为人类之"自我更新"(Sich-Aufarbeiten)的历史过程,就可能发生在此媒介中:"若人类的天性并非在善中自立的神性:他就必须学习一切,借助发展受到教化,在日益增多的抗争中总是继续行进。"⑥同时,在这里也开启了哲学和精神科学在历史-批判层次上,对传统以及民俗文化的关注。对施莱格尔来说,"对整个国家(Nation)……的教化""不外乎通过血统和传统参与到最古老、源初的启示和创作中去,占有一种独特的、由此发源的神话学和文本,就像在罗马人那里的情形一样"⑥。"真正的神性概念"及其永无止境的"丰足,这种积极的神的全能和爱,在人类中既不可能单单通过理性,也不可能通过经验和感性感知来产生",而是仅仅通过那种"宗教教予我们的,历史和传统教予我们的东西,我们尽可能多地始终遵循着它们,通过它们的见证来确证,人类种属的教化在更高的启示中拥有其最老的根源

---

⑥　9,1,同上,第 352 页以下。

⑥　第三部分(3. Th.),12,6,同上,第 14 卷,第 89 页。

⑥　第二部分(2. Th.),9,1,同上,第 13 卷,第 349 页。

⑥　也参看《人类教化哲学》(Philos. zur Bildung der Menschheit)(1774 年)同上,第 5 卷,第 505 页。

⑥　F. 施莱格尔,《欧洲文化史》(Gesch. der europ. Kultur),第 1803 页以下,载 E. 贝勒(Behler)编,《全集》校勘本(Krit. Ausg)11(1958 年),第 127 页。

(Urquelle),而神的本质的真正概念,对人类来说应直接被真正的概念自身所告知"⑰。

歌德可以说是附带地使用"传统"概念,他希望"所有直观知识成形,而传统和名称不再"⑪。按照 F. 穆勒(von Müller),歌德将宗教传统理解为文化遗产,这种文化遗产处在与其批判不可消解的对立之中:"人们或者必须坚持对传统的信仰,而不是进行对它的批判,或者当产生这样的批判,就放弃那种信仰。第三条道路是不可想象的。"⑫歌德也谈到"个体与直接经验和间接流传物"双重的"冲突",每个人身上都存在着这种冲突⑬。人们甚至根本不可能怀疑流传下来的东西的意义⑭:"不识三千年者/仅是浑噩度日"(Wer nicht von dreitausend Jahren / Sich weiß Rechenschaft zu geben, / Bleib im Dunkeln unerfahren, / mag von Tag zu Tage leben)⑮;但是传统同时也是"构形的",使我们"才真正成为人",就像它也能描述一种"可怕的重负","它将几千年的流传物腾碾到我们身上"⑯。当歌德最终指出对"文化内容"做出总是"新的理解"的必要性时,一种在传统与个体间做出和解的教化理论就更清楚了,按照这种理论,丰富我们的教化,以丰富的传说储备和水准为中心,同时也处在自我组织和重新组

---

⑰ 《预科和逻辑学》(Propäd. und Logik),第 1805 页以下,同前,第 13 卷(1964 年),第 370 页。

⑪ J. W. 歌德,《意大利游记》(Italien. Reise)(1786 年以下),E. 特鲁茨(Trunz)编,《全集》汉堡版(Hamb. Ausg.)(1948—1960 年)9,第 388 页以下,第 196 页。

⑫ F. 冯·穆勒,《与歌德谈话》(Gespräch mit Goethe)(1830 年 6 月 8 日),《文集》纪念版(Gedenkausg.)(1948 年及其后)23,第 710 页。

⑬ J. W. 歌德,《色彩理论史》(Gesch. der Farbenlehre)(1805/1806 年),E. 特鲁茨(Trunz)编,《全集》汉堡版(Hamb. Ausg.)(1948—1960 年)14,第 51 页。

⑭ 参看同上,第 51 页以下。

⑮ 《西东诗集》(Westöstlicher Divan)(1819 年),同上,2,第 49 页。

⑯ 《威廉·迈斯特的学习年代》(Wilhelm Meisters Wanderjahre)3(1829 年),同上,7,第 467 页。

织的永久状态之中，这种教化将是富有成效的："凡是你受自祖传的遗产/只有努力运用才能据为己有"（Was du ererbt von deinen Vätern hast，/ erwirb es，um es zu besitzen）[77]。

　　与谢林[78]或者施莱尔马赫[79]一样，在黑格尔那里，传统概念首先以主要是口头流传物的基本意义来出现[80]，然而它也恰恰由此成为普遍文化反思的范畴。"对自我意识的理性的占有"，从根本上是"一种遗产，更切近地说是劳动的结果，也就是说人类一切过往世代之劳动的成果"。哲学和科学应当"思考传统，传统贯穿一切暂存也因此已经消逝的东西，就像赫尔德所说的，旋绕着一条神圣的链条，那种带出前人世界的东西也包含着我们和流传给了我们。但是，这种传统不只是女管家，她仅仅值得信赖地保管着获得的东西并这样将其不加变化地流传给下一代。传统并非不动的石像，而是活生生的并增长为一股有力的洪流，它离自己的源泉涌延越远，就越为巨大"[81]。传统也同样既显现为精神实体，也显现为材质（Stoff），后者必须被活生生地和积极地占为己有；黑格尔针对古典艺术

　　[77]　《浮士德》(Faust) I，第 682 页以下（1808 年），同上，3，第 29 页。

　　[78]　谢林，《论神话》(Über Mythen)（1793 年），载 M. 杜尔勒(Durner)编，《全集》科学院版(Akad.-A.) 1（1976 年），第 193—246 页。

　　[79]　F. D. E. 施莱尔马赫，《伦理学纲要》(Brouillon zur Ethik) 1805/1806 年第 57 课时（57. Stunde 1805/06），O. 布劳恩(Braun)/J. 鲍尔(Bauer)编，《著作集》(Werke) (²1927—1928 年，重印本 1967 年) 2，第 174 页；《1812—1813 年伦理学》(Ethik 1812/13)（导论和美德学说 Einl. und Güterlehre）第二部分（2. Th.），§§ 167 以下，同前，第 303 页以下；第三部分（3. Th.），§ 49，同上，第 328 页；也参看《论宗教：对蔑视宗教的有教养者讲话》(Über die Relig. Reden an die Gebildeten unter ihren Verächtern)（1799 年），见《全集校勘本》(Krit. Ges. ausg.) I/2（1984 年），第 385 页。

　　[80]　G. W. F. 黑格尔，《研究》(Studien)（1793 年及其后），《全集》科学院版(Akad.-A.) 1（1989 年），第 80 页；《研究》(Studien)（1795 年及其后），同前，第 359 页。

　　[81]　《哲学史讲演录（1805 年—1830 年）》(Vorles. en über die Gesch. der Philos. [1805—30])，载 H. 格洛克纳(Glockner)编，《全集》百年诞辰纪念版(Jub. ausg.)（1927—1940 年，重印本 1964 年及其后），第 17 页，第 28 页以下。

就已经指出:"然而传统和自己的形成,两者完全能融为一体。"[82]在这里,黑格尔一方面顾全现代释放出来的主体性的意义,这种主体性相对传统来说,首先必然是曾被有意识地分裂开来,在传统可能再次掌握它之前;外在的观察方式作为"传统的遗物",是一种"丧失认知(erkenntnislos)的死物;内在的观察方式却消失了,因为它曾是概念并知晓自己乃是概念"[83]。然而另一方面,恰恰是文化进程的客观侧面似乎受到强调,这种文化进程被以自身醒觉的普遍精神的符号来称呼,当只有通过"艰苦的劳动"来对抗"遗存物的专横"(Willkür des Beliebens)时,"主观意愿自己在自身中获得客观性,在这种客观性中,它只在自己这方面既值得又有能力作为理念的现实"[84]。

6. 鉴于现在从文化哲学上建立的传统概念,马克思、尼采和克尔凯郭尔发展出一种倒不如说是意识形态批判或者说文化批判的、功能主义的观点。马克思特别注意到历史的自然基础以及生活基础的生产。在这里,每一代都"站在前代的肩膀上"[85]。传统在"纯朴和未发展的状态下"起着"压倒性的作用":它使持存的东西神圣化和牢固化,并由此服务于"社会占统治地位那部分人的利益";另一方面,这种"社会的稳固"创造出"从赤裸裸的专横"获得的相对解放[86]。因此,当马克思

---

[82]　《美学讲演录(1818—1830年)》(Vorles. en über die Ästhetik [1818—30]),同上,14,第68页。

[83]　《精神现象学》(Phän. des Geistes)(1807年),《全集》科学院版(Akad.-A.)9(1980年),第411页。

[84]　《法哲学原理》(Grundl. der Philos. des Rechts)(1821年)§ 187,载 H. 格洛克纳(Glockner)编,《全集》百年诞辰纪念版(Jub. ausg.)(1927—1940年,重印本1964年及其后),7,第269页。

[85]　K. 马克思,《德意志意识形态》(Die dtsch. Ideologie)(1845年及其后),载《马克思恩格斯全集》(MEW)3,第43页。

[86]　《资本论》(Das Kapital)3(1894年),载《马克思恩格斯全集》(MEW)25,第801页。

将其与一切传统的彻底变革(Umgestaltung)联系在一起时，传统的可意识形态化性也恰恰变得清晰了："一切已死先辈们的传统，像梦魇一样纠缠着活人的头脑。当人们好像刚好在忙于改造自己和周围的事物并创造前所未闻的事物时，恰好在这种革命危机时代，他们战战兢兢地请出亡灵来为他们效劳，借用它们的名字、战斗口号和衣服，以便穿着这种久受崇敬的服装，用这种借来的语言，演出世界历史的新的一幕。"[87]直到共产主义革命才会终结"世界历史这些召唤亡灵的行动(Totenbeschwörung)"；它"不能从过去中，而是只能从未来中汲取自己的诗情"，并且破除"一切对过去的迷信"[88]。

马克思在此期间多次显示出他对可超越性(Überholbarkeit)，也包括对他自己理论的可超越性的洞见，因此他对传统之可功能化性(Funktionalisierbarkeit)的洞察也不允许因此就失效了。显然，倘若还需要传统概念之普遍性的证据，马克思已经指出了这一点，甚至在真实存在的社会关系中人们也是可能谈到传统的[89]。他如此强烈地将马克思主义理解为新时代的启程——没有人像 E. 布洛赫(Bloch)这样描写过乌托邦愿望和梦想的传统：社会主义在"对幸福和自由的渴望"里、在"被剥夺权利之人的自由愿景里……拥

---

　　[87]　《路易·波拿巴的雾月十八日》(Der 18. Brumaire des Louis Bonaparte)(1852 年)，载《马克思恩格斯全集》(MEW)8，第 115 页。

　　[88]　同上，第 115 页、第 117 页。

　　[89]　也参看 R. 巴兹施(Baatzsch)，《马克思-列宁主义哲学和精选诸单一科学里的传统概念》(T.-Begriffe in der marxist.-leninist. Philos. und in ausgewählten Einzelwiss. en)，哈勒大学博士论文(Diss. Halle)(1988 年)；更多文献请参看 W. 巴尔勒(Barner)，《导论》(Einl.)，载巴尔勒(Barner)编，《传统，规范，创新》(T., Norm, Innovation)(1989 年)X(注释 7[Anm. 7])。

有一种奇妙-卓越的传统"⑨。W. 本雅明也以相似的方式谈到了"受压制的传统"⑨。对 Th. W. 阿多诺(Adorno)来说,传统本来就是一个"社会形式之未加反思的束缚性"的"封建"(feudal)范畴,它就像半木结构房屋(Fachwerkhaus)与大坝之间的矛盾那样,也陷入到与现代"目的理性"(Zweckrationalität)的矛盾之中,并被后者"宣告无效"。"真实失去的传统,是不能再从美学上加以替代的。"⑨人们尝试去敉平市民社会里的众多裂隙,但那还是会形成"错误的传统";它"在错误的财产中翻寻着"。同时,阿多诺显然断言存在这一悖论,"复归"使"传统仅仅在无情拒绝它的东西中才有可能⑨:"为此,传统今天正处在一个不可解决的矛盾面前。没有什么是当下的和必须承诺的;每一个却都是可消解的,由此,就开始步入非人道状态了。"⑨

早在克尔凯郭尔那里,他对在进步的 19 世纪里的时代精神的诊断中就指出这种悖论,尽管人们想要"摆脱传统","这一种不合适,那一种老掉牙",但是"随之人们就想尽可能快地给自己确保一种替代-传统,一种通过人造媒介来完成的传统"⑨。尼采试图以他的生命概念为尺度,来考量和评估历史性的东西,

---

⑨　E. 布洛赫(Bloch),《这个时代的遗产》(Erbschaft dieser Zeit)(1935 年),载《全集》(Ges. ausg.)4(1962 年),第 135 页。

⑨　W. 本雅明(Benjam),《论历史概念》(Über den Begriff der Gesch.)(1940年),见《著作集》(Ges. Schr.),R. 梯德曼(Tiedemann)/H. 施威彭豪若尔(Schweppenhäuser)编,1/2(1974 年),第 697 页。

⑨　Th. W. 阿多诺,《论传统》(Über T.),载《著作集》(Ges. Schr.)10/1(1977 年),第 310—320 页,尤其是第 310 页以下;相似的如 M. 霍克海默尔(Horkheimer),《理性之蚀》(The eclipse of reason)(New York 1947 年);德译本:《工具理性批判》(Zur Kritik der Instrument. Vernunft)(1967 年),载《著作集》(Ges. Schr.)第 6 卷(1991 年),第 27 页以下。

⑨　同上,第 320 页。

⑨　第 315 页。

⑨　S. 克尔凯郭尔(Kierkegaard),《9. 日记》(9. Tagebuch)(1850 年 9 月 11日—11 月 12 日),载《日记》(Tagebücher),H. 戈尔德思(Gerdes)编,第 4 卷(1970年),第 247 页。

历史在多大程度上"对个体、民族和文化的健康"是有益的；应该拒绝的是"借助历史性的东西"、古远的"祖先的家财"，"使生命过度发育(Ueberwucherung)"[96]后者所要求的，就像在我们这个世纪福柯所支持的，一种"肢解同一性"(Identitätszersetzung)的批判方法"针对着作为连续性的历史或者传统"[97]；但是尼采自己，也完全没有将历史简单地等同于传统。不如说是这样："传统，这一主张是，法则早自远古时代以来就已存在，它是对先辈所犯的罪过，将法则不虔敬地置入怀疑之中"；因此首先被看到的是，传统主要是使文化活动(Kulturleistung)可能实现的力量[98]。这样一来，在尼采那里，传统也可能显现为历史的组织形式，如罗马帝国的建构组成部分，它反对"民主主义的衰落-形式"：为此，"必须要存在一种意志、直觉、诫令，反自由到成为恶意：对传统、权威、职责的意愿也超出了数百年，将其无限地往前和往后来看就是世辈-链条之团结的意愿"[99]。显然，就像尼采坚持的诗作(Poesie)的例子，"现代精神以其骚动"，"首先通过革命的狂热去除了障碍"，在欧洲文化中唤起一种"传统的断裂"[100]。"在今天，被最

---

[96]　F. 尼采，《不合时宜的沉思》(Unzeitgem. Betracht.)第 2 卷：《历史对人生的利弊》(Vom Nutzen und Nachteil der Historie für das Leben)1(1874 年)。G. 科里(Colli)、M. 蒙提拿利(Montinari)编，《尼采全集》校勘本(Krit. Ges. ausg.〔GA〕,3/1(1972 年)，第 248 页；第 10 卷，同上，第 327 页；第 3 卷，同上，第 261 页。

[97]　M. 福柯(Foucault)，《尼采，谱系学，历史学》(Nietzsche, la généalogie, l'hist.)，载奥玛若·阿·让·伊波利特(Hommage à J. Hyppolite)(Paris 1971年)；德译本：Nietzsche, die Genealogie, die Historie, 载 W. 赛特(Seitter)编，《论知识的颠覆》(Von der Subversion des Wissens)(1974 年,1996 年)，第 69—90 页,此处：第 85 页。

[98]　F. 尼采，《敌基督》(Der Antichrist)，§ 57(1888/1889 年)。G. 科里(Colli)、M. 蒙提拿利(Montinari)编，《尼采全集》校勘本(Krit. Ges. ausg.〔GA〕,6/3(1969 年)，第 239 页以下。

[99]　《偶像的黄昏》(Götzen-Dämmerung)，§ 39(1889 年)，同上，第 134 页以下。

[100]　《人性的，太人性的》(Menschl., Allzumenschl.)第 1 卷，§ 221(1878)，同上,4/2(1967 年)，第 184 页。

深攻击的是传统的直觉和意愿:一切制度的来源都要归功于直觉,但对现代精神来说不合乎它的胃口……人们将传统当作厄运(Fatalität);人们研究它,承认它(为"继承性"[Erblich-keit]),但人们却不想要它。"[⑩]

7. 就像对历史学派来说那样,文德尔班也同样认为,"一切我们能够实现的教化",本质上都在于"从自然的人创造出历史性的东西"[⑩]。在此,我们需要的"不是担忧地将青年禁锢在这种传统里,而是我们必须对他自己的本性和他自己的生活听之任之,任他在自身中领悟这些传统并从中塑造出自我"[⑩]。由此,文德尔班在"历史研究"(historische Arbeit)的内在关联中描述传统概念,当然,他也可以将历史研究定位在一种"富有目的的"历史运动之中。与此相似的,还有更为深入的 19 世纪德国文化反思,例如历史学家德罗伊森将亚里士多德的表述"力量和生机的馈赠(έπίδοσις είς αύτό)",看作"在历史中的传统的思想形象"[⑩]。当德罗伊森仍然完全被黑格尔迷住时,狄尔泰已经注意到传统的多样性和并非罕见的矛盾性:"这个体系中的一个包含着另一个,一个反驳另一个,没有一个能够自我证实。"[⑩]从历史角度来看待"宗教传统、形而上学

---

⑩ 《权力意志》(Der Wille zur Macht),I,2,§ 65(1884—1888 年)。《著作集》(Werke)[Musarion] 18(1926 年),第 56 页以下;参看 K. 安格乐特(Anglet),《论传统的幻影:在历史主义和祛魅之间的尼采哲学》(Zur Phantasmagorie der T. Nietzsches Philos. zwischen Historismus und Beschwörung)(1989 年)。

⑩ W. 文德尔班,Über Wesen und Wert der T. im Kulturleben(1908 年). Präludien 2(1911 年),第 229 页以下。

⑩ 同上,第 232 页。

⑩ J. G. 德罗伊森,《历史学》(Historik)(1852),R. 胡本讷(Hübner)编(1937 年),第 13 页;P. 莱(Leyh)编(1977 年),第 475 页;A. 德曼德(Demandt),《历史的诸隐喻》(Metaphern für Gesch.)(1978 年),第 77 页。

⑩ W. 狄尔泰,《诸种世界观及其在形而上学体系里的形成》(Die Typen der Weltanschauung und ihre Ausbildung in den metaphys. Systemen)(1911 年),载《著作集》(Ges. Schr.)第 8 卷(⁴1968 年),第 76 页。

主张、说明体系的巨大废墟"，"与哲学诸体系相比"，这种历史眼光提升出"愉悦好奇的情绪"[106]。教化是根本性的任务，而不再是接收；以"哲学和科学的诸象征形式"，"流传物的接受者"看来不再在结构上屈从于它的诉求，即像在"宗教传统"里那样[107]。这样一种历史主义认为，人类始终只在其有限生活环境的框架里生活和行动，亦即在人类之社会和认知形成的预先规定的框架里。因此，人类不是它的傀儡，而是每天都在超越着诸传统；人类能够以任何方式走出历史，但他们并没有因此而超越他们自己。O. 斯宾格勒（Spengler）的文化形态学（Kulturmorphologie），却在"古老和牢固的驯化"中看到完全另样的"传统的力量"，这种力量"以如此的强度形成确定无疑的节律，它承受着世代的灭绝，并且永无止息地深深吸引着新的人和此在的洪流"[108]。在第一次世界大战之后和"新的战争"的预兆中，"古老的君主制度、古老的贵族、古老的高贵社会的传统"，"荣誉、禁戒、纪律"，集聚着"整个民族的此在洪流"。人们不用将个人与他的遗产简单等同，在这种内在联系中，斯宾格勒也已经使用着不同于亚里士多德的语汇："这里牵涉到的不是最艰难的时代，这一时代认识到了高雅文化的历史。在形式上最后的种族，最后活着的传统，最后的引路人，这位引路人将前两者齐聚在身后、作为胜利者通过了终点。"[109]

---

[106]　W. 狄尔泰，《诸种世界观及其在形而上学体系里的形成》（Die Typen der Weltanschauung und ihre Ausbildung in den metaphys. Systemen）（1911 年），载《著作集》（Ges. Schr.）第 8 卷（⁴1968 年），第 76 页。

[107]　参看 B. 奥尔洛赫斯（Auerochs），《伽达默尔论传统》（Gadamer über T.），《哲学研究杂志》（Z. philos. Forsch.）49（1995 年），第 294—311 页，引自第 303 页。

[108]　O. 斯宾格勒（Spengler），《西方的没落》（Der Untergang des Abendlandes）第 2 卷（1915 年），第 415 页。

[109]　同上，第 537 页。

8. 在 20 世纪的进程中,单数的被普遍化的"传统"或者复数的"传统",首先成为一种文化反思的基本概念,这种文化反思要权衡已被确立的诸形式彼此间的绩效和负担。对海德格尔来说,"此在的历史性"可能"以某种方式被揭示、被得到培养。此在可能揭示、保持传统和明确地追随传统。揭示传统以及展开传统'传下'的内容与方式,这些都可能被把握为独立的任务"⑩。很显然"此在不仅有一种趋向,要沉沦于它出身其中的世界……此在也沉陷于它的或多或少明白把握了的传统。传统夺走了此在自己的领导、探问和选择。对于植根于此在的最本己的存在的那种理解,即本体论的理解,对于使这种领会成形的工作,这种情形尤为常见。这样取得了统治地位的传统首先与通常使它所'传下'的东西难以接近,竟至于倒把这些东西掩盖起来了。流传下来的不少范畴和概念本来曾以真切的方式从源始的'源头'汲取出来,传统却赋予承传下来的东西以不言而喻的性质,并堵塞了通达'源头'的道路。传统甚至使我们忘掉了这样的渊源"⑪。"传统"因此"如此深地将此在的历史性连根拔除,竟至于此在还只对哲学活动可能具有的五花八门的类型、走向、观点感到兴趣"而活动着⑫。这由此产生的解构传统的任务,即沉陷于传统的本体论,却有一个建构性的意图:"这个答案的积极的东西倒在于这个答案足够古老,这样才使我们能学着去理解'古人'已经准备好了的种种可能性。"⑬A. 盖伦在"反-卢梭"(Gegen-Rousseau)这点上指出,"在'传统'的要素中,有某些对我们的内在健康来说不可放弃的东西"隐藏着,一种"巨大的脱释",属于

⑩ M. 海德格尔,《存在与时间》(Sein und Zeit)§ 6(1927 年),《著作集》(Ges. ausg.)I/2(1977 年),第 27 页以下。

⑪ 同上,第 28 页以下。

⑫ 第 29 页。

⑬ § 5,同上,第 26 页。

"文化小小的基础知识(Einmaleins)"："尼采曾经说，'高雅文化要求许多事物不言自明地存在，也要求着不言自明的诸传统，这些传统凭借其对始终已这样存在着的东西的效力而受到尊敬。"[114]反过来也是这样："当在牢固传统中所存在的外在的保护和稳固都被取消并被一起拆解掉了，那么我们的行为将会失去模式(entformen)、被冲动所决定、本能、不可捉摸、不可信赖"；当人们"磨掉诸种传统、法律、体制"，人类也就被抛回到他的"自然的不稳定性"[115]。在这一印象下，即多次的传统-断裂以及第二次世界大战所推动的经验，可以说在20世纪"尤其发生了很多历史"。G. 克吕格将传统的角色，描写为那种现在在他的时代、以毁灭性的方式"在消失的、当下与过去的关联"[116]："但是，所有仍然基本上赞同宗教和传统的人类，曾经确证过他们的世界就是这个世界；他们不知道时代的相对性和历史的极端意义。"[117]与此相对，B. 斯奈尔(Snell)则指明这种危险，即没有持续的新文化上的实在化的话，传统将会变得"没有精神、死气沉沉和僵化"；"那些精神从中消逝的传统，是变得空洞的外壳，好似死去的昆虫、贝壳的甲壳，它不再隐藏着富有生机的本质"[118]。Th. 利特借助于黑格尔，致力于对这些传统的复原，这些传统越来越多地不再被理解为不可超越的重负："因为要知道我的传统约束性的内容

----

⑭　A. 盖伦(Gehlen)，《依照现代人类学的人类形象》(Das Bild des Menschen im Lichte der mod. Anthropol.)(1952年)，载《人类学研究》(Anthropolog. Forsch.)(1961年)，第55—68页，引自第64页；《著作集》(Ges. ausg.)第4卷(1983年)，第138页。

⑮　同上，第59页/第132页。

⑯　G. 克吕格(Krüger)，《历史和传统》(Gesch. und T.)，载《自由和世界统治：历史哲学论文集》(Freiheit und Weltverwaltung. Aufsätze zur Philos. der Gesch.)(1958年)，第71—96页，此处：第71页、第77页。

⑰　同上，第93页。

⑱　B. 斯奈尔(Snell)，《传统和精神历史》(T. und Geistesgesch.)，载《普通研究》(Studium generale)第4卷(1951年)，第339—345页，此处：第339页以下。

和方式(das Daß und das Wie)",仅仅这样才是可能的,即当我"不仅立身在传统中,也超出传统而在"[119]。由此,文化的发展可以用"辩证法"来表述,"而不必固化每一种传统:它正处在这种矛盾里,即在这种历史上自我运动着的典范和摹仿、接受物和接受者的"——即保持传统和批判传统——"矛盾里"[120]。这种辩证法规定着并他样地强调着更新的"传统哲学",例如当 C. F. 冯·魏茨塞克尔(von Weizsäcker)确认,"进步归根结底只能在已经存在的传统的基础上才有可能……反过来,传统也始终通过一种进步才能形成,对我们来说这种进步发生在如此古远的过去,以致我们经常不再能够意识到它的存在"[121]。使这里谈到的辩证法变得更明确的,是 H. 布鲁门贝格(Blumenberg)能够依据他对"近代的合法性"的辩护而承认,"传统的语言外裳",例如宗教的(sakral)语言风格,"才创造出革命之自我表述的可能性",但这种"传染"在内容上并没有如此深入,使共产主义的宣告尽可能地成为仅仅是"不合法地被剥夺"的神学[122]。当 L. 科拉科夫斯基(Kolakowski)将传统的辩证法说明为他的"普遍的指导原则"时,传统的辩证法被经常引用的方式可以这样表述:"第一,若这些新的世世代代没有不停息地反抗已继承的传统,那我们今天将

---

[119] Th. 利特(Litt),《黑格尔的"精神"观念和传统问题》(Hegels Begriff des 'Geistes' und das Problem der T.),同上,第 311—321 页,此处:第 320 页。

[120] R. 魏曼(Weimann),《导论:传统问题和文学历史的危机》(Einl.:Das T.-Problem und die Krise der Lit. gesch.),载 R. 魏曼(Weimann)编,《文学历史里的传统:克罗齐的市民传统概念之批判论文集》(T. in der Lit. gesch. Beiträge zur Kritik des bürgerl. T.-Begriffs bei Croce),(1972 年),第 9—25 页,引自第 9 页。

[121] C. F. 冯·魏茨塞克尔(von Weizsäcker),《传统在哲学中的作用》(Die Rolle der T. in der Philos.)(1969 年),载《自然之统一》(Die Einheit der Natur)(1974 年),第 371—382 页,引自第 373 页以下。

[122] H. 布鲁门贝格(Blumenberg),《"世俗化"——对一个历史性的非法范畴的批判》('Säkularisation'-Kritik einer Kategorie hist. Illegitimität),载 H. 库恩(Kuhn)/F. 魏德曼(Wiedmann)编,《哲学和进步问题》(Die Philos. und die Frage nach dem Fortschritt)(1964 年),第 240—265 页,引自第 258 页、第 260 页。

仍在洞穴里生活；第二，若这种对已继承传统的反抗不曾普遍化，我们也将再次身居于洞穴之中。传统被当成狂热崇拜的社会，注定会停滞(Stagnation)，而想靠反抗传统来维持的社会，也注定要覆灭。"[123] 从"历史性的"19 世纪以来，这样一种自己形成的洞见，唤起了 20 世纪更多传统概念讨论的线索。这里尝试列举一些：a) 在批判理性(Rationalität)和传统间做出调停，b) 以现代文明来规定传统的意义，或者 c) 甚至将传统作为过去的意义赋予机制(Sinngebungsinstanz)予以复原。

a) 波普尔的《理性的传统理论之尝试》(Versuch einer rationalen Theorie der T.)试图调停一种"在理性主义和传统主义之间传统的敌意"[124]。相对于这种理性的诉求，即一切都要按照理性的标准"重新"判断和确立，波普尔却强调传统在我们生活里的巨大作用，它意味着"一种对秩序的可观节制以及我们能够遵循的大量规律性(Regelmäßigkeit)"[125]。但是，"批判的传统＝理性的传统"必须要与此等同起来[126]；例如 H. 阿尔伯特刻画了它的特征："批判考验的传统，既不止步于一切种类的信仰状态(Glaubensbestände)，也不止步于制度"[127]。但当库恩在科学研究中将"传统和创新"(tradition and innovation)

---

[123]　L. 克拉克乌斯基，《论传统的意义》(Vom Sinn der T.)，载《水星》(Merkur)26(1969 年)第 1085—1092 页，引自第 1085 页。

[124]　波普尔，《朝向一种理性的传统理论》(Towards a rational theory of tradition)，载《猜想和反驳》(Conjectures and refut.)(London 1963 年，³1969 年)，第 120—135 页，引自第 120 页；德译本：《一种理性传统理论的尝试》(Versuch einer rat. Theorie der T.)，载《猜想和反驳：科学知识的增长》(Vermutungen und Widerlegungen. Das Wachstum der wiss. Erkenntnis)第一卷："猜想"(1: Vermutungen)(1994 年)，第 175—197 页，引自第 176 页。

[125]　同上，第 190 页。

[126]　第 197 页。

[127]　H. 阿尔伯特，《为批判的理性主义辩护》(Plädoyer für krit. Rationalismus)(1971 年)，第 42 页。

谈为"根本的张力"时,这一辩证法赢得远远超出波普尔和阿尔伯特的历史意义[128]。

b)在 H. 吕贝那里,与笛卡尔的暂行(provisorisch)道德相关联,始终回溯到诸传统的理性思想导向这种变体,"我们事实上在假设,我们有着各种各样的理由,这些规定我们生活实践的道德类和政治类的诸传统乃是不完善和需要修正的",然而每一修正"始终只能在细节上实现","而我们另外不得不倚赖于传统"。吕贝因此下定义说:"传统不是因其好根据的明证而起作用,而是因其无它不可存活的不可能性之明证而起作用。"[129]吕贝和 O. 马尔夸特(Marquard)恰恰围绕传统概念,建立起他们与 J. 里特尔相联系的精神科学或者说文化科学的理论:"精神科学有助于诸传统,人们能够以此来经受住现代化"[130];传统定位于记叙(Erzählen)而保持着在场,它们由此来平衡现代化的伤害[131]。然而这个概念同时也处在这种前景下,当它必须服从精神科学的任务这一点被反对时,"要借助自我意识的威权……成为批判的传统"[132]。——如果说现在

[128] Th. S. 库恩,《基本的张力:科学研究中的传统和创新》(The essential tension:Tradition and innovatin in scient. res.),载 C. W. 泰勒(Taylor)编,《第三届犹他大学论科学天才之鉴别研究会议》(The third Univ. of Utah Res. Conf. on the Identification of scient. talent)(Salt Lake City,1959 年),第 162—174 页;德译本:《基本的张力:科学研究中的传统和创新》(Die grundlegende Spannung:T. und Neuerung in der wiss. Forschung),载《新事物的形成:科学历史的结构研究》(Die Entstehung des Neuen. Studien zur Struktur der Wiss. gesch.)(1977 年),第 308 页以下。

[129] H. 吕贝,《决断论:一种妥协的政治理论》(Dezisionismus-eine kompromittierte polit. Theorie),载 W. O 厄尔穆勒(Oelmüller)等(编),《政治辩论》(Diskurs Politik)(1977 年),第 283—296 页,引自第 289 页以下;参看《历史概念和历史利益》(Gesch. begriff und Gesch. interesse)(1977 年),尤其是第 328 页以下。

[130] O. 马尔夸特(Marquard),《为偶然辩护》(Apologie des Zufälligen)(1986 年),第 106 页。

[131] 同上,第 105 页。

[132] H. 波墨(Böhme),《论精神科学的当代自我意识》(Über das gegenwärt. Selbstbewußtsein der Geisteswiss. en)(1989 年),第 17 页。

鉴于对当代生活形式里确定的文化贫困之诊断，而任其获得一致，那么哈贝马斯最终的启蒙和现代规划，则停留在一种与没有当然被理性理解之传统的紧张关系中；K. -O. 阿佩尔（Apel）想借助一种最初被系统发展的普遍伦理学，使"与特殊群体的文化相对的道德-诸传统"经受住最终效力的考验[⑬]。

　　c）伽达默尔的哲学诠释学，则着手进行一种对传统的"正名"，这种正名远远超越了启蒙派的传统-扬弃和浪漫派的传统主义之间的对立[⑭]，这"始终是自由和历史本身的一个要素"："即使在生活受到猛烈改变的地方……远比任何人所知道的多得多的古老东西在所谓改革一切的浪潮中仍保存了下来，并且与新的东西一起构成新的价值。"[⑮]伽达默尔这里谈论的是"在传统和历史学、在历史和历史知识之间抽象对立的消解"[⑯]。P. 利科（Ricœur）也将这种立场称为"传统的诠释学"[⑰]："时间间距不……是一个张着大口的鸿沟，而是由习俗和传统的连续性所填满，正是由于这种连续性，一切流传物才向我们呈现了出来。"[⑱]与伽达默尔相联系的，是一场富有启发的论战，它某方面贯穿着 20 世纪中叶的"古今之争"（Querelle des anciens et des modernes）[⑲]。在现代也同样如此："作为此般

　　⑬　K. -O. 阿佩尔，《哲学的转向》（Transformation der Philos. ），第 2 卷（1973 年），第 361 页。

　　⑭　H. -G. 伽达默尔，《真理与方法》（Wahrheit und Methode）（1960 年），第 261 页以下。

　　⑮　同上，第 265 页以下。

　　⑯　第 267 页。

　　⑰　P. 利科，《时间与记述 3：被记述的时间》（Temps et récit 3：Le temps raconté）（Paris 1985），第 324 页以下；德译本：Zeit und Erzählung 3：Die erzählte Zeit（1991 年），第 362 页以下。

　　⑱　伽达默尔，《真理与方法》（Wahrheit und Methode）（1960 年），第 281 页。

　　⑲　G. 舒尔茨，《论诠释学中的历史主义争论》（Zum Historismusstreit in der Hermeneutik），载 G. 舒尔茨编，《20 世纪末的历史主义：一次国际性的讨论》（Historismus am Ende des 20. Jh. Eine internat. Disk. ）（1997 年），　（转下页注）

而被意识到的诸传统,不可能仅仅是那种相对于他者来说已经是他者的东西……传统是我们言谈、行动和感受着的东西,大体上无论好坏我们都是从其出发",但它从未"增长为一种绝对的优权"⑭。

围绕传统价值的诠释性争论还关系到哲学自身。加塞特称哲学为"'非传统'的传统"。当传统在宗教信仰的意义上,作为"对消失的直觉之替代"而成为必要时,哲学现在成了"药物,人们试图以此来治疗这可怕的伤口,对他来说这是消亡的信仰在其最内在的地方撕裂所致"⑭。例如一本论文集有"通过传统来启蒙"的标题⑭,或 A. 麦金泰尔(Macintyre)的美德伦理学指向亚里士多德时⑭,诸传统的持续的重要性就更明确了;同时,通过美学之先锋派(avantgardistisch)对新事物的偏爱,或者某种"后现代"使传统的要素,以某种特别的方式变得

(接上页注)第 192—214 页,此处:第 204 页以下;J. 米策尔岑(Mitscherling),《哲学诠释学和"传统"》(Philos. hermeneutics and 'the tradition'),见《人世界》(Man World)22(1989 年),第 247—250 页;R. A. 马克瑞尔(Makkreel),《在诠释学中的定位和传统:康德对抗伽达默尔》(Orientierung und T. in der Hermeneutik:Kant versus Gadamer),见《哲学研究杂志》(Z. philos. Forsch.)41(1987 年),第 408—420 页;也参看 F. 罗迪(Rodi),《传统和哲学诠释学:一项疑难区分的评论》(Tradit. und philos. Hermeneutik. Bem. zu einer problemat. Unterscheidung),载《被认知的知识》(Erkenntnis des Erkannten)(1990 年),第 89—101 页;奥尔洛赫斯(Auerochs),《伽达默尔论传统》(Gadamer über T.),《哲学研究杂志》(Z. philos. Forsch.)49(1995 年),第 294—311 页,引自第 306 页。

⑭　B. 瓦尔登费尔斯(Waldenfels),《陌生人的刺》(Der Stachel des Fremden)(1990 年),第 22 页。

⑭　加塞特,《哲学史的理念》(Prólogo a una hist. de la filos.)(1944 年);德译本:Ideen für eine Gesch. der Philos.,载《论人作为乌托邦的本质》(Vom Menschen als utopischem Wesen)(1951 年),第 131—200 页,引自第 178 页以下。

⑭　H. 费希特鲁普(Fechtrup)等(编),《通过传统而启蒙》(Aufklärung durch T.)(1995 年)。

⑭　A. 麦金泰尔(Macintyre),《德性之后:一项道德理论研究》(After virtue. A study in moral theory)(London 1981 年);德译本:《美德的失去:论当代的道德危机》(Der Verlust der Tugend. Zur moral. Krise der Gegenwart)(1995 年),第 297 页。

可堪引用时,传统也被质疑了⑭。

V. 斯汀布洛克(Steenblock)撰,鲍永玲译

参考文献:

Überblicke: J. PIEPER s. Anm. [13]. -L. REINISCH(Hg.): Vom Sinn der T. (1970). -W. KLUXEN(Hg.)s. Anm. [144]. -W. BARNER (Hg.)s. Anm. [89]. -S. WIEDENHOFER s. Anm. [48]. -*Sonstige Lit.*: A. DENEFFE s. Anm. [21]. -J. RANFT s. Anm. [18]. -O. CULLMANN: Die T. als exeget., histor. und theolog. Problem(Zürich 1953). -P. SMULDERS: Le mot et le concept de trad. chez les Pères grecs. Rech. Sci. relig. 19 (1957) 21—52. -H. ARENDT: Fragwürdige T. -Bestände im polit. Denken der Gegenwart (1957). -H. BACHT: Die mündl. Überlieferung. Beiträge zum Begriff der T. (1957). -K. WEGE-NAST: Das Verständnis der T. bei Paulus und in den Deuteropaulinen (1962). Y. M. J. CONGAR s. Anm. [24]. -J. N. BAKHUIZEN van den BRINK: Die Entwickl. des T.-Begriffs in der Frühen Kirche und in ökumen. Sicht, in: Ekklesia 2 (Den Haag 1966) 143—172. -G. SCHOLEM: Offenbarung und T. als relig. Kategorien im Judentum, in: Über einige Grundbegriffe des Judentums(1970). -O. NAHODIL: Men-schl. Kultur und T. (1971). -A. ASSMANN u. a. (Hg.): Schrift und Gedächtnis(1983). -K. MACHA: Kultur und T. (1983). -G. LABRO-ISSE: Literar. T. heute. Deutschsprachige Gegenwartslit. in ihrem Verhältnis zur T. (Amsterdam 1988). J. BUNNENBERG: Lebendige Treue zum Ursprung. Das T.-Verständnis Y. Congars (1989). -P. RAABE: T. und Herausforderung. Kulturpolit. Betracht. (1990). -J. ASSMANN: Das kulturelle Gedächtnis. Schrift, Erinnerung und polit. Identität in frühen Hochkulturen(1992). -H. FECHTRUP u. a. (Hg.)s. Anm. [142].

---

⑭　W. 克鲁克森(Kluxen),《导论》(Einl.),载 W. 克鲁克森(Kluxen)编,《传统和创新:第十三次德国哲学大会》(T. und Innovation. XIII. Dtsch. Kongr. für Philos.)(1988 年),第 6 页以下;其中尤其是:H. 吕贝,《历史化和美学化:论进步中的不受约束性》(Historisierung und Ästhetisierung. Über Unverbindlichkeiten im Fortschritt),同前,第 414—430 页;W. 魏尔士(Welsch),《后现代的传统与创新》(T. und Innovation in der Postmoderne),同前,第 440—447 页。

诠释学循环（hermeneutischer Zirkel）

诠释学循环（英语为 hermeneutic[al] circle；法语为 cercle herméneutique）。"诠释学循环"这一表达用于历史科学、文本诠释科学、精神科学理论和哲学诠释学之中。关于理解和诠释，以不同的诠释学构想为基础，形成了不同的见解。

有关循环（参见辞条 Zirkel）的说法，逻辑学和论证理论的思想具有决定性的权威，定义、推理或证明中的循环结构在这里被视为缺陷。非演绎推理的通俗言语也有循环式的结构①。逻辑学并不完全把循环视为消极性的（"有益的、善的循环，必要的循环[circulus utilis ac bonus, circulus necessarius]"）②。近代的诠释理论到启蒙运动，乃是作为逻辑学的一部分或直接在与此相关的联系中被推进的，因此，即使"诠释学循环"这一新词没有出现，循环的情况（例如在并置手法中对开端的要求这一问题）却被专门讨论，并在方法论的思考中加以处理③。

概念史的——不局限于词典编纂或术语发展史的——视

---

① 参见辞条"循环定义"（Diallele），载《哲学史辞典》第 2 卷，1972 年；参见 I. 康德，《逻辑学》（Logik），耶舍（Jäsche）编，1800 年，学院版，9，50。

② 参见 W. 里瑟（W. Risse），《近代逻辑学》（Die Logik der Neuzeit），1964—70 年，第 1 卷，第 329 页（注释 165）；第 2 卷，第 310 页（注释 112）。

③ M. 贝茨（M. Beetz），《增补的诠释学：巴洛克时期和启蒙运动中诠释理论与逻辑理论的关系》（Nachgeholte Hermeneutik. Zum Verhältnis von Interpretations- und Logiklehren in Barock und Aufklärung），《德国文学研究和思想史季刊》（Dtsch. Vjschr. Lit. wiss. Geistesgesch.），第 55 期，1981 年，第 591—628 页，此处：第 628 页；参见 H.-E. H. 耶格（H.-E. H. Jaeger），《早期诠释学史研究》（Studien zur Frühgesch. der Hermeneutik），《概念史档案》（Arch. Begriffsgesch.），第 18 期，1974 年，第 35—84 页。

角,给出了诠释学循环与古代修辞学、诗学思想之间的关联。这两门学科指导人们熟巧地创制文本,掌握特定的知识创造,这里讨论的是从不同角度将部分合成为整体。为此,自柏拉图以降,言语的标志性特征是其隐喻性质,言语作为一种有生命之物,其肢体相互之间处于恰当的比例关系中④。亚里士多德也使用有机体比喻:他要求将个别部分令人信服地联结成整体,以至于这种联结对于整体而言是必然的,不容改变,对整体没有损害⑤。在西塞罗那里,自然物的必然性与完善性/美相结合⑥,这一思想被明确地转用于言语及其组成部分之上⑦。古代的修辞学(昆体良),特别在关于"谋篇布局"的理论框架中,专门讨论了文本部分和文本整体之间的关系:言语必须如此划分,使得部分之间不仅彼此串联,而且协调一致成为一"体":"应当成为体,而不是诸部分(corpus sit,non membra)。"⑧

　　部分与整体的关系对修辞学中的提喻修辞法具有决定意义⑨,如同对"理智"的运作、使整体得以形成具有决定意义一样⑩。提喻法涉及到用部分(例如"屋顶")代替(没有明确提起的)整体("房子")("部分取代整体[pars pro toto]")以及反过来用整体代替部分⑪。提喻法基于显示的意义和隐藏的意义

----

④　柏拉图,《斐德若》,264c。
⑤　亚里士多德,《诗学》,第23章,1459a 20;第8章,1451a 33—35;参见柏拉图《斐德若》,268d。
⑥　西塞罗,《论演说家》(De oratore),第三卷,第45节,第179页。
⑦　同上,第46节,第181页。
⑧　昆体良,《雄辩术原理》(Instit. orat.),第七卷第十章,第16节。
⑨　同上,第八卷第六章,第19节以下;参见F. 基科-里科(F. Chico-Rico),辞条"理智"(Art. 〈Intellectio〉),载G. 余丁(G. Ueding)编,《修辞学历史辞典》(Hist. Wb. der Rhet.),第4卷,1998年,第448—451页。
⑩　佚名,《修辞学:献给赫伦尼乌斯》(Rhetorica ad Herennium),第四章,第33节,第44页。
⑪　西塞罗,前揭(参注释6),第42节,第168页。

之间的张力,在单个词位的层面上,它与被界定为诠释学循环的文本意义结构表现出构造上的类似性。在亚历山大学派的语文学家(拉比希勒尔[Hillel]和他的学生)那里,制定了解释犹太圣经的七条规则,其中第五条规则要求从部分推论整体的意义以及反过来从整体推论部分的意义[12]。

近代早期的修辞学和(神学)诠释学接受并改造了流传下来的概念系统的本质规定。古代晚期以来的文化变迁,特别是在犹太教和基督教领域中(神圣)文本文献资料的典范化,导致强调文本阅读的意义,部分旨趣从文本创制(修辞学)转移到——尤其在宗教改革运动的作家那里——日益重要的(个体)阅读、圣经注释、评论和诠释上来[13]。相应地,Ph. 梅兰西顿强调清楚地概观文本结构、领会文本各个部分相互依赖关系以及认识文本/作者之意图/目的(参见辞条 Skopus)的意义[14]。M. 弗拉齐乌斯要求诠释者"多注意观察,即观察哪里是

---

[12] 《拉比拿单箴言》(Aboth des R. Nathan),S. 施莱希特(S. Schlechter)编,1887 年,1979 年重印,A 37,schol. 110;Tosefta. Seder IV:Nezikin 3;Sanhedrin VII,11,德语版,B. 索罗蒙森(B. Solomonsen)编,1976 年,第 125 页以下;参见 G. 施特姆伯格(G. Stemberger),《塔木德和米德拉什导论》(Einl. in Talmud und Midrasch)([8]1992),第 27—30 页;F. 马斯(F. Maass),《论拉比解经的起源》(Von den Ursprüngen der rabbin. Schriftauslegung),《神学教会》(Z. Theol. Kirche)杂志,第 52 期,1995 年,第 129—161 页,特别是第 139—141 页。

[13] 参见 B. J. 迪布纳(B. J. Diebner)/V. 弗里茨(F. Fritz)/O. 默克(O. Merk)/W. 罗格森(W. Rogerson),辞条"圣经学"(Art. ‹Bibelwiss.›),载《神学实科丛刊》(Theolog. Realenzykl.)第 6 期,1980 年,第 316—409 页;辞条"米德拉什"(Art. ‹Midrasch›),同上,第 22 期,1992 年,第 734—744 页;G. 施特姆伯格/D. -A. 科赫(D. -A. Koch)/E. 米伦伯格(E. Mühlenberg)/U. H. J. 科勒(K. Köhler)/H. 施罗尔(H. Schröer),辞条"解经"(Art. ‹Schriftauslegung›),同上,第 30 期,1999 年,第 442—499 页;A. 凡德科艾(A. van der Kooij)/B. 阿兰德(A. Aland),辞条"圣经经文史/圣经文本批评"(Art. ‹Textgeschichte/Textkritik der Bibel›),同上,第 33 期,2002 年,第 148—168 页。

[14] 梅兰西顿,《修辞学的要素》(Elementa rhetorices),1531 年。《全集》,C. G. 布雷特施奈德(C. G. Bretschneider)编,第 13 卷,1846 年,第 429 页;J. 克纳佩(J. Knape),《梅兰西顿的〈修辞学〉》(Ph. Melanchthons ‹Rhetorik›),(转下页注)

头、胸、手、足等(caput,pectus,manus,pedes,etc.)。这里你可能会准确地思考,那个身体是什么样子的(quale illud corpus sit),它如何包含所有这些肢体,如此多的肢体或部分以何种方式共同构成一个身体,个别肢体之间是怎样一致、和谐的,或者个别肢体间的相互关系,也包括它们与整个身体的关系,特别是与头的关系是怎样的情况(quomodo omnia ea membra complectatur:quave ratione,illa tot membra aut partes ad efficiendum hoc unum corpus,conveniant:quaenam sit,singulorum membrorum,vel inter sese,vel etiam cum toto corpore,ac praesertim cum capite ipso,convenientia,harmonia,ac proportio)"[15]。这种阐述时而被视为理解之循环结构的最初表达[16]。

除了逻辑学和修辞学传统之外,18世纪中叶以来美学讨论中的思考对诠释学循环具有根本意义,这种思考把理解规定为一种非(无例外地)理性推理的过程。艺术作品的特征不是被

———————

(接上页注)1993年;《梅兰西顿作为近代诠释学和神学论题学的创立者》(Melanchthon als Begründer der neueren Hermeneutik und theolog. Topik),载 G. 瓦滕贝格(G. Wartenberg)编,《梅兰西顿的作品及其至18世纪在大学、中小学的接受状况》(Werk und Rezeption Ph. Melanchthons in Univ. und Schule bis ins 18. Jh.),1999年,第123—131页;C. J. 克拉森(C. J. Classen),《修辞学对梅兰西顿诠释世俗文本和圣经文本的意义》(Die Bedeutung der Rhetorik für Melanchthons Interpretation profaner und bibl. Texte),《学术科学报道》(Nachr. Akad. Wiss.),哥廷根,语文学历史类,1998年,编号5,第236—272页(附参考文献),特别是第261页。

⑮ M. 弗拉齐乌斯,《〈圣经〉指南》,1567年,2,17(编号11);拉丁文-德语版选编:《对圣经进行认知的理性》(De ratione cognoscendi sacras literas),L. 盖耳德塞泽(L. Geldsetzer)编,1968年,第92页以下;参见 L. 丹内贝格(L. Danneberg),《文本之体和自然之体的解剖》[近代早期以来科学中的世俗化3],2003年,特别是第250页以下。

⑯ 参见 S. J. 鲍姆加登(S. J. Baumgarten),《关于圣经诠释学的详细报告》(Ausführl. Vortrag der bibl. Hermeneutik)(1745年,1769年),第78页,引自:贝茨,前揭(参注释3),第612页:"对言语的正确理解必定部分奠基于语词之中,部分奠基于其最终目的之中……但对最终目的的考察又以对意义的洞见为前提";参见同上,第626页。

刻画为个别部分的聚集，而明确被刻画为一种不可在概念上进行规定、仅仅处于沉思之中的可感的整体性。康德哲学的构想（反思判断力、有机体概念）和德国观念论对诠释学循环在多大程度上具有决定作用，这一问题在研究中尚未被澄清。

F. W. J. 谢林的论述道出了诠释学循环的典型疑难问题，它不再仅仅是文本理论所规定的部分-整体关系："人们必须……在整体理念明显优先于单个部分的地方预设天才。因为整体理念只有在个别部分中展开才能清楚地呈现，反之单个部分只有借助于整体理念才是可能的，那么这里就显得有矛盾，这种矛盾只有通过天才的行动，亦即通过无意识活动和有意识活动出乎意料的结合，才可能显现出来。"[17] 从而文本理论中的循环转变成更为宽泛的诠释学构想，在这一过程中，愈益普遍的思想观点、认知观点和理解观点成为专门的论域。谢林的学生 F. 阿斯特（F. Ast）谈到"一切理解和认知的基本法则……，从个别之中发现整体的精神，借助整体把握个别"[18]。关于这种循环的实情，阿斯特泛指历史的理解，而不再指文本理解的特殊情况。

F. D. E. 施莱尔马赫也还没有使用"诠释学循环"这一表达，但他把阿斯特的"诠释学基本原理"视为"毋庸置疑的"[19]，这时他区分出部分-整体关系的不同层面：个别的作者首先是

---

⑰　F. W. J. 谢林，《先验观念论体系》（System des transscend. Idealismus），1800 年。《全集》，K. F. A. 谢林（K. F. A. Schelling）编，1856—1861 年，I/3，第623 页以下。

⑱　F. 阿斯特，《语法、诠释学和批评原理》（Grundlinien der Grammatik, Hermeneutik und Kritik），第 75 节，1808 年，第 178 页；亦载 H. -G. 伽达默尔/G. 勃姆（G. Boehm）编，《讨论会：哲学诠释学》（Seminar: Philos. Hermeneutik），1976 年，第 111—130 页，此处：第 116 页以下。

⑲　F. D. E. 施莱尔马赫（F. D. E. Schleiermacher），《论诠释学概念》（Ueber den Begriff der Hermeneutik），1829 年，载《诠释学》（Hermeneutik），H. 基默勒（H. Kimmerle）编（²1974），第 123—156 页，此处：第 141 页以下。

整个"语言宝库"的一部分,是其历史"时代"的一部分;"在单个的著作内部,个别只有从整体中才能得到理解",反之亦然;这就显现为一种"循环"[20]。在施莱尔马赫那里,部分-整体的区分显然是相对的、可重叠的。某物可以既作为整体与下属的单位相对,也可以作为部分与上一级的单位相关:文本 T_1 相对于它的构成要素、文本的诸部分 $t_1 \dots t_n$ 而言是整体。文本 T_1 相对于作者的所有著作、一个时代的文学创作、一个文化系统而言是部分。在这种相互关系中,应当区分:1. 文本的内部关系和文本之间的关系,以及 2. 作为具体对象的整体(文本的诸部分 $t_1 \dots t_n$;文本 $T_1 \dots T_n$)和无法严格界定的全体("古代精神",[自然]语言 S)。

A. 伯克自 1809 年起在其讲课中明确使用"诠释学循环"这一术语[21](这被视为诠释学循环表达的最早出处)。诠释学循环[问题]可以解决,但"决不会完全"被避免[22]。这种模棱两可表明了诠释学循环及其后续历史的特征。J. G. 德罗伊森(J. G. Droysen)在历史理解中看到了循环:在历史理解中我们只能通过某物的过去来认识它;"但它是如何形成的,我们只能……从我们对其现存方式的理解中得悉"。这一循环是对所研究的问题进行一种"近似于立体"式的考察,也就是说,"从两边"出发并"向前延伸的"考察[23]。W. 狄尔泰持如下观

[20]　施莱尔马赫,《诠释学》[1819/1828 年],同上,第 84—86 页;关于作为辩证法对象的循环关系,参见 W. 狄尔泰,《施莱尔马赫的生平》(Leben Schleiermachers)第 2 卷,M. 雷德克(M. Redeker)编.《著作集》14/1,1966 年,第 161、166、175、208 页。

[21]　A. 伯克,《语文科学百科全书和方法论》(Enzykl. und Methodol. der philol. Wiss.)(1877 年,²1886,1966 年重印),第 102 页。

[22]　第 18 节以下,同上,第 84 页以下。

[23]　J. G. 德罗伊森,《历史学》(Historik),1857 年,P. 莱伊(P. Leyh)编,第 1 卷,1977 年,第 162 页。

点:对文本之部分的理解以领会整个文本的意义为前提,对整个文本意义的领会要求领会文本之部分的意义。这种"循环"是文本诠释的"主要困难"或"困境"㉔。后来狄尔泰把诠释学循环概念扩展成为普遍的"认知循环"㉕。另外,F. 博尔诺承接这一思想,他说诠释学循环是"一切人类生命之认知的基础",因为每一种"生命理解……原则上只有以循环的方式"、从自身而来并且通过"吸收新的经验"得到发展㉖。

　　诠释学循环这一概念在进一步的使用中,打上了 M. 海德格尔和 H. -G. 伽达默尔的烙印。海德格尔关于"基础存在论的"理解之构想,把个别的理解行为阐释为终极("生存论上的")理解的衍生物㉗。观看某物,已具有诠释的结构("作为-结构"),一切诠释都运作于一种"前结构"之中㉘。H. -G. 伽达默尔将诠释学循环的历史开端追溯到古代修辞学;这一规则

　　㉔　W. 狄尔泰,《诠释学的起源》(Die Entstehung der Hermeneutik)(1900年),《著作集》第 5 卷(⁶1974),第 330、334 页;参见《精神科学中历史世界之构建》(Der Aufbau der geschichtl. Welt in den Geisteswiss.)(1910 年),《著作集》第 7 卷(²1958),第 162、254("概念形成的循环")、262、265 页。

　　㉕　狄尔泰,《哲学体系的基本特征》(System der Philos. in seinen Grundzügen)(1899—1906 年),《著作集》第 20 卷,1990 年,第 259、262 页;参见 F. 屈梅尔,《柏拉图和黑格尔对认知循环的本体论奠基》(Platon und Hegel zur ontolog. Begründung des Zirkels in der Erkenntnis),1968 年,特别是第 1—16 页。

　　㉖　博尔诺,《W. 狄尔泰在德国哲学中的地位》(W. Diltheys Stellung in der dtsch. Philos.),1976 年,载《诠释学研究》(Studien zur Hermeneutik)第 1 卷,1982 年,第 78—203 页,此处:第 199 页。

　　㉗　M. 海德格尔,《存在与时间》第 31—33 节(1927 年,⁹1995),第 142—160 页;参见 G. 米施(G. Misch),《理解的本质性循环与证明方法中有缺陷的循环相对》(Der wesenhafte Zirkel des Verstehens gegenüber dem fehlerhaften Zirkel im Beweisverfahren),载《将逻辑学建立在生命哲学的基地上》(Der Aufbau der Logik auf dem Boden der Philos. des Lebens),1994 年,第 478—483 页。

　　㉘　海德格尔,同上,第 149 页以下;按照《存在与时间》,概念的中心地位不再被确立;倒是附带地提及:《通向语言的途中》(Unterwegs zur Sprache),1959年,第 120 页以下;M. 海德格尔/E. 芬克,《赫拉克利特讨论班》(Heraklit. Seminar),1966/1967 冬季学期,1970 年,第 30 页以下。

从那里"被转用于理解的技艺。如同在修辞学那里一样,这里也存在着循环关系"㉙。伽达默尔将诠释学循环规定为文本之部分和整个文本之间的相互依赖关系,这里他强调,预期以及预先推测和假设都是可矫正的。但他却坚持理解在原则上的不可规避性(参见辞条 Unhintergehbarkeit)。方法学和反思/思辨都不能给理解提供保障("辩证法必须退回到诠释学之中"㉚)理解的进行基于一种"完善性的前把握"㉛,即认定整个文本隐含着意义的统一。哲学诠释学自身并不表现为关于文本诠释的理论,而是描述依托于诠释学循环的普遍理解之特征。理解隶属于生活形式、生活形式的语言以及由语言提供的前知识和前理解(参见辞条 Vorverständnis),因此,理解始终由永远不能被完全澄清的因素所决定。这种不可避免性作为历史性,以效果历史(参见辞条 Wirkungsgeschichte)原则的形式被突出强调㉜。

　　在与伽达默尔相关的争论中,a)有的援引海德格尔和伽达默尔,明确赞同诠释学循环,或者 b)提议以诠释学螺旋上升模式取代诠释学循环,这种模式考虑到,依托于方法的诠释能

　　㉙　H.-G. 伽达默尔,《理解的循环》(Vom Zirkel des Verstehens),1959 年,《著作集》(²1993)第 2 卷,第 57—65 页,此处:第 57 页;这篇文章几乎原封不动地([只有]次序的改变)被收入《真理与方法》,1960 年,《著作集》第 1 卷,第 296—300 页、第 302—305 页、第 270 页以下、第 273 页;诠释学循环来源于古代修辞学这一论题亦见于:《修辞学与诠释学》(Rhetorik und Hermeneutik),1976 年,《著作集》第 2 卷,第 276—291 页,特别是第 282 页以下、第 286 页以下;对这种溯源的批评参见 L. 丹内贝格,《诠释学循环的历史描述》(Die Historiographie des h. Z.),《日耳曼语言文学》杂志(Z. Germanistik),新系列,第 3 期,1995 年,第 611—624 页,此处:第 611 页以下。

　　㉚　伽达默尔,《黑格尔逻辑学的理念》(Die Idee der Hegelschen Logik),1971 年,《著作集》第 3 卷,第 86 页。

　　㉛　伽达默尔,《真理与方法》,1960 年,《著作集》第 1 卷,第 299 页以下。

　　㉜　D. 泰歇特(D. Teichert),《理解和效果历史》(Verstehen und Wirkungs-geschichte),2000 年;亦参见辞条"前判断(Vorurteil)I.",载《哲学史辞典》,第 11 卷,2001 年,第 1250—1263 页。

成功实现知识的扩展,或者 c)批评者要求放弃"诠释学循环"概念,因为它具有模糊性和前后不一贯之处㉝。

D. 泰歇特(D. Teichert)撰,牛文君译

㉝　Th. M. 泽博姆(Th. M. Seebohm),《论诠释学中的所谓循环》(Über den sog. Zirkel in der Hermeneutik),载《诠释学理性批判》(Zur Kritik der hermeneut. Vernunft),1972 年,第 21—43 页;H. 歌特纳(H. Göttner),《诠释的逻辑》(Logik der Interpretation),1973 年;P. 洛伦岑(P. Lorenzen),《逻辑学与诠释学》[1968 年],载《结构科学理论》(Konstruktive Wissenschaftstheorie),1974 年,第 11—22 页;P. 斯丛狄(P. Szondi),《文学诠释学导论》(Einf. in die literar. Hermeneutik),1975 年,第 12 页以下;施特格米勒,《瓦尔特·冯·德尔·福格威德关于梦中情人及类星体 3C273 的诗歌:对所谓理解循环和所谓观察之理论负担的沉思》(Walther von der Vogelweides Lied von der Traumliebe und Quasar 3 C 273. Betrachtungen zum sog. Zirkel des Verstehens und zur sog. Theoriebeladenheit der Beobachtungen),载《在科学的变迁中理性地重构科学》(Rationale Rekonstruktion von Wissenschaft in ihrem Wandel),1979 年,第 27—86 页;K. 施蒂尔勒(K. Stierle),《诠释学循环的开启》(Für eine Öffnung des h. Z.),《诗学》第 17 期,1985 年,第 340—354 页;J. 博尔滕(J. Bolten),《诠释学的螺旋上升》(Die hermeneut. Spirale),同上,第 355—371 页;E. 施特罗克(E. Ströker),《关于整体与部分之说法的多重含义——对所谓诠释学循环的评注》(Über die mehrfache Bedeutung der Rede von Ganzen und Teilen-Bem. zum sog. h. Z.),载 K. 阿卡姆(K. Acham)/W. 舒尔策(W. Schulze)编,《部分与整体:历史科学和社会科学中个别分析与整体分析之间的关系》(Teil und Ganzes. Zum Verhältnis von Einzel- und Gesamtanalyse in Geschichts- und Sozialwiss.),1990 年,第 278—298 页;S. 罗森(S. Rosen),《诠释学循环探究》(Squaring the hermeneutical circle),《形而上学评论》(Review Metaphysics)第 44 期,1991 年,第 707—728 页;D. 泰歇特,《循环与螺旋上升》(Zirkel und Spirale),载《记忆、经验、认知:伽达默尔诠释学的真理概念研究》(Erinnerung, Erfahrung, Erkenntnis. Unters. zum Wahrheitsbegriff der Hermeneutik Gadamers),1991 年,第 154—158 页。

历史的影响关联(historischer Wirkungszusammenhang)

当狄尔泰关于心理结构关联的理论向前发展时,他在其后期著作《精神科学中历史世界的建构》[①]中引进了"历史的影响关联"这一概念,把它作为"精神科学的基本概念"[②]。因此,精神科学应当深入地植根于结构心理学-人类学之中,从而三元的心理结构原则,亦即实在性之理解、价值之赋予和目的之设定的作用关联,不仅可以应用于个体,而且也可以应用于集体架构,例如文化系统、社会组织,应用于不同时期与时代,最后应用于普遍历史。在概念形成的旨趣上,重要的不是个体和组织机构的"相互影响",毋宁是在单个影响关联内部的"获取"或"创造"[③]。这里涉及到,"把历史世界理解为一种以自身为中心的历史影响关联,因为每一个个别的、包含于其中的历史影响关联,通过价值的确立和目的的实现而在自身之中具有其中心点,但一切历史影响关联在结构上都与整体相联系,在这个整体中,社会-历史世界之关联的意义来源于诸多个别部分的意义"[④]。

狄尔泰早先就已谈到心理结构关联的"主观内在合目的性"[⑤]。

---

① W. 狄尔泰,《精神科学中历史世界之构建》(Der Aufbau der geschichtl. Welt in den Geisteswiss. en),1910 年,《著作集》第 7 卷(²1958);参见《描述和分析的心理学观念》(Ideen über eine beschreib. und zerglied. Psychol.),1894 年,《著作集》第 5 卷,1924 年。

② 《精神科学中历史世界的构建》,同上,第 156 页。

③ 同上,第 154 页。

④ 同上,第 138 页。

⑤ 《关于描述心理学和分析心理学的观念》,前揭(参注释 1),第 215 页。

现在这种思想也再次为"精神性的影响关联之内在目的论特征"这一概念所接受。更为常见的特征描述当然是"以自身为中心"⑥。

对"历史的影响关联"这一概念的使用,虽然狄尔泰没有详尽地罗列出来,却有三种不同的可能性:(1)错综复杂的历史架构可以被分析成诸多不同规模、来源和作用强度的影响关联之间的交错联结。(2)可以从形态比较方面对它们进行考察和归类。狄尔泰本人带着(为形而上学体系奠基的)世界观从事这项工作⑦。(3)传记体例应当把个体生存的历史影响关联同时描述为个体生命要素的意义关联,其中整体自身作为统一性被建立起来,按照这种传记体例,广泛综合的影响关联在其"达到的"相关性中也必须是可分解的。在纯粹的目的关联情况下,这产生于"最终的环节"⑧,然而,譬如一个时代的"内在的目的论",无法全面获取可识别的载体,毋宁是"生命本身的诸种趋向在过程中形成的关联"⑨。历史影响关联的诸环节能够"在一种不依赖于获取[载体]的秩序中被联结起来"⑩,在后续的理解中,"社会-历史世界关联的意义来源于诸个别部分的意义"⑪。

G. 米施转向不依赖于纯粹获取、作为意义关联的历史影响关联这一问题,并赋予以下问题以优先性:"倒是异质物的统一、陌生力量嵌入本己的内在性,在历史的形成中发挥着怎

_____

⑥ 《精神科学中历史世界的构建》,前揭(参注释 1),第 153 页以下。

⑦ 狄尔泰,《世界观的类型及其在形而上学体系中的形成》(Die Typen der Weltanschauung und ihre Ausbildung in den metaphys. Systemen),1911 年,《著作集》第 8 卷(^{2}1960),第 75 页以下。

⑧ 《精神科学中历史世界的构建》,前揭(参注释 1),第 249 页。

⑨ 同上,第 185 页。

⑩ 同上,第 239 页。

⑪ 同上,第 138 页。

样的决定性作用"⑫。H. -G. 伽达默尔和 E. 罗特哈克以不同的方式强调,要具体地参与到历史的历史影响关联之中,这种参与先于一切"理解的距离"⑬

F. 罗迪(F. Rodi)撰,牛文君译

参考文献：

O. F. BOLLNOW: Dilthey. Eine Einf. in seine Philos. (41980).

---

⑫　G. 米施,《生命哲学和现象学》(Lebensphilos. und Phänomenol.),1931年,1967 年,第 167 页。

⑬　H. -G. 伽达默尔,《现代德国哲学中的历史问题》(Das Problem der Geschichte in der neueren dtsch. Philos.),1943 年,《著作集》第 2 卷,1986 年,第 27—36 页,引文:第 34 页;E. 罗特哈克,《精神科学导论》(Einl. in die Geisteswiss.),1920 年,第 270 页。

传承（物）（Überlieferung）

在德语的语言使用中，自从 15 世纪以来，人们将"传承（物）"①理解为递交、托付，也理解为转交，以及被转达之物、被告知之物、流传下来的东西本身②。尽管"传承"这一术语在很大程度上与"传统"（参见辞条 Tradition）近义地使用，但也带有不同的侧重点。

最初口头传承物的形式，例如民歌，在诠释学的二度创作、改唱、重新诠释的跌宕起伏中发生着变迁③。但宗教传承物尤其要求被忠实地保存，如在犹太教中，旧约文本通过马所拉（参见辞条 Masora）或在教学传播中得到保护：那么传承的过程——在原则上是双方之事——就在于，倾听和接受的"儿子"必须从作为"父亲"、[承担]递交[职能]的拉比那里"如同海绵一般"不增不减地领受教导④。针对东正教[所主张]的忠实于文字，莱辛后来强调，文字既不是宗教传承的唯一形式，也不能为这样的传承提供保证："难道你的语词要被转换成僵死的字母才会成为有生命的语词吗？……口头传承物就什么也不是？如果说口头传承物受到大量有意无意的曲解，书籍

① Überlieferung 既可以指传承的动作和过程，也可以指被传承下来的东西，以下根据具体语境译为"传承"或"传承物"。——译者注

② 格林兄弟，《德语辞典》（Deutsches Wörterbuch）11/II，1936 年，第 396—398 页。

③ W. 丹克特（W. Danckert），《民歌中的象征、隐喻、譬喻》（Symbol, Metapher, Allegorie im Lied der Völker），1976 年，第 1 卷，第 16 页、第 19 页以下。

④ 《拉比拿单箴言》5，15，载《教父箴言》（Die Sprüche der Väter），S. 班贝格尔（S. Bamberger）编，Zurich，1981 年。

不也是如此吗？"⑤那么，如果"一切语词传承"由于与"精神"冲突从而也是"可疑的"⑥，如果"口耳相传"的传承对于歌德而言"也可能是幻影"⑦，那么"人类的优势"却完全有必要以"这种传承的可能性"为基础⑧。类似地，谢林强调"世代传承"是人类特有的，与"动物性"相对，动物不知道"在前人的基础上建设，不会扩展前人已获取的成果，不会超越前人驻足之处的界限"⑨。

　　赫尔德清楚地说明，人类多么需要把传承内容化为己有："一切教育，只有通过模仿和练习、从榜样过渡到效仿，才是可能的；除了把这称为传承，我们还能有什么更好的称谓呢？然而模仿者必须有能力接受被传达之物和可传达之物，并将之转化到他的本性之中，如同转化维持其生存的食物一样"；对传承物的这种恰当、常新的吸收使得人类通过"文化和启蒙"进行"二度创造"成为可能⑩。传承对人的存在如此重要，然而就个体在其原创性方面而言，如歌德所表明的，传袭下来的无法抛弃的文化血统也会显得是一种负担："我宁愿从传承中挣脱/完全独创；然而任务如此巨大/陷入些许痛苦挣扎。/我世代生长于斯，以之为/至高荣誉；/当我不再与众不同/自己

　　⑤　G. E. 莱辛，《格言》VII，1778 年。《全集》，K. 拉赫曼（K. Lachmann）和 F. 蒙克尔（F. Muncker）编，1886 年及以后，1968 年重印，第 13 卷，第 120 页。

　　⑥　J. W. 歌德，《色彩理论史》（Gesch. der Farbenlehre），1805/1806 年，汉堡版，E. 特伦茨（E. Trunz）编纂发行，1948—1960 年，第 14 卷，第 50 页。

　　⑦　歌德，《西东诗集》，1819 年，同上，第 2 卷，第 48 页。

　　⑧　前揭（参注释 6）。

　　⑨　F. W. J. 谢林，《新近哲学文学的一般概观》（Allg. Uebersicht der neuesten philos. Lit. ）《论文集：知识学的观念论之阐释》（Abh. zur Erläut. des Idealismus der Wiss. lehre），1797/1798 年，学院版，I/4，1988 年，第 188 页。

　　⑩　J. G. 赫尔德，《人类历史哲学思想》（Ideen zur Philos. der Gesch. der Menschheit），第 2 部分第 9 章，第 2 节（1784 年及以后）。《全集》，B. 苏樊（B. Suphan）编，1877—1913 年，第 13 卷，第 347 页以下。

亦成为传承。"⑪

此外，从 J. G. 哈曼、康德到谢林、黑格尔，而且直到今天，"传承"与"传统"一再被作为同义词使用。例如 K. 马克思会谈论"传承下来的财产关系"以及"革命的传承"⑫。F. X. 冯·巴德在"基督教的传承物……"中找到"一种古老的实验哲学的残片"⑬。这里涵盖广阔的可考范围，从保存和传达信仰真理的神学观点，到对"传承史"的史源考证研究，这种研究是一切历史-语文科学的基本工具。那么，鉴别出可信的传承物，使之与"非科学的"、"可疑的"或"俗套的传承物"⑭相对，对于一切哲学史（例如 F. A. 朗格）而言具有重要作用。但另一方面，存在着重新思考传统和建立传统的哲学尝试，这里人们常常援引德语中的相应表达：对于海德格尔来说，"将此在筹划自身所朝向的生存状态之能在从传承下来的此在理解中明确地掇取出来，这种可能性存在于此在的时间性之中，并仅仅存在于此在的时间性之中。向自身返回、自我传承的决心便成为对流传下来的生存之可能性的重演。重演是明确的传承，这意味着回到曾在的此在之可能性中"。⑮

在伽达默尔的诠释学（参见辞条 Hermeneutik）中，"传承

---

⑪　歌德，《箴言诗》(Sprüche)(1812 年起)，前揭（参注释 6），第 1 卷，第 310 页。

⑫　K. 马克思、F. 恩格斯，《共产党宣言》，1848 年，《马恩著作集》，第 4 卷，第 481、492 页。

⑬　F. X. 冯·巴德，《康德的演绎》(Kants Deduktionen)，1809 年，《全集》，F. 霍夫曼(F. Hoffmann) 等编，1851—1860 年，1963/1987 年重印，第 1 卷，第 21 页（注释）。

⑭　F. A. 朗格，《唯物论的历史及其当代意义批判》(Gesch. des Materialismus und Kritik seiner Bedeutung in der Gegenwart)，1866 年，1—2 卷，H. 科恩编 (⁷1902)，第 1 卷，第 13 页；第 2 卷，第 464 页。

⑮　M. 海德格尔，《存在与时间》第 74 节，1927 年，第 385 页。《全集》I/2，1977 年，第 509 页。

(物)"成为核心概念。"处于传承物之中首先真的意味着屈从于前见并在自由方面受限制吗?"对这一问题的回答,导致拒绝启蒙意义上绝对的、摆脱传统的理性[16],同样也导致限制历史主义的史源考证方法,这种史源考证致力于摆脱前见(Vorurteilslosigkeit),它遗忘了自己的历史性,因而失去了那种"对传承物的开放性","这种开放性为效果历史意识所具有"[17]。传承物是当下的,本质上处于文本和语言的媒介之中;据此,在诠释学的经验中"语言形式和传承内容"是分不开的。它"从自身诉说,如同一个'你'一样",是"一个真正的交流伙伴"[18]:"谁从这样一种相互关系中跳出来进行反思,那么他就改变了这种关系并摧毁了它的伦理约束力。正如谁从他与传承物的生活关联中跳出来进行反思,那么他就摧毁了这种传承物的真正意义"[19]。结论是:"谁处于传承物之中……他就必须倾听从那里传达给他的东西"[20]。最后,伽达默尔甚至会说:"倾听传承物、处于传承物之中,这显然是真理之路,精神科学需要找到这条道路。"[21]

[研究]传承与传统的哲学家 J. 皮珀,同样着重强调和倡导关于传承的思想,"无论在一种多么绝对的意义上"[理解传承]。如果"基督教的教导之传承"仍与"接受神赐的礼物"有关,"在神圣的传承中这神赐的礼物是为我们准备的"[22],若丢

---

[16]　H. -G. 伽达默尔,《真理与方法》,1960 年,第 260 页。

[17]　同上,第 343 页。

[18]　同上,第 367、417、340 页。

[19]　同上,第 343 页。

[20]　同上,第 439 页。

[21]　伽达默尔,《精神科学中的真理》(Wahrheit in den Geisteswiss. en),1953 年。《短论集》(Kl. Schr.),第 1 卷,1967 年,第 39—45 页,此处:第 42 页。

[22]　J. 皮珀,《论概念和要求》(Ü. Begriff und Anspruch),1970 年,第 59、73 页。

弃"传承特征"就会被惩罚,那么"没有理性的努力,传承早晚会被收回,离开科学的进步,传承物迟早会失去效力并被取代"[23]。据此,皮珀认为,"基于上帝之言的传承,在一种极其严格纯粹的意义上以无与伦比的方式实现了'传承'概念",以至于"在历史上能找到的所有传统持存中,这种'神圣的传承'是真正的中心"[24]。理解(参见辞条 Verstehen)"是进驻于传统之中,倾听传承物和肯定传承物"[25],对此,在精神科学的哲学中最终将在当下返回到一种服务于教化的诠释学,这种诠释学是"对迄今鲜为人知的、陷入遗忘境地的、陌生化的或有争议的传承物进行诠释的中介活动"[26]。

V. 史汀布罗克(Steenblock)撰,牛文君译

---

[23] J. 皮珀,《论概念和要求》(Ü. Begriff und Anspruch),1970 年,第 36、44 页。

[24] J. 皮珀,《论传统概念》(Über den Begriff der Tradition),1958 年,第 56 页。

[25] G. 舒尔茨(G. Scholtz),《伦理学和诠释学:施莱尔马赫对精神科学的奠基》(Ethik und Hermeneutik. Schleiermachers Grundlegung der Geisteswiss. en),1995 年,第 142 页。

[26] Th. 波达默尔(Th. Bodammer),《精神科学之哲学》(Philos. der Geisteswiss. en),1987 年,第 116 页。

不可理解性（Unverständlichkeit）

不可理解性（英语为 unintelligibility, obscurity；法语为 inintelligibilité, obscurité）。"不可理解性"（Unverständlichkeit）这一表达，其今天的词形可以追溯到中古高地德语中的 unverstentlîcheit[1]，大约在 18 世纪末期这一表达才进入哲学的术语之中。F. 施莱格尔在其文章《论不可理解性》中，把原则上的不理解看作诠释学世界关系的前提条件[2]。"不可理解性"关系到一个被浪漫主义诠释学重新给予积极评价的反义概念，就此而言，这一表达主要具有一种从否定性中走出、被重新建构的概念史。

修辞学中的"模糊语"概念已经表明了这一点，除了神谕传统和谜语传统之外，这一概念也可以被看作"不可理解性"在古代的前身[3]。语言的模糊性被古代的修辞学教科书主要视为缺陷，充其量在它具有引起注意（attentum parare）作用的情况下，语言的模糊性作为对容易理解的表达（明晰[perspicuitas]）的偏离，才是被允许的。规范造就了言说方式，其突出表现应

---

① 格林兄弟，《德语辞典》（Deutsches Wörterbuch）11/III，1936 年，第 2103 页以下。

② F. 施莱格尔，《论不可理解性》（Über die U.），1800 年，校勘本，E. 贝勒（E. Behler）等编，第 2 卷，1967 年，第 363—372 页。

③ M. 福尔曼（M. Fuhrmann），《模糊语：古代修辞学和文学美学理论中的模糊性问题》（Das Problem der Dunkelheit in der rhet. und lit. ästhet. Theorie der Antike），载 W. 伊瑟尔（W. Iser）编，《内在美学、美学反思、诗学和诠释学》（Immanente Ästhetik. Ästhet. Reflexion. Poetik und Herm.），第 2 卷，1996 年，第 47—72 页。

当是,使用常见、单义的名称,避免胆大妄为的隐喻、新词、古老歧义的表达。也不建议使用专业词汇(例如昆体良④所主张的)。在词序上,允许出现个别的倒装句,但要避免过多的多元组合句和插入语。描述应当清楚地分段,按照时间顺序和因果关系阐明素材⑤。由此,不可理解性在经院修辞学的框架下首先表现为,打破可理解言语的规范,此外却也表现为,错误地运用以理解为导向的规则[所导致]的结果(例如,过度地使用简短语句⑥)。无论如何,古代的修辞学家以题材的可理解性为前提条件。不可理解性被视为可以解决的问题。

在修辞学的历史上,与[主张]清楚明白(参见辞条Perspikuität)的学说相反,只是偶尔崇尚语言的模糊性,大约见于帝国时代的亚细亚风格(kaiserzeitlichen Asianismus)⑦之中或随"技巧性的模糊语手法"而出现,如鹿特丹的伊拉斯谟⑧在深奥的使徒书信领域中为语言的模糊性辩护。与此相对照,矫饰派⑨、隐逸派⑩和神秘言语⑪具有象征性的、令人费解

---

④ 昆体良(Quintilian),《雄辩术原理》(Instit. orat.),第八卷第二章,第 13 节。

⑤ 西塞罗,《论创造》(De inv.)I,29;《论作者——献给赫伦尼乌斯》(Auctor ad Her.)I,15;昆体良,《雄辩术原理》,第八卷第二章("明晰[perspicuitas]")。

⑥ 昆体良,《雄辩术原理》,第八卷第三章,第 82 页。

⑦ E. 诺登(E. Norden),《古代的艺术散文》(Die ant. Kunstprosa),第 1 卷,1958 年,第 234 页。

⑧ 鹿特丹的伊拉斯谟,《论书信写作》(De conscrib. ep.)/《书信写作指导选集》(Anleit. zum Br. schreiben Ausgew. Schr.),K. 斯谟拉克(K. Smolak)译,第 8 卷,1980 年,第 25—37 页。

⑨ G. R. 霍克(G. R. Hocke),《文学中的矫饰派:语言炼金术和秘传的组合艺术》(Manierismus in der Literatur. Sprach-Alchemie und esot. Kombinationskunst),1959 年,第 171 页以下。

⑩ 参见辞条"隐逸派(Hermetismus);隐逸的(hermetisch)"。《哲学史辞典》,第 3 卷,1974 年,第 1075—1078 页;W. 屈尔曼(W. Kühlmann),《"隐逸派"作为文学的构成形式》(Der 'Hermetismus' als lit. Formation),《诗艺》(Scientia poetica),第 3 卷,1999 年,第 145—157 页。

⑪ D. 冯·彼特尔斯多夫(D. Petersdorff),《神秘言语:论浪漫主义知识分子的自我理解》(Mysterienrede. Zum Selbstverständnis romant. Intellektueller),1996 年,第 13—36 页。

的和秘传的语言形式,在这种语言形式中,不可理解性获得了特殊的意义。对于 Th. 霍布斯而言,不可理解的(unintelligible)概念方式恰恰存在于超越理性的东西那里,如上帝的本质无法被把握(incomprehensible)[12]。

　　近代关于不可理解性的讨论,呈现在一系列持续至今的阐述中,这些阐述始于近代早期,在 18 世纪已成为全面论争的话题:启蒙知识的增长带来了科学的分门别类,这些科学在一种仅有内部交流的专家文化框架下把学者培养成各个科学家。与此同时,反映在新媒体和公众之中的普遍主义的科学诉求,要求与应用相关联,传授专家的知识[13]。事情的复杂性上升,知识的传授产生广泛影响,这些互相排斥的因素可能会以不同的方式出现,例如,这已经典型地呈现在受过修辞学训练的通俗哲学(Ch. 加尔夫[Ch. Garve])与康德的批判态度及其概念方式的争论之中[14]。这个时代有很多尝试,回应对不可理解性的指责,尤其是对哲学的不可理解性的指责[15]。且不说这一点,叔本华甚至在不可理解性中看到一种诡计,这种诡计

----

　　[12]　Th. 霍布斯,《利维坦》,第一部分第十二章,1651 年,《著作集》,M. 莫尔斯沃思(M. Molesworth)编,第 3 卷,伦敦,1839 年,第 97 页;参见辞条"不可把握性"(Unbegreiflichkeit)。

　　[13]　N. 卢曼,《不可理解的科学:理论固有的语言问题》(Unverständl. Wiss. Probleme einer theorieeigenen Sprache),《德国学术年鉴:语言文学创作》(Jb. Dtsch. Akad. Sprache Dichtung),第 1 卷,1979 年,第 34—43 页。

　　[14]　Ch. 加尔夫(Ch. Garve),《论演讲的通俗性》(Von der Popularität des Vortrags)(1796 年),《通俗哲学著作集》(Popularphilos. Schr.),K. 乌尔夫尔(K. Wölfel)编,第 2 卷,1974 年,第 1039—1066 页;参见 K.-H. 歌特尔特(K.-H. Göttert),《力争达到可理解性:一种历史的考察》(Ringen um Verständlichkeit. Ein hist. Streifzug),《德国文学研究季刊》(Dtsch. Vjschr. Lit. wiss.),1991 年,第 1—14 页。

　　[15]　I. 康德,《纯粹理性批判》B 版,第 344 页(注释);F. W. J. 谢林,《先验观念论的体系》(System des transz. Idealismus),1800 年,《著作集》,M. 施罗特(M. Schröter)编,第 2 卷,1927 年,第 369 页以下;G. W. F. 黑格尔,《哲学全书》,导论第 3 节,1827 年,学院版,第 19 卷,1989 年,第 29 页以下。

为的是掩盖实际上的思想"平庸";在这种意义上,谢林、费希特和黑格尔的哲学都隐藏在"不可理解性的面具"之下,这种面具赋予它深奥的假象[16]。

在浪漫主义那里,不可理解性得到广泛的专题讨论,近代的哲学思想和科学思想以清楚、确定为标准[17],浪漫主义在"更高的启蒙"意义上探索近代哲学思想和科学思想不可证明的前提条件。围绕崇高进行美学讨论(E. 伯克,D. 狄德罗)[18]、在知识批判上尊崇不可理解性(J. G. 哈曼,J. G. 赫尔德)[19],通过这种准备,F. 施莱格尔将"无法理解"直接提升为哲学的原则:"置身于不可理解性和混淆本身的领域之中,是精神教养的高级阶级,也许是其最后阶段。对混乱的理解在于承认"[20]。不理解是无法避免的,这使得诗歌较之于哲学更有价值,使得象形文字语言得以形成,象形文字语言允许,在交往行为中相对于一种必然无限的精神事件传达这种语言自身的不足之处。

如果说在施莱格尔那里受到关注的是,使一种绝对透明

⑯　A. 叔本华,《附录和补遗》(Parerga und Paralip.),第283节,1851年,《全集》,A. 许布舍(A. Hübscher)编,第6卷,1947年,第549页以下;参见辞条"深度"(Tiefe),载《哲学史辞典》,第10卷,1998年,第1192—1194页。

⑰　参见辞条"清楚和明白"(Klar und deutlich),载《哲学史辞典》,第4卷,1976年,第846—848页。

⑱　D. 狄德罗,《沙龙随笔》(Salon),1767年,《全集》,H. 狄克曼(H. Dieck-mann)/J. 瓦洛(J. Varloot)编,第16卷,Paris,1975年及以后,第235页(2,122)。

⑲　H. 阿德勒(H. Adler),《模糊的精确:J. G. 赫尔德的灵知论、美学、历史哲学》(Die Prägnanz des Dunklen. Gnoseologie-Ästhetik-Geschichtsphilosophie bei J. G. Herder),1990年。

⑳　F. 施莱格尔,《哲学残篇:第二时期》(Philos. Fragmente. Zweite Epoche)I,(1798年及以后),前揭(参注释2),第18卷,1963年,第227页;J. 佐夫科(J. Zovko),《F. 施莱格尔的理解与不理解:施莱格尔诠释学批评的形成和意义》(Verstehen und Nichtverstehen bei F. Schlegel. Zur Entsteh. und Bedeut. seiner hermeneut. Kritik),1990年;J. 富尔曼(J. Fohrmann),《论不可理解性》(Über die U.),《德国文学研究季刊》(Dtsch. Vjschr. Lit. wiss.),第68期,1994年,第197—213页。

思想之要求悖论式地自行消解[21],那么,F.施莱尔马赫将关于
个性不可说的思想看作是以下诠释学信念的基础,即"不理解
从不会完全被解决","因为每一个[灵魂]在其个别存在中对
于他者而言都是非存在"[22]。

浪漫主义诠释学强调可理解性和不可理解性必然交错在
一起,这表达了现代艺术的基本特征。自从 19 世纪初以来,
一种根本上的不可理解之因素,作为现代文本特征的构成成
分,在散文[23]、同样也在抒情诗(Ch.波德莱尔)[24]中得以证实。
Th. W. 阿多诺在其关于隐逸派艺术作品的理论中对这些阐述
进行了总结[25]。

诠释学的传统(W. 狄尔泰,H. -G. 伽达默尔)把难理解和
不理解看作致力于理解的出发点,相反,解构主义(P. 德曼)把
不可理解性推向极端,发展成不可读理论。不可理解性在这
里不仅是[理解]对象的特性,而且是意图理解本身的结果:
"阅读的文本是不可理解性之譬喻,这种不可理解性实际上并
不属于阅读所朝向的文本,而毋宁说属于阅读行为本身"[26]。

---

　　[21]　施莱格尔,前揭(参注释 2),第 370 页;《先验哲学》,1800—1801 年,同
上,第 12 卷,1964 年,第 102 页。

　　[22]　F. D. E. 施莱尔马赫,《诠释学》(Hermeneutik),H. 基默勒(H. Kimmer-
le)编(²1974),第 141 页;H. 施努尔(H. Schnur),《施莱尔马赫的诠释学及其前
史:圣经解释研究,哈曼、赫尔德和 F. 施莱格尔研究》(Schleiermachers Herme-
neutik und ihre Vorgeschichte. Studien zur Bibelauslegung, zu Hamann, Herder
und F. Schlegel),1995 年。

　　[23]　M. 巴斯勒(M. Bassler),《文本发现:1910—1916 年间突显的现代短篇
散文中的不可理解性》(Die Entdeckung der Textur. U. in der Kurzprosa der em-
phat. Moderne 1910—1916),1994 年。

　　[24]　H. 弗里德里希(H. Friedrich),《现代抒情诗的结构》(Die Struktur der
mod. Lyrik),1956 年。

　　[25]　Th. W. 阿多诺,《美学理论》(Ästhet. Theorie),1970 年,《著作集》,R. 蒂
德曼(R. Tiedemann)编,第 7 卷,1998 年,第 179 页以下。

　　[26]　W. 哈马赫(W. Hamacher),《不可读性,德曼导论:阅读的譬喻》(Unles-
barkeit, Einl. zu P. de Man: Allegorien des Lesens),1988 年,7—26,第 17 页。

由于对诠释学整体意义的放弃,意义构成的谜一般的特征(参见 J. 拉康㉗)被普遍化了,同时"模糊语"作为后现代思维的哲学写作策略,其名誉得到恢复。

在语言学中,不可理解性作为专家文化和大众传媒的知识传播问题,处于中心地位。对可理解性和可读性的研究㉘,致力于改进文本[研究]的新策略,并制定出——往往承接修辞学的传统——那些因素的特征表,这些因素应促进科学和媒体传播形式的可理解性㉙。不可理解性仍作为障碍成为这一研究分支的主题,这一研究分支在批判理论(J. 哈贝马斯)㉚的意义上保留了其对立面,它是原初的话语前提。与此相对,N. 卢曼则指出这一概念的矛盾之处,因为他注意到,"可理解性不应成为一种妨碍言说之可能性的原则"㉛。

G. 纳舍尔特(G. Naschert)撰,牛文君译

㉗　J. 拉康,《德语版前言》(Vorw. zur dtsch. Ausg.),《著作集》第 2 卷,N. 哈斯(N. Haas)编,1975 年,第 7 页。

㉘　B. U. 比雷(B. U. Biere),《使之成为可理解的:诠释学的传统、历史实践、语言理论的创立》(Verständlich-Machen. Hermeneut. Trad. -Hist. Praxis-Sprachtheoret. Begründung),1989 年;H. J. 海林格(H. J. Heringer),《可理解性:真正的语言学研究概观》(Verständlichkeit. Ein genuiner Forschungsüberblick der Linguistik)《日耳曼语言学》杂志(Z. germ. Linguistik),第 7 期,1979 年,第 255—278 页。

㉙　I. 朗格尔(I. Langer)等,《学校、管理、政治和科学中的可理解性》(Verständlichkeit in Schule,Verwaltung,Politik und Wiss.),1974 年;W. 克莱因(W. Klein)编,《文本的可理解性、文本理解》(Textverständlichkeit-Textverstehen),《文学研究中的语言学》杂志(Z. Lit. wiss. Linguistik),第 14 期,H. 55,1984 年;U. 诺伊曼(U. Neumann),《可理解性是怎样产生的?》(Wodurch wird Verständlichkeit erzeugt?),《修辞学年鉴》(Jb. Rhetorik),第 14 卷,1995 年,第 59—70 页。

㉚　J. 哈贝马斯,《何谓普遍语用学?》(Was heißt Universalpragmatik?),1976 年,载《交往行为理论的初步研究和补充》(Vorstudien und Erg. zur Theorie des kommunikat. Handelns),1984 年,第 354 页以下。

㉛　卢曼,前揭(参注释 13),第 43 页。

怀疑(Verdacht)

怀疑(希腊文为ὑποψία, ὑπόνοια；拉丁文为 suspicio；英语为 suspicion；法语为 soupçon, suspicion)。怀疑,作为比较狭义的概念,属于"猜测"的范围(参见辞条 Vermutung),自古以来就属于修辞学的论域以及由此传承下来的论证模式。借助于怀疑和诋毁(διαβολαί)质疑对手的陈述,目的在于防止对手[取得]胜利。在这里,一个怀疑是否被说出无关紧要①。作为"有罪推定","怀疑"的法律意义和道德意义一直保持到现在。按照可能性的程度,有根据的怀疑区别于无根据的怀疑②。在刑法中,人们区分不同程度的嫌疑(从较小的到重大的犯罪嫌疑),不同程度的嫌疑会导致[采取]技术侦查措施和法律措施(从监视到羁押)③。

---

① 亚里士多德,《修辞学》(Rhet.)III, 15, 1416a 1—7；西塞罗,《演说的组成部分》(Partiones oratoriae) XXXIII, 114—116；XXXV, 119—121；参见 C. 马尔莫(C. Marmo),《怀疑:亚里士多德修辞学在 13 世纪经院哲学中的意义之关键词》(Suspicio. A key word to the significance of Aristotle's Rhet. in 13th cent. Scholasticism),《中世纪希腊语和拉丁语学院记录册》(Cahier de l'institut du moyen-âge grec et latin), Kopenhagen, 1990 年,第 145—198 页。

② 参见 J. H. 阿尔施泰德(J. H. Alsted),《百科全书》(Encyclopaedia)第 1卷,第 8 页；第 21 卷,第 25 页, Herborn, 1630 年, 1989 年及以后重印,第 1 卷,第 58 页以下；第 3 卷,第 1315 页；J. G. 瓦尔赫(J. G. Walch),《哲学辞典》(Philos. Lex.)(⁴1775, 1968 年重印),第 2 卷,第 1260 页；W. T. 克鲁格,《关于哲学科学连同其文献历史的手册》(Hb. der philos. Wiss. nebst ihrer Lit. und Gesch.),第 4卷, 1834 年,第 359 页。

③ F. 冯·霍尔岑多夫(F. Holtzendorff)编,《法学百科全书》(Encycl. der Rechtswiss.), 1873 年,第 585 页以下；R. 施特凡(R. Stephan),《法规集手册:供大学生及自修使用的法律百科全书》(Hb. des gesammelten Rechts. Eine Rechtsenzykl. für Studierende und zum Selbstunterricht), 1903 年,第 270 页(转下页注)

　　在奥古斯丁看来,由于互不相识,怀疑属于人的存在,与人的存在不可分割。即使我们不能完全避免它,我们也必须设法控制它④。在中世纪的著作中,关于各种不同命题态度(意见[opinio]、疑惑[dubium]、怀疑[suspicio]、害怕[formido]等)的典型概念有五花八门的讨论,“怀疑”(suspicio)的意思是指缺乏强有力根据的质疑(参见辞条 Zweifel)⑤。在托马斯·阿奎那看来,怀疑的产生有三种原因:a)以己之恶揣度邻人,b)嫉妒或厌恶,c)长期不好的经历。抱有怀疑,看起来是罪过。出于细微的征兆马上就疑为邪恶,是一种轻微的罪过;对恶意的怀疑持确信态度,是一种严重的罪过;如果随之而来的是鄙视邻人,那么这个人就犯了大罪⑥。

　　在教会法规和政策中,“怀疑”首先在异端邪说的语境下使用⑦。审讯官 J. 施普伦格(J. Sprenger)和 H. 因斯蒂托里斯

————————

(接上页注)以下;F. 斯蒂尔-索姆罗(F. Stier-Somlo)/A. 埃尔斯特(A. Elster)编,《法学简明词典》(Handwb. der Rechtswiss.),1929 年,第 287 页以下;H.-H. 库内(H.-H. Kühne),《将嫌疑界定为刑事诉讼强制措施的前提条件》(Die Definition des V. als Voraussetzung strafprozessualer Zwangsmaßnahmen),《新法学周刊》,1979 年,H. 13,第 617—672 页;L. 束尔茨(L. Schulz),《规范化的不信任:刑事诉讼中的嫌疑》(Normiertes Mißtrauen. Der V. im Strafverfahren),2000 年。

　　④　奥古斯丁,《论约翰福音》(In Ioannis evang. tract.)CCSL 36,Turnhout,1954 年,第 522 页。

　　⑤　参见亚历山大·冯·黑尔斯(Alexander von Hales),《论对怀疑的审判》(De iudicio suspicionis),载《[命题]态度问题(“在有兄弟之前”)》(Quaest. disp. ‹antequam esset Frater›),q. 37(Quaracchi,1960 年),第 639—662 页;邓斯·司各脱,《论意见、信念、疑惑、怀疑、害怕及其区别》(De opinione, fide, dubio, suspicione, formidine, quomodo differunt?),《全集》,Lyon,1693 年,1968 年重印,第 2 卷,第 640 页以下;彼得·隆巴(Petrus Lombardus),《诗篇中》(In psalmos),《教父学课程大全》(Patrologiae cursus completus),第 2 系列:拉丁文传道书,1—221 卷(第 218—221 卷为索引),Paris,1841—1864 年,第 191 卷,Paris,1844 年,1063 B—C,1566 B。

　　⑥　托马斯·阿奎那,《神学大全》(S. theol.)II—II,60,3。

　　⑦　参见《天主教法典》(Codex Iuris Canonici)不同版本中的“异端”(Häresie)这一关键词。

（H. Institoris）⑧虽然也援引教父学和经院哲学，但怀疑不再是罪过，而是惩罚的根据⑨。这时更强烈的怀疑只是产生于怀疑，它使自身加倍增长，一直达到怀疑被视为证据的地步："狂热的怀疑就足以被判决，它不允许相反的证据"⑩。如黑格尔所言，审讯诉讼是一个"怀疑的法庭"⑪。

近代哲学对怀疑及其被工具化之后的结果（即作为控制手段）进行了专门研究，并制定了对策。F. 培根着重指出晦暗不明的领域，这个领域对于怀疑来说是必要的，他把怀疑比作蝙蝠，只在暮色中飞翔⑫。一方面是尽可能可靠的知识，另一方面坦然对待怀疑以及性格上的固执，二者都是对抗怀疑的有效方法。詹森主义者 P. 尼科尔（P. Nicole）在博爱中看到怀疑的治愈之方⑬。英国的道德学家 A. A. C. 沙夫茨伯里（A. A. C. Shaftesbury）和 A. 柯林斯（A. Collins），也鉴于怀疑的［发生］机制，追求思想自由和言论自由。必定是仅当意见被隐瞒，这些意见复又被当作危险的观点时，怀疑才可能产生⑭。

---

⑧ J. 施普伦格/H. 因斯蒂托里斯，《女巫之锤》（Malleus Maleficarum），1487年，W. R. 施密特（W. R. Schmidt）译，1906年，1980年重印。

⑨ 同上，第三部分第三章，第19个问题，第116页。

⑩ 同上，第124页。

⑪ G. W. F. 黑格尔，《历史哲学讲演录》（Vorles. über die Philos. der Geschichte），1840年，纪念版，H. 格洛克纳（H. Glockner）编，1927—40年，第11卷，第538页。

⑫ F. 培根，《公民与道德论说文集》（The essays or counsels civil and moral），1625年，第31篇：《论怀疑》，《著作集》，J. 斯佩丁（J. Spedding）等编，London，1857—1874年，1963年重印，第6卷，第454页以下；后来译成法语，载 D. 狄德罗/J. 达朗贝尔，《百科全书或科学、艺术和工艺详解辞典》（Encycl. ou dict. raisonné des sciences, des arts et des metiers），1751—72年，31，II。

⑬ P. 尼科尔，《怀疑的治愈》（De la guérison des soupçons），1662年，《哲学与道德全集》（Oeuvr. philos. et morales），C. M. G. 布莱希勒（C. M. G. Brechillet）编，1970年，第303—312页。

⑭ A. A. C. 沙夫茨伯里，《共通感：论给朋友的一封信中机智和幽默的自由》（Sensus communis：An essay on the freedom of wit and humour in a letter to a friend）I，3，2，1709年。标准版，第3卷，1992年，第46—69页；A. 柯林斯，《一种自由思想的话语》（A discourse of free-thinking），1713年，G. 高里克（G. Gawlick）编，1965年。

P. -H. Th. 霍尔巴赫(P. -H. Th. d'Holbach)反思教会,把它当作怀疑的领域;这一领域的代言人不懈地努力,在笃信宗教之人的良心中寻找可疑的思想⑮。M. -J. -A. 孔多塞(M. -J. -A. de Condorcet)认为,疑问精神对于基督教信仰而言是"令人厌恶的、不可信的"(odieuse et suspect)⑯,因为它反对相信注定的奇迹。"怀疑"概念在启蒙时代逐渐被贬义地使用,这也反映在对偏见的批评之中:这时怀疑与偏见(参见辞条 Vorurteil)被揭发为道德上应受谴责的态度⑰。批评尤其指向引起这种态度的冲动和激情。G. E. 莱辛接受了 F. 冯·洛高(F. von Logau)在其箴言诗中赋予"怀疑"概念的意义:"怀疑。/猜疑是一个顽劣的孩童:只要他朝世界看去,/即使无所损害,也理当立刻消除怀疑。"⑱更糟糕的是暗地里怀疑:"猜疑。/人们的确可以轻易地不相信任何人,/唯独不能,不能相信,向我们显露出来的轻率表达。"⑲

宗教法庭时代的组织结构在法国大革命中重演。怀疑成为政治统治的工具:谁不明确声明信奉新的准则,那么他原则

---

⑮　P. -H. Th. 霍尔巴赫,《基督教简明神学或缩略语词典》(Théologie portative ou dict. abregé de la religion chrét.),London,1768 年,1977 年重印,第 174 页。

⑯　M. -J. -A. 孔多塞,《人类精神进步史表纲要》(Esquisse d'un tableau hist. des progrès de l'esprit humain),Paris,1795 年,第 156 页。

⑰　W. 施奈德斯(W. Schneiders),《启蒙运动和对偏见的批判:偏见理论历史研究》(Aufklärung und Vorurteilskritik. Studien zur Gesch. der Vorurteilstheorie),1983 年,第 38 页。

⑱　《弗里德里希·冯·洛高的格言诗》(Friedrichs von Logau Sinngedichte),12 卷,附关于诗人语言的注释,C. W. 拉姆勒(C. W. Ramler)和 G. E. 莱辛编,1759 年,载 G. E. 莱辛,《全集》,K. 拉赫曼(K. Lachmann)/F. 蒙克尔(F. Muncker)编,第 7 卷,1891 年,1968 年重印,第 158 页(II,64)。

⑲　同上,第 172 页(III,59);参见 G. E. 莱辛,《明娜·封·巴尔赫姆》(Minna von Barnhelm)V,9,1763 年。

上就是有嫌疑的⑳。在 1793 年前后的恐怖时期,政党之间的怀疑升级,直到德圣茹斯特(L. de Saint-Just)㉑和罗伯斯庇尔(M. Robespierre)推行关于嫌疑分子的法律(loi des suspects)㉒。这时嫌疑分子无需听证就可以被判决。怀疑的标准是可疑性,可疑性又仅以思想意向为标准:"但思想意向"——如黑格尔所说——"只能从思想意向来认识和判断。所以怀疑就是如此"㉓。同样的怀疑辩证法出现在 1819 年至 19 世纪中期的普鲁士政府中。探查思想意向与怀疑交替进行㉔。如马克思所说,审查制度把"所有的国民"划分为"嫌疑分子和非嫌疑分子"㉕,国家与市民之间的关系由怀疑来规定:"您命令我们要信任,您赋予不信任以法律效力。"㉖

在现代诠释学中,这一概念的使用具有重要的哲学意义。P. 利科区分作为"意义之唤起"(récollection du sens)的诠释和作为"怀疑之实践"(exercice du soupçon)的诠释,后者目的在于"减少意识的幻想与欺骗"(réduction des illusions et des men-

---

⑳ J.-L. 马萨伦(J.-L. Matharan),《嫌疑(分子)/猜疑/怀疑:1789 年夏—1793 年夏敌对分子定名》(Suspect(s)/Soupçon/Suspicion. La désignation des ennemis,été 1789-été 1793),载《社会政治语词用法词典》(Dict. des usages sociopolit.),1770—1815 年,第 1 卷,Paris,1985 年,第 187—211 页。

㉑ 路易·德圣茹斯特,《关于嫌疑分子武装的讲话》(Discours sur les armements suspects),1792 年,《全集》第 1 卷,Paris,1908 年,第 362 页;《逮捕嫌疑分子》(zu den Verhaftungen Verdächtiger(«personnes suspects»)),同上,第 2 卷,第 60 页。

㉒ M. 德杜埃(M. de Douai),《关于嫌疑分子的法律》(Suspects(loi de)),载《环球百科全书》(Encyclopaedia universalis),叙词索引 4,Paris,1996 年,第 3501 页;P. R. 罗登(P. R. Rohden),《罗伯斯庇尔》,1935 年,第 297、404 页。

㉓ 黑格尔,前揭(参注释 11),第 561 页。

㉔ 参见 R. 科瑟勒克(R. Koselleck),《在改革与革命之间的普鲁士》(Preußen zwischen Reform und Revolution)(1967 年,³1981),特别是第 399—433 页。

㉕ K. 马克思,《评普鲁士最近的书报检查令》(Bemerkungen über die neueste preußische Censurinstruction),1843 年,《马恩全集》,1975 年,I/1,第 97—118,页,引自第 109 页。

㉖ 同上,第 110 页。

songes de la conscience)。在利科看来,马克思、尼采和弗洛伊德这"三位怀疑大师"(trois maîtres du soupçon)所从事的是一种怀疑和质疑的诠释学。撇开所有差异,怀疑是这些作者的共同意图,使其决心从整体上揭露意识是一种"错误的"意识(de considérer d'abord la conscience dans son ensemble comme conscience 'fausse')[27]。意识的基本范畴对于三者而言都是"隐—显关系,或者毋宁说伪装—显现的关系"(le rapport caché-montré ou, si l'on préfère, simulé-manifesté)。三者都尝试了不同的途径,使其有意识的破解方法(méthodes 'conscientes' de déchiffrage)和无意识的加密活动(travail 'inconscient' du chiffrage)协调一致,他们把这种协调一致归因于社会存在、"权力意志"和心灵上的无意识(参见辞条 Unbewusstes)。按照利科,从马克思的意识形态批判到心理分析的诠释学,其破解方法倾向于澄清关于自身的错误意识,方式在于,这些破解方法创造出"一种对意义中介的科学,这种科学不可被还原为对意义的直接意识"(une science médiate du sens, irréductible à la conscience immédiate du sens)[28]。马克思和弗洛伊德本身并不把怀疑概念看作是一个对其科学方法学具有根本意义的概念,而在尼采那里这一概念已经具有决定性的意义。尼采托付新哲学家以"怀疑的责任,他有责任从一切怀疑的深渊中投出最恶意的斜视目光"[29]。所有对真实性

㉗ P. 利科,《诠释的冲突:诠释学文集》(Le conflit des interprétations. Essais d'herméneutique),Paris,1969 年,第 149 页;《论诠释:关于弗洛伊德的文集》(De l'interprétation. Essai sur Freud),Paris,1965 年,第 42 页以下;德语版:《诠释》(Die Interpretation),1969 年,第 45 页以下。

㉘ 同上,法语版第 44 页/德语版第 47 页。

㉙ F. 尼采,《善恶的彼岸》(Jenseits von Gut und Böse),第二章,第 34 节,1886 年。《全集》校勘版,G. 科利(G. Colli)/M. 蒙蒂纳里(M. Montinari)编,6/2,1968 年,第 49 页。

的要求都必须被怀疑、被揭露，因为没有什么东西比"世界上的错误"更坚固[30]。

伽达默尔反对把"怀疑诠释学"所考察的"曲解情况当作文本理解的正常情况并赋予其特权"。在那种情况下，人们应回到原始文本，"我们对原始文本的诠释恰恰朝向它们所没有意指的东西"[31]。按照 O. F. 博尔诺的看法，怀疑和真实性问题密不可分：对于显而易见之事，人们并不追问其真实性，仅当怀疑［自己］被欺骗时才出现这种追问[32]。怀疑属于精神预期的领域，尽管它源于一种不安全感，但预先采取行动是其根本，"的确如此，如人们所猜测的"[33]。但是，当缺乏可靠知识的可能性，在关涉到价值内容和意义内容的地方，为了克服怀疑，需要信任[34]。把怀疑推向极端，对真理之可能性丧失信任，被看作后现代思想的标志[35]。

M. 诺伊恩多夫（M. Neuendorff）撰，牛文君译

---

[30]　同上，第 48 页。

[31]　H.-G. 伽达默尔，《文本与诠释》(Text und Interpretation)，1983 年。《著作集》，1993 年，第 2 卷，第 348 页以下；参见《怀疑的诠释学》(The hermeneutics of suspicion)，载 G. 夏皮罗(G. Shapiro)/A. 西卡(A. Sica)编，《诠释学：问题与展望》(Hermeneutics. Questions and prospects)，Amherst，1984 年，第 54—65 页。

[32]　博尔诺，《真理的两面性》(Das Doppelgesicht der Wahrheit)，1975 年，特别是第 11—19、89—119 页。

[33]　博尔诺，《论假设》(Über Hypothesen)，载 H. 法伦巴赫(H. Fahrenbach)编，《实在性与反思：纪念瓦尔特·束尔茨 60 寿辰》(Wirklichkeit und Reflexion. Walter Schulz zum 60. Geb.)，1973 年，第 19—36 页，此处：第 31 页。

[34]　O. F. 博尔诺，前揭(参注释 32)，第 111 页。

[35]　参见 M. 福柯《尼采、弗洛伊德、马克思》，1967 年，载《言论与写作集》(Dits et écrits)，第 1 卷，1954—1969 年，Paris，1994 年，第 564—579 页；伽达默尔，前揭(参注释 31)；P. 塞尔，《信任与怀疑的辩证法：信念与哲学》(The dialectics of trust and suspicion. Faith and philosophy)第 10 卷，Wilmore，1993 年，第 567—584 页。

理解（Verstehen）

理解（英语为 to understand，understanding 或 to comprehend，comprehension；法语为 comprendre，compréhension；意大利语为 comprendere，comprensione）。

这一概念在 19 世纪通过德罗伊森和狄尔泰在哲学史上得到强调。通过他们，"理解"成为所谓精神科学知识论的基本概念，与"说明"（参见辞条 Erklären）正相反对，后者是如 J. S. 密尔（J. S. Mill）所代表的自然科学归纳逻辑的基本概念，他要求归纳逻辑对"道德科学"也是有效的。在这种对立尖锐化之前，哲学的"理解"概念在更为宽泛的意义上有一段与口语用法相关的漫长前史。20 世纪的哲学显示出一种趋势：使这种更为宽泛的意义进入基础哲学的理解概念之中，同时不丢弃[这一概念]与狄尔泰所强调的含义之间的关联。

这一概念的前史：19 世纪这一概念在术语上得到强化，这在[以下]两个前提条件之下是可以理解的：（1）首先，德罗伊森和狄尔泰所确立的关于人类历史实在的内在理解概念，按其内容来看，必定在语文-历史科学和从属于这些科学的诠释技艺理论（诠释学）之发展过程中被经验到，也在哲学-神学的传统中被经验到，哲学-神学的传统把那种对最为深邃的一般可能知识的激情与理解概念结合起来（从埃克哈特[Eckhart]到黑格尔，或者说从路德到兰克）。（2）第二，从库萨的尼古拉，经由达·芬奇、卡尔达诺（Cardanus）、开普勒、伽利略，到莱布尼茨，以数学诠释自然（作为"阅读自然之书"，或者对作为

"旧神的上帝创世思想进行思索"）这一高度思辨的（基督教-柏拉图的）主导思想，为精确科学、技术之奠基提供了灵感，这一主导思想必定经历了那种世俗化的过程，这种世俗化过程使人类合乎理性的理解［活动］（按照数学直观形式和知性概念）更多地指向外在的、由知性本身构造的现象界（康德），或者——如果人们否定关于现象界之结构的先天前理解——以"说明"取代对自然因果律的合乎理性的理解（实证主义），这种说明针对外部感觉材料，更多地与预测相关，以归纳而来的规律假说为基础。面对如此被设想的认知状况，狄尔泰作出回应，他继 G. B. 维科之后得以对精神科学提出如下要求：这里不仅能够理解由知性综合构造的现象界的形式结构，而且能够在由整个人类所创造的历史-社会实在性中理解现实生活本身的表达/表现（参见辞条 Ausdruck）①。只有当"理解"概念被明确使用时，这里勾画的前史接下来才会被证明②。

1. "理解"（Verstehen）这个词（从词源学来看，它真正表达了"挺住"［Durchstehen］的意思——拉丁文的坚持（perstare）——或者说，"在议事大会上主张某事"③），连同"理解"（Verständnis），在神秘主义者的语言中已经承担着哲学表达技巧的功能（旨在翻译拉丁文的"理解［intelligere］"、"理智［intellectus］"、"智力［intelligentia］"，它们在奥古斯丁、波爱修那里，亦在邓斯·司各脱、里查德·冯·圣·维克多（Richard von

---

① W. 狄尔泰，《精神科学中历史世界的构建》（Der Aufbau der geschichtl. Welt in den Geisteswiss.），1883 年，《著作集》（1914 年及以后），第 7 卷，第 148、278 页。

② 参见 K. -O. 阿佩尔，《理解（问题史作为概念史）》（Das V.［eine Problemgesch. als Begriffsgesch.］），《概念史档案》（Arch. Begriffsgesch.）第 1 卷，1955 年，第 142—199 页。

③ F. 克鲁格（F. Kluge）/A. 格策（A. Götze），《德语词源词典》（Etymol. Wb. der dtsch. Sprache）(¹⁵1951)，第 819 页以下。

St. Viktor)和库萨的尼古拉④那里,主要是指与推理理性相反的至高的理性认识。埃克哈特大师谈到"外在理智和内在理智"⑤的区分,谈到"理解之光",借着理解之光"人与一切动物区别开来"⑥。"当人死于病痛时,那么最高的理性就指向理解,乞求上帝的宽恕。"⑦内在的理解能认识神圣的事物,"不需要图像、辅助手段和比喻"⑧,它"能够把握三位一体及其一切创造,而三位一体却是不可理解的"⑨。在理解中,灵魂出于逻各斯被照亮:"理解跟随圣子,以便它[灵魂]和圣子一起进行理解。"⑩

在 M. 路德那里,逻各斯神秘主义的理解概念和保罗圣经理解的圣灵概念(与精神和文字相反)汇合在一起,理解概念作为一种诠释学的认知方式产生了,这种认知方式不仅把理性(Ratio),而且把全部的人类灵魂能力囊括于自身之中⑪。

---

④ 波爱修,《哲学的慰藉》(De consol. philos.)V,4;邓斯·司各脱,《论自然的划分》(De divis. nat.)II,23,《教父学课程大全》(Patrologiae cursus completus),第 2 系列:拉丁文传道书,1—221 卷(第 218—221 卷为索引),Paris,1841—1864年,第 122 卷,第 569 页以下;里查德·冯·圣·维克托,《论沉思的魅力》(De gratia contempl.)III,19.,《教父学课程大全》第 2 系列,第 196 卷,第 128 页;库萨的尼古拉,《论推断》(De coniect.)I,12;II,6;参见辞条"理性(Vernunft);知性(Verstand)"。

⑤ 埃克哈特大师,《德语讲道集》,第 76 篇,J. 昆特(J. Quint)编,第 3 卷,1976 年,第 316 句,第 4 页以下。

⑥ 埃克哈特大师,《讲道集》,第 101 篇,载《14 世纪的德国神秘主义者》(Dtsch. Mystiker des 14. Jh.),F. 法伊弗(F. Pfeiffer)编,第 2 卷,1857 年,1962年重印,第 330 句,第 23 页以下。

⑦ 埃克哈特大师,《讲道集》,第 37 篇,同上,第 126 句,第 12—14 页。

⑧ 埃克哈特大师,《讲道集》,第 83 篇,前揭(参注释 5),第 447 句,第 3 页。

⑨ 埃克哈特大师,《论"神父的影响"》(Traktat ‹Von dem anefluzze des Vater›),前揭(参注释 6),第 521 句,第 21 页以下。

⑩ 埃克哈特大师,《讲道集》,第 18 篇,前揭(参注释 6),第 78 句,第 16 页以下。

⑪ K. 霍尔(K. Holl),《路德在解释技艺取得进步过程中的意义》(Luthers Bedeut. für den Fortschritt der Auslegungskunst),载《教会史文集》(Ges. Aufsätze zur Kirchengesch.),第 1 卷(1921 年,⁶1932),第 544—582 页。

路德谈到，"宗教的理解"是对圣经的真正理解，"因为可能没有人按照上帝之言正确地理解上帝，除非他直接借助圣灵接受上帝之言"⑫。"但如果不去经验、尝试并接受它……，就没有人能够从圣灵那里得到它。"⑬

　　帕拉塞尔苏斯对"理解"（Verstehen）这个词以及"知性"（Verstand）（而不是"理解［Verständnis］"）的使用，是与人相关联的，因为他要求医生从宏观世界来"理解"微观世界，反之亦然："首先医生应该知道让人参与到他物之中，就天文学和哲学而言，知性把人带入其中，并把天空放进他的内心之中。"⑭

　　在 J. 波墨那里出现神秘主义的理解概念，通过帕拉塞尔苏斯符号理论意义上的表达之理解（Ausdrucks-Verstehen）得到充实，在诠释学上它是在保罗-路德关于"精神"和"文字"之对立的意义上被使用的，这种对立在波墨那里也表现为"理智"（intellectus）和"理性"（ratio）的对立，在此这一对立恰好被反过来强调，后来在黑格尔那里也是一样："然而，精神如何为他［这里泛指人］敞开符号，他就如何理解他人口中的符号，他理解到何种程度，取决于精神在何种程度上从本质之中通过开端、伴随着嗓音的回响而显示自身。然后我看到，一个人谈论上帝、教导［他人］和撰写［文字］，……我还是没有充分理解：但如果他的回响、源于其符号和形象的精神，进入我自己的形象之中，把他的形象绘进我的形象之中，那么我就有可能

---

　　⑫　M. 路德，《这意味着德语化和被解释》（Das magnificat verdeutscht und ausgelegt），1521 年，魏玛版，1883 年及以后，第 7 卷，第 546 句，第 24 页以下。

　　⑬　同上，第 546 句，第 26 页。

　　⑭　帕拉塞尔苏斯，《奇妙食粮之书》（Liber paragranum），1530 年，《全集》，K. 祖德霍夫（K. Sudhoff）编，1922—31 年，第 8 卷，第 74 页、第 91 页以下；参见第 77 页。

在正确的基础上理解他。"⑮"上帝的精神首先在我们心中唤醒鲜活的语词,我们才能理解文字和所记载的语词。"⑯"上帝的所说、所写或所教导的一切,如果没有对符号的认知,就是哑的、缺乏理智的。……然而,精神如何为人敞开符号,他就如何理解他人口中的符号。"⑰奠基于逻各斯神秘主义之上的理解概念具有语言哲学的重要意义,如下引言表明了这一点:"那么人们的言语和理解,并非来自星斗和元素",而是"来自上帝所构型的肉身化语词"⑱。

R. 笛卡尔对"理解力"(entendement)的规定,开启了崭新的、合乎理性的理解概念和知性概念,例如,这种规定包含在如下表达之中:"我完全不能够用想象力领会蜡是什么(imaginari,concevoir par l'imagination),而只能在思维中领会它(mente percipere,concevoir par l'entendement),除此之外我不承认任何东西。"⑲

继莱布尼茨发展的笛卡尔主义之后,接下来是德国的启蒙运动,在德国启蒙运动中,理解所遵循的"知性"概念,也在理性(Ratio)的意义上重新被确立下来。Ch. 沃尔夫的界定是:"一旦我们具有关于某物的清晰思想或概念;那么我们就理解

---

⑮ J. 波墨,《论事物的符号》(De signat. rerum)I,第 1 页以下,1622 年,《全集》,W. -E. 培凯特(W. -E. Peuckert)编,1730 年,1955—1957 年重印,第 6 卷,第 4 页;参见辞条"符号(Signatur);符号理论(Signaturenlehre)",载《哲学史辞典》第 9 卷,1995 年,第 750—754 页。

⑯ 波墨,《论人类生活的三重方式》(De triplici vita hominis)XVI,23,1620 年,同上,第 3 卷,第 310 页;参见《开端中的晨曦或曙光》(Aurora oder Morgenröthe im Anfang)XIII. ,第 26 页以下,1612 年,同上,第 1 卷,第 171 页。

⑰ 波墨,《论事物的符号》I,第 1 页,前揭(参注释 15),第 3 页以下。

⑱ 波墨,《伟大的奇迹》(Myst. Magnum)XXXVI,85,1623 年,同上,第 7 卷,第 357 页以下。

⑲ R. 笛卡尔,《沉思集》第二个沉思,1641/1642 年,《全集》,Ch. 亚当(Ch. Adam)/P. 塔内里(P. Tannery)编,Paris,1964 年,第 31 卷(拉丁文版)或 9/1(1982 年),第 24 卷(法语版)。

了它。"⑳在同一时期,J. Ch. 戈特舍德(J. Ch. Gottsched)显然区分了仅仅对语言表达的理解和对意指事态的(首先使理性获得满足的)"把握":"换句话说,人们理解许多事情,却没有把握它们。因为,谁若没有完全洞见到事情的走向或它们是如何可能的,谁就没有把握它们。当我说:石头是重的,任何人都理解我想什么;但至于重力是什么,连世界上的有识之士也还没有完全把握。"㉑

在康德那里,合乎理性的理解概念获得最终的规定性,它与知性的理解概念处于直接关联之中。这里启蒙倾向与那种限制结合起来,前者目的在于[获得]关于事态的清楚概念,后者把知性的运用限制在由知性按照形式所构造出的现象界之上。在这种"先验"或"形式"观念论的意义上,康德也接续了从库萨的尼古拉到维科依问题而形成的论域,即我们只能准确理解由我们自己所创制的东西,而无法真正理解并非由我们,而是由上帝所创造的自然(在康德那里指"自在之物"):"只有借助于理智自身创制的东西,主体才能理解它的对象",从而"我们只能认识我们自己创制的东西"㉒。"经验是被理解了的知觉。然而,当我们把知觉放在知性的名义下对它进行表象时,我们才理解它。"㉓"虽然人们可以看到许多东西,但不

⑳ Ch. 沃尔夫(Ch. Wolff),《关于上帝、世界和人的灵魂的理性思想》(Vern. Ged. von Gott, der Welt und der Seele des Menschen)[德国形而上学],第276节,1751年,第152页以下,《著作集》,1962年及以后,I/2,第152页以下。

㉑ J. Ch. 戈特舍德,《考察诸多德语单词和习语的用法与误用》(Beobacht. über den Gebrauch und Misbrauch vieler dtsch. Wörter und Redensarten),1758年,第407页。

㉒ I. 康德,《遗著》(Opus post.),学院版,第21卷,第578页;第22卷,第353页。

㉓ 康德,《形而上学之反思》(Refl. zur Met.),[残片]编号4679,学院版,第17卷,第664页。

理解显现出来的东西,除非把它放在知性概念之下,借助于知性概念,把它带入规则关系之中;这是通过知性所接受下来的。"㉔只有通过范畴,知性才能"在直观杂多中理解某物,亦即对直观客体进行思维"㉕。康德在《逻辑学》中界定:"理解(intelligere)某物,意味着通过知性借助于概念来认识或构思某物。"㉖

　　合乎理性的理解概念,在决定性的意义上被康德确立下来,同时,在 J. G. 哈曼那里再次出现路德和波墨的用语:"假如我们尽可能认识其中[即自然之书中]所有的字母,我们能拼读所有的语词并言说它们,我们甚至知道用于记录的语言,那么对于理解一本书而言,所有这些已经足够了吗?"㉗"自然通过感官和激情发生作用。"㉘"对象通过健全感受性的直接行动得以揭示。"㉙哈曼关于历史理解的思想是开创性的,并且引领着广阔的未来。这也包括,"人们按照自己的原则考察每一个人,能把自己置入作者的处境之中"㉚。"作者的[写作]意图、时间、地点,这一切都是其表达的规定性。宫廷、学校、贸易和漫步,缔结的行会、班组和宗派各有其独特的语汇。"㉛但置身

㉔　[残片]编号 4681,同上,第 667 页。

㉕　康德,《纯粹理性批判》B 版,第 106 页。

㉖　康德,《逻辑学》,耶舍编,1800 年,学院版,第 9 卷,第 65 页。

㉗　J. G. 哈曼,《给康德的书信》(Br. an Kant)(1759 年 12 月),《通信》(Briefwechsel),W. 西泽墨(W. Ziesemer)/A. 汉高(A. Henkel)编,1955—1979 年,第 1 卷,第 450 页;参见辞条"自然之书"(Buch der Natur),载《哲学史辞典》,1971 年,第 957—959 页。

㉘　哈曼,《语文学家的思想运动》(Kreuzzüge des Philologen),1762 年,《全集》,J. 纳德勒(J. Nadler)编,1949—1957 年,第 2 卷,第 206 页。

㉙　哈曼,《论风格》(Über den Styl),1776 年,同上,第 4 卷,第 423 页(注释)。

㉚　哈曼,《给 J. G. 林德纳的书信》(Br. an J. G. Lindner)(1761 年 11 月 7 日),前揭(参注释 27),第 2 卷,第 122 页。

㉛　哈曼,前揭(参注释 28),第 172 页。

于过去,同时以理解现在、揣测未来为前提。因此,历史的理解必定是一种"预测之力"(vis divinandi),旨在"把过去作为未来进行阅读"㉜。

在 J. G. 赫尔德那里,在一种以交感方式进行理解的精神科学之纲领的意义上,哈曼的理解概念得到发展,这一纲领也预先认识到说明与理解的对立。在"僵死的自然中……我们认识不到内在的状态",不知道"重力、推动、下落、运动、静止、力,……惯性"意味着什么。当我们在自然中看到"作用力"时,我们才会"感到……到处都有与我们相似的特性"㉝。"人的本性与兽类的近似性越少……它的自然语言对于我们就越不可理解。我们作为地球上的动物,对地球上动物的理解优于对水这种被造物的理解,对地球上畜群的理解优于对森林这种被造物的理解……"㉞[何谓]正确地理解著作,赫尔德视之为进入作者的灵魂之中[进行]"预测",哈曼也曾持这种看法,后来施莱尔马赫亦是如此;预测是"教育最有力的手段"㉟:"应当走进时代,遨游于天际、整个历史,将自己移情到一切事物之中。"㊱J. W. 歌德把这种移情式的理解称为"温柔的经验,这种经验使自己与对象亲密一致,由此成为真正的理论。但精神能力的这种

㉜　同上,第175页;参见《从圣经的观点看基督徒》(Bibl. Betracht. eines Christen),1758年,前揭(参注释28),第1卷,第10页;《暴露与美化》(Entkleidung und Verklärung),1786年,同上,第3卷,第382页。

㉝　赫尔德,《对人的灵魂的认知与感受》(Vom Erkennen und Empfinden der menschl. Seele),1778年,《全集》,B. 苏樊(B. Suphan)编,1877—1913年,1967/1968年重印,第8卷,第169页。

㉞　赫尔德,《论语言的起源》(Abh. über den Ursprung der Sprache),1772年,同上,第5卷,第7页。

㉟　赫尔德,前揭(参注释33),第208页。

㊱　《另一种人类教化的历史哲学》(Auch eine Philos. der Gesch. zur Bildung der Menschheit),1774年,同上,第5卷,第503页。

攀升,属于具有高度教养的时代"㊲。显然:"人只能理解与他相一致的东西。"㊳

　　早期的浪漫主义者,与赫尔德和 F. 汉斯特胡伊斯(F. Hemsterhuis)关于"道德器官"或"感官"的学说有联系,感官给我们提供关于"宇宙某一方面的"感觉,"……我们的灵魂、自我,构成了宇宙的一部分"㊴。按照 F. 施莱格尔,"不理解……在大多情况下根本不是由于缺乏知性,而是由于缺乏感官"㊵。"感官只能通过如下方式理解某物:把它作为萌芽接受,培育它并让它成长,直至开花结果。"㊶"为什么至上者现在如此频繁地表现出错误的倾向? ——因为不理解自己同伴的人,决不能理解自己。首先你们必须相信,你们不是孤零零的,你们必须到处进行无限多的遐想,不厌其烦地教化感官,直到你们最终发现原初的本质的东西。"㊷"是谁开启了艺术的符咒之书并使封锁的圣灵获得解放? ——只有同源的精神。"㊸

　　类似地,按照诺瓦利斯的看法,内感官使我们"把自然或外部世界当作通人性的存在来感受……[内感官]表明,我们只能够并只应当这样来理解一切,即如同我们理解自己和我们的爱人、我们以及你们一样……当然我们只能通过自我陌

────────────

　　㊲　歌德,《准则与反思》(Max. und Refl.),M. 海克(M. Hecker)编,1907年,编号565;汉堡版,第12卷,第435页。

　　㊳　歌德,《威廉•迈斯特的漫游年代》(Wilh. Meisters Wanderjahre)I,3,1821年,魏玛版,I/24,第43页。

　　㊴　F. 汉斯特胡伊斯,《关于人及其关系的书信》(Lettre sur l'homme et ses rapports),1772年,《哲学全集》,L. S. P. 梅博姆(L. S. P. Meyboom)编,Leeuwarden,1846—1850年,1972年重印,第1卷,第115页。

　　㊵　施莱格尔,《雅典娜神殿残篇》(Ath. frg.),第78篇,1798年,校勘本,E. 贝勒尔(E. Behler)等编,1958年及以后,第2卷,第176页。

　　㊶　施莱格尔,《观念》(Ideen),第5篇,1799年,同上,第2卷,第256页。

　　㊷　第124篇,同上,第268页。

　　㊸　第148篇,同上,第271页。

生化的方式来理解一切陌生之物——自我改变——自我观察……"[44]。"当我能在作家的精神之中行动,当我能够转化他、以多种多样的形式改变他,而不缩减他的个性,只有这时才表明我理解了他。"[45]

F. W. J. 谢林使浪漫主义的这一理解概念成为其同一哲学（Identitätsphilosophie）知识论的基本概念,并再次把这一概念——在对文艺复兴时期交感自然哲学进行革新的过程中——从方法论上应用于自然知识:"只要我自己与自然是同一的,我就能很好地理解活生生的自然是什么,如同我理解自己的生命一样。"[46]

赫尔德和浪漫主义的推动,本质上指向一种预测性-同等天赋的、心理移情的理解,在 F. D. E. 施莱尔马赫那里,这种推动与神学诠释学和古典语文学诠释学的传统（J. A. 埃内斯蒂 [J. A. Ernesti],F. 阿斯特和 F. A. 沃尔夫 [F. A. Wolf]）汇合在一起,古典语文学诠释学源于人文主义的传统,尤其强调"语法的"和"历史的"理解规则。此外,F. 阿斯特显然已于 1808 年提出"精神的"理解,即在与个别作者、整个时代的精神之特殊联系中理解本质,或者说从作品的精神创作胚胎中对作品进行重构[47]。施莱尔马赫整合了这些［思

---

[44]　诺瓦利斯,《百科全书笔记》（Das allg. Brouillon）,第 820 条,1798/1799 年,《著作集》,P. 克卢克霍恩（P. Kluckhohn）/R. 塞缪尔（R. Samuel）编（²1960—1988 年）,第 3 卷,第 429 页。——原注。

Das allg. Brouillon 字面可译为"普遍的提纲/草稿",这里参照英译本的译法（Notes for a Romantic Encyclopaedia）,译为"百科全书笔记"。——译者注。

[45]　诺瓦利斯,《杂评》（Verm. Bem.）,第 29 篇,1798 年,同上,第 2 卷,第 424 页。

[46]　F. W. J. 谢林,《自然哲学的观念》（Ideen zu einer Philos. der Natur）,1797 年,学院版,I/5,1994 年,第 100 页。

[47]　F. 阿斯特,《语法、诠释学与批评原理》（Grundlin. der Grammatik, Hermeneutik und Kritik）,1808 年,第 177、187 页。

想]萌芽：他试图把传统的诠释学（参见辞条 Hermeneutik）一方面从实用-技艺的、另一方面从教理-内容的束缚中解放出来，把它作为关于理解的哲学科学最终建立起来，从而为后来的理解概念（狄尔泰）作了准备。诠释学的任务一般"以不理解话语这一事实"为基础，因为话语不确定或有歧义。一切解释的目标"在最高意义上"是"理解"[48]。如果从（客观）语言出发，这里涉及到"语法诠释"；如果试图弄清（主观）言语和作者个人的风格，则称之为"技艺"或"心理诠释"。二者紧密联成一个整体，没有高下之分[49]。此外，施莱尔马赫区分了"质的"理解和"量的"理解：前者研究"语词与事情、言语与思想"如何"正确地符合"；后者力图"正确地澄清内容"，例如，把主要的和次要的事情分开[50]。整个理解的"技艺"可以在以下"套语"中得到表达，即这门技艺在于"对给出的言语进行历史的和预测性的、客观的和主观的重构"，以便"首先同样好地、然后比其作者更好地理解"所给出的言语[51]。后来施莱

---

[48]　F. D. E. 施莱尔马赫，《一般诠释学》（Allg. Hermeneutik），1809/1810年，W. 维尔蒙德（W. Virmond）编，载《1984年施莱尔马赫柏林国际会议》（Int. Schleiermacher-Kongr. Berlin 1984），1985年，第1271—1310页，引自第1271页以下。

[49]　同上，第1272页以下；《诠释学》（Hermeneutik），H. 基默勒（H. Kimmerle）编（²1974），第76页以下；已见于：J. G. 赫尔德，《神学研究的相关书信》（Br. ，das Studium der Theol. betr. ），1780年，前揭（参注释33），第10卷，第11页；参见 W. 狄尔泰，《施莱尔马赫的诠释学体系》（Das hermeneut. System Schleiermachers），1860年，《著作集》14/2，第650页。

[50]　同上，第1274页。

[51]　《诠释学》，前揭（参注释49），第83页；参见第56、87、138页；康德那里已出现"更好地理解"：《纯粹理性批判》B版，第370页；J. G. 费希特，《论学者的使命》（Über die Bestimmung des Gelehrten）V（1794年），学院版，I/3（1966年），第61页；后来 A. 伯克的《语文科学的百科全书和方法论》（Enzykl. und Methodol. der philol. Wiss. ）（²1886，1966年重印），第87页；参见博尔诺，《何谓比作者本人更好地理解他自己？》（Was heißt einen Schriftsteller besser verstehen, als er sich selber verstanden hat?），1940年，重印本，载《诠释学研究》（Studien zur Hermeneutik），第1卷，1982年，第48—72页。

尔马赫详细考察了，个别如何能成为整体和反过来整体如何成为个别，并得出结论：语法理解更多地是"比较性的"，而心理学理解更多地是"预测性的"[52]。"人只理解那种他在其一切关系和关联中重构起来的东西。"[53]在"查明著作的决意"和"真实倾向（心理学的）"之后，接下来要理解"作为决意之客观实现的布局安排，然后理解作为源起之实现的运思（两者都是技艺的）"[54]。但一切理解都是"暂时的理解"；"不理解决不能完全被解决"[55]。

施莱尔马赫的学生 A. 伯克概括这些设想，把诠释学规定为"对出于客观……和主观条件的被传达内容的理解"[56]。如果人们也能"通过估测对陌生个性达到一定程度的理解"，那么真正的理解就在于，借助敏锐的但却有可靠性的感觉对"他人已认识的东西"进行再认识[57]。在同一时期，语言和理解之间的关联首先由 W. 冯·洪堡突显出来。在作为个体之间"中介者"的语言中，唯我论被克服，因为语言"确定无疑地证明了人并不拥有一种自在的分离的个性，'我'和'你'不仅互相需要，而且——即便能回到分离之点——是真正同一的概念，……因为否则一切理解将永远是不可能的"[58]。通过语言

---

[52]　F. D. E. 施莱尔马赫，《科学院讲演》（Akademierede），1829 年，载《诠释学》，前揭（参注释49），第 149 页以下。

[53]　出处同注释 48，第 1272 页；"重构"（nachconstruieren）亦见于《诠释学》，前揭（参注释49），第 83、95、113 页。

[54]　《诠释学》，前揭（参注释49），第 164 页。

[55]　同上，第 144、141 页；完整的说法参见 G. 舒尔茨（G. Scholz），《伦理学与诠释学》（Ethik und Hermeneutik），1995 年，第 93—125 页。

[56]　伯克，前揭（参注释51），第 83 页。

[57]　同上，第 86 页。

[58]　W. 冯·洪堡，《关于瓦斯科语言和民族的一篇论文之预告》（Ankündigung einer Schrift über die Vaskische Sprache und Nation），1812 年，学院版，1903—1936 年，1968 年重印，第 3 卷，第 296 页以下。

中介了的理解，显然不能再次达到同一性的预设之点，这种理解作为一切力之间的无限张力，是通向"人类最高、最和谐发展"的途径⑤。因为："人们互相理解，不是由于他们互相真实地传递事物的符号，也不是由于他们规定彼此精确完整地说出同样的概念，而是由于他们双方互相触碰到一连串感性表象和内部概念生成的同一环节，按下精神之乐器的同一按键，然后从每一个相应的但却不同的概念中突显出来"⑥。接受者必须将语言"浇铸于他为之准备、保持的形式之中，这就是人们称之为理解的东西"⑥。因此，一切理解通过先前的协调一致、前理解（参见辞条 Vorverständnis）（"先前感受到的东西"）⑥得以可能，在个性化的剩余中发现其界限，"因而"它"同时总是不理解"⑥。

相反，黑格尔把理解嵌入绝对观念论的体系之中，认为原则上在理解中"[实现]'我'与客体的同一"是可能的⑥；当然不是那种把实质性的真理排除在外的、施莱尔马赫意义上的心理学的同一，而是具有决定意义的概念之自我把握，它在绝对

　　⑤　洪堡，《关于古代、尤其关于希腊的研究》（Über das Studium des Alterthums，und des griech. insbes.），第 12 节，1793 年，同上，第 1 卷，第 261 页。

　　⑥　洪堡，《论人类语言构造的多样性及其对人类精神发展的影响》（Über die Verschiedenheit des menschl. Sprachbaues und ihren Einfluss auf die geistige Entwickl. des Menschengeschlechts），1830—1835 年，同上，第 7 卷，第 169 页以下；参见 N. 乔姆斯基，《当前语言学理论的议题》（Current issues in linguistic theory）（London，²1966），第 17 页以下。

　　⑥　洪堡，《论人类语言构造的多样性及其对人类精神发展的影响》，第 9 节，1827—1829 年，同上，第 6 卷，第 121 页。

　　⑥　洪堡，《论历史学家的任务》（Über die Aufgabe des Geschichtsschreibers），1821 年，同上，第 4 卷，第 47 页。

　　⑥　前揭（参注释 61），第 183 页；参见第 177 页、第 203 页以下；前揭（参注释 60），第 56 页以下、第 166 页以下、第 179 页。

　　⑥　G. W. F. 黑格尔，《美学》（Ästhetik）（纪念版），H. 格洛克纳（H. Glockner）编（1927—1940 年），第 12 卷，第 448 页；参见《宗教哲学》（Philos. der Relig.）（1821—1831 年），同上，第 15 卷，第 404 页。

的中介活动中重建思想内容，同时重建历史-个体的形式，概念的这种自我把握乃是精神从客观化方面的一切必然外化和自我异化中走出的返乡之旅："……这样只有真正的概念能使［我们］……理解哲学家的著作，他们是在同样的意义上工作的。因为在思想中、尤其在思辨思想中，理解的意思完全不同于仅仅掌握语词的语法意义，虽然思想进入其中，但对思想的接受只到达表象领域。""主要问题"不是"理解句子"和"哲学家的见解"⑥。"内容的实质基础"要被理解，"它作为精神的绝对本质走向内容，触及到精神最内在的东西，在精神中回响，获得精神的见证"⑥。

黑格尔试图把上述理性的、诠释学的理解之不同倾向扬弃于其辩证-思辨理性的概念之中，而历史学派在本质上则追随施莱尔马赫意义上诠释学的理解观念。冯·兰克解说道："历史学家的存在，就是为了自在自为地理解每个时代的意义，并教人理解这种意义。他就必须完全不偏不倚地看待对象本身。"⑥

2. 对诠释学的理解概念进行科学理论的反思，实证主义（A. 孔德、Th. 巴克尔［Th. Buckle］、J. S. 密尔）的要求为之提供一种新的推动力，这种要求在于，把历史提升到（按照普遍法则进行说明的自然）科学的层次。J. G. 德罗伊森与这种要求论争时，首先把"理解"重新规定为方法论的基本概念："按照客体和人类思维的本性，有三种可能的科学方法：（哲学的或神学的）思辨方法、物理方法、历史方法。它们的本质是：认

---

⑥　黑格尔，《哲学史》（Gesch. der Philos.）（1816—30 年），同上，第 17 卷，第 24 页以下。

⑥　同上，第 102 页。

⑥　L. 兰克，《给 O. 兰克的通信》（Br. an O. Ranke）（1873 年 5 月 25 日），《书信》（Das Briefwerk），1949 年，第 518 页；参见《全集》（1925 年及以后）7，X；第 53 卷，第 569 页。

知、说明、理解。"⑱"理解的可能性在于,呈现为历史资料的表达,具有与我们[心智]水平相当的特性。这种可能性是有条件的,即人类感性-精神的本性,表达着感官可感知性的一切内在过程,在一切表达之中这种本性都反映出内在的过程。……我们只是部分地理解动物、植物、非有机界的事物";因为"它们没有我们那样的个体存在、至少没有人格的存在"⑲。"个体在整体之中得到理解,整体从个体中得到理解。……理解是分析的,同样也是综合的,是演绎,同样也是归纳。"⑳如此,人"……在理解他人、被他人理解的过程中,在伦理共同体(家庭、人民、国家、宗教等)中才能"成为"整体"㉑。

W. 狄尔泰证明了德罗伊森对理解和说明的区分,并使之普遍化。按照"我们说明自然,我们理解精神生活"这一原理,他首先在一种"描述和分析的心理学"中寻找精神科学之理解的根基㉒。在原子化的、自然科学的心理学中,通过构造假说"因果关联作为补充被添加到被给予之物上",与这种心理学相反,理解的心理学"从被体验到的、直接有力的源初既成"精神生活之结构关联出发,"以便使出自这种关联的个体对于我们成为可理解的。我们生活在关于整体关联的意识之中,正是这一点使我们有可能理解个别的句子、手势或行为"㉓。后

_____

⑱　J. G. 德罗伊森,《历史学原理》(Grundr. der Historik),第 14 节,1868年,1925 年重印,第 11 卷;亦载《历史学》(Historik),P. 莱伊(P. Leyh)编,1977年,第 424 页。

⑲　《历史学原理》第 9 节,同上,第 9 页以下/第 423 页。

⑳　第 10 节,同上,第 10 页/第 423 页。

㉑　第 12 节,同上,第 11 页/第 424 页。

㉒　W. 狄尔泰,《描述的和分析的心理学观念》(Ideen über eine beschreib. und zerglied. Psychol.),1894 年,《著作集》第 5 卷,第 144 页;参见辞条"描述心理学和分析心理学"(Psychologie, beschreibende und zergliedernde),载《哲学史辞典》第 7 卷,1989 年,第 1653—1655 页。

㉓　同上,第 142、153、172 页。

来，狄尔泰受到新康德主义（文德尔班、李凯尔特）和 E. 胡塞尔研究的影响，摆脱关于理解的心理学观点："对这种精神［这里指罗马法］的理解不是心理学的知识。它是一种回溯，即回到其特有结构和规律性的精神构型。"[74]但对于狄尔泰来说，这种精神构型不是超越于生命或历史之上的持久"价值"，而是"表达"、"生命的客观化"或者——用黑格尔的话说——"客观精神"：人甚至不是直接在"体验"中——如狄尔泰此时看到的——理解自己，而是经过生命之"表达"的中介，这无非是陌生生命的中介。人"通过同样的体验与理解之双重关系而与自己熟悉……；唯有人的行为、固定下来的生命表达及其对他人的影响，教会他了解自己；从而他只有间接地通过理解本身才认识自己"[75]。既然一切理解都是经过表达中介的理解，这时狄尔泰也能够从原则上克服理解的"移情理论"或"类比推理理论"的唯我论倾向："与理解主体相对的个体之生命表达，可以被理解为一种共同性的领域，属于一种类型……一个句子通过共同性成为可理解的，这种共同性存在于语言共同体之中，涉及到语词和曲折形式的含义，也涉及到句法划分的意义。在特定文化圈中固定下来的行为规则，使得问候语或鞠躬的细微差别可能表明内心对他人的特定态度，使它们可能被理解为这样的东西"[76]。当然，"客观精神"的共同领域只能在"初步的"（"逻辑的"和"技术的"或"实用的"）理解中被预设。技艺性的（"诠释学的"）理解首先受到"既成生命表达

---

[74] 狄尔泰，《精神科学的界限》（Abgrenzung der Geisteswiss.），1906 年，《著作集》第 7 卷，第 85 页。

[75] 同上，第 86 页以下。

[76] 狄尔泰，《理解他人及其生命表现》（Das V. anderer Personen und ihrer Lebensäußerungen），1910 年，《著作集》第 7 卷，第 209 页。

和理解者之间"所产生的"距离"的挑战⑦。因此,按照狄尔泰的看法,历史理解之可能性的条件最终必定在于,"个体在某种范围内具有再体验的可能性,从一个完全不同类型的个体之表达和影响中,再次体验属于他内心的内部状态和[心理]过程。因为个体在自身中有可能超越他作为自己的生命所能实现的东西"⑱。根据"体验"和"理解"的"诠释学循环",这里也获得了扩展人性的可能性:"理解超出体验的狭隘性和主观性,进入整体和普遍的领域,通过这种方式,体验才成为一种生命经验。此外,为了完善个别人的理解,需要系统的知识,同样,这种系统知识另一方面又依赖于对个体生命单元的生动领会。"⑲

　　在海德堡新康德主义的先验历史逻辑中,产生一种与狄尔泰的生命内在历史的理解理论相反的倾向:在 H. 李凯尔特看来,要追问"'理解'是否意味着再次体验个体的心理存在,或者意味着掌握超越个体之上、赋予心理存在以历史旨趣的、非现实的意义,并追问这两种理解方式是如何互相联系的"⑳。针对狄尔泰的定义——"我们从外部感性给予的符号中认识内心世界,我们把这一过程称为理解"㉑,李凯尔特认为:"'从外面'给予的符号,对它的认识恰恰必定

---

⑦　同上,第 210 页。

⑱　狄尔泰,《历史关联》(Hist. Zusammenhang)[遗著残篇],《著作集》第 7 卷,第 295 页。

⑲　狄尔泰,《精神科学中历史世界之构建》(Der Aufbau der geschichtl. Welt in den Geisteswiss.),1910 年,《著作集》第 7 卷,第 143 页。

⑳　H. 李凯尔特,《自然科学概念形成的局限》(Die Grenzen der nat. wiss. Begriffsbildung)(1896—1902 年,²1913),第 522 页;参见(⁴1921)第 404 页以下;(⁵1929)第 565 页。

㉑　W. 狄尔泰,《诠释学的起源》(Die Entstehung der Hermeneutik)(1900 年),《著作集》第 5 卷,第 318 页。

多于对实在的'内心世界'的认识。否则这些符号就是不可理解的"[32]。"对非实在意义的把握，我们总是可以称之为理解，并由此和说明区分开来，说明仅仅针对实在的心理材料和物理材料。"相反，"只要实在的东西是非实在意义的'载体'，那么实在的东西……就被理解了"[33]。

精神科学之理解理论的最后阶段，产生于狄尔泰和李凯尔特之间的张力之中，它一方面使理解概念从心理学的狭隘性中解放出来，但另一方面却与合乎理性的把握划清界限，就像以前与说明划清界限一样。狄尔泰的理解概念，首先在"理解的心理学"这一意义上被无数研究者接受；K. 雅斯贝尔斯[34]、E. 施普兰格尔[35]都接受了这个概念，但施普兰格尔与 G. 西梅尔[36]和 M. 韦伯[37]类似，接近新康德主义的立场。（M. 韦伯起先认为，"文化元素"只能"从精神上""理解"，不能被"说明"[38]，但他后来采用如下措辞，文化元素必须"以理解的方式

[32] 李凯尔特，前揭（参注释 80）([5]1929），第 560 页（注释）。

[33] 同上，第 562 页以下。

[34] K. 雅斯贝尔斯，《普通心理病理学》（Allg. Psychopathol.）（1913 年，[6]1953），第 250 页以下、第 361 页以下。

[35] E. 施普兰格尔，《生活形式》（Lebensformen）（1921 年，[4]1924），第 365、368、390 页；《青春期心理学》（Psychol. des Jugendalters），1924 年，第 6 页以下、第 15 页。

[36] G. 西梅尔，《历史哲学问题》（Die Probl. der Geschichtsphilos.）（1892 年，[3]1907），第 28 页以下、第 35 页以下、第 39 页以下。《全集》，O. 兰姆斯蒂德（O. Rammstedt）编，第 9 卷，1996 年，第 255 页以下、第 260 页以下、第 264 页以下。

[37] M. 韦伯，《论理解社会学的若干范畴》（Über einige Kat. der versteh. Soziol.），《逻各斯》（Logos）第 4 期，1913 年，第 253—294 页，特别是第 256 页；重印本，载《科学理论论文集》（Ges. Aufs. zur Wiss. lehre）（1922 年，[3]1968），第 427—474 页，特别是第 431 页。

[38] 韦伯，《社会科学知识和社会政治知识的"客观性"》（Die 'Objektivität' soz. wiss. und soz. polit. Erkenntnis），《社会科学、社会政治学档案》（Arch. Soz. wiss. Soz. politik），第 19 卷，1904 年，第 22—87 页；重印本，同上，第 146—214 页，引自第 189 页。

被说明"[89]。)

M. 舍勒从胡塞尔的"意向行为"现象学出发,反对类比推理理论、模仿理论和投射移情理论,并作如下界定:理解,[包括]理解他人和自我理解,"既作为对行为的理解,也作为对客观意义的理解,是不同于一切感知、不以感知为基础、一个精神本质存在参与另一个精神存在状态的基本方式——就像自我认同和共同实施行动是参与精神存在的基本方式"[90]。

L. 克拉格斯(L. Klages)也与舍勒所拒绝的心理主义理论作斗争,把这些理论统统归为洛克的内感官理论。对于克拉格斯而言,"一切关于他人独特精神生活的知识都以直接被理解的表达活动"为基础,以至于"表达法则只是释义法则(Deutungsgesetz)的反面"[91]。

Th. 利特受到狄尔泰和黑格尔的启发,同样也受到克拉格斯的启发。他辩证地研究意义显示和理解的相关变式,从无意识地理解表达,一方面直到纯粹就事情取得一致(参见辞条Verständigung)(在语言的确定意义中达成一致),另一方面直到通过交流理解个人[92]。E. 罗特哈克把理解与"把握(Begreifen)和说明(Erklären)"这两种"理性方法"区别开来。例如柏拉图哲学"完全通过非时间性的概念的结合"取代"把握",而

⑧⑨ 韦伯,《"摆脱价值约束"的意义》(Der Sinn der 'Wertfreiheit'),《逻各斯》(Logos)第 7 期,1918 年,第 40—88 页;重印本,同上,第 489—540 页,引自第 503 页。

⑨⓪ M. 舍勒,《同情的本质与形式》(Wesen und Formen der Sympathie),1913 年,第 257 页以下,《著作集》(1954 年及以后),第 7 卷,第 220 页。

⑨① L. 克拉格斯,《表达活动和创造力》(Ausdrucksbewegung und Gestaltungskraft)(1921 年,⁴1923),第 12 页以下,《全集》(1964—1982 年),第 6 卷,第 158,164 页。

⑨② Th. 利特,《个体与共同体》(Individuum und Gemeinschaft)(1919 年,³1926),第 182—192 页;《康德与赫尔德作为精神世界的释义者》(Kant und Herder als Deuter der geistigen Welt)(1930 年,²1949),第 252 页以下。

自然主义的亦即"说明的"立场在那种结合中看到复合体，复合体必须"完全从原因中推导出来"。这时理解就"使把握和说明作为真理与实在性在方法论上的相关概念……使它们共同朝向一种新的方法论运作方式……"。理解运用"理性的可能方法"，"但概念对结果来说不具有根本的意义，而只有解释说明的意义"。"理解的愿望越深入到事情之中，事情就越清楚地表明自身是通过人的内核被激活的；这种内核不仅仅作为阻碍，而且恰恰作为事情最深刻意义的发光点显露出来。……对伟大的世界观和艺术作品的理解最终会达到这一点。对整个文化的理解恰好也触及到这一点。"[93]

　　在德国之外，精神科学的理解概念首先在黑格尔主义的传统中得到发展。例如在美国，这一概念通过 J. 罗伊斯得到发展，并通过 Ch. S. 皮尔士[94]依托符号学得到发展，被看作"诠释"在人类传统共同体（"诠释共同体"）中的无限中介过程。罗伊斯把"诠释"设定为"知觉"和"概念"之外的第三种认知元素，这种认知元素考虑以下情形：人不仅在与外部世界的交流中构造和验证思想，而且同时——作为语言交往共同体的成员——与他人交流的过程中，在能够通过知觉兑现其思想的"现金价值"之前，他必须确定其"面值"。"诠释"作为三元的中介过程，通过以下方式保证了人类认知（和实践）在时间中的连续性：A 始终把 C 诠释为意义 B，以至于在这里当下把过去引荐到未来[95]。这个

---

[93]　E. 罗特哈克，《精神科学的逻辑学与系统学》（Logik und Systematik der Geisteswiss.），1926 年，1965 年重印，第 121—124 页。

[94]　参见 J. J. 菲茨杰拉德（J. J. Fitzgerald），《皮尔士的符号理论作为实用主义的基础》（Peirce's theory of signs as foundation for pragmatism），Den Haag，1966 年。

[95]　J. 罗伊斯，《基督教问题》（The problem of christianity），New York，1913 年，第 2 卷，第 146 页以下，J. E. 史密斯（J. E. Smith）编，Chicago/London，1968 年，第 273—295 页。

三元的过程也发生在个体的单独思维之中，只要他稍微清楚明白一点。

在英国，R. G. 科林伍德（R. G. Collingwood）——与 B. 克罗齐相联系——发展了一种关于历史理解的极端观念主义理论。科林伍德把一切人类史定义为可被同一地领会的思想史[96]。在所有历史事件中，历史学家只对内在方面感兴趣，即思想，它作为对外部状态的反思，是激发行为的动机。按照科林伍德的看法，这种激发动机的思想，并且只有这种思想，作为永恒的理性因素，不依赖于非思想性的生活背景和持存的传统关联，这种思想借助于理解可以被重建起来："……如果我不只是阅读柏拉图的论点，而且理解……，那么我所进行的论证过程就不是与柏拉图相似的过程，而真正就是柏拉图的论证过程……"[97]"历史知识是关于精神过去活动的知识，同时是对这种活动的重复，也就是说，使过去的行动持续到当下。因此历史知识的对象不只是客体、某种外在于精神认知的东西；它毋宁是一种思维活动，这种思维活动可以被认知，只要认知着的精神领会它、意识到它。"从而理解（"思维活动"）"不只是主观的，而且同时也是客观的"。[98]

3. 在理解的概念史中，其最新阶段的主要特征是这一概念扩展为知识的基础概念。这里可以区分三种新的推动力：生存论哲学、现象学和语言分析哲学，这些推动力有时互相联合，并与狄尔泰的理解概念建立联系。

在受克尔凯郭尔启迪的生存哲学意义上，K. 雅斯贝尔斯

---

[96]　R. G. 科林伍德，《自传》（An autobiogr.），London，1939 年，第 110 页；德语版《思想》（Denken），1955 年，第 108 页。

[97]　科林伍德，《历史观念》（The idea of history），Oxford，1946 年，1962 年重印，第 301 页。

[98]　同上，第 218、292 页。

充实了他由狄尔泰发展而来的心理病理学的理解理论。最后他还区分了——除了经验心理学的理解——"精神的理解"、"生存的理解"和"形而上学的理解"⑨。

理解这一问题再次使康德的理解概念发生影响，它的极端扩展源于 E. 胡塞尔的现象学尝试。如果说心理学和精神科学的视角始终强调，对意义、表达的理解不同于对经验性的感觉经历中"被给予物"的掌握，那么胡塞尔把这两个问题（"表达中的统觉和直观表象中的统觉"）平行地看作意义构造（参见辞条 Sinnkonstitution）问题："在理解性的立义（Auffassung）中发生着符号的意指［作用］，所有立义在一定意义上都是一种理解或释义，就此而言，理解性的立义与……客观化的立义相近，在这种客观化的立义中，借助于被体验到的感觉复合，我们形成关于对象（例如'一个外部'事物）的直观表象（知觉、想象、描摹等）。"⑩然而，以理解的方式为世界立义——"感觉……作为对象属性的符号"对此具有某种意义——显然不同于对以这种感知表象为基础的语言的理解。"在表达意义上的符号那里，这样一种'释义（Deutung）'便成为基础，但只是作为第一立义。……而这种第一立义为第二立义奠定基础，后者完全超出被体验到的感觉材料，对于这时被意指的全新对象性而言，在那种感觉材料中已找不到类似的构造材料。"⑪理解的这两种形式在建基次序上是否也能够颠倒，从而在朴素的知觉（作为对意义的理解）中，由语言

⑨　雅斯贝尔斯，前揭（参注释 84），第 256 页以下；参见《论真理》（Von der Wahrheit），1947 年，第 75 页以下。

⑩　E. 胡塞尔，《逻辑研究》（Log. Unters.），第 2 卷第 1 部分（1901 年，²1913），第 74 页，《全集》19/1，1984 年，第 79 页以下。

⑪　同上，第 75 页以下/第 80 页以下。

唤起的对意义的理解——作为理解的惯常运作形式——已经在发挥主导作用,对这一问题胡塞尔明确作出否定回答⑩,并在一定程度上挽救作为现象学方法的、不依赖于语言的"本质直观"。

在 M. 海德格尔那里,"理解"完全成为知识的基础概念,他把肇始于胡塞尔的对基本世界意义之构造的追问、历史-诠释学的出于自身的生命理解(狄尔泰)和个体在其生存可能性中的自我理解(克尔凯郭尔)融合起来。因此在海德格尔这里,胡塞尔的意义—立义(Sinn-Auffassung)作为本质直观,被"在世"的"诠释学"所取代,在这种诠释学中,理解同时作为此在的可能性之"筹划"和世界的意蕴境遇之展开而起作用:"在理解中,作为生存论环节的所能(das Gekonnte)不是某种东西,而是作为生存的存在。此在的存在方式,作为能在,以生存论的方式寓于理解之中。""理解作为开展,始终关涉到在世的整个基本建构。"在理解中,世界"作为可能的意蕴被展开"。这也包括"使内在世界……向着其可能性释放自身",例如:"上手之物是在其有用性、可用性、危害性中作为这种东西被揭示的。"根据海德格尔的看法,在精确科学中对自然的理论性前理解(参见辞条 Vorverständnis),作为经验之可能性的条件(康德),也以此在的世界筹划为基础,此在向着其可能性理解自身。这同样适用于精神科学的诠释学理解:"理解……在[作为]诸种可能认知方式之一的意义上,譬如说它是不同于'说明'的认知方式,必须和'说明'一起被诠释为那种源始的、共同构成一般此之在(das Sein des Da überhaupt)的理解在生

---

⑩ 胡塞尔,《纯粹现象学和现象学哲学的观念 I》(Ideen zu einer reinen Phän. und phänomenolog. Philos. I),第 124 节,1913 年,第 256 页。《全集》3/1,1976 年,第 288 页。

存论上的衍生物。"⑩"说明是对费解的东西有所理解地加以揭示，所有的说明都植根于此在的源始理解中。"⑩那么总之："通过指出一切视见（Sicht）如何源始地植根于理解之中……纯粹直观的优先地位就被取消了，纯粹直观在意向行为上的优先地位与现成事物在传统本体论上的优先地位相适应。'直观'和'思维'二者都已远离［源头］，是理解的衍生物。现象学的'本质直观'亦奠基于存在论的理解之中。"⑩——理解着的此在之筹划，决定着世界的"展开状态"，但这种筹划并非置于个体的随心所欲之中，它始终已经发生于"共在"中，与他人一起，基于"被抛状态"而进入历史的处境。这也尤其包括在语言中对世界"进行解释所形成的公众看法"："此在首先成长在日常解释所形成的这种看法中，它永远也不能从中逃脱。一切真正的理解、解释和传达、再次发现和重新占有都发生在日常解释所形成的看法中，出自其中并与之相对。情况不会是：有一个此在不受这种看法的触动和引诱，被置于一个自在'世界'的自由领地面前，以便它只观看同它照面的东西。"⑩

　　海德格尔的理解概念最终涉及语言的具体化，从中可能会与语言分析哲学的理解概念产生视域冲突，这主要通过 L. 维特根斯坦的思想萌芽表现出来。这里原本不涉及关于个体的含义意向或含义表达的诠释学理解，而只涉及对命题的逻辑理解，命题是"有意义的"，能够与"无意义的"和"荒谬的"命题区分开来。在这种意义上，早期维特根斯坦界定："理解一

　　⑩　M. 海德格尔，《存在与时间》第 31 节，1927 年，第 143 页以下；参见 C. F. 格特曼（C. F. Gethmann），《理解与解释》（V. und Auslegung），1974 年。

　　⑩　同上，第 336 页（第 68a 节）。

　　⑩　同上，第 147 页。

　　⑩　同上，第 169 页（第 35 节）。

个命题意味着,知道情况是什么,如果它为真的话。(人们也可以理解它,而不知道它是否为真。)"[107]依此,理解一个命题,可以追溯到关于它的真值条件的认识。维特根斯坦思想萌芽的推进,尤其涉及到对这种认识的说明,这种推进在语言分析的意义理论中继续被探讨。当然这里语用要素被考虑进来了,晚期维特根斯坦才对这种要素进行阐发。尤其 M. 达米特(M. Dummett)要求,一种哲学的意义理论必须成为关于理解的理论:"任何意义理论,如果它不服从或者不直接服从于理解理论,就不会满足那种目的,即在哲学上我们需要一个意义理论。"[108]

在维特根斯坦那里,语言的"逻辑形式"使得对有意义命题的理解成为可能,它允许把一切复合命题还原为"基本命题"。人们必须能够理解这种基本命题,无需进一步的解说,因为在这种命题中实在性被描摹下来:"命题是实在的图像:因为如果我理解命题的话,我就知道命题所描绘的事态。我理解这一命题,无需向我说明它的意义。"[109]"命题显示它的意义。命题如果为真的话,它显示自己是怎样的情形。它表明它就是这样的情形。"[110]

维特根斯坦的晚期哲学,对语言分析哲学在方法上所实践的语言形式之理解进行了反思,具有典范性。这里,理解不再是通过语言的"逻辑形式",同时通过世界的"逻辑形式"得以可能的,而是通过社会"生活形式"("风俗")中当时约定俗

---

[107]　L. 维特根斯坦,《逻辑哲学论》,1921 年,4. 024。

[108]　M. 达米特,《何谓意义理论?》(What is a theory of meaning?),载 S. 格滕普兰(S. Guttenplan)编,《心灵和语言》(Mind and language),Oxford,1975 年,第 97—138 页,此处:第 100 页以下。

[109]　维特根斯坦,《逻辑哲学论》,4. 021。

[110]　同上,4. 022。

成的"语言游戏"（参见辞条 Sprachspiel）之"规则"得以可能
的⑪。然而理解作为能力，以公众控制的方式"遵守规则"，如
《逻辑哲学论》已表明的，它是一切世界之诠释得以可能的条
件，从而同时是一切前科学和科学的认知行动得以可能的条
件。那么现在理解的意思是："理解一个命题，意味着理解一
种语言。理解一种语言，意味着掌握一门技术。"⑫

　　尽管维特根斯坦对历史理解或社会文化理解不感兴趣，
但他暗示世界之诠释具有以语言游戏为前提的无数视域，使
得他与晚期海德格尔和伽达默尔语言诠释学的现象学趋于一
致⑬。例如，这种趋于一致出现在 P. 温奇的著作中，温奇首先
从晚期维特根斯坦哲学中得出科学理论的结论⑭。他不诠释
维特根斯坦所讲的"语言用法"的"交错性"、"活动"和"生活形
式"，首先这在行为主义的意义上过于平常，相反他却从遵守
规则过程中理解参与的可能性方面诠释人类行为和社会文化
生活形式——例如整个文化——的理解。对于温奇来说，追
问社会科学的数据"是什么"，已经需要一种语言诠释学的回
答。不过他以这种方式瓦解了经验理解和带有先验性质的理
解之间的区别，后者是参与社会文化生活形式的前提条件，他
对后一种理解进行了相对主义的解释，这是在它不容置疑地
依赖于互相不可通约的生活形式这一意义上说的，社会科学

---

　　⑪　维特根斯坦，《哲学研究》，Oxford，1958 年，第一部分第 23 节，1960 年，
第 300 页。

　　⑫　第 199 节，同上，第 381 页。

　　⑬　参见 K. -O. 阿佩尔，《"语言分析"哲学的发展和"精神科学"问题》（Die
Entfaltung der 'sprachanalyt.' Philos. und das Problem der 'Geisteswiss.'），载
《哲学的改造》（Transformation der Philos.）（1973 年，⁶1999），第 2 卷，第 28—95
页；《维特根斯坦和诠释学的理解问题》（Wittgenstein und das Problem des herme-
neut. V.），同上，第 1 卷，第 335—377 页。

　　⑭　P. 温奇，《一种社会科学的观念》（The idea of a social sci.），London，1958 年。

家应当在这种不可通约性中理解生活形式⑮。

　　H. -G. 伽达默尔的著作完成了语言诠释学对现象学的改造。在伴随着"普遍性要求"而出现的"哲学诠释学"中,伽达默尔同时以海德格尔基础存在论的理解概念和通过对话达到互相理解(参见辞条 Verständigung)的苏格拉底-柏拉图传统为依据,后者的目标在于"就事情上取得一致"⑯。从这两种视角出发,伽达默尔对施莱尔马赫和狄尔泰客观主义、重构主义的理解概念提出了质疑,他把这种理解概念与历史主义相提并论。

　　从海德格尔的角度来思考,"此在按其自身存在的实现来看"就是"理解"⑰,通过"此在的展开状态"或者通过受"存在历史"制约的世界之"前理解"⑱,理解的"真理"总已在积极的意义上成为可能,并受它们的约束限制。伽达默尔由此得出,人们不能把理解当作自主的认知主体"在方法上"的活动来把握,而毋宁当作由历史决定的意义发生和真理发生,也就是说,当作"置身于传承过程之中的行动,在这一过程中过去与现在不断地进行中介"⑲。就此而言,理解基于一种历史性的"视域融合",在主体方面必定有一种"效果历史意识"与之相应⑳。理解的"应用"在实践上具有重要意义,也基于效果历史之上㉑,

─────────

　　⑮　特别参见《理解原始社会》(Understanding a primitive society)、《美国哲学季刊》(Amer. philos. Quart.),1964 年,第 307—324 页;重印本,载《伦理学与行为》(Ethics and action),London,1972 年,第 151—170 页;关于温奇,参见阿佩尔,《"语言分析"哲学的发展和"精神科学"问题》,前揭(参注释 113);《交往共同体作为社会科学的先验条件》(Die Kommunikationsgemeinschaft als transz. Voraussetzung der Soz. wiss.),同上,第 220—263 页。

　　⑯　H. -G. 伽达默尔,《真理与方法》,1960 年,第 276、360 页。

　　⑰　同上,第 249 页。

　　⑱　同上,第 252 页以下,第 278 页以下。

　　⑲　同上,第 275 页。

　　⑳　同上,第 283 页以下,多处。

　　㉑　同上,第 290 页以下,多处。

从应用中无法抽象出那种关注纯粹认知洞见之价值中立客观性的理解。对世界的前理解具有越不过的先天性，与此相应，"前判断"（Vorurteile）作为理解得以可能的条件，也具有不可消除性⑫。当然，伽达默尔区分"合法的前判断"和"所有那种不计其数的判断，对这种前判断的克服是批判理性不容置疑的要求"⑬。合法的前判断和非法的前判断之区分这一问题——"诠释学循环"的方法也有助于这种区分⑭——最终却只能通过"时间距离"的历史"创造性"⑮得到回答；因为也是在"诠释学循环"的进行过程中，方法程序总是"持续地由先行的前理解运动所决定"⑯。由此，伽达默尔最终得出以下论题："实际上，理解不是更好地理解，既不是借助更清楚的概念获得更好的客观知识这个意思，也不是有意识相对于创作的无意识具有原则上的优越性这个意思。只需说，如果人们一般地有所理解，那么总是以不同的方式理解，这就够了。"⑰因为"理解按其本质是一种效果历史过程"⑱。

针对伽达默尔的构想，E. 贝蒂⑲和 E. D. 赫施⑳为传统的

---

⑫　H. -G. 伽达默尔，《真理与方法》，1960 年，第 255 页以下。

⑬　同上，第 261 页。

⑭　同上，第 250 页以下。

⑮　同上，第 281 页以下。

⑯　同上，第 277 页。

⑰　同上，第 280 页。

⑱　同上，第 283 页。

⑲　E. 贝蒂，《诠释的一般理论》（Teoria generale della interpretazione），Rom，1955 年，第 250 页以下；德语版：《作为精神科学方法论的一般解释理论》（Allg. Auslegungslehre als Methodik der Geisteswiss.），1967 年；《诠释学作为精神科学的一般方法论》（Die Hermeneutik als allg. Methodik der Geisteswiss.），1962 年。

⑳　E. D. 赫施，《诠释的有效性》（Validity in interpretation）（New Haven/London，1967 年）；德语版：《诠释的原则》（Prinzipien der Interpr.），1972 年。

"客观有效的"理解概念进行辩护。伽达默尔援引苏格拉底-柏拉图的理解根据,即在对话中就着事情达成一致[⑬],也有助于质疑施莱尔马赫和狄尔泰的具有客观主义倾向、价值中立和应用中立的理解概念,另一方面,有助于为"哲学诠释学"的普遍性要求提供支撑。然而应当追问,伽达默尔本人提出的哲学之真理要求,如何与那种借助海德格尔视角所作的相对化——使理解的一切有效性要求都具有时间上的和存在历史的相对性——取得协调一致。在伽达默尔这里,"相互理解或相互不理解,如同降临在我们身上的事件",以至于"谈话具有其自己的精神","谈话中所运用的语言,在自身中具有其自己的真理,亦即让某种东西'显露出来'和涌现出来,这种东西从现在起才会存在"[⑬]。那么人们可以猜想,伽达默尔一开始就看到,通过对话取得互相理解这一目标——也在哲学的层面上——在于,在各个历史处境中再次建立一种富有成果的"就事情取得一致",这种取得一致在"共通感"[⑬]这一前提条件的意义上首先使互相理解成为可能,并且人们可以猜想,伽达默尔在这种意义上把诠释学的"完满的前把握"[⑭]也理解为,承认被诠释项的"权威性"具有原则上的优越性,对被诠释项的理解总是受到历史的制约。

　　苏格拉底的哲学对话却也可以被理解为对传统之中介活动这种权威的质疑,传统的中介活动乃是基于不被怀疑的默许之上的:这样一种质疑,证明自身对一切近代"启蒙运动"也具有决定性的意义。如果从这一前提出发,那么在苏格拉底

　　⑬　伽达默尔,前揭(参注释116),第344页以下,特别是第360页。

　　⑬　同上,第361页。

　　⑬　同上,第16页以下;参见辞条"共通感(Sensus communis)IV. 1.",载《哲学史辞典》第9卷,1995年,第661—667页、第661页以下。

　　⑭　同上,第277页以下。

对话意义上关于事情所达成的一致，原则上必须以一切对话伙伴的交互性和对称性为基础，并且"完满的前把握"——它在诠释学中赋予被诠释项以优先性——只能具有方法论上的合法性（在以下意义上：最大限度地以诠释学的方式汲取传承物中的真理内容）；但这意味着，原则上必须考虑到，在专门知识的意义上、在意识到信念之主观条件的意义上，优越性也可能处在对传承物（参见辞条 Überlieferung）进行批判性的诠释这一边；从而它在原则上也可以"更好地理解"（也可能比作者本人更好地理解文本的作者）。但首先，一切理解对具有历史条件的"前理解"的依赖性不可能是绝对的依赖性，因为况且在哲学诠释学中，不能带着普遍有效性的要求去说明这种依赖性。

伽达默尔的这类批评者使上述观点在 20 世纪 70 年代和 80 年代产生影响，他们并不支持传统诠释学的客观主义的方法理想，而是——有时和伽达默尔一道——维护那种关系，即将批判性的理解有意识地运用于历史传承和社会实践。这首先出现在以下背景中，即以科学理论的名义质疑"哲学诠释学"的"普遍化要求"，这种科学理论——J. 哈贝马斯和 K.-O. 阿佩尔——除了专门研究诠释学理解的"认知旨趣"和实践关联以外，也专门研究批判社会科学的实践关联，这种实践关联被理解和客观化说明辩证地中介（尤其在心理分析[135]和意识形态批判[136]的"解放的认知旨趣"这种意义上）。

---

[135] 参见辞条"转义"（Übertragung）。

[136] 参见 J. 哈贝马斯，《评伽达默尔的"真理与方法"》（Zu Gadamers 'Wahrheit und Methode'），载 K.-O. 阿佩尔等，《诠释学和意识形态批判》（Hermeneutik und Ideologiekritik），1971 年，第 45—56 页；《诠释学的普遍性要求》（Der Universalitätsanspruch der Hermeneutik），同上，第 120—159 页；K.-O. 阿佩尔，《科学论、诠释学、意识形态批判》（Szientistik, Hermeneutik, Ideologie-（转下页注）

尽管这一补充在方法论和内容上有其合法性,但它最终不能驳倒哲学诠释学的普遍性要求,只要这种普遍性要求奠基于在对话中就事情达成一致这种动机之上;因为在解放的认知旨趣这种意义上,批判性的自我反思——与哈贝马斯起初的设想相反⑬——不能承担对相互理解进行哲学反思的功能⑱,批判社会科学也还以这种反思为前提,按照阿佩尔的看法,对这种反思人们毋宁必须预设一种"先验诠释学"⑲(或语用学)为前提。这种论点——站在伽达默尔的立场上是半途而废的——在某种意义上通过以下情况得到证明:哈贝马斯不再追求《认知和旨趣》的建筑学,这种建筑学在"意识形态批判"的"解放的认知旨趣"中达到顶峰,而是取而代之,以"相互理解"的优先性为出发点,发展一种关于"交往行为"及其"反思形式"(论辩"话语")的"理论"⑭。

如果现在承认,"论辩话语中的相互理解"或者其"必要的前提预设",是理论哲学和实践哲学,并且就此而言也是科学理论"最终的根据之维度"——如同阿佩尔假定的那样⑭,那么关于理解之根据的讨论,必须也在"哲学诠释学"

(接上页注)kritik),前揭(参注释 113),第 2 卷,第 7—44 页;亦参见 J. 哈贝马斯,《社会科学的逻辑》(Zur Logik der Soz. wiss.)Ⅱ.:诠释学,K.-O. 阿佩尔,导论,载《哲学的改造》,前揭(参注释 113),第 9—76 页,特别是第 68—76 页。

⑬ 见 J. 哈贝马斯,《认知和旨趣》(Erkenntnis und Interesse),1968 年。

⑱ 参见 K.-O. 阿佩尔,《科学作为解放? 对"批判理论"之科学构想的批判性评价》(Wissenschaft als Emanzipation? -Eine krit. Würdigung der Wiss. konzeption der 'Krit. Theorie'),前揭(参注释 113),第 2 卷,第 128—155 页;J. 哈贝马斯,《〈认知和旨趣〉后记》(Nachwort zu Erkenntnis und Interesse),1973 年,第 367 页以下。

⑲ 参见 K.-O. 阿佩尔,《科学主义抑或先验诠释学》(Szientismus oder transz. Hermeneutik),前揭(参注释 113),第 2 卷,第 178—219 页。

⑭ 参见 J. 哈贝马斯,《交往行为理论》(Theorie des kommunikat. Handelns),第 1 卷,1981 年。

⑭ 参见 K.-O. 阿佩尔,《先验语用学的发端之验证过程中的争论》(Auseinandersetzungen in Erprobung des transz. pragmat. Ansatzes),1998 年,散见于各处。

的意义上聚焦于这一问题：在"存在历史"、存在历史的偶然"揭示"以及与此同时存在意义的"隐匿"中，最终能否找到我们想要的理解的有效性之根据，或者毋宁说——按照那种在惩罚自相矛盾的行为时论辩话语不容争议的前提预设——在调节性的理念中才能找到理解的有效性之根据，这种理念力求在无限的理想的诠释共同体中达成共识⑭。那么，"具有应用意识的"理解，其规范性根据在方法论上非常重要，在批判诠释学的意义上也必须从［调节性的理念］这一基础开始⑭。

在诠释学的现象学中、在与维特根斯坦相联系的哲学中，理解概念被解释为哲学的基础概念，自狄尔泰以来在"说明/理解"之争中从方法论上专门研究的理解概念，则在新近的科学逻辑和分析哲学中再次被讨论。这里，理解概念首先被放在"新实证主义构思的统一科学"中探讨，仅仅被当作具有心理学意义、实用意义的辅助手段，这种辅助手段［用于］说明社会科学在法则上的因果关系⑭。C. G. 亨佩尔（C. G. Hempel）阐明了科学说明的演绎法则模型，在这种背景下他已承认，狄

---

⑭ 同上，散见于各处；前揭（参注释139）（援引皮尔士和罗伊斯）。

⑬ 参见《调节性的理念抑或真理的发生？伽达默尔回答有效理解之条件这一问题的尝试》（Regulat. Ideen oder Wahrheits-Geschehen? Zu Gadamers Versuch, die Frage nach den Bedingungen des gültigen V. zu beantworten），前揭（参注释141），第569—608页；英语版，载 L. E. 哈恩（L. E. Hahn）编，《H. -G. 伽达默尔的哲学》（The philos. of H. -G. Gadamer），Chicago，1987年，第67—94页。

⑭ 这里参见阿佩尔，《先验语用视野中的说明与理解之争》（Die Erklären-V. -Kontroverse in transz. - pragmat. Sicht），1979年，第76—111页；英语版：《理解和说明：先验语用学的视角》（Understanding and explanation: A transc. - pragm. perspective），Cambridge，Mass.，1984年，第43—68页；以及，《自然科学哲学和人文科学哲学中的说明与理解之争》（The Erklären-V. controversy in the philos. of the natural and human sci.），载 G. 弗洛斯达特（G. Flφistadt）编，《沉思的哲学——关于科学哲学的一项新调查2》（Contemp. philos. A new survey 2: Philos. of sci.），Den Haag，1982年，第19—50页。

尔泰意义上的理解（按照亨佩尔，亦即："移情"［参见辞条
Einfühlung］，或"再体验"［参见辞条 Nacherleben］）在"发现的
关联"中，即在发现具有说明性质的假说中可以承担一种"启
发"意义的功能。当然，这种假说的正当性需要辩护，这只能
基于经验的检验，这种检验针对按照演绎法则推导出来的相
关情况之预测，否则所谓"合乎理性的理解"任何时候都可能
被证明为纯粹附加上去的理性化动机⑮。

Th. 阿贝尔在其论文《被称为"理解"的活动》中，以亨佩尔
关于启发性的理解构思为出发点。他承认，理解是一种"方
法"，"在它的帮助下，我们能够说明人类的行为"⑯。这种方法
在于，"把个人的经验应用于被观察的情形之上"。"如果我们
能把观察到的或假定的［材料之间的］联系分别与我们通过自
我观察所认识的事件加以对照，那么我们就理解了这种联
系"："当我们说我们'理解'一种联系，那么这无非意味着，知
道这里涉及一种可能的联系。"从中"我们却不能推断，这种联
系也是极有可能的。仅仅从理解的角度来看，任何一种可能
的联系都是同样肯定的"。阿贝尔也和亨佩尔一样，由此得
出，理解作为方法——受个人经验限制——仅仅具有一种启
发性的价值。这种价值在于，有可能通过移情（empathy）进入
特定的外部材料（它们具有"刺激"和"反应"的特征）建立"行
为准则"，这种准则能够充当关于规律的假说，旨在对诸现象

⑮　参见 C. G. 亨佩尔，《科学哲学中的科学阐明之角度和其他评论》（As-
pects of scient. explanation and other essays in the philos. of sci.），New York，1965
年；德语版：《科学阐明的角度》（Aspekte wiss. Erklärung），1977 年。

⑯　Th. 阿贝尔（Th. Abel），《被称为"理解"的活动》（The operation called
'V.'），《美国社会学期刊》（The Amer. J. Sociol.），第 54 期，1948/1949 年，第
211—218 页；重印本，载 H. 费格尔（H. Feigl）/M. 布罗德贝克（M. Brodbeck）编，
《科学哲学读物》（Readings in the philos. of sci.），New York，1953 年，第 677—687
页，引自第 677 页（注释）。

可能[具有]的因果关系进行说明⑭。

波普尔在"说明/理解"之争中进行了明显的转向。除了亨佩尔之外，波普尔首先可以被视为统一科学模式的主要支持者，这种模式提供法则上的说明（并且在这种意义上，他也是使社会科学"摆脱价值约束"的主要支持者），之后，波普尔采取一种与科学史专题研究相联系的前诠释学立场。首先他指出，演绎的法则说明和可能的预测在逻辑上是等值的，在这种意义上，创造性的科学之进步成果不能在法则上，而只能通过历史回顾——也就是说，被诠释学的理解中介——得到说明⑭。此后波普尔在与 Th. S. 库恩具有相对主义倾向的科学史观⑭的争论中发展了一种独特的"第三世界的诠释学"，当然，这种诠释学应当不仅有别于"世界 1 的方法"，即自然科学（和行为主义社会科学）法则上的、摆脱价值的说明，而且也不同于"世界 2 的方法"，即狄尔泰意义上"主观心理学的"再理解或再体验⑮。尽管理解完全应该分析行动者或文本作者的"意图"，并且为了这个目的去分析那种与行动者或文本作者所见一样的"情境"；在这种关联中，波普尔赋予"再体验"（作为"世界 3 的方法"）在"发现关联"中的启发性价值；然而对"客观理解"的"辩护"，只应鉴于可能的客观含义之结构关系、就此而言鉴于"第三世界"来进行（当然第三世界并不设定它

---

⑭ 同上，第 684 页以下。

⑭ 波普尔，《历史主义的贫困》（The poverty of historicism），London，1957年；德语版：《历史主义的贫困》（Das Elend des Historizismus）（1965 年，³1967），第151 页。

⑭ 参见 Th. S. 库恩，《科学革命的结构》（The structure of scient. revol.），Chicago，1962 年；德语版：《科学革命的结构》（Die Struktur wiss. Revolutionen），1967 年。

⑮ 波普尔，《关于客观心灵的理论》（On the theory of objective mind），1968年，载《客观知识》（Object. knowledge），Oxford，1972 年，第 153—190 页。

的存在像在柏拉图那里一样从永恒到永恒，而是源于并成长于人的创造性互动过程中，例如在理论形成领域［中的情形］)⑤。

与波普尔相联系，I. 拉卡托斯也与库恩和科学社会学进行争论，他阐明，在科学史中不能从对科学动机的"外在"说明出发，毋宁说首先必须构建科学进步的"内在"观念史，这也仅仅是为了构建科学史（不同于历史学的其他主题）的对象，在使"外在的"——心理学的和社会学的——动机发挥效力之前，甚至必须使这种"内在"史（基于可靠的根据而可被理解的东西）的范围尽可能地最大化⑤。（这里人们可以看到一种从方法论上理解的等价物，对应于伽达默尔理解中的"完满的前把握"。）

在 W. 德雷（W. Dray）这里也涉及基于可靠根据的理解（"具有可靠根据的评论"），它是"理性地说明"历史事件的条件。首先他通过例证指出，真正的"历史说明"不能以法则基础，除非人们想如此详细地说明法则，以至于能够谈论"适合于某种情况的法则"。尽管德雷说到"理性的说明"（不同于之前 M. 韦伯的"目的理性的理解"），但他在其"具有可靠根据的评论"模式中，完全强调规范、可行、有根据的理解。相应地，

----

⑤　参见辞条"第三王国"（Reich, Drittes），载《哲学史辞典》第 8 卷，1992 年，第 499—502 页，此处：第 501 页；对波普尔"关于世界 3 的诠释学"的批判性评价，参见 K. -O. 阿佩尔，《科学史作为诠释学问题》（Wiss. geschichte als hermeneut. Problem），载 M. 费埃尔（M. Feher）等编，《诠释学和科学》（Hermeneutics and sci.），Dordrecht，1999 年，第 101—115 页。

⑤　参见 I. 拉卡托斯，《科学史及其合理重构》（Hist. of sci. and its rational reconstructions），载 R. C. 巴克（R. C. Buck）/R. S. 科恩（R. S. Cohen）编，《波士顿科学哲学研究》（Boston studies in the philos. of sci.），第 8 卷，Dordrecht，1976 年，第 91—136 页；德语版：《科学史及其合理重构》（Die Geschichte der Wiss. und ihrer rat. Rekonstruktion），载 W. 迪德里希（W. Diederich）编，《科学史理论》（Theorien der Wiss. geschichte），1974 年，第 55—119 页。

他的推论模式是:"因此对于行动者来说,这样或那样行动是(曾是)合乎理性的。"⑮³

G. H. 冯·莱特(G. H. von Wright)对此不满意,对他而言这里也涉及意向说明结构或目的论说明结构,并且首先涉及历史说明的结构。他用以下推论模式取代了德雷的模式:"因此 A 设定自己去做 a。"⑮⁴这是不可思议的,因为冯·莱特也不愿意解释因果关系的说明或法则上的说明,而——依据亚里士多德——只想基于一种"实践推论",这种推论——也是冯·莱特的看法——不能为预测(参见辞条 Voraussage)提供根据⑮⁵。只有当人们假定,冯·莱特实际上不仅试图把根据理解为合乎理性的,而且此外他想指出,在人类行为(尤其是历史行为)这种情况下,对事件进行目的论说明的"亚里士多德"模式能够取代近代从法则上说明因果关系的伽利略模式,那么他的推论模式才是可以理解的⑮⁶。

冯·莱特的批评者发现他的理论中缺乏以下证明:合乎理性的理解,以对事件说明的形式所查出的根据,能够或者必须在因果关系上有效力。对于这种异议,冯·莱特可以给出回答,这一回答在于指出以下情形:在对历史事件进行说明的

---

⑮³　W. 德雷,《法律及其在历史中的阐明》(Laws and Explanation in history),Oxford,1957 年;《对行为的历史阐明重新进行思考》(The hist. explanation of actions reconsid.),载 S. 胡克(S. Hook)编,《哲学与历史》(Philos. and history),New York,1963 年,第 105—135 页;参见辞条"合理性(Rationalität);合理化(Rationalisierung)III.",载《哲学史辞典》第 8 卷,1992 年,第 62—66 页,此处:第 64 页。

⑮⁴　G. H. 冯·莱特,《说明与理解》(Explanation and underst.),Ithaca,1971 年;德语版:《说明与理解》(Erklären und V.),1974 年;此外,J. 曼尼宁(J. Manninen)/R. 图奥梅拉(R. Tuomela)编,《说明与理解文集》(Essays on explanation and underst.),Dordrecht,1975 年;K. -O. 阿佩尔等编,《关于说明与理解的新尝试》(Neue Versuche über Erklären und V.),1978 年。

⑮⁵　同上,第 174 页以下。

⑮⁶　同上(导论)。

情况中,只有假定意向理解的正确性,行为根据的因果影响才作为事实被给出。

这里却仍然存在如下异议:一方面,在因果说明的语言游戏和理性理解的语言游戏之间可以看到区别,理性的理解出于根据(冯·莱特也在新维特根斯坦主义的意义上以这种根据为基础),两种语言游戏的区别只足以区分出于可靠根据的理解和因果关系的说明,但不足以区分(因果-影响)事件的目的论说明和因果关系的说明。另一方面,新维特根斯坦主义语言游戏区分的这种划定,完全适合于区分诠释学理解的认知旨趣和对事件的说明,前者在科学理论上有重要意义;因为前者根本不是指对历史事件的说明,而首先是指文本诠释,在这种关联中,也指意图(例如意识形态和政治规划的意图),这种意图根本不在实在历史的因果关系中发生影响。

冯·莱特没有回答这一问题,即人们应该如何理解理由/根据这种因果影响的特殊方式,必须假定这种特殊方式存在于意向的或目的论的事件说明中,例如在历史学的情况中。R.图奥梅拉(R. Tuomela)试图用他的"有目的的因果律"(purposive causality)思想来回答这一问题[⑮]。有目的的因果律必须实现这种功能,即不仅在偶然事实上,而且通过行为意图按照因果链条的引导,导向一种可被理解为意图的行为目标。只有在这一前提下,人们才能把行为理解为故意的行为——例如被审判的谋杀[行为],同时在这种意义上说明其因果关系。理性的理解有多种可能的类型,即法则上的说明、

[⑮] R.图奥梅拉,《人类行为及其说明》(Human action and its explanation),Dordrecht,1977年;《人类行为的说明与理解》(Explanation and underst. of human behavior),载曼尼宁/图奥梅拉编,前揭(参注释154),第183—208页;德语版,载阿佩尔等编,同上,第30—59页。

被理解中介了的事件说明和——反过来——被因果说明中介了的理解（例如在心理分析和意识形态批判的情况中），这些类型要基于以下区分才能得以理解，即对不同的主导认知兴趣进行认知人类学或先验语用学的区分⑮。

K. -O. 阿佩尔（K. -O. Apel）撰，牛文君译

参考文献：

A. STEIN: Der Begriff des V. bei Dilthey(21926). -J. WACH: Das V. (1926—33,ND 1966). -H. GOMPERZ: Über Sinn und Sinngebilde, V. und Erklären(1929). -O. F. BOLLNOW: Das V. Drei Aufsätze(1949); ND,in: Studien …,s. Anm. [51]13—102. -E. BETTI s. Anm. [128]. -K. -O. APEL s. Anm. [2]. [113]. [115]. [144]. [154]. -S. TOULMIN: Foresight and underst. (London 1961); dtsch. : Voraussicht und V. (1968). -P. RICŒUR: De l'interprétation(Paris 1965); dtsch. : Die Interpretation: ein Versuch über Freud(1974); Le conflit des interprétations (Paris 1969). -R. E. PALMER: Hermeneutics: Interpretation theory in Schleiermacher, Dilthey, Heidegger and Gadamer(Evanston 1969). -M. RIEDEL: V. oder Erklären?(1978). -J. HABERMAS: Zur Logik …,s. Anm. [136]-G. SCHURZ(Hg.): Erklären und V. in der Wiss. (1988). -F. RODI: Erkenntnis des Erkannten(1990). -H. R. JAUSS: Rückschau auf die Begriffsgesch. von V. , in: Wege des V. (1994)11—29. -O. R. SCHOLZ: V. und Rationalität(1999).

---

⑮　参见阿佩尔，《先验语用视野中的说明与理解之争》，前揭（参注释114），特别是第158页以下、第260页以下、第289页以下；《鉴于人类认知旨趣而划分的社会科学类型》（Types of social sci. in the light of human cognit. interests），载S. C. 布朗（S. C. Brown）编，《社会科学中的哲学争论》（Philos. disputes in the social sci. ），Brighton，1979年；重印本，载K. -O. 阿佩尔，《选集》（Sel. essays）第2卷，New Jersey，1996年，第103—136页；《狄尔泰鉴于科学理论的方法论问题区分"说明"和"理解"》（Diltheys Unterscheid. von 'Erklären' und 'V. 'im Lichte der Problematik der mod. Wiss. theorie），载E. W. 奥尔特（E. W. Orth）编，《狄尔泰与当代哲学》（Dilthey und die Philos. der Gegenwart），1985年，第285—348页。

前把握；前拥有；前视见（Vorgriff；Vorhabe；Vorsicht）

前把握、前拥有、前视见（英语为 fore-conception，fore-having，foresight；法语为 anti-cipation，pré-acquisition，prévision）是 M. 海德格尔 20 世纪 20 年代所阐发的方法术语。"前拥有"大概真正是海德格尔的术语，而"前把握"在较古老的词典中已经作为对 prerogativa、prolepsis，occupatio 或 praejudicium 的翻译出现[①]。"前视见"具有悠久的传统，这一传统与"环顾"（参见辞条 Umsicht）的概念史相联系。

海德格尔在 1919 年已说道，在处理哲学思想的过程中"一切直观的进行都处于……某种先行区域的前把握之中"，这种前把握作为"源始的动因基础"而起作用[②]。E. 胡塞尔早就强调"前摄"（参见辞条 Protention）的根本作用，把它看作"预先的期待意向"[③]："视域是预先指明的可能性。"[④]海德格尔仍然完全在胡塞尔先天关系的意义上

---

① 辞条"前把握"（Vorgriff），格林兄弟，《德语辞典》（Deutsches Wörterbuch）12/II，1951 年，第 1122 页以下；参见辞条"前概念"（Vorbegriff）；辞条"预期"（Antizipation），载《哲学史辞典》（Hist. Wb. Philos.）第 1 卷，1971 年，第 419—425 页。

② M. 海德格尔，《对 K. 雅斯贝尔斯〈世界观心理学〉的注释》（Anm. zu K. Jaspers' ‹Psychol. der Weltanschauungen›），1919—21 年，载 H. 萨纳（H. Saner）编，《卡尔·雅斯贝尔斯讨论会》（Karl Jaspers in der Diskussion），1973 年，第 70—100 页，此处：第 72 页。《全集》I/9，1976 年，第 4 页以下。

③ 胡塞尔，《经验与判断》（Erfahrung und Urteil），第 21b 节，1948 年，⁵1985，第 103 页。

④ 胡塞尔，《笛卡尔式的沉思》II，第 19 节，1931 年，《文集》第 1 卷（Den Haag，²1963），第 82 页。

要求"人们必须使方法的意义连同前把握自身预先得到确定"⑤，并认定"有彻底怀疑的必要性……针对一切区域性客观化的前把握，针对从中产生的概念关联"⑥。

海德格尔——先于 J. 德里达的"解构"⑦——在其讲座中进一步阐发、构思作为批判方法的方法意识⑧：1921 年，他在亚里士多德那里发现，哲学本身的"基本意图，即前把握和前拥有"，在于"努力进入实际性之中并奠基于实际性之上"⑨。海德格尔自己的哲学研究不断地反思这种洞见，他把生活经历本身作为哲学的发源地和对象一同包括进来："'概念'不是图式，而是存在的一种可能性……；它指出前拥有，即进入基本经验之中；它指出前把握，即展示一种攀谈和询问的方式。……基本概念不是后来附加的东西，而是先行的：以基本概念的方式把握此在。"⑩在哲学中反思前把握、前拥有和前视见这一要求，源自对此在本身的前结构的意识，哲学"来源"于这种意识并"回到"这种意识之中⑪。

---

⑤　海德格尔，前揭（参注释 2），第 76/79 页。

⑥　同上，第 90/30 页。

⑦　此外，参见辞条"文本性（Textualität）；解构（Dekonstruktion）"，载《哲学史辞典》第 10 卷，1998 年，第 1045—1050 页。

⑧　海德格尔，《直观和表达的现象学》（Phän. der Anschauung und des Ausdrucks），第 15 节；构成作为起主导作用的前把握[1920 年夏季学期]。《全集》II/59，1993 年，第 128—148 页；《宗教生活现象学》（Phän. des relig. Lebens），第 19—21 节[1920/1921 年冬季学期]。《全集》II/60，1995 年，第 78—83 页；针对第 17 节，同上，第 128 页；《摘要》（Notiz），同上，第 269 页；参见 A. 帕帕扎基斯（A. Papadakis）编，《解构主义》（Dekonstruktivismus），1989 年。

⑨　海德格尔，《对亚里士多德的现象学诠释》（Phänomenolog. Interpret. zu Aristoteles），附录 I：前提条件[1921/1922 年冬季学期]，《全集》II/61(²1994)，第 179 页以下。

⑩　海德格尔，《存在论——实际性的诠释学》（Ontologie [Hermeneutik der Faktizität]）第 3 节[1923 年夏季学期]。《全集》II/63(²1995)，第 16 页。

⑪　海德格尔，《存在与时间》，第 7 节（1927 年，¹⁷1993），第 38 页。《全集》I/2，1977 年，第 51 页；参见《时间概念史导论》（Proleg. zur Gesch. des Zeitbegriffs），第 31d 节[1925 年夏季学期]（²1988），第 415 页。

在《存在与时间》中,海德格尔为这种要求作论证,同时他运用这种要求:前拥有也是前哲学的、始终已经被理解的东西,"但还是隐蔽着的"⑫。由于"此在本身具有生存论的前结构",一种无条件的开端是不可能的⑬。因此,在方法上被反思的哲学研究,"主张把作为专题的存在者通过一种首先从现象上刻画其特征的方式带入前拥有之中"⑭。在《存在与时间》中这是通过如下方式发生的,此在"鉴于其本真的整体能在被置于前拥有之中"⑮,"始终受到某种眼光的引导,这种眼光使那种对被理解之物进行解释时所应着眼的方面确定下来"⑯。首先,"有关存在者的存在方式"需要这样的"前-视见"⑰,特别需要"指向源始生存性的前-视见"⑱。在这里,解释"每每已经……选择了某种特定的概念方式;解释奠基于前把握之中",这种前把握"往往不显眼"⑲。必须揭示前把握并使之适合于对象:"一切存在之结构都必须被提升"⑳到前把握之中。因此,海德格尔在《存在与时间》中致力于"对生存论的诸环节进行概念上的处理"㉑。从而在海德格尔的哲学中,"方法和自我认识"㉒在根本上是关联在一起的。

以今天的眼光来看,"前拥有"被理解为对各种"前理解"

---

⑫ 海德格尔,《存在与时间》,第 32 节,同上,第 150/199 页。

⑬ 同上,第 153/203 页。

⑭ 第 45 节,同上,第 232/308 页。

⑮ 第 63 节,同上,第 311/411 页。

⑯ 第 32 节,同上,第 150/199 页。

⑰ 第 45 节,同上,第 232/309 页。

⑱ 第 63 节,同上,第 316/418 页。

⑲ 第 32 节,同上,第 150/200 页;第 33 节,同上,第 157/208 页。

⑳ 第 45 节,同上,第 232/308 页。

㉑ 第 63 节,同上,第 311/412 页。

㉒ Th. 伦奇(Th. Rentsch),《道德的构成》(Konstitution der Moralität)(²1999)前言。

（参见辞条 Vorverständnis）的反思，例如，它尤其在哲学诠释学中得到强化[23]，"前视见"被理解为在双重意义上不断反思特定言语的场所和事态，如海德格尔首先在《存在与时间》的结构安排原则中运用前视见，最后，"前把握"被理解为致力于获得一种恰当的概念方式，这种概念方式在今天也仍然使用这一名称[24]。

K. 拉纳（K. Rahner）通过以下方式沿用了海德格尔的方法学："指向存在的前把握"作为"关于实在性之无限性的非专题的但却是必然的知识"，拉纳从中看到"先验的经验"，他的神学以此为出发点[25]。因为"前把握的目的在于——神"[26]。

Ch. 亨宁（Ch. Henning）撰，牛文君译

---

[23] H. -G. 伽达默尔，《真理与方法》，1960 年，第 270 页以下。

[24] M. 普留马赫（M. Plümacher），《1945 年以后的联邦德国哲学》（Philos. nach 1945 in der Bundesrep. Deutschland），1996 年，第 188、221 页；P. 施特科勒-维特霍费尔（P. Stekeler-Weithofer），《意义标准》（Sinnkriterien），1995 年，第 63、280 页。

[25] K. 拉纳，《关于信仰的基础课程》（Grundkurs des Glaubens）（⁶1984）第 42 页以下；《精神在世界中》（Geist in Welt）（²1957），第 153 页以下；《语词的倾听者》（Hörer des Wortes）（²1963），第 77 页以下、第 176 页以下；参见 W. G. 菲利普斯（W. G. Philipps），《拉纳对前把握的先验演绎》（Rahner's transc. deduction of the Vorgriff），《托马斯主义者》，第 56 期，1992 年，第 257—290 页。

[26] 《语词的倾听者》，同上，第 83 页；参见《精神在世界中》，同上，第 190 页。

前理解（Vorverständnis）

前理解（Vorverständnis）①（英语为 foreconception, pre-understanding；法语为 précompréhension；意大利语为 intendere preventivo）。继 M. 海德格尔对"理解的前结构"②所做的分析之后，在"前理解"成为新教神学和哲学诠释学中探讨的基本概念之前，这一语词鲜有出现。1886 年 F. 尼采曾在"妥协"③的意义上使用这个词。

"前理解"在海德格尔的早期讲座中具有系统化的地位。1920 年他提到"所谓的前理解（Vorverstehen）"，也首次提到"前理解"（Vorverständnis），1925 年海德格尔在存在问题的框架下，在前本体论、仅是生存状态-存在状态上的理解之语境下，阐明了"不确定的"或"不定向的、模糊的前理解"④。然而

① Vorverständnis 和 Vorverstehen 的意思都是"前理解"，前者是名词，后者是动名词。文中容易引起混淆的地方将把原词标注出来，其他未标出原词的地方均为名词 Vorverständnis。——译者注

② M. 海德格尔，《存在与时间》，第 32 节(1927 年，¹¹1967)，第 151 页。《全集》I/2,1977 年，第 200 页；参见第 153 页/《全集》第 203 页；参见 H. 阿尔伯特，《纯粹诠释学批判》(Kritik der reinen Hermeneutik),1994 年，第 24 页。

③ F. 尼采，《善恶的彼岸》，第八章，第 254 页,1886—1887 年。《著作集》校勘版，G. 科利(G. Colli)/M. 蒙蒂纳里(M. Montinari)编,6/2,第 208 页。

④ M. 海德格尔，《直观和表达的现象学》(Phänomenologie der Anschauung und des Ausdrucks),第 6 节[1920 年夏季学期]。《全集》II/59,1993 年，第 44 页；《时间概念史导论》(Proleg. zur Gesch. des Zeitbegriffs),第 15 节[1925 年夏季学期]。《全集》II/20(1979 年,²1988),第 193 页以下；参见《现象学的基本问题》(Grundprobl. der Phänomenologie),第 15a 节[1919/1920 年冬季学期],《全集》II/58,1993 年，第 66 页；附录 A7,同上，第 157 页；《康德〈纯粹理性批判〉的现象学诠释》(Phänomenolog. Interpret. von Kants KrV),第 2 节[1927/1928 年冬季学期]。《全集》II/25,1977 年，第 22 页。

在《存在与时间》中，海德格尔没有谈到前理解（Vorver-
ständnis），而只有一次提到"前理解"（Vorverstehen）⑤，并且谈
到"前见解"或"前提性的理解"，或者说"先行的理解"⑥，E. 胡
塞尔也已有这些说法⑦。通过 R. 布尔特曼，"前理解"在辩证
神学中才取得丰硕的成果。

　　1930 年前后在 E. 胡塞尔⑧、E. 芬克（E. Fink）⑨、K. 洛维
特（K. Löwith）⑩那里，1937 年在 O. F. 博尔诺⑪那里（与 W. 狄
尔泰相关），"前理解"均有据可考。1938 年，H. 利普斯（H.
Lipps）描述了"范畴性的前理解"之特征，这种前理解制定"计
划"，计划是"对实在性的预先筹划"。"不明确的前理解"将在

---

　　⑤　海德格尔，《存在与时间》，第 60 节，前揭（参注释 2），第 297/394 页。

　　⑥　M. 海德格尔，《存在与时间》，第 32、43a、72、32、69c 节，前揭（参注释
2），第 150/200、205/272、373/493、152/202、364/481 页；参见《哲学的观念和
世界观问题》（Die Idee der Philos. und das Weltanschauungsproblem），第 12、19、
20a 节，1919 年，《全集》II/56/57，1987 年，第 61、98、111 页；《现象学的基本
问题》，第 20、21a 节［1927 年夏季学期］，《全集》II/24（1975 年，²1989），第
415、420、432 页。

　　⑦　E. 胡塞尔，《纯粹现象学和现象学哲学的观念 1》（Ideen zu einer reinen
Phän. und phänomenolog. Philos. 1），第 20 节，1913 年，第 38 页。《胡塞尔文集》
第 3 卷（Den Haag，1950 年），第 46 页；《文集》3/1，1976 年，第 45 页；《笛卡尔式的
沉思》1，第 6 节，1931 年。《文集》第 1 卷（1950 年，²1963），第 55 页。

　　⑧　E. 胡塞尔，《形式的与先验的逻辑》（Formale und transz. Logik），导论，
1929 年，第 10 卷，《文集》，第 17 卷，1974 年，第 15 页。

　　⑨　E. 芬克，《当下化和图像 I.》（Vergegenwärtigung und Bild I.），《哲学与
现象学研究年鉴》（Jb. Philos. phänomenolog. Forsch.），第 11 期，1930 年，第
239—309 页，此处：第 241、244 页。

　　⑩　K. 洛维特，《现象学发展成为哲学的基本特征及其与新教神学的关系》
（Grundzüge der Entwicklung der Phänomenologie zur Philosophie und ihr
Verhältnis zur protestant. Theologie），《神学评论》新系列（Theol. Rdsch. NF），
第 2 期，1930 年，第 26—64 页。《全集》第 3 卷，1985 年，第 33—95 页，此处：第
49、54 页；亦参见后来的批评，载《海德格尔——贫乏时代的思想者》（Heidegger-
Denker in dürftiger Zeit），1953 年，同上，第 8 期，1984 年，第 124—234 页，此处：第
198 页以下。

　　⑪　博尔诺，《追问精神科学的客观性》（Zur Frage nach der Objektivität der
Geisteswissenschaften），《社会政治科学》杂志（Z. ges. Staatswiss.），第 97 期，
1937 年，第 335—363 页，此处：第 354 页。

阐释过程中"明确地"被吸收⑫。

　　布尔特曼大概在 1927 年首次使用"前理解"这一概念⑬，在"非认知的知识"⑭意义上，他把前理解规定为"生存状态上的前理解"⑮。每一次对文本的理解都以"对事情的前理解"⑯为前提，也就是说，以"文本中……所表达的事情的生活关联为前提"⑰。这意味着在诠释（参见辞条 Interpretation）［过程］中"进行冒险"⑱。前理解（亦作"前知识"⑲）不同于

---

　　⑫　H. 利普斯，《一种诠释学的逻辑学之考察》(Unters. zu einer hermeneut. Logik)，1938 年，第 2 部(⁴1976)，第 60、133 页(注释 15)，第 124 页。

　　⑬　B. 雅斯佩特(B. Jaspert)，《名副其实的圣经注释学》(Sachgemäße Exegese)，1996 年，第 50 页；R. 布尔特曼，《"辩证神学"对新约科学研究的意义》(Die Bedeutung der «dialektische Theologie» für die neutestamentl. Wissenschaft)，《神学报刊》(Theol. Blätter)，第 7 期，1928 年，第 57—67 页；亦载《信仰与理解》(Glauben und Verstehen)第 1 卷(⁴1961)，第 114—133 页，此处：第 125 页以下、第 128 页。

　　⑭　R. 布尔特曼，《"辩证神学"对新约科学研究的意义》，前揭（参注释 13），第 128 页；《"自然神学"问题》(Das Problem der «Natürlichen Theologie»)，载《信仰与理解》第 1 卷，同上，第 294—312 页，此处：第 311 页。

　　⑮　布尔特曼，《教会和新约教义》(Kirche und Lehre im NT.)，《时代之间》(Zwischen den Zeiten)，第 7 期，1929 年，第 9—43 页，载《信仰与理解》第 1 卷，同上，第 153—187 页，此处：第 161 页(注释)。

　　⑯　布尔特曼，《诠释学的问题》(Das Problem der Hermeneutik)，《神学教会》杂志(Z. Theol. Kirche)，第 47 期，1950 年，第 47—69 页，载《信仰与理解》第 2 卷(³1961)，第 211—235 页，此处：第 216、233 页；《卡尔·巴特·鲁道夫·布尔特曼 1922—1966 年间的通信》(Karl Barth-Rudolf Bultmann. Br. wechsel 1922—1966)，B. 雅斯伯特/K. 巴特编，《著作集》，第 1 卷，1971 年，第 186 页。

　　⑰　同上，《信仰与理解》第 2 卷，第 218 页以下；参见第 227、231 页；《无条件的圣经注释是可能的吗?》(Ist voraussetzungslose Exegese möglich?)，《神学杂志》(Theol. Z.)，第 13 期，1957 年，第 409—417 页，载《信仰与理解》第 3 卷(²1962)，第 142—150 页，此处：第 146 页以下、第 149 页。

　　⑱　同上，《信仰与理解》第 2 卷，第 228 页；参见《新约中的启示概念》(Der Begriff der Offenbarung im NT)，载《通俗演说集》(Sammlung gemeinverständl. Vorträge)，第 135 辑，1929 年，第 1—48 页；载《信仰与理解》第 3 卷，第 1—34 页，此处：第 7 页、第 32 页以下；《耶稣与神话》(Jesus Christus und die Mythologie)［1958 年］1964 年，载《信仰与理解》第 4 卷，1965 年，第 141—189 页，此处：第 166 页；《历史与末世论》(Geschichte und Eschatologie)(1957 年，²1964)，第 126、129 页。

　　⑲　布尔特曼，《"辩证神学"对新约科学研究的意义》，前揭（参注释 13），《信仰与理解》第 1 卷，第 125 页；参见《新约中的启示概念》，前揭（参注释 18），《信仰与理解》第 3、4 卷。

"前概念"⑳(参见辞条 Vorbegriff)和"前判断/偏见"㉑(参见辞条 Vorurteil)。K. 巴特批评"布尔特曼的前理解"㉒涉及的是一种妨碍客观理解的"规范意义上的"前理解㉓,布尔特曼回应道,巴特混淆了"前理解和偏见"㉔。

继布尔特曼之后,神学中在"前理解"概念之下讨论的是神-人关系㉕;在"人的前理解"和"物的前理解"㉖,以及在"有意识的前理解"和"无意识的前理解"㉗之间进行了区分,强调"前理解的指向性作用"㉘。

和巴特一样,对于 E. 贝蒂而言,布尔特曼的前理解预设(intendere preventivo)也意味着理解(参见辞条 Verstehen)对

⑳　同上,《信仰与理解》第 1 卷,第 126 页(注释);前揭(参注释 14),《信仰与理解》第 1 卷,第 153 页。

㉑　布尔特曼,《无条件的圣经注释是可能的吗?》,出处同注释 17,《信仰与理解》第 3 卷,第 143 页,第 146 页以下;《历史与末世论》,前揭(参注释 18),第 137 页。

㉒　K. 巴特,《教会的教义学》(Die kirchl. Dogmatik)1/1(1932 年,⁸1964),第 133 页。

㉓　巴特,《鲁道夫·布尔特曼:尝试理解他》(Rudolf Bultmann. Ein Versuch,ihn zu verstehen),1952 年,第 39 页、第 48 页以下、第 52 页以下。

㉔　《卡尔·巴特-鲁道夫·布尔特曼 1922—1966 年间的通信》,前揭(参注释 16),第 189 页。

㉕　W. 林克(W. Link),《"联系"、"前理解"和"神学人类学"问题》('Anknüpfung','Vorverständnis' und die Frage der 'theolog. Anthropologie'),1935 年,载 G. 诺勒(G. Noller)编,《海德格尔和神学》(Heidegger und die Theologie),1967 年,第 147—193 页。

㉖　H. 米伦(M. Mühlen),《关于人的前理解和新教-天主教的差异》(Das Vorverständnis von Person und die evang.-kath. Differenz)(1964 年,²1965),第 13、16、22 页。

㉗　W. 维普林格(W. Wiplinger),《原初的语言经验和形而上学的语言解释》(Ursprüngl. Spracherfahrung und metaphys. Sprachdeutung),载 O. 洛雷兹(O. Loretz)/W. 施特罗兹(W. Strolz)编,《当代新教神学中的诠释学问题》(Die hermeneut. Frage in der gegenwärt. evang. Theologie),1968 年,第 21—85 页,此处:第 33 页。

㉘　W. 安茨(W. Anz),《基督信仰和希腊思维》(Christl. Glaube und griech. Denken),载《时间与历史:R. 布尔特曼 80 寿辰献礼》(Zeit und Geschichte. Dankesgabe an R. Bultmann zum 80. Geb.),1964 年,第 531—555 页,此处:第 538,541 页。

偏见的依赖㉙。相反,伽达默尔把布尔特曼的"前理解"看作"诠释学的概念",这一概念不可被误解为"陷入偏见的片面性之中"或内容上的"前知识"㉚;但"布尔特曼的出发点——生存论上的前理解,……本身只能是一种基督教的前理解"㉛。伽达默尔的哲学诠释学强调前理解是"一切诠释学条件中的首要条件"㉜,在这里,前理解包括我们的"前见解"、"前判断"和"前概念",一切解释都由此开始㉝。文本理解"始终由先行的前理解运动所决定",同时,一切理解也总是"对被给予的前理解的反思"㉞。

伽达默尔经常在相同的意义上使用"前理解"和"前判断/偏见(Vorurteil)",这会引起批评,与布尔特曼-巴特之争类似:博尔诺说道,"偏见是一个不必要的随意概念"㉟,按照 F. 屈梅

㉙ E. 贝蒂,《诠释的一般理论》(Teoria generale della interpretazione),Mailand,1955 年,第 250 页以下;德语版:《作为精神科学方法论的一般解释理论》(Allg. Auslegungslehre als Methodik der Geisteswiss.),1967 年,第 172 页以下;《诠释学作为精神科学的一般方法论》(Die Hermeneutik als allg. Methodik der Geisteswiss.)(1962 年,²1972),第 21 页。

㉚ H. -G. 伽达默尔,《诠释学和历史主义》(Hermeneutik und Historismus),《哲学评论》第 9 期,1961 年,第 241—276 页。《著作集》第 2 卷(²1993),第 387—424 页,此处:第 406 页。

㉛ 伽达默尔,《真理与方法》,1960 年,《著作集》第 1 卷(⁶1990),第 337 页。

㉜ 同上,第 299 页;参见《文本与诠释》(Text und Interpretation),载《文本与诠释》(Text und Interpretation),P. 福格特(P. Forget)编,1984 年,第 24—55 页,《著作集》第 2 卷,第 330—360 页,此处:第 342 页;参见《修辞学与诠释学》(Rhetorik und Hermeneutik),1976 年,《短论集》(Kl. Schr.)第 4 卷,1977 年,第 148—163 页,《著作集》第 2 卷,第 276—291 页,此处:第 277 页。

㉝ 前揭(参注释 31),第 272 页以下;参见《修辞学、诠释学和意识形态批判》(Rhetorik, Hermeneutik und Ideologiekritik),《短论集》第 1 卷,1967 年,第 113—130 页,《著作集》第 2 卷,第 232—250 页,此处:第 247 页。

㉞ 伽达默尔,《理解的循环》(Vom Zirkel des Verstehens),《M. 海德格尔 70 寿辰纪念文集》(Festschr. M. Heidegger zum 70. Geb.),1959 年,第 24—35 页,《著作集》第 2 卷,第 57—65 页,此处:第 61 页;《真理与方法》,前揭(参注释 31),第 298 页;《修辞学、诠释学和意识形态批判》,同上,第 247 页;《诠释学和历史主义》,前揭(参注释 30),《著作集》第 2 卷,第 406 页(注释 55)。

㉟ 博尔诺,《认知哲学》(Philos. der Erkenntnis),1970 年,第 107 页;参见 D. 泰歇特(D. Teichert),《经验、记忆、认知》(Erfahrung, Erinnerung, Erkenntnis),1991 年,第 97 页。

尔(F. Kümmel)的看法,"偏见"概念掩盖了"前理解的开放特征"㊱。E. D. 赫施也批评伽达默尔把"前理解"和"偏见"等同起来;相反,他提出前理解的根本启发意义是作为"模糊的假设"㊲。

　　K. -O. 阿佩尔把"口语中的前理解"看作"诠释学的基本法则"㊳。与海德格尔和伽达默尔相联系,他强调"习俗默默地"决定着前理解或"世界之前理解"㊴,不过他试图借助方法回溯到"世界之前理解的先天事实性和历史性"㊵。与维特根斯坦

　　㊱　F. 屈梅尔,《理解和前理解》(Verständnis und Vorverständnis),1965 年,第 33 页、第 34 页以下。

　　㊲　E. D. 赫施,《诠释的有效性》(Validity in interpretation)(纽黑文/伦敦,1967 年,³1971),第 260 页以下、第 82 页。

　　㊳　K. -O. 阿佩尔,《科学主义抑或先验诠释学?》(Szientismus oder transz. Hermeneutik?),载 R. 布伯纳(R. Bubner)/K. 克拉默(K. Cramer)/R. 维尔(R. Wiehl)编,《诠释学与辩证法》(Hermeneutik und Dialektik)第 1 卷,1970 年,第 105—145 页;重印本,载《哲学的改造》(Transformation der Philos.)1—2 卷,1973 年,第 2 卷,第 178—219 页,此处:第 212 页;《语言和秩序》(Sprache und Ordnung),载《第 6 届德国哲学大会文集》(Akten des 6. Dtsch. Kongr. für Philos.),1960 年,第 200—225 页;重印本,同上,第 1 卷,第 167—196 页,此处:第 178 页;参见针对阿佩尔的论文:K. 洛伦兹(L. Lorenz)/J. 米特尔斯特拉斯(J. Mittelstrass),《语言的可规避性》(Die Hintergehbarkeit der Sprache),《康德研究》(Kantstudien),第 58 期,1967 年,第 187—208 页,此处:第 188、195 页;参见辞条"不可规避性"(Unhintergehbarkeit)。

　　㊴　阿佩尔,《维特根斯坦和海德格尔》(Wittgenstein und Heidegger),1962 年,《哲学年鉴》(Philos. Jb.)第 75 期,1967 年,第 56—94 页;重印本,载《哲学的改造》,同上,第 1 卷,第 225—277 页,此处:第 264 页;《哲学的改造》,导论,同上,第 1 卷,第 61 页;《维特根斯坦和海德格尔》,载 B. 麦吉尼斯(B. McGuinness)等编,《狮子说话……我们不能理解它》('Der Löwe spricht ... und wir können ihn nicht verstehen'),1991 年,第 27—68 页;重印本,载《先验语用学的发端之验证过程中的争论》(Auseinandersetzungen in Erprobung des transz. pragmat. Ansatzes),1998 年,第 459—503 页,此处:第 483 页;《调节性的观念抑或真理的发生?》(Regulative Ideen oder Wahrheits- Geschehen?),载《诠释的艺术》(Ars Interpretandi),第 1 期,1996 年,第 207—224 页;重印本,同上,第 569—607 页,此处:第 599 页;《意义构成和有效性辩护》(Sinnkonstitution und Geltungsrechtfertigung),载《海德格尔:内视与外观》(M. Heidegger. Innen- und Außenansichten),1989 年,第 131—175 页;重印本,同上,第 505—568 页,此处:第 519 页。

　　㊵　阿佩尔,《话语伦理学的消亡?》(Auflösung der Diskursethik?),同上,第 727—837 页,此处:第 794 页。

相比,阿佩尔提出"心智对意义的一般前理解"[41]。

阿佩尔批评 P. 温奇(P. Winch)的"前理解"(previous under-standing)的片面性[42],J. 哈贝马斯同样也要求,"语言分析家"必须"总是以……一种具体的前理解……为前提"[43]。他虽然承认,伽达默尔提示了"在前理解和对被理解之物的阐明之间有循环关系"[44],并且"诠释者的前理解与诠释对象"有效果历史关联[45],但他把这种"由传统决定的前理解"和"系统的前理解"区分开来[46]。

W. 维兰德(W. Wieland)和 E. 海因特尔(E. Heintel)承认体现在"前理解"概念中关于科学认知的条件性和循环性的传统诠释学理论[47],同样 O. F. 博尔诺也强调,一切所遇之物总是

---

[41]　阿佩尔,《语言和秩序》,前揭(参注释38),第177页。

[42]　阿佩尔,《"语言分析"哲学的发展与"精神科学"问题》(Die Entfaltung der 'sprachanalyt. 'Philos. und das Problem der 'Geisteswissenschaften'),《哲学年鉴》第72期,1965年,第239—289页;重印本,载《哲学的改造》,前揭(参注释38),第2卷,第28—95页,此处:第88页以下;P. 温奇,《一种社会科学的观念及其与哲学的关系》(The idea of a social science and its relation to philosophy)(London,1958年,³1963),第89页;参见 F. 科佩(F. Koppe),《生活形式的诠释学——诠释学作为生活形式》(Hermeneutik der Lebensformen-Hermeneutik als Lebensform),载 J. 米特尔斯特拉斯编,《社会行为的科学方法问题》(Methodenprobleme der Wissenschaften vom gesellschaftlichen Handeln),1979年,第223—272页,此处:第227页、第249页以下。

[43]　J. 哈贝马斯,《社会科学的逻辑》(1967年,³1973),第244页。

[44]　同上,第263页。

[45]　同上,第266页;参见《诠释学的普遍性要求》(Der Universalitätsanspruch der Hermeneutik),1970年,载《诠释学与意识形态批判》(Hermeneutik und Ideologiekritik),1973年,第120—159页,此处:第122页以下。

[46]　哈贝马斯,《诠释学的普遍性要求》,同上,第148页。

[47]　W. 维兰德,《科学理论的可能性》(Möglichkeiten der Wiss. theorie),载 R. 布伯纳/K. 克拉默/R. 维尔编,《诠释学与辩证法》,前揭(参注释38),第31—47页,此处:第43、47页;《关于原则研究的问题和亚里士多德的物理学》(Das Problem der Prinzipienforschung und die Aristot. Physik)《康德研究》第52期,1960/1961年,第206—219页,此处:第209、212页;E. 海因特尔,《语言哲学导论》(Einf. in die Sprachphilos.),1972年,第144页以下;亦参见 O. 马尔夸特(O. Marquard),《追问之问:诠释学作为其回答》(Frage nach der Frage, auf die die Hermeneutik die Antwort ist),载《告别原则》(Abschied vom Prinzipiellen),1981年,第117—146页,此处:第136页以下;参见辞条"无条件性"(Voraussetzungslosigkeit)。

已经"在一定的前理解视域中"被理解㊽。"起初，前理解还是晦暗不明的……"㊾，可以产生一种"初步的、不确定的领会"㊿，通过有意识地进行解释，这种领会才得以澄清㉛。与赫施不同，博尔诺区分了前理解和假设㉜；因为"从不确定的前理解走向确定的理解这条道路"是敞开的㉝。按照 F. 屈梅尔的看法，区分"携带着的前理解"和"预期性的前理解"，才有可能在理解者方面将前理解提升"到完全的理解"，在被理解之物方面达到"理解的客观性"㉞。M. 梅洛-庞蒂在探讨生命、哲学和科学的关联时，在前科学（prescience）的意义上使用"前理解"（précompréhension）概念㉟。

"前理解"作为"关键概念"㊱在教育学（"前理解-螺旋上升学习法"）㊲和法学中得到认可。根据 J. 埃瑟尔（J. Esser）的看法，"司法上的前理解"主要涉及到"与判决相关的前理解"㊳，

㊽　博尔诺，前揭（参注释 11），第 354 页；《生命哲学》（Die Lebensphilos.），1958年，第 129 页；《诠释学研究》（Studien zur Hermeneutik），第 1 卷，1982 年，第 141 页。

㊾　博尔诺，《诠释学研究》，第 1 卷，同上，第 311 页。

㊿　同上，第 301 页。

㉛　博尔诺，前揭（参注释 35），104 页；参见《诠释学研究》，第 2 卷，1983年，第 273 页以下。

㉜　博尔诺，《论假设》（Über Hypothesen），载 H. 法伦巴赫（H. Fahrenbach）编，《实在性与反思：纪念 W. 束尔茨 60 寿辰》（Wirklichkeit und Reflexion. W. Schulz zum 60. Geb.），1973 年，第 19—35 页，此处：第 29 页以下；《真理的两面性》（Das Doppelgesicht der Wahrheit），1975 年，第 158 页；关于前理解在归纳推理中的作用，参见 H. 施耐德尔巴赫（H. Schnädelbach），《1831—1933 年的德国哲学》（Philos. in Deutschland 1831—1933），1983 年，第 156 页。

㉝　《诠释学研究》，第 1 卷，前揭（参注释 48），第 312 页。

㉞　屈梅尔，前揭（参注释 36），第 31 页、第 36 页以下、第 46 页以下、第 35、52 页。

㉟　梅洛-庞蒂，《可见的与不可见的：附工作笔记》（Le visible et l'invisible suivi de notes de travail），Paris，1964 年，第 236 页。

㊱　屈梅尔，前揭（参注释 36），第 22 页。

㊲　B. 豪克（B. Hauke），《学生在课堂中的前理解》（Das Vorverständnis von Schülern im Unterricht），1987 年，第 20 页以下。

㊳　J. 埃瑟尔，《法律发现中的前理解和方法选择》（Vorverständnis und Methodenwahl in der Rechtsfindung），1970 年，第 10、136 页。

从而这里的"前理解问题"比"历史的前理解"具有更为重大的意义⑤⑨。

G. 库内-贝特拉姆(G. Kühne-Bertram)撰,牛文君译

参考文献:

N. HENRICHS: Zum Problem des Vorverständnisses, in: A. DIEM-ER(Hg.): Der Methoden- und Theorienpluralismus in den Wissenschaften (1971)40—55.

---

⑤⑨ 同上,第135页;参见 F. 法布里修斯(F. Fabricius),《劳动法和"前理解"的方法论》(Arbeitsrecht und die Methodenlehre vom 'Vorverständnis'),载《劳动法和司法方法论》(Arbeitsrecht und juristische Methodenlehre),1980年,第1—64页,此处:第14页以下;M. 拉茨(M. Ratz),《联邦最高法院判决有关刑法上暴力概念的法律方法学与前理解》(Jurist. Methodik und Vorverständnis in der Rechtsprechung des Bundesgerichtshofs zum strafrechtl. Gewaltbegriff),博士论文,Köln,1976年,第89页。

效果历史（**Wirkungsgeschichte**）

"效果历史"概念属于 H. -G. 伽达默尔哲学诠释学的基本术语。它表明理解（参见辞条 Verstehen）不可避免地从属于理解者的历史局限性，这种历史局限性来自对传统的隶属性。"效果历史"表明，传承物（参见辞条 Überlieferung）的这种不可消除的影响，进入诠释者的诠释学处境，使得理解的视域受到限制，从而也限制了诠释的可能空间。这种构想的最初表达见于《德国晚近哲学中的历史问题》（1943 年）这篇论文之中："如狄尔泰所认为的，意义并不展开于理解的距离之中，而是由于我们自身处于历史影响的关联之中。历史的理解本身总是对影响和后续影响的经验。它的偏颇恰恰意味着它的历史影响力。"[①]

后来，随着"效果历史"概念的引入，伽达默尔坚决批评"所谓历史主义的天真"，或者说"历史客观主义"[②]的天真，它遗忘了其自身的历史性，从而遗忘了它的理解对前见的依附性，它相信其研究方式具有方法学的客观性，虚构了"一种历史客体的幽灵"，"对这个对象的研究不断取得进步"。与此相对，伽达默尔坚持认为，"真正的历史对象"不是对象，而毋宁说是自己和他者（这个他者是自己的他者）的统一，也就是说，是"一种关系，在这种关系中存在着历史的实在性以及历史理

① H. -G. 伽达默尔，《著作集》，1985 年及以后，第 2 卷，第 27—36 页，引文：第 34 页以下。

② 伽达默尔，《真理与方法》，1960 年，《著作集》第 1 卷，第 304 页。

解的实在性"。因此,在伽达默尔看来,一种名副其实的诠释学(参见辞条 Hermeneutik)必须在理解中显示"历史的实在性"。就此而言,理解"按其本质是一种效果历史事件"③。"效果历史原则"④的这一要求,目的不在于借助接受史⑤来补充关于一部著作的具体历史研究,亦即分析这部著作在历史中的影响,而毋宁理解为理论性的要求:历史意识带着臆想的直接性面向著作或传承物,针对这种臆想的直接性,应当培养一种意识,即"在一切理解中,不管人们是否明确意识到,这种效果历史的影响都在发生作用",因为"它预先规定了:什么对我们来说是成问题的,什么表明其自身是我们的研究对象"。这种意识的成长,伽达默尔称之为"效果历史意识"⑥。他也把这种意识规定为"诠释学的处境意识"⑦,这种意识是"理解进程的要素","在获取正确问题的过程中,它已经在起作用"⑧。因而效果历史意识不是"自我意识的变式",而毋宁是"效果历史对意识的限制⋯⋯,我们所有人都处于效果历史之中"⑨;就此而言,效果历史意识"与其说是意识(Bewußtsein),不如说是存在(Sein)"⑩。伽达默尔本人承认,效果历史意识概念中有某种"歧义性",他参照自己对历史主义的批评,为这种歧义性进

---

③ 伽达默尔,《真理与方法》,1960 年,《著作集》第 1 卷,第 305 页。

④ 同上,第 305—312 页。

⑤ 参见辞条"接受美学"(Rezeptionsästhetik),载《哲学史辞典》,第 8 卷,1992 年,第 966—1004 页。

⑥ 伽达默尔,《真理与方法》,同上,第 305 页以下。

⑦ 同上,第 307 页。

⑧ 同上,第 306 页。

⑨ 伽达默尔,《在现象学和辩证法之间》(Zwischen Phänomenologie und Dialektik),1985 年,《著作集》第 2 卷,第 3—23 页,引文:第 11 页;参见《历史的连续性和生存的瞬间》(Die Kontinuität der Geschichte und der Augenblick der Existenz),1965 年,《著作集》第 2 卷,第 133—145 页,尤其是第 142 页以下。

⑩ 伽达默尔,《修辞学、诠释学和意识形态批判》(Rhetorik, Hermeneutik und Ideologiekritik),1967 年,《著作集》第 2 卷,第 232—250 页,引文:第 247 页。

行辩解；一方面，这一概念是指"在历史进程中形成并由历史决定的意识"，但另一方面也指"对这种形成和决定本身的意识"⑪。

当效果历史这一构想受到不同方面的批评时⑫，接受美学首先肯定并采纳它⑬，但后来又抵制它⑭。历史科学理论也着手研究伽达默尔的效果历史思想⑮。

在埃尔兰根(和康斯坦茨)学派的结构科学理论语境中，J. 米特尔斯特拉斯(J. Mittelstrass)区分了效果历史和"根据历史"，前者可以说是科学(或哲学)理论之实际历史发展的自然影响关联，后者意味着这种理论的可重构的根据关联，或者说是其规范性的或批判性的形成过程⑯。

H. -U. 莱辛(H. -U. Lessing)撰，牛文君译

---

⑪　伽达默尔，《〈真理与方法〉第二版序言》(Vorwort zur 2. Aufl. von ‹Wahrheit und Methode›)，1965 年，《著作集》第 2 卷，第 437—448 页，引文：第 444 页。

⑫　参见 J. 哈贝马斯，《社会科学的逻辑》(Zur Logik der Sozialwiss.)，1967 年，第 172 页以下。

⑬　参见 H. R. 尧斯(H. R. Jauss)，《文学史作为对文学研究的挑战》(Lit. gesch. als Provokation der Lit. wiss.)，载《文学史作为挑战》(Lit. gesch. als Provokation)，1970 年，第 144—207 页，此处：第 185—188 页。

⑭　姚斯，《中世纪文学的古老性和现代性》(Alterität und Modernität der mittelalterl. Lit.)，1977 年，第 11 页(注释 2)。

⑮　参见 R. 科瑟勒克(R. Koselleck)，《历史学和诠释学》(Historik und Hermeneutik)，载《时间层》(Zeitschichten)(2000 年)第 97—118 页，此处：第 117 页；《历史编纂的年代》(Die Zeiten der Geschichtsschreibung)，同上，第 287—297 页，此处：第 294 页。

⑯　参见 J. 米特尔斯特拉斯，《关于科学史结构理论的导论》(Proleg. zu einer konstruktiven Theorie der Wiss. geschichte)，载《科学的可能性》(Die Möglichkeit von Wissenschaft)，1974 年，第 106—144 页，特别是第 140—144 页；《根据历史和效果历史》，载 Ch. 德默陵(Ch. Demmerling)/G. 加布里埃尔(G. Gabriel)/Th. 伦奇(Th. Rentsch)编，《理性与生活实践》(Vernunft und Lebenspraxis)，1995 年，第 10—31 页。

参考文献:

E. BRAUN: Art. ‹Wirkungsgeschichte›, in: Wiss. theoret. Lexikon, hg. E. BRAUN/H. RADERMACHER (1978) 662—664. -J. GRONDIN: Hermeneut. Wahrheit? (1982) 143—149. -J. MITTELSTRASS: Art. ‹Wirkungsgeschichte›, in: Enzykl. Philos. und Wiss. theorie 4(1996)714f. -D. TEICHERT: Verstehen und W. (2000).

图书在版编目（CIP）数据

诠释学/（德）里特尔等编；潘德荣等译.--上海：
华东师范大学出版社，2023

（六点辞条系列）

ISBN 978-7-5760-4202-3

Ⅰ.①诠… Ⅱ.①里… ②潘… Ⅲ.①阐释学
Ⅳ.①B089.2

中国国家版本馆 CIP 数据核字（2023）第 179053 号

华东师范大学出版社六点分社

企划人 倪为国

六点辞条系列
诠释学

著　　者　（德）里特尔、格林德尔、加布里尔
译　　者　潘德荣　杨　栋　鲍永玲　牛文君
责任编辑　王　旭
责任校对　徐海晴
封面设计　卢晓红

出版发行　华东师范大学出版社
社　　址　上海市中山北路 3663 号　邮编　200062
网　　址　www.ecnupress.com.cn
电　　话　021-60821666　行政传真　021-62572105
客服电话　021-62865537
门市（邮购）电话　021-62869887
地　　址　上海市中山北路 3663 号华东师范大学校内先锋路口
网　　店　http://hdsdcbs.tmall.com

印　刷　者　上海盛隆印务有限公司
开　　本　890×1240　1/32
印　　张　11.25
字　　数　230 千字
版　　次　2023 年 11 月第 1 版
印　　次　2023 年 11 月第 1 次
书　　号　ISBN 978-7-5760-4202-3
定　　价　78.00 元

出 版 人　王　焰

Hermeneutik
Historisches Wörterbuch der Philosophie: Band 3
Herausgegeben von Joachim Ritter
Copyright © 1974 by Schwabe Verlag
Simplified Chinese Translation Copyright © 2023 by East China Normal University
Press Ltd.

上海市版权局著作权合同登记 图字:09-2023-0861